BRIDGE
ENGINEERING

桥梁工程

主　编　陆春华　延永东
副主编　顾　斌　陈　妤

江苏大学出版社
JIANGSU UNIVERSITY PRESS

镇　江

图书在版编目(CIP)数据

桥梁工程 / 陆春华,延永东主编. -- 镇江：江苏
大学出版社,2024.6
ISBN 978-7-5684-2038-9

Ⅰ.①桥… Ⅱ.①陆… ②延… Ⅲ.①桥梁工程－高
等学校－教材 Ⅳ.①U44

中国国家版本馆 CIP 数据核字(2023)第 205908 号

桥梁工程
Qiaoliang Gongcheng

主　　编/陆春华　延永东
责任编辑/许莹莹　郑晨晖
出版发行/江苏大学出版社
地　　址/江苏省镇江市京口区学府路 301 号(邮编：212013)
电　　话/0511-84446464(传真)
网　　址/http://press.ujs.edu.cn
排　　版/镇江文苑制版印刷有限责任公司
印　　刷/镇江文苑制版印刷有限责任公司
开　　本/787 mm×1 092 mm　1/16
印　　张/26
字　　数/632 千字
版　　次/2024 年 6 月第 1 版
印　　次/2024 年 6 月第 1 次印刷
书　　号/ISBN 978-7-5684-2038-9
定　　价/76.00 元

如有印装质量问题请与本社营销部联系(电话：0511-84440882)

前言 PREFACE

　　桥梁是公路、铁路等交通道路中的关键节点,是一种为全社会服务的公益性建筑结构,起到跨越障碍、互通彼此的重要作用。桥梁工程是指桥梁勘测、设计、施工、养护和检定等的工作过程,以及研究这一过程的科学和工程技术,它是土木工程中结构工程的一个分支。桥梁工程的发展一方面是交通运输发展的需要,另一方面也是社会经济和文化发展的需要,在国家政治、经济、科学、技术、文化等方面的建设中具有十分重要的作用。

　　桥梁工程是土木工程专业道路与桥梁工程方向最主要的专业课程,同时也是交通、运输、道路等工程专业的必修专业课程。该课程的教学目标是让学生在综合运用数学、物理、力学、土木工程材料、工程结构设计原理等课程相关知识的基础上,进一步理解和掌握各种常用形式桥梁的构造特点、设计与计算方法以及细节构造要求。本书是编者在近几年教学经验总结的基础上,结合最新的公路桥涵设计规范编写而成的,共分为11章。各章的主要内容分别简述如下。

　　第1章主要介绍了桥梁的组成与分类,国内外桥梁设计、建设的发展动态,简要阐述了桥梁的总体规划及设计步骤。

　　第2章详细介绍了引起公路桥梁结构反应的各种作用,重点阐述了部分可变作用的具体内容和计算方法,介绍了作用效应组合及其分析方法。

　　第3章主要介绍了混凝土梁桥的截面形式、结构构造特点和受力特点,介绍了混凝土简支板桥、简支梁桥和预应力混凝土连续梁桥等几种常见桥型,并对桥面系的桥面布置、主要构造以及与使用功能有关的附属构造进行了说明。

　　第4章主要阐述了混凝土简支梁桥上部结构的计算,包括桥面板有效工作宽度、最不利内力的计算;主梁荷载横向分布系数的定义与计算、控制截面内力计算及作用效应组合;横隔梁的受力特点分析和最不利内力的计算。另外,简要介绍了主梁挠度和预拱度的计算。

　　第5章主要介绍了混凝土连续体系梁桥结构内力的计算与悬臂施工时挠度和预拱度的计算,重点阐述了预应力、混凝土徐变及收缩、基础沉降和温度作用引起的次内力的计算方法。

　　第6章主要介绍了拱桥的基本特点、组成与主要类型、总体布置以及相应计算等,重点阐述了拱桥的构造与设计方法。

　　第7章主要介绍了钢板梁桥和钢桁梁桥,重点阐述了钢板梁桥和钢桁梁桥的构造、布置和设计计算。

第 8 章主要介绍了刚构桥、斜拉桥与悬索桥的基本知识,重点阐述了刚构桥、斜拉桥与悬索桥的结构形式及构造布置等。

第 9 章主要介绍了桥梁支座的布设原理,重点阐述了几种常用支座的构造形式和板式橡胶支座的设计过程。

第 10 章主要介绍了桥梁墩台的构造、主要类型和应用范围,重点阐述了墩台计算中使用的荷载效应组合及其计算特点。

第 11 章主要介绍了河流的特点及其与桥渡的相互作用、桥渡河段河床的演变规律、不同河段河流的稳定性特征与桥位选择方法、设计洪水流量及水位的推求方法、大中型跨河桥的孔径计算、桥梁墩台的冲刷计算。

本书由江苏大学土木工程系的多位老师共同完成。郑玉龙撰写了第 1 章;陆春华撰写了第 2 章;王猛撰写了第 3 章;延永东撰写了第 4、11 章;顾斌撰写了第 5、7 章;陈妤撰写了第 6、8 章;程玉瑶撰写了第 9、10 章。最后,陆春华、延永东对全书进行了统稿。此外,本书在撰写过程中还得到了江苏省交通科学研究院股份有限公司、江苏省交通工程集团有限公司镇江分公司等单位从事桥梁工程设计、施工、监测以及科技服务的企业专家的指导和帮助,江苏大学出版社对本书的出版也做了大量工作,在此一并表示感谢。

由于作者水平有限,本书难免存在不足之处,恳请读者批评指正。

编　者

目录 CONTENTS

第1章 总 论

本章主要介绍桥梁的组成与分类、桥梁的发展历史和现状,阐述桥梁的总体规划及设计步骤。

交通是兴国之要、强国之基。大力发展交通运输事业,建立四通八达的现代交通网络,对发展国民经济、促进文化交流、加强民族团结、缩小地区差距、巩固国防安全等都有非常重要的作用。

桥梁是交通基础设施中的关键部分,是供行人、车辆、渠道、管线等跨越河流、山谷或其他交通线路的架空构筑物。桥梁工程是保证全线通车的咽喉,具有非常重要的地位。

21世纪以来,在国家经济快速发展的推动下,中国桥梁以每年3万多座的速度递增,目前我国已建成一大批世界级桥梁。图1-1为我国近年来建设的一些典型桥梁。目前,我国桥梁总数(含公路、铁路)超过100万座,已成为世界第一桥梁大国。在国家"走出去"战略和"一带一路"倡议的引领下,越来越多的中国桥梁企业抢抓机遇,承揽了如孟加拉帕德玛大桥、印度尼西亚泗水—马都拉大桥等著名工程,中国桥梁正在成为闪亮的国家名片。

(a) 重庆黄桷湾立交桥

(b) 粤赣高速公路和平段高架桥

(c) 南京大胜关长江大桥

(d) 港珠澳大桥

图1-1 我国近年来建设的典型桥梁

1.1 桥梁的组成与分类

1.1.1 桥梁的基本组成

桥梁主要由上部结构、下部结构、支座和附属设施四个基本部分组成。

1. 上部结构

上部结构是在线路中断时跨越障碍的主要承重结构,是桥梁支座以上(无铰拱起拱线或刚架主梁底线以上)跨越桥孔的总称。桥梁跨越幅度越大,上部结构的构造就越复杂,施工难度也就越大。

2. 下部结构

下部结构包括桥墩、桥台和基础。桥墩和桥台是支承上部结构并将其传来的恒载和车辆等活载传至基础的结构物。通常将设置在桥两端的支承部分称为桥台,将设置在桥中间的支承部分称为桥墩。桥台除了有承受荷载的作用外,还具有与路堤衔接以抵御路堤土压力,防止路堤填土坍落的作用。桥墩和桥台底部的奠基部分称为基础。基础承担了从桥墩和桥台传来的全部荷载,这些荷载包括竖向荷载和由地震、船舶撞击墩身及风、浪、流等引起的水平荷载。由于基础往往深埋于水下地基中,因此它既是桥梁施工中难度较大的部分,也是确保桥梁安全的关键部分之一。

3. 支座

支座是设在墩(台)顶,用于支承上部结构的传力装置。它不仅要传递很大的荷载,而且要保证上部结构能按设计要求产生一定程度的变位。

4. 附属设施

桥梁附属设施包括桥面系、伸缩缝、桥梁与路堤衔接处的桥头搭板和锥形护坡等。

1.1.2　桥梁相关的名词术语

净跨径 l_0:对于设支座的桥梁(如梁式桥),它是指设计洪水位线上相邻两墩、台内缘之间的水平净距;对于不设支座的桥梁(如拱桥),它是指上、下部结构相交处内缘之间的水平净距(见图 1-2 和图 1-3)。

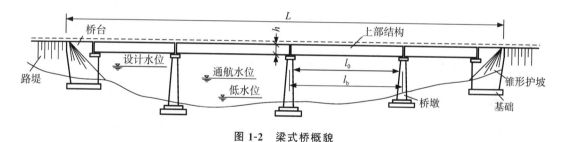

图 1-2　梁式桥概貌

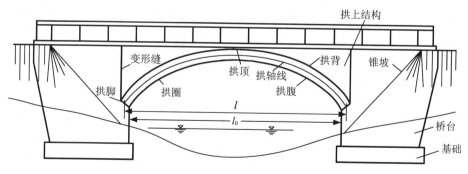

图 1-3　拱桥概貌

总跨径：多孔桥梁中各孔净跨径的总和，它反映了桥下宣泄洪水的能力。

计算跨径：对于设支座的桥梁（如梁式桥），它为相邻支座中心的水平距离；对于不设支座的桥梁（如拱桥、刚构桥等），它为上、下部结构的相交面之中心间的水平距离（见图 1-3 中的 l）。桥梁结构的力学计算以计算跨径为准。

标准跨径：对于梁式桥、板式桥，它为两桥墩中线之间的桥中心线长度或桥墩中线与桥台台背前缘线之间的桥中心线长度（见图 1-2 中的 l_b）；对于拱式桥和涵洞，它为净跨径。

桥梁全长：简称桥长（见图 1-2 中的 L）。对于有桥台的桥梁，它为两岸桥台翼墙尾端间的距离；对于无桥台的桥梁，它为桥面系行车道长度。

桥下净空：为满足通航（或行车、行人）的需要和保证桥梁安全而对上部结构底缘以下规定的空间界限。

桥梁建筑高度：上部结构底缘至桥面顶面的垂直距离（见图 1-2 中的 h）。线路定线中所确定的桥面高程，与通航（或桥下通车、人）净空界限顶部高程之差，称为容许建筑高度。显然，桥梁建筑高度不得大于容许建筑高度。为控制桥梁建筑高度，可以在桥面以上布置结构，如斜拉桥、悬索桥、中承式和下承式拱桥等。

桥面净空：桥梁行车道、人行道上方应保持的空间界限。公路、铁路和城市桥梁对桥面净空都有相应的规定。

水位：自由水面相对于某一基面的高程。关于计算水位所用基面，一般是以某处特征海平面高程为零点水准基面，称为绝对基面，常用的是黄海基面；也可以用特定点高程作为参证计算水位的零点，称为测站基面。水位是反映水体水情最直观的因素，一般呈季节性变化，其中，枯水季节河流的最低水位称为低水位，洪峰季节河流的最高水位称为高水位。桥梁设计中按规定的设计洪水频率计算所得的高水位（很多情况下是推算水位），称为设计水位。在各级航道中，能保持船舶正常航行的水位称为通航水位。

1.1.3 桥梁的分类

根据桥梁结构受力特点、用途、跨径、建造材料等，桥梁可采用多种分类方法。

1. 按结构受力体系分类

按结构受力体系分类，桥梁有梁、拱、索三大基本体系，其中梁桥以受弯为主，拱桥以受压为主，索桥以受拉为主。另外，上述三大基本体系的相互组合可以派生出具有多种受力特征的桥型，如刚构桥和斜拉桥等。下面分别阐述各种桥梁体系的主要受力特点、建造材料及适用场景。

（1）梁式桥

梁式桥是一种在竖向荷载作用下无水平反力的桥梁，由于外力（恒载和活载）的作用方向与承重结构的轴线接近垂直，因此与同样跨径的其他结构体系相比，梁式桥内产生的弯矩最大，通常需用抗弯、抗拉能力强的材料（如钢、钢筋混凝土、钢-混凝土组合等）来建造。对于中小跨径桥梁，目前在公路上应用最广的是标准跨径的钢筋混凝土简支梁桥（见图 1-4a），其施工方法有预制装配式和现浇两种。简支梁桥结构简单，施工方便，对地基承载力的要求也不高，其常用跨径小于 25 m，当跨径较大时，需采用预应力混凝土简支梁桥，但跨径一般不超过 50 m。为了改善受力条件和使用性能，在地质条件较好时,中小跨径梁桥可采用连续梁桥(见图 1-4b)的结构体系。

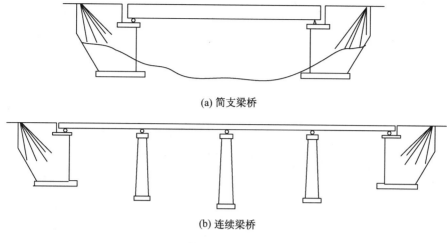

(a) 简支梁桥

(b) 连续梁桥

图 1-4　梁式桥

（2）拱式桥

拱式桥(见图 1-5)的主要承重结构是拱圈或拱肋(拱圈的横截面设计成分离式时,称为拱肋)。拱结构在竖向荷载作用下,桥墩和桥台将承受水平推力。同时,根据作用力和反作用力原理,墩台向拱圈(或拱肋)提供一对水平反力,这种水平反力将大大抵消拱圈(或拱肋)内由荷载引起的弯矩。因此,与同跨径的梁相比,拱的弯矩、剪力和变形都要小得多。鉴于拱桥的承重结构以受压为主,它通常可用抗压能力强的圬工材料(如砖、石、混凝土)和钢筋混凝土等来建造。

拱桥不仅跨越能力很强,而且外形酷似彩虹卧波,十分美观,在条件许可的情况下,修建拱桥往往是经济合理的,一般跨径在 500 m 以内均可将其作为比选方案。为了确保拱桥的安全,下部结构和地基(特别是桥台)必须能承受很大的水平推力作用(系杆拱桥除外)。此外,与梁桥不同的是,由于拱圈(或拱肋)在合龙前自身不能维持平衡,因此拱桥在施工过程中的难度和危险性要远大于梁桥。对于特大跨径的拱桥,也可建造成钢拱桥或钢-混凝土组合截面的拱桥,由自重较轻但强度很高的钢拱首先合龙并承担施工荷载,以降低整个拱桥施工的难度和风险。在地基条件不适合修建具有很大推力的拱桥的情况下,也可建造水平推力由受拉系杆来承受的系杆拱桥,系杆可由钢、预应力混凝土或高强钢筋制成。

按照行车道处于主拱圈的不同位置,拱桥分为上承式拱桥、中承式拱桥和下承式拱桥三种,如图 1-5 所示。

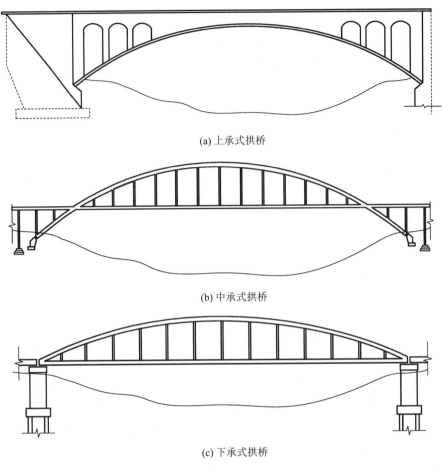

(a) 上承式拱桥

(b) 中承式拱桥

(c) 下承式拱桥

图 1-5　拱式桥

（3）刚构桥

　　刚构桥的主要承重结构是梁（或板）与立柱（或竖墙）整体结合在一起的刚架结构。梁与立柱的连接处具有很大的刚性，起承担负弯矩的作用。图 1-6 所示的门式刚构桥在竖向荷载作用下，柱脚处具有水平反力，梁主要受弯，但弯矩值较同跨径的简支梁小，同时，梁内还有轴压力。因为刚构桥的受力状态介于梁式桥与拱式桥之间，所以刚构桥跨中的建筑高度可做得较小。根据结构形式的不同，常见的刚构桥有 T 形刚构桥、连续刚构桥、斜腿式刚构桥等，分别如图 1-7 至图 1-9 所示。

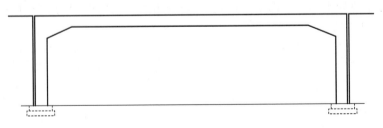

图 1-6　门式刚构桥

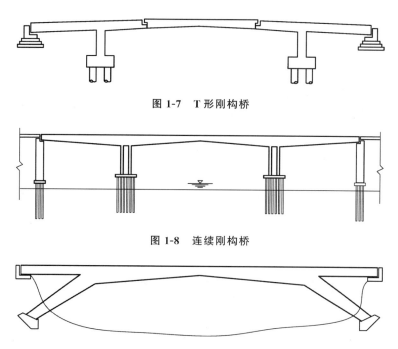

图 1-7 T 形刚构桥

图 1-8 连续刚构桥

图 1-9 斜腿式刚构桥

（4）斜拉桥

斜拉桥主要由塔柱、主梁和斜拉索三部分组成，图 1-10 所示为双塔式斜拉桥。斜拉桥的基本受力特点是：受拉的斜拉索将主梁从多点吊起，并将主梁的恒载和车辆等其他荷载传至塔柱，再通过塔柱基础传至地基。塔柱以受压为主。跨径较大的主梁类似多点弹性支承（吊起）的连续梁，可使主梁的弯矩大大减小。由于同时受到斜拉索水平分力的作用，所以主梁属于偏心受压构件。

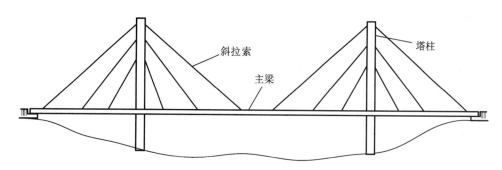

图 1-10 双塔式斜拉桥

由于主梁受到斜拉索的弹性支承，弯矩较小，因此主梁尺寸可以大大减小，使得结构自重显著减轻，从而大幅度提高斜拉桥的跨越能力。此外，由于塔柱、斜拉索和主梁构成稳定的三角形，斜拉桥的结构刚度较大，其抗风能力较悬索桥要强得多。但是，当跨径很大时，悬臂施工的斜拉桥由于主梁悬臂过长，承受压力过大，因此风险也较大。

常用的斜拉桥是双塔三跨式结构，独塔双跨式结构也较为常见。斜拉桥的具体形式及布置应根据河流、地形、通航、美观等要求加以论证确定。在横桥向，斜拉索一般按

双索面布置,也有采用中央布置的单索面结构。

（5）悬索桥

悬索桥(也称吊桥)主要由缆索、桥塔、锚碇、吊杆和加劲梁等组成,是以通过索塔悬挂并锚固于两岸(两端)的缆索为上部结构主要承重构件的桥梁,如图1-11所示。悬索桥通过吊杆传递桥面系竖向荷载,使锚固于悬索桥两端锚碇的缆索承受较大的拉力。为了承受巨大的缆索拉力,锚碇结构需做得很大(重力式锚碇),或者依靠天然完整的岩体来承受水平拉力(隧道式锚碇)。缆索传至锚碇的拉力可分解为垂直分力和水平分力,因而悬索桥也是具有水平反力(拉力)的结构。悬索桥的自重较轻,具有其他桥型无可比拟的跨越能力,常用于修建特大跨径的桥梁。

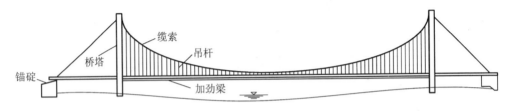

图 1-11　单跨式悬索桥

在不易修建锚碇的情况下,可采用自锚式悬索桥,即取消外置锚碇,而将缆索直接锚固在加劲梁上,此时缆索的水平分力由加劲梁承受,垂直分力则由梁端配重来平衡。但自锚式悬索桥需采用"先梁后缆"的施工方式,施工风险较大,另外在巨大的轴向压力作用下,为满足强度和稳定性要求,加劲梁用钢量较大。因此,自锚式悬索桥只能用于跨径不大的情形。在所有桥梁体系中,悬索桥的刚度最小,属柔性结构。在竖向荷载作用下,悬索桥将产生较大的变形,例如,跨径为1000 m的悬索桥在车辆荷载作用下,$L/4$区域的最大挠度可达3 m左右。另外,风振响应对大跨径悬索桥稳定性的影响较大,需在设计和施工中予以足够重视。

桥梁形式及跨径范围与其材料及结构特点有关,每一种桥梁结构形式都有其合理的跨径范围,超过这一范围,桥梁的经济指标会显著下降,甚至无法正常工作。在目前的材料性能及技术水平下,各种形式桥梁的材料要求、结构特点及适宜的跨径范围大致如表1-1所示。

表 1-1　桥梁的结构体系及特点

桥梁体系	主要承重构件	受力特点(竖向力作用下)	材料要求	结构特点	适宜的跨径范围/m
梁式桥	梁(板)	主梁受弯矩和剪力,以受弯为主。墩台只受竖向力,无水平反力	抗弯能力强(如钢、木、钢筋混凝土、预应力混凝土)	简支梁桥结构简单,施工方便,对地基要求不高;连续梁桥跨越能力较强,对地基要求高	简支梁桥:0~50 连续梁桥:50~300

桥梁体系	主要承重构件	受力特点（竖向力作用下）	材料要求	结构特点	适宜的跨径范围/m
拱式桥	拱圈或拱肋	拱圈主要受压，也受弯矩和剪力；墩台受竖向力、弯矩及水平推力	抗压能力强（如砖石、混凝土、钢筋混凝土、钢、钢管混凝土）	跨越能力强，造型美观，对地基要求高，施工较难	普通拱桥：50～500系杆拱桥：50～800
刚构桥	钢架结构	梁以受弯为主，柱脚有水平反力和弯矩，介于梁、拱之间	钢筋混凝土、预应力混凝土	跨中建筑高度较小，适合采用悬臂法施工，但刚结点施工困难，易开裂	50～350
斜拉桥	主梁和斜拉索	斜拉索只受拉力，主梁受弯，还受拉索压力	平行高强钢丝束、平行钢绞线	梁内弯矩、梁体尺寸和重量大大减小	50～1200
悬索桥	缆索（主缆）	缆索只受拉力，墩台受竖向力及水平推力	平行高强钢丝束	自重轻，跨越能力强；刚度差，变形及振动大	300～2000

2. 其他分类

桥梁除了可按受力体系分类外，还可按下列方式进行分类。

（1）按用途划分，有公路桥、铁路桥、公铁两用桥、农桥或机耕道桥、人行桥、水运桥或渡槽、管线桥等。

（2）按多孔跨径总长和单孔跨径划分，有特大桥、大桥、中桥、小桥等（见表1-2）。

表 1-2　按多孔跨径总长 L 和单孔跨径 L_k 进行分类

桥梁分类	多孔跨径总长 L/m	单孔跨径 L_k/m	桥梁分类	多孔跨径总长 L/m	单孔跨径 L_k/m
特大桥	$L>1000$	$L_k>150$	中桥	$30<L<100$	$20\leqslant L_k<40$
大桥	$100\leqslant L\leqslant1000$	$40\leqslant L_k\leqslant150$	小桥	$8\leqslant L\leqslant30$	$5\leqslant L_k<20$

注：① 单孔跨径是指标准跨径。
　　② 梁式桥、板式桥的多孔跨径总长为多孔标准跨径的总长；拱式桥为两端桥台内起拱线间的距离；其他形式桥梁为桥面系行车道长度。

（3）按主要承重结构所用的材料划分，有圬工桥（包括砖、石、混凝土桥）、钢筋混凝土桥、预应力混凝土桥、钢桥、钢混凝土组合桥和木桥等，目前钢筋混凝土桥梁常用的材料参数如附录1中的附表1-1至附表1-8所示。

（4）按跨越障碍的性质划分，有跨河桥、跨海桥、跨线桥、立交桥和高架桥等。

（5）按桥跨结构的平面布置划分，有正交桥、斜交桥和弯桥。

（6）按上部结构的行车道位置划分，有上承式桥、中承式桥和下承式桥。

（7）按桥梁的可移动性划分，有固定桥和活动桥。活动桥包括开启桥、升降桥、旋转桥和浮桥等。

1.2 桥梁的发展历史和现状

我国桥梁有着辉煌悠久的历史。在诸多史书如《史记》《汉书》和各地的通志中均记载了不同朝代的桥梁。我国古代桥梁不仅数量众多,而且在木梁桥、石梁桥、索桥及桥梁基础等方面具有开创性。其中"虹桥"是最为典型的木梁桥,北宋画家张择端的《清明上河图》中就描绘过这种桥的风采。迄今为止,在云南、浙江等省仍保存着许多木桥。著名的石梁桥有河北赵县的赵州桥(安济桥)、陕西西安的灞桥、福建泉州的洛阳桥、广东潮安的广济桥(湘子桥)等。著名的索桥有四川甘孜的泸定桥、四川都江堰的安澜桥等。

洛阳桥原名万安桥,位于福建泉州洛阳江入海口,是世界上现存的跨径最大的石质梁式桥,如图1-12所示。它始建于北宋皇祐五年(公元1053年),全长1106 m,共46墩47孔。桥建成后,屡经台风、巨浪袭击和地震破坏,历代较大规模修理有6次,迄今屹立不倒。赵州桥,又称安济桥,位于河北石家庄赵县,如图1-13所示。赵州桥始建于隋朝,由李春设计建造,是世界上现存的年代最久远、跨径最大、保存最完整的单孔坦弧敞肩石拱桥,净跨约37 m,宽9 m,矢高7.23 m,在拱背上设有4个跨径不等的腹拱,既减轻了桥身自重,便于排洪,又增强了美观性。赵州桥在世界桥梁史上首创"敞肩拱"结构形式,具有较高的科学研究价值和艺术价值,在中国造桥史上占有重要地位,对世界后代桥梁建筑有着深远影响。

著名的古代桥梁还有福建漳州的虎渡桥,北京的卢沟桥、玉带桥和十七孔桥(见图1-14),苏州的枫桥等。

图1-12　福建泉州洛阳桥　　　图1-13　河北赵县赵州桥　　　图1-14　北京颐和园十七孔桥

近代桥梁建造促进了桥梁科学理论的兴起和发展。1857年,法国力学专家圣维南在前人对拱的理论、静力学和材料力学研究的基础上,提出了较完整的梁理论和扭转理论。在这个时期,连续梁和悬臂梁的理论建立了起来,桥梁桁架分析(如华伦桁架和豪氏桁架的分析方法)也得到解决。19世纪70年代后期,经过德国人K.库尔曼、英国人W.J.M.兰金和J.C.麦克斯韦等人的努力,结构力学获得很大的发展,人们已能够对桥梁各构件在荷载作用下的应力进行分析。这些理论的发展,推动了桁架、连续梁和悬臂梁的发展。19世纪末,弹性拱理论已经比较完善,促进了拱桥的发展。20世纪20年代,土力学的兴起推动了对桥梁基础的理论研究。

1912 年,由我国铁路之父詹天佑担任总设计师设计的泺口黄河铁路特大桥建成(见图 1-15),大桥建成之后,成为北达京津、南至沪宁的重要交通枢纽。1937 年建成的钱塘江大桥(见图 1-16)全长 1453 m,上层为双车道公路,下层为单线铁路,正桥 18 跨,每跨 66 m,该桥由茅以升主持设计,是中国自行设计、建造的第一座双层公铁两用桥,横贯钱塘江南北,是连接沪杭铁路、浙赣铁路的交通要道。

1883 年建成的纽约布鲁克林大桥(见图 1-17)跨径达 483 m,开创了悬索桥的先河。1937 年建成的旧金山金门大桥(见图 1-18)主跨达 1280 m,至今仍是桥梁经典之作。

图 1-15　泺口黄河铁路特大桥

图 1-16　钱塘江大桥

图 1-17　纽约布鲁克林大桥

图 1-18　旧金山金门大桥

自新中国成立,特别是改革开放以来,随着我国科技与经济实力的不断增强,桥梁科学技术获得了比历史上任何时期都快的发展。高强轻质材料的发展和应用,设计的计算机化,制造的工业化、自动化与程序化,施工工艺技术的提高等,使得桥梁跨径不断增大,桥梁形式的多样化与结构的整体化水平不断提高。当代,我国桥梁工程无论是建设规模还是建造技术,均取得了举世瞩目的成就,逐渐跻身世界先进行列。

1.2.1　梁式桥

目前我国跨径最大的简支梁桥是 1997 年建成的昆明南过境干道高架桥,跨径达63 m。进入 20 世纪 80 年代以来,采用对称平衡悬臂法施工的大跨径预应力混凝土连续梁得到了迅速发展。2006 年建成的重庆石板坡长江大桥(见图 1-19),主跨达到330 m,建成时为世界上跨径最大的预应力混凝土梁式桥。

1977 年奥地利建成了跨径达 76 m 的阿尔姆桥,为世界上第一座预应力混凝土梁式桥。国外著名的梁式桥还有挪威斯托尔桑德特大桥($l=260$ m,1994 年,见图 1-20)。

图 1-19　重庆石板坡长江大桥　　　图 1-20　挪威斯托尔桑德特大桥

1.2.2　拱式桥

拱式桥造型优美,跨越能力较强,长期以来一直是大跨径桥梁的主要形式之一。钢筋混凝土拱桥从 20 世纪初到 20 世纪 50 年代得到了很大的发展,后因支架问题其应用受到一定的限制,直到 1979 年南斯拉夫用无支架悬臂施工法建成跨径达 390 m 的克尔克大桥(见图 1-21)才突破限制,该桥跨径保持了 18 年的世界纪录。无支架悬臂施工法目前在大跨径拱桥施工中被广泛采用。

拱桥按其截面材料的不同,可分为钢拱桥、石拱桥、钢管混凝土拱桥等。世界上著名的钢拱桥有澳大利亚悉尼港湾大桥($l=503$ m,1932 年)、美国西弗吉尼亚州新河峡大桥($l=518$ m,1977 年)、中国上海卢浦大桥($l=550$ m,2003 年)等。2009 年建成通车的重庆朝天门长江大桥(见图 1-22),主跨达 552 m,建成时为世界上跨径最大的拱桥。在石拱桥方面,山西晋城丹河大桥建成时为世界上跨径最大的石拱桥($l=146$ m,2000 年)。

图 1-21　克尔克大桥　　　　图 1-22　重庆朝天门长江大桥

20 世纪 90 年代兴起的钢管混凝土,使得大跨径拱桥的建造能力得到了进一步提升。1998 年建成的广西南宁三岸邕江大桥,主跨为 270 m。2013 年建成的波司登长江大桥(见图 1-23),跨径达 530 m,建成时为世界上跨径最大的混凝土拱桥。

以钢管混凝土为劲性骨架,外包混凝土形成箱形拱,是修建大跨径拱桥的首选方法之一,这种分期形成的截面充分利用了钢管混凝土承载潜力大的优势。基于此桥梁形式,我国已建成广西邕宁邕江大桥($l=312$ m,1996 年)和重庆万州长江大桥(原万县长江大桥,$l=420$ m,1997 年,见图 1-24),其中万州长江大桥建成时为世界上跨径最大的钢筋混凝土拱桥。

图 1-23　波司登长江大桥

图 1-24　重庆万州长江大桥

1.2.3　斜拉桥

1975 年,我国建成了第一座斜拉桥,即跨径为 76 m 的重庆云阳汤溪河桥。改革开放后,随着跨越大江大河的需求不断攀升,我国的斜拉桥建设得到了快速发展,修建了诸多特大跨径的斜拉桥。据不完全统计,我国建成的斜拉桥已超过 100 座,其中跨径超过 400 m 的斜拉桥已超过 60 座,居世界首位。

1991 年建成的上海南浦大桥,跨径 423 m;1993 年建成的上海杨浦大桥,跨径 602 m;1998 年建成的香港汀九桥,跨径 448 m;2001 年建成的福建青洲大桥,跨径 605 m;2001 年建成的南京长江第二大桥(2019 年更名为南京八卦洲长江大桥),跨径 628 m;2010 年建成的鄂东长江大桥为主跨达 926 m 的混合梁斜拉桥(见图 1-25)。

目前,我国已建成数座跨径超 1000 m 的斜拉桥。例如:香港昂船洲大桥($l = 1018$ m,2009 年);苏通长江公路大桥($l = 1088$ m,2008 年),建成时为世界上跨径第二的斜拉桥。2020 年建成的沪苏通长江大桥(见图 1-26),主跨达 1092 m,建成时为国内跨径最大的斜拉桥,大桥采用了世界首创的千米级公铁两用斜拉桥设计建造技术,建成时创下多项世界纪录:主塔高 325 m,为世界最高的公铁两用斜拉桥主塔;沉井基础高 110.5 m,建成时为世界上体积最大的沉井基础。

图 1-25　鄂东长江大桥

图 1-26　沪苏通长江大桥

世界上其他国家和地区也有一些著名的斜拉桥,例如:美国 P-K 桥($l = 299$ m,1978 年),为世界上第一座密索体系的预应力混凝土斜拉桥;法国密佑高架桥($l = 342$ m,2004 年,见图 1-27);海参崴俄罗斯岛跨海大桥($l = 1104$ m,2012 年,见图 1-28),建成时为世界上跨径最大的斜拉桥。

图1-27 法国密佑高架桥

图1-28 海参崴俄罗斯岛跨海大桥

1.2.4 悬索桥

我国的悬索桥建设起步较晚,特别是在特大跨径悬索桥方面。20世纪90年代中期以后,随着建造技术的进步和沿海地区跨海及跨江大桥建设的需求,这一局面得到了彻底改变。自1995年起,我国先后建成汕头海湾大桥($l=452$ m,1995年)、西陵长江大桥($l=900$ m,1996年)、虎门大桥($l=888$ m,1997年)、香港青马大桥($l=1377$ m,1997年)、江阴长江公路大桥($l=1385$ m,1999年)、润扬长江公路大桥($l=1490$ m,2005年)。2009年建成的西堠门大桥(见图1-29),跨径达1650 m,建成时为世界上跨径第二的悬索桥。2012年建成的湖南矮寨大桥(见图1-30),为钢桁加劲梁单跨悬索桥,塔梁分离,主跨跨越矮寨大峡谷,跨径达1176 m,建成时是世界上跨越峡谷的跨径最大的钢桁梁悬索桥。

图1-29 西堠门大桥

图1-30 湖南矮寨大桥

目前已建成的世界上跨径最大的悬索桥是2022年建成通车的土耳其1915恰纳卡莱大桥(见图1-31),主跨跨径为2023 m,大桥横跨达达尼尔海峡,连接了欧亚两洲,把以往乘轮渡过海峡所需的约1 h缩短为6 min车程,从能源消耗和碳排放角度每年可节约4.15亿欧元。

图1-31 1915恰纳卡莱大桥

1.2.5　桥梁发展前景

1. 新材料应用

随着新型材料的研发,一些高强度、高耐久性的新材料在桥梁工程中得到了越来越广泛的应用,如碳纤维复合材料、高强度钢材、高性能混凝土等。碳纤维复合材料可用于制造斜拉桥的拉索以及桥梁的加固等。2004 年,东南大学、江苏大学和北京特希达科技有限公司共同研发了用于斜拉桥的碳纤维拉索,并用这种拉索在江苏大学校内建成了国内首座碳纤维索斜拉桥(见图 1-32),为碳纤维索结构体系的推广

图 1-32　江苏大学校内碳纤维索斜拉桥

应用起到了示范作用。该桥跨径为 30 m＋18.4 m,采用双柱式索塔,索塔两侧各布置了 4 对碳纤维斜拉索。与传统钢索斜拉桥相比,碳纤维索斜拉桥更为轻质、高强、耐久。高强度钢材主要用于制造悬索桥的主缆(如五峰山大桥的主缆强度达 1960 MPa)、正交异性钢桥面板等;高性能混凝土则主要用于沿海桥梁,使其耐久性得到大幅度提高。

2. 新型桥梁施工技术

随着现代技术、设备的发展,实际工程中涌现出一批先进的桥梁施工技术,如悬索桥采用火箭抛送先导索技术(四渡河特大桥)、复式钢箱拱桥卧拼竖提转体施工技术(佛山东平大桥)、拱桥整体提升架设施工技术、装配式墩台施工技术等。这些技术不仅解决了复杂环境下的桥梁施工问题,而且节省了人力和时间,大大加快了桥梁施工进度。

3. 组合体

随着综合交通设施的发展,在一些复杂环境下,工程人员不得不采用一些组合体系的交通设施,如桥隧组合、桥岛隧组合等。2018 年建成的港珠澳大桥就是典型的桥岛隧工程,它位于中国广东省珠江口伶仃洋区域,连接了香港、珠海和澳门三个城市。港珠澳大桥因超大的建筑规模、空前的施工难度以及顶尖的建造技术而闻名世界,先进的组合体系也使其成为具有超强跨越能力的优秀桥梁(见图 1-33)。

图 1-33　港珠澳大桥

4. 桥梁智能检测与管理

随着全世界范围内交通基础建设的飞速发展,桥梁的数量越来越多、规模越来越大。据不完全统计:美国现有公路桥梁接近 62 万座,平均桥龄 43.2 年;日本现有跨径大于 15 m 的公路桥梁 16.1 万座,平均桥龄 40.8 年;我国公路桥梁总数达 85 万座,平均桥龄 22.7 年。另外,我国高速铁路里程已超过 4 万公里,其中桥梁里程超过 50％。随着服役时间的增加,桥梁将面临严峻的耐久性、安全性及正常使用功能下降的问题,因此,需采用精准、高效、智能化的检测技术对运营期桥梁的工作状态进行检测与评估,以确保桥梁在使用过程中的安全性。

传统的检测技术及手段无法适应大规模桥梁病害的快速精准检测,智能检测技术的研发大大拓宽了桥梁检测的广度,提高了检测的精度及效率,未来的桥梁检测将向更智能、更高效、更精确的方向发展。声波、雷达、电磁、图像、激光等先进传感技术将会越来越多地应用于桥梁智能检测中,物联网、云计算等信息化技术的引入可显著提升桥梁检测及监测的效率和效果,机器将更多地替代人工开展桥梁结构检测及长期监测工作,图 1-34 所示为对悬索桥的拉索进行探伤的智能机器人。另外,利用检测数据对桥梁进行综合性智慧管理也是未来桥梁的发展趋势,图 1-35 所示为基于物联网、大数据、人工智能的智慧桥梁监控检测系统。

 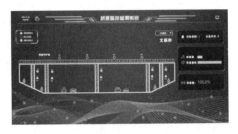

图 1-34　桥梁拉索检测机器人　　　　图 1-35　智慧桥梁监控检测系统

1.3　桥梁的总体规划

1.3.1　基本原则

桥梁是公路、铁路和城市道路的重要组成部分,特别是大、中桥梁的建设,对当地经济、交通、国防等都具有重要意义。因此,桥梁设计应符合技术先进、安全可靠、适用耐久、经济合理的要求,同时应满足美观、环境保护和可持续发展的要求。桥梁建设应遵循的各项基本原则如下。

1. 技术先进

在因地制宜的前提下,应尽可能采用成熟的新结构、新设备、新材料和新工艺,学习国内外的先进技术,充分利用最新科学技术的成就,淘汰和摒弃落后与不合理的技术。只有这样,才能不断提高我国的桥梁建设水平。

2. 安全可靠

桥梁的安全可靠包括:① 所设计的桥梁结构在强度、稳定性和耐久性方面应有足够的安全储备;② 防撞栏杆应具有足够的高度和强度,人与车流之间应做好防护,防止车辆撞入人行道或撞坏栏杆而落到桥下;③ 对于交通繁忙的桥梁,应设置照明设施和明确的交通标志,两端引桥坡度不宜太陡,以免发生车辆碰撞等事故;④ 对于修建在地震区的桥梁,应按抗震要求采取防震措施;⑤ 对于在河床易变迁的河道上架设的桥梁,应设计好导流设施防止桥梁基础底部被过度冲刷;⑥ 对于在通行大吨位船舶的河道上架设的桥梁,除按规定加大桥孔跨径外,必要时还须设置防撞构筑物等。

3. 适用耐久

桥梁的适用耐久包括:① 应保证桥梁的设计使用年限符合现行《公路工程技术标准》(JTG B01—2014)的规定;② 桥面宽度能满足当前以及今后规划年限内的交通流量(包括行人通行);③ 桥梁结构在通过设计荷载时不出现过大的变形和过宽的裂缝;④ 应考虑不同的环境类别对桥梁耐久性的影响,选择合适的材料保护层厚度、阻锈材料及技术等来满足耐久性的要求;⑤ 桥跨结构的下面有利于泄洪、通航(跨河桥)、车辆和行人通行(旱桥);⑥ 桥梁的两端方便车辆进入和疏散,不致产生交通堵塞现象;⑦ 考虑综合利用,方便各种管线(水、电气、通信等)的搭载。

4. 经济合理

桥梁的经济合理包括:① 桥梁设计应遵循因地制宜、就地取材和方便施工的原则;② 经济性较好的桥型应该是在建设造价和使用年限内养护费用等综合开支最节省的桥型,设计中应充分考虑维修的便利性和维修费的合理性,维修时尽可能不中断交通,或中断交通的时间最短;③ 所选择的桥位应是地质、水文条件好的河段,桥梁长度也应较短;④ 桥位应考虑选在能缩短河道两岸运距、促进地区经济发展、产生最大经济及社会效益的河段,过桥收费的桥梁应能吸引更多的车辆通过以达到尽快回收投资的目的。

5. 美观

桥梁的结构布置必须合理,并在空间上有和谐的比例。桥型及涂装应与周围自然环境、建筑风格相协调,城市桥梁和游览地区的桥梁应更多地考虑建筑艺术上的需求。合理的结构布局和轮廓是美观的主要因素,结构细部的美学处理也十分重要,另外,施工质量对桥梁的美观也有重大影响。

6. 环境保护和可持续发展

桥梁施工会产生废物、废水等污染物,从而对生态环境造成不利影响。为符合世界范围内对环境保护和可持续发展的要求,应从桥位选择、桥跨布置、基础方案、墩身外形、上部结构施工方法、施工组织设计等多方面考虑,采取必要的工程控制措施,并建立环境监测保护体系,将桥梁施工对环境造成的不利影响减至最小,待桥梁施工完成后,恢复桥头两端的植被或采取一定的措施来美化桥梁周边的景观。

1.3.2　桥梁平面设计

桥梁设计首先要确定桥位,按照《公路工程技术标准》(JTG B01—2014)的规定,小桥和涵洞的位置与线形一般应符合路线的总走向,为满足水文、线路弯道等要求,可设计斜桥和弯桥;而对于公路上的特大桥、大桥、中桥,桥位原则上应服从路线走向,综合考虑桥、路,尽量选择在河道顺直、水流稳定、地质良好的河段建设。

桥梁的平曲线半径、平曲线超高和加宽、缓和曲线、变速车道设置等均应满足相应等级线路的规定。

1.3.3　桥梁纵断面设计

桥梁纵断面设计包括确定桥梁的总跨径、桥梁的分孔、桥面高程、桥上和桥头引道的纵坡,以及基础的埋置深度等。

1. 桥梁的总跨径

桥梁的总跨径一般根据水文计算来确定。其基本原则是：在桥梁使用年限内，保证设计洪水能顺利宣泄；河流中可能出现的流冰和船只、排筏等能顺利通过；避免因过分压缩河床引起河道和河岸的不利变迁；避免因桥前壅水而淹没农田、房屋和其他公共设施等。对于桥梁结构本身来说，不能因总跨径缩短引起的河床过度冲刷而给浅埋基础带来不利影响。在某些情况下，为了降低工程造价，可以在不超过允许的桥前壅水和规范规定的允许最大冲刷系数的条件下，适当增大桥下冲刷，以缩短总跨长。例如，对于深埋基础，一般允许强度稍大一点的冲刷，使总跨径能适当减小；对于平原区稳定的宽滩河段，流速较小，漂流物也少，主河槽较大，这时，可以对河滩的浅水流区段作较大的压缩，但必须慎重校核，压缩后的桥梁壅水不得危及河滩路堤以及附近的农田和建筑物。

2. 桥梁的分孔

一座较长的桥梁应当分成若干孔，而孔径划分的大小不仅影响使用效果和施工难易，而且在很大程度上影响桥梁的总造价。例如：采用的跨径越大，孔数越少，尽管可以降低墩台造价，但会使上部结构的造价大大增加；反之，上部结构的造价虽然会降低，但墩台的造价却又有所增加。因此，在满足使用和技术要求的前提下，通常采用最经济的分孔方式，使上、下部结构的总造价趋于最低。

桥梁分孔的要求包括：① 对于架设在通航河流上的桥梁，在分孔时首先应满足桥下的通航要求。桥梁的通航孔应布置在航行最方便的河域。对于架设在变迁性河流上的桥梁，根据具体条件，应多设几个通航孔。② 对于架设在平原区宽阔河流上的桥梁，通常在主河槽部分按需要布置较大的通航孔，而在两侧浅滩部分按经济跨径进行分孔。③ 对于在山区深谷上、水深流急的江河上架设的桥梁，或在水库上修桥时，为了减少中间桥墩的数量，应加大跨径。如果条件允许，甚至可以采用特大跨径的单孔跨越。④ 对于采用连续体系的多孔桥梁，应从结构的受力特性考虑，使边孔与中孔的跨中弯矩接近相等，合理地确定相邻跨之间的比例。⑤ 当河流中存在不利地质段，如岩石破碎带、裂隙、溶洞等时，为了使桥基避开这些区段，可以适当加大跨径。

总之，大、中桥梁的分孔是一个相当复杂的问题，必须根据使用要求、所处地形地貌、河床及水文等具体情况，对技术、经济等方面进行分析比较，才能做出比较完美的设计方案。

3. 桥面高程

合理的桥面高程必须根据设计水位、桥下通航（通车）净空的需要，并结合桥型、跨径等来确定。下面介绍不同情况下确定桥面高程的方法。

(1) 流水净空要求

① 按设计水位计算桥面最低高程时，应按下式计算：

$$H_{min} = H_j + \Delta h_j + \Delta h_0 \qquad (1\text{-}1)$$

式中：H_{min}——桥面最低高程，m；

H_j——计算水位（设计水位计入壅水、浪高等），m；

Δh_j——桥下净空安全值，应符合表 1-3 的规定，m；

Δh_0——桥梁上部构造建筑高度（包括桥面铺装厚度），m。

表 1-3　非通航河流桥下净空安全值 Δh_j

桥梁的部位		高出计算水位/m	高出最高流冰面/m
梁底	洪水期无大漂流物	0.50	0.75
	洪水期有大漂流物	1.50	
	有泥石流	1.00	
支座垫石顶面		0.25	0.50
拱脚		0.25	0.25

注：① 无铰拱的拱脚允许被洪水淹没，淹没高度不宜超过拱圈高度的 2/3，且拱顶底面至计算水位的净高不应小于 1 m。
　　② 山区河流水位的变化大，桥下净空安全值可适当加大。

② 按设计最高流冰水位计算桥面最低高程时，应按下式计算：

$$H_{\min} = H_{SB} + \Delta h_j + \Delta h_0 \tag{1-2}$$

式中：H_{SB}——设计最高流冰水位（应考虑床面淤高），m。

③ 桥面设计高程不应低于式（1-1）或式（1-2）的计算值。

（2）通航净空要求

为了保证桥下安全通航，通航孔桥跨结构下缘的高程应高出自设计通航水位算起的净空高度。《内河通航标准》（GB 50139—2014）规定了水上过河建筑物的通航净空尺度。对于限制性航道、黑龙江水系和珠江三角洲至港澳内河航道的通航净空，另有相关规定。此外，《海轮航道通航标准》（JTS 180-3—2018）适用于沿海、海湾及区域内通航海轮航道的桥梁。

（3）跨线桥下的交通要求

在设计跨线路（铁道或公路）的立体交叉时，跨结构底缘的高程应高出规定的车辆净空高度。对于公路所需的净空限界，见下文"桥梁横断面设计"部分，铁路的净空限界可查阅《铁路桥涵设计规范》（TB 10002—2017）。

综上所述，位于河中的各跨桥梁的桥面高程均应首先满足流水净空的要求；对于通航或桥下通车的桥孔，还应满足通航净空或建筑净空限界的要求。另外，还应考虑桥的两端能够与公路或城市道路顺利衔接等。因此，全桥各跨的桥面高程是不相同的，必须综合考虑和规划。一般将桥梁的纵断面设计成单向或双向坡度，既利于交通，又便于桥面排水（对于不太长的小桥，可以做成平坡桥），但桥上纵坡不宜大于 4%，桥头引道纵坡不宜大于 5%。对于位于市镇混合交通繁忙处的桥梁，桥上纵坡和桥头引道纵坡均不得大于 3%；对于易结冰、易积雪的桥梁，桥上纵坡不宜大于 3%，且应在纵坡变化处按规定设置曲线。

1.3.4　桥梁横断面设计

桥梁横断面的设计主要取决于桥面的宽度和不同桥跨结构的横截面形式。桥面宽度的确定取决于行车和行人的交通需要，为保证桥梁的服务水平，桥面宽度应当与所在路线的路基宽度保持一致。《公路工程技术标准》（JTG B01—2014）中规定了各级公路的建筑限界，如图 1-36 所示，路面各组成部分的宽度依据设计速度这一路线基准要素

来确定,在建筑限界内,不得有任何部件侵入。各级公路设计速度的规定如表1-4所示,路面各部分的宽度可以从表1-5至表1-8中选取。

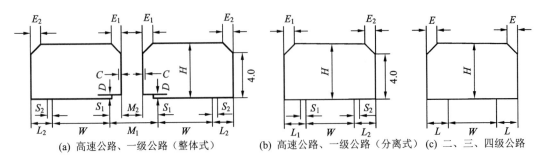

(a) 高速公路、一级公路（整体式）　(b) 高速公路、一级公路（分离式）　(c) 二、三、四级公路

图1-36　建筑限界(尺寸单位:m)

注：W——行车道宽度,是设计车道数与车道宽度(见表1-5)的乘积,并计入所设置的加(减)速车道、紧急停车道、爬坡车道、慢车道或错车道的宽度;

C——当设计速度大于100 km/h时为0.5 m,等于或小于100 km/h时为0.25 m;

D——路缘石高度,小于或等于0.25 m,一般情况下,高速公路可不设路缘石;

S_1——行车道左侧路缘带宽度,一般规定见表1-6;

S_2——行车道右侧路缘带宽度,应为0.5 m;

M_1——中间带宽度;

M_2——中央分隔带宽度;

E——建筑限界顶角宽度,当$L \leq 1$ m时,$E=L$;当$L>1$ m时,$E=1$ m;

E_1——建筑限界顶角宽度,当$L_1<1$ m,$E_1=L_1$,或$S_1+C<1$ m,$E_1=S_1+C$;当$L_1 \geq 1$ m或$S_1+C \geq 1$ m时,$E_1=1$ m;

E_2——建筑限界顶角宽度,$E_2=1$ m;

H——净空高度,高速公路和一级、二级公路为5.0 m,三级、四级公路为4.5 m;

L_1——左侧硬路肩宽度;

L_2——右侧硬路肩宽度;

L——侧向宽度。二级公路的侧向宽度为硬路肩宽度。三、四级公路的侧向宽度为路肩宽度减去0.25 m。

表1-4　各级公路设计速度

公路等级	高速公路			一级公路			二级公路		三级公路		四级公路
设计速度/(km·h⁻¹)	120	100	80	100	80	60	80	60	40	30	30	20

表1-5　车道宽度

设计速度/(km·h⁻¹)	120	100	80	60	40	30	20
车道宽度/m	3.75	3.75	3.75	3.50	3.50	3.25	3.00

表 1-6 左侧路缘带宽度

设计速度/(km·h⁻¹)	120	100	80	60
左侧路缘带宽度/m	0.75	0.75	0.50	0.50

表 1-7 右侧硬路肩宽度

公路等级(功能)		高速公路			一级公路(干线功能)	
设计速度/(km·h⁻¹)		120	100	80	100	80
右侧硬路肩宽度/m	一般值	3.00(2.50)	3.00(2.50)	3.00(2.50)	3.00(2.50)	3.00(2.50)
	最小值	1.50	1.50	1.50	1.50	1.50

注：① 高速公路和作为干线的一级公路以通行小客车为主,右侧硬路肩宽度采用括号内数值。
② 高速公路、一级公路的右侧硬路肩宽度小于 2.50 m 时,应设置紧急停车带。紧急停车带宽度应为 3.50 m,有效长度不应小于 40 m,间距不宜大于 500 m。

表 1-8 分离式断面高速公路、一级公路左侧硬路肩宽度

设计速度/(km·h⁻¹)	120	100	80	60
左侧硬路肩宽度/m	1.25	1.00	0.75	0.75

1.4 桥梁的设计步骤

　　桥梁的规划设计所涉及的因素较多,特别是复杂的大、中桥梁,其规划设计是一个综合性的系统工程。设计合理与否将直接影响所在区域的政治、经济、文化以及人民的生活,因此必须建立一套严格的管理体制和合理的工作程序。我国公路桥梁各设计阶段与建设阶段的关系如图 1-37 所示。

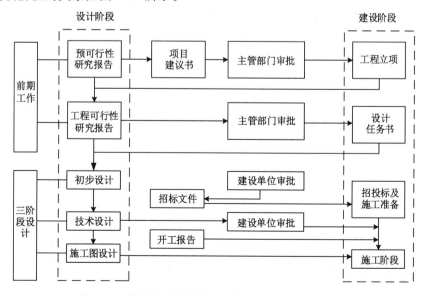

图 1-37 我国公路桥梁各设计阶段与建设阶段的关系

1.4.1　可行性研究阶段

1. 预可行性研究

预可行性研究(简称"预可")阶段着重研究建桥的必要性以及宏观经济上的合理性。"预可"阶段研究形成的预可行性研究报告(简称"预可报告")应从经济、政治、国防等方面详细阐明建桥理由及工程建设的必要性和重要性,同时初步探讨技术上的可行性。对于区域性线路上的桥梁,应以建桥地点的车流量调查为理论依据。

"预可"阶段的主要工作目标是解决建设项目的上报立项问题,因而"预可报告"中应编制几个可能的桥型方案,对工程造价、资金来源、投资回报等问题也应有初步估算和设想。

2. 工程可行性研究

在项目建议书被审批确认后,可着手进行工程可行性研究(简称"工可")阶段的工作。这一阶段应着重研究和制定桥梁的技术标准,包括设计荷载标准、桥面宽度、通航标准、设计车速、桥面纵坡、桥面平纵曲线半径等。在这一阶段,桥梁建设部门应与河道、航运、规划等部门共同研究,协商确定相关的技术标准并做环境和地震评价。

在"工可"阶段,应提出多个桥型方案,并依据《公路工程基本建设项目投资估算编制办法》估算造价,对资金来源和投资回报等问题进行落实。

1.4.2　设计工作阶段

1. 初步设计

初步设计应根据批复的可行性研究报告、测设合同以及初测、初勘或定测、详勘资料编制。初步设计的目的是确定设计方案,应通过对多个桥型方案的比选推荐最优方案,报上级审批。在编制各个桥型方案时,应提供平面图、纵断面图、横断面图,标明主要尺寸、计算结果(内力、应力)和预应力筋布置图,并估算工程数量和主要材料数量,提出施工意见,编制设计概算,提供文字说明和图表资料。初步设计经批复后,成为施工准备、编制施工图设计文件和控制建设项目投资等的依据。

2. 技术设计

对于技术上复杂的特大桥、互通式立交或新型桥梁结构,需进行技术设计。技术设计应根据初步设计批复意见、测设合同的要求,对重大、复杂的技术问题通过科学试验、专题研究、加深勘探调查及分析比较,进一步完善批复的桥型方案的总体和细部各种技术问题以及施工方案,并修正工程概算。

3. 施工图设计

施工图设计应根据初步设计或技术设计的批复意见、测设合同,进一步对所审定的修建原则、设计方案、技术决定加以具体和深化,在此阶段,必须对桥梁各种构件进行详细的结构计算,并且确保桥梁强度、刚度、稳定性等各项技术指标满足规范要求,绘制出供施工用的结构设计详图,提出文字说明及施工组织计划,并编制施工图预算。

国内一般的(常规的)桥梁采用两阶段设计,即初步设计和施工图设计。对于技术简单、方案明确的小桥,也可采用一阶段设计,即施工图设计。

4. 桥梁设计方案比较

为了获得经济、适用和美观的桥梁,设计者需要运用丰富的桥梁建筑理论和实践知识,对拟定的桥梁设计方案进行深入细致的分析研究。对于一定的建桥条件,需做出满足基本要求的多种设计方案,只有通过技术经济等方面的综合比较,才能科学地得出最佳的设计方案。

(1) 拟定桥型图式

桥梁设计方案比较通常是从桥梁分孔和拟定桥型图式开始的。先根据前述的分孔原则对所设计的桥梁进行分孔,再拟定出一系列各具特点且可能实现的桥型图式。拟定桥型图式时,设计思路要广,不要遗漏可能的桥型和布置,并且把所有桥型图式按大致相同的比例画在同样大小的桥址河床断面及地质剖面图上。然后经过综合分析和判断,剔除一些在技术经济上明显不足的图式,选出几个(通常 2~4 个)构思好、各具优点但还难以判定孰优孰劣的图式,作为进一步比较的方案。

(2) 编制方案

编制方案的目的在于提供各个中选图式的技术经济指标,以便经过相互比较,科学地从中选定最佳方案。这些指标包括:主要材料(钢、木、水泥,简称"三材")用量、劳动力(包括专业技术工种)数量、全桥总造价(分上、下部结构列出)、工期、养护费用、运营条件、有无困难工程、是否需要特种机具、桥型美观度等。对于上述前三项指标,通常可充分利用已有资料或通过近似验算,对每个方案拟定结构主要尺寸,并计算主要工程数量。有了工程数量,用它乘以相应的材料和劳动定额,就不难得出每个方案所需的材料和劳动力数量,并估算全桥造价。其他的指标,即使难得到具体数量,也应进行适当的概略评价。

(3) 技术经济比较和最佳方案确定

设计方案的评价和比较要全面考虑上述各项指标,综合分析每个方案的优缺点,最后选定一个符合当前条件的最佳推荐方案。有时对占优势的方案还可吸取其他方案的优点来加以完善,最后中选的方案可能是集聚各方案长处的全新方案。一般来说,造价低、材料省、劳动力少和桥型美观的应是优秀方案,但实际上并不尽然,因为有时当其他技术因素或使用要求成为设计的主要矛盾时,就不得不放弃较为经济的方案,所以在比较时只有从任务书提出的要求、所给的原始资料以及施工条件等中找出所面临问题的关键,分清主次,才能探索出适合于各种具体情况的最佳方案。

设计方案比较时除了编制方案外,还应编写方案比较说明书。说明书中应阐明编制方案的主要原则、拟定图式和拟定方案的理由、方案比较的综合评述、对于推荐方案的说明等。有关为拟定结构主要尺寸所做的各种计算资料,以及为估算主要材料指标和造价等所依据的文件名称(如概算定额各种费率标准)等,均应作为附件载入说明书中。

本章小结

1. 桥梁由上部结构、下部结构、支座和附属设施四部分组成。

2. 桥梁按受力体系分类,可分为梁式桥、拱式桥、刚构桥、斜拉桥、悬索桥5种基本类型。

3. 桥梁设计应遵循技术先进、安全可靠、适用耐久、经济合理、美观、环境保护和可持续发展的原则。

4. 桥梁设计分为平面设计、纵断面设计和横断面设计。其中纵断面设计内容包括桥梁的总跨径、分孔、各种标高、桥上和桥头的纵坡、基础埋置深度等;横断面设计内容包括桥面宽度和桥梁截面形式。

思考题

1. 阐述桥梁的基本组成部分有哪些。

2. 桥梁的下部结构由哪几部分组成?

3. 绘图表示简支梁桥中计算跨径 l、净跨径 l_0、桥长 L 的含义。

4. 中小桥、大桥、特大桥的跨径长度范围分别是多少?

5. 斜拉桥由哪几部分组成?

6. 阐述梁式桥、拱式桥、刚构桥、斜拉桥、悬索桥的受力特点。

7. 通过课内外学习,试介绍21世纪以来国内外建设的特大跨径悬索桥,并探讨及对比其先进性。

8. 桥梁的总体规划有哪些基本要求?

9. 阐述桥梁纵断面设计的步骤及主要内容。

10. 阐述桥梁设计步骤中"两阶段"和"三阶段"的步骤及主要内容。

11. 我国近现代桥梁设计建造虽然基础薄弱、起步较晚,但是一代又一代的桥梁人自力更生、艰苦奋斗,在20世纪相继建成了钱塘江大桥、武汉长江大桥、南京长江大桥,涌现出茅以升、方秦汉等桥梁大师,他们自力更生、自强不息,具有不怕苦、不怕累的奉献精神和强烈的社会责任感,在工作上精益求精、求真务实、勇于创新,成为人们心中的榜样。请试着与大家交流你所了解的富有爱国精神和家国情怀的桥梁故事。

桥梁思政故事

桥梁故事

南京长江大桥(见图 1-38)位于南京市鼓楼区下关和浦口区桥北之间,是长江上第一座由中国自行设计和建造的双层式铁路、公路两用桥梁,是继武汉长江大桥、重庆白沙沱长江大桥之后第三座跨越长江的大桥,也是三座大桥中最大的一座。大桥上层为公路桥,长 4589 m;下层为双轨复线铁路桥,全长 6772 m,连接津浦铁路与沪宁铁路干线,是国家南北交通要津和命脉。桥梁最大跨径 160 m,通航净空宽度 120 m,桥下通航净空高度为设计最高通航水位以上 24 m,可通过 5000 吨级海轮。

1968 年 9 月 30 日,第一列火车拉着 7 节车厢从江岸南边开往浦口区。通车时,5 万多人挤上大桥。同年 12 月 28 日,长江大桥公路桥也顺利通车。第一辆开过大桥的彩车上,有一尊高大的毛主席塑像。数十万人涌向桥头,仅庆祝时人们被挤掉的鞋子就装了两卡车。原先宝塔桥有家照相馆,大桥通车后改名为大桥照相馆,生意火爆,成为当时南京最大的照相馆之一。以大桥命名的还有大桥饭店、大桥电影院、大桥牌烟花等。第一辆南京地产自行车也叫大桥牌,还要凭票才能买得到这种车。使用大桥图案的就更多了,火柴盒上、香烟盒上甚至米袋子上还常常可以看到南京长江大桥雄伟壮丽的身影。

南京长江大桥建设历时 8 年,耗资达 2.8758 亿元,使用了 38.41 万 m³ 混凝土、6.65 万 t 钢材。南京长江大桥建成通车使得过江时间由过去靠轮渡的 1.5 h 缩短为 2 min,其迅速成为中国南北交通的命脉之一,在华东更具有举足轻重的地位,创造的直接经济效益超过 60 亿元。

作为第一座中国自行设计、自行建造的当时国内最大的铁路、公路两用桥,它的建成通车标志着我国的桥梁建设达到世界先进水平,开创了中国"自力更生"建设大型桥梁的新纪元,它也因此被看作"自力更生的典范"和"社会主义建设的伟大成就",被称为"争气桥"。

图 1-38　南京长江大桥

第 2 章 　桥梁设计作用

　　本章主要介绍引起公路桥梁结构反应的各种作用及其分类，重点阐述汽车荷载、汽车冲击力、汽车离心力、汽车引起的土侧压力、汽车制动力以及人群荷载等可变荷载的具体内容和计算方法，同时简要介绍公路桥梁结构的作用效应组合及其分析方法。

作用是引起结构反应的各种原因的统称,可分为直接作用(也称为荷载)和间接作用两大类。直接作用是施加在结构上的集中力或分布力,如桥梁结构上的结构重力、汽车荷载、人群荷载等;间接作用是引起结构外加变形或约束变形的原因,它不以力的形式施加于结构,其产生的效果与结构本身的特性及结构所处的环境等有关,如桥梁结构中的基础变位、混凝土收缩和徐变、温度作用等。按照随时间变化的性质,公路桥梁设计采用的作用分为永久作用、可变作用、偶然作用和地震作用四类。

2.1 永久作用

《公路桥涵设计通用规范》(JTG D60—2015)中规定永久作用概念为:在设计基准期内始终存在且其量值变化与平均值相比可以忽略不计的作用,或其变化是单调的并趋于某个限值的作用。对于公路桥涵,永久作用主要包括结构重力(包括结构附加重力)、预加力、土的重力、土侧压力、混凝土收缩及徐变作用、水的浮力、基础变位作用7种,如表2-1所示。其中,混凝土收缩及徐变作用、基础变位作用属于间接作用。

表 2-1 永久作用名称及其分项系数

序号	永久作用名称		永久作用分项系数 γ_G	
			对结构的承载能力不利时	对结构的承载能力有利时
1	结构重力(包括结构附加重力)	混凝土和圬工结构重力	1.2	1.0
		钢结构重力	1.1 或 1.2	
2	预加力		1.2	1.0
3	土的重力		1.2	1.0
4	土侧压力		1.4	1.0
5	混凝土收缩及徐变作用		1.0	1.0
6	水的浮力		1.0	1.0
7	基础变位作用	混凝土和圬工结构	0.5	0.5
		钢结构	1.0	1.0

注:序号1中,当钢桥采用钢桥面板时,永久作用分项系数取1.1;当采用混凝土桥面板时,取1.2。

1. 结构重力

结构重力包括结构自重及桥面铺装、附属设备等附加重力。结构重力标准值 G_k(kN)可按材料的重度 γ(kN/m³)和结构物体积 V(m³)的乘积来计算,见式(2-1)。常见的钢和混凝土的重度分别为 78.5 kN/m³ 和 24.0 kN/m³。

$$G_k = \gamma V \tag{2-1}$$

2. 预加力

预加力是指为抵消结构构件或体系由于外荷载产生的应力,用各种方法预先施加的力。对于桥梁结构,预加力计算应满足以下两点要求:

① 在结构进行正常使用极限状态设计和使用阶段构件应力计算时,预加力应作为永久作用计算其主效应和次效应,并计入相应阶段的预应力损失,但不计由于预加力偏心距增大引起的附加效应。

② 在结构进行承载能力极限状态设计时,预加力不应作为作用,而应将预应力钢筋作为结构抗力的一部分,但在连续梁等超静定结构中,应考虑预加力引起的次效应。

预加力标准值 F_{pe}(kN)可采用式(2-2)进行计算:

$$F_{pe} = \sigma_{pe} A_p \tag{2-2}$$

式中:A_p——预应力钢筋的截面面积,m^2;

σ_{pe}——预应力钢筋的有效预应力,kPa,$\sigma_{pe} = \sigma_{con} - \sigma_l$。其中,$\sigma_{con}$ 为预应力钢筋的张拉控制应力,kPa;σ_l 为预应力钢筋相应阶段的预应力损失,kPa。

3. 混凝土收缩及徐变作用

混凝土收缩是指在混凝土凝结初期或硬化过程中出现的体积缩小的现象,主要包括塑性收缩、温度收缩、自生收缩、干燥收缩和碳化收缩等 5 种。混凝土徐变是指在荷载保持不变的情况下,混凝土应变随时间增长的现象。对于混凝土桥梁结构,混凝土收缩及徐变作用应符合下列规定取用:

① 外部超静定的混凝土结构、钢和混凝土组合结构等应考虑混凝土收缩及徐变作用。

② 混凝土的收缩应变终极值可按现行《公路钢筋混凝土及预应力混凝土桥涵设计规范》(JTG 3362—2018)的规定计算。

③ 混凝土徐变的计算,可假定徐变与混凝土应力呈线性关系。

④ 计算混凝土圬工拱圈的收缩作用效应时,如考虑徐变影响,作用效应可乘以折减系数 0.45。

4. 水的浮力

水的浮力标准值 F(kN)可按水的重度 γ_w(kN/m^3)和结构排开水的体积 V_w(m^3)的乘积来计算,并应符合下列规定:

① 基础底面位于透水性地基上的桥梁墩台,当验算稳定性时,应考虑设计水位的浮力;当验算地基承载力时,可仅考虑低水位的浮力,或不考虑水的浮力。

② 基础嵌入不透水性地基的桥梁墩台可不考虑水的浮力。

③ 作用在桩基承台底面的浮力应考虑全部底面积。对桩嵌入不透水地基并灌注混凝土封闭者,不应考虑桩的浮力,在计算承台底面浮力时应扣除桩的截面面积。

④ 当不能确定地基是否透水时,应以透水或不透水两种情况与其他作用组合,取其最不利者。

5. 其他永久作用

土的重力、土侧压力、基础变位作用等永久作用可按《公路桥涵设计通用规范》(JTG D60—2015)相关条文计算。

2.2 可变作用

《公路桥涵设计通用规范》(JTG D60—2015)给出的可变作用概念为：在设计基准期内其量值随时间而变化，且变化值与平均值相比不可忽略不计的作用。对于公路桥涵，可变作用主要包括汽车荷载、汽车荷载冲击力、汽车荷载离心力、汽车荷载引起的土侧压力、汽车制动力、人群荷载、疲劳荷载、风荷载、流水压力、冰压力、波浪力、温度（均匀温度和梯度温度）作用以及支座摩阻力等 13 种，如表 2-2 所示。其中，温度作用属于间接作用。

表 2-2 可变作用名称及其分项系数

序号	可变作用名称	可变作用分项系数 γ_Q
1	汽车荷载	采用车道荷载、车辆荷载计算时，分别取 1.4 和 1.8；对专为承受某作用而设置的结构或装置，设计时该作用的分项系数取 1.4；计算人行道板和人行道栏杆的局部荷载时，其分项系数也取 1.4
2	汽车荷载冲击力	
3	汽车荷载离心力	
4	汽车荷载引起的土侧压力	1.4
5	汽车制动力	1.4
6	人群荷载	1.4
7	疲劳荷载	1.4
8	风荷载	1.1
9	流水压力	1.4
10	冰压力	1.4
11	波浪力	1.4
12	温度（均匀温度和梯度温度）作用	1.4
13	支座摩阻力	1.4

1. 汽车荷载

汽车荷载是公路桥涵上最主要、最普遍的一种可变作用。《公路桥涵设计通用规范》(JTG D60—2015)中规定，公路桥涵设计中，汽车荷载分为公路—Ⅰ级和公路—Ⅱ级两个等级，各级公路桥涵设计的汽车荷载等级应符合表 2-3 的规定。

表 2-3 各级公路桥涵的汽车荷载等级

公路等级	高速公路	一级公路	二级公路	三级公路	四级公路
汽车荷载等级	公路—Ⅰ级	公路—Ⅰ级	公路—Ⅰ级	公路—Ⅱ级	公路—Ⅱ级

注：① 二级公路作为集散公路且交通量小、重型车辆少时，其桥涵的设计可采用公路—Ⅱ级汽车荷载。

② 对交通组成中重载交通比重较大的公路桥涵，宜采用与该公路交通组成相适应的汽车荷载模式进行结构整体和局部验算。

汽车荷载由车道荷载和车辆荷载组成。桥梁结构的整体计算采用车道荷载;桥梁结构的局部加载、桥台和挡土墙土压力等的计算采用车辆荷载。车道荷载与车辆荷载的作用不得叠加。

（1）车道荷载

车道荷载由均布荷载和集中荷载两部分组成,其计算图示如图 2-1 所示。

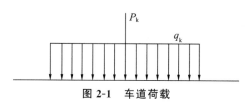

图 2-1　车道荷载

① 在公路—Ⅰ级车道荷载中,均布荷载标准值 $q_k = 10.5$ kN/m;集中荷载标准值 P_k 的取值如表 2-4 所示。计算剪力效应时,上述集中荷载标准值应乘以系数 1.2。

② 在公路—Ⅱ级车道荷载中,均布荷载标准值 q_k 和集中荷载标准值 P_k 按公路—Ⅰ级车道荷载的 0.75 倍采用。

③ 车道荷载的均布荷载标准值应满布于使结构产生最不利效应的同号影响线上;集中荷载标准值只作用于相应影响线中一个影响线峰值处。

表 2-4　集中荷载标准值 P_k 的取值

计算跨径 l/m	$l \leqslant 5$	$5 < l < 50$	$l \geqslant 50$
P_k/kN	270	$2(L_0 + 130)$	360

（2）车辆荷载

车辆荷载的立面布置和平面尺寸如图 2-2 所示,主要技术指标如表 2-5 所示。公路—Ⅰ级和公路—Ⅱ级汽车荷载采用相同的车辆荷载标准值。

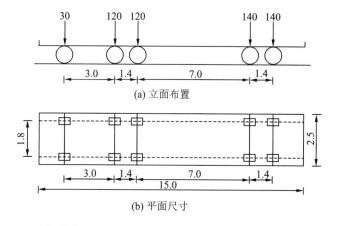

(a) 立面布置

(b) 平面尺寸

图 2-2　车辆荷载的立面布置和平面尺寸(尺寸单位:m;荷载单位:kN)

表 2-5　车辆荷载的主要技术指标

项目	单位	技术指标	项目	单位	技术指标
车辆重力标准值	kN	550	轮距	m	1.8
前轴重力标准值	kN	30	前轮着地宽度及长度	m	0.3×0.2
中轴重力标准值	kN	2×120	中、后轮着地宽度及长度	m	0.6×0.2
后轴重力标准值	kN	2×140	车辆外形尺寸(长×宽)	m	15×2.5
轴距	m	3+1.4+7+1.4			

（3）汽车荷载的纵横向折减要求

计算汽车荷载横向分布系数时，应按图 2-3 所示布置车辆荷载，且横向布置的车辆总数目不应超过设计车道数。桥涵设计车道数应符合表 2-6 的规定。

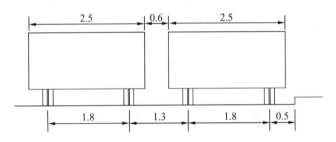

图 2-3　车辆荷载横向布置(尺寸单位:m)

表 2-6　桥涵设计车道数

桥面宽度 W/m		桥涵设计车道数/条
车辆单向行驶时	车辆双向行驶时	
$W<7.0$		1
$7.0\leqslant W<10.5$	$6.0\leqslant W<14.0$	2
$10.5\leqslant W<14.0$		3
$14.0\leqslant W<17.5$	$14.0\leqslant W<21.0$	4
$17.5\leqslant W<21.0$		5
$21.0\leqslant W<24.5$	$21.0\leqslant W<28.0$	6
$24.5\leqslant W<28.0$		7
$28.0\leqslant W<31.5$	$28.0\leqslant W<35.0$	8

横桥向布置多车道汽车荷载时，应考虑汽车荷载的折减；布置一条车道汽车荷载时，应考虑汽车荷载的提高。横向车道布载系数应符合表 2-7 的规定。多车道布载的荷载效应不得小于两条车道布载的荷载效应。

表 2-7　横向车道布载系数

横向布载车道数/条	1	2	3	4	5	6	7	8
横向车道布载系数	1.20	1.00	0.78	0.67	0.60	0.55	0.52	0.50

大跨径桥梁上的汽车荷载应考虑纵向折减。当桥梁计算跨径大于 150 m 时,应按表 2-8 规定的纵向折减系数进行折减。当为多跨连续结构时,整个结构应按最大的计算跨径考虑汽车荷载效应的纵向折减。

表 2-8　纵向折减系数

计算跨径 l/m	$150 < l < 400$	$400 \leqslant l < 600$	$600 \leqslant l < 800$	$800 \leqslant l < 1000$	$l \geqslant 1000$
纵向折减系数	0.97	0.96	0.95	0.94	0.93

2. 汽车荷载冲击力

在各类汽车移动荷载作用下,由于桥面不平整、车体振动、桥跨结构自身的变形和振动等原因,桥梁结构会在竖向、纵向和横向三个方向产生振动、冲击等动力效应。通常把竖向动力效应称为汽车荷载对桥梁结构的冲击力。《公路桥涵设计通用规范》(JTG D60—2015)对汽车荷载冲击力的计算规定如下:

① 钢桥、钢筋混凝土及预应力混凝土桥、圬工拱桥等上部构造,以及钢支座、板式橡胶支座、盆式橡胶支座和钢筋混凝土柱式墩台,应计算汽车荷载的冲击作用。

② 填料厚度(包括路面厚度)大于或等于 0.5 m 的拱桥、涵洞以及重力式墩台不计冲击力。

③ 支座的冲击力按相应的桥梁取用。

在国内外的各种桥梁设计规范中,大多将汽车荷载竖向静力效应乘以一个增大系数作为计入汽车荷载竖向动力效应的总竖向荷载效应。冲击系数 μ,就是为考虑汽车过桥时对桥梁结构产生的竖向动力效应的增大系数。此时,汽车荷载的冲击力标准值就是汽车荷载标准值乘以冲击系数 μ。

桥梁结构的基频反映了结构的尺寸、类型、建筑材料等动力特性内容,它直接反映了冲击系数与桥梁结构之间的关系。不管桥梁的建筑材料、结构类型是否有差别,也不管结构尺寸与跨径是否有差别,只要桥梁结构的基频相同,在同样条件的汽车荷载下,就能得到基本相同的冲击系数。《公路桥涵设计通用规范》(JTG D60—2015)中对冲击系数 μ 的计算采用以桥梁结构基频 f 为指标的方法,具体计算方法如下:

$$\mu = \begin{cases} 0.05 & f < 1.5 \ \text{Hz} \\ 0.1767 \ln f - 0.0157 & 1.5 \ \text{Hz} \leqslant f \leqslant 14 \ \text{Hz} \\ 0.45 & f > 14 \ \text{Hz} \end{cases} \tag{2-3}$$

式(2-3)中的桥梁结构基频 f(Hz)宜采用有限元方法计算。对于简支梁桥、连续梁桥、拱桥、双塔斜拉桥、单跨简支悬索桥等常规桥梁结构,当无更精确的方法计算时,可采用《公路桥涵设计通用规范》(JTG D60—2015)第 4.3.2 条条文说明中给出的计算公式进行估算。其中,简支梁桥的基频估算公式如下:

$$f = \frac{\pi}{2l^2} \sqrt{\frac{EI_c}{m_c}} \tag{2-4}$$

式中：l——结构的计算跨径，m；

　　　E——结构材料的弹性模量，N/m^2；

　　　I_c——结构跨中截面的截面惯性矩，m^4；

　　　m_c——结构跨中处的单位长度质量，kg/m。按重力换算时，$m_c=G/g$，$N \cdot s^2/m^2$，其中，G 为跨中处每延米结构重力，N/m，g 为重力加速度，$g=9.81\ m/s^2$。

此外，汽车荷载的局部加载及在 T 梁、箱梁悬臂板上的冲击系数采用 0.3。

3. 汽车荷载离心力

汽车荷载离心力是车辆在弯道行驶时所产生的一种惯性力，其以水平力的形式作用于桥梁结构。一般来说，曲线桥应计算汽车荷载引起的离心力。

《公路桥涵设计通用规范》(JTG D60—2015)规定，汽车荷载离心力标准值按车辆荷载(不计冲击力)标准值乘以离心力系数 C 来计算。离心力系数 C 的大小与设计车速 v(km/h)的平方成正比，与平曲线半径 R(m)成反比，计算公式见式(2-4)。离心力的着力点在桥面以上 1.2 m 处，为计算简便也可移至桥面上，但不计由此引起的作用效应。

$$C=\frac{v^2}{127R}$$

计算多车道桥梁的汽车荷载离心力时，车辆荷载标准值应乘以表 2-7 规定的横向车道布载系数。

4. 汽车荷载引起的土侧压力

汽车荷载引起的土侧压力采用车辆荷载加载并换算成等代均布土层厚度 h 来计算。《公路桥涵设计通用规范》(JTG D60—2015)指出，汽车荷载在桥台或挡土墙后填土的破坏棱体上引起的土侧压力，可按式(2-5)换算成 h(m)计算。

$$h=\frac{\sum G}{Bl_0\gamma} \tag{2-5}$$

式中：γ——土的重度，kN/m^3；

　　　$\sum G$——布置在 $B \times l_0$ 面积内的车轮的总重力，kN；

　　　l_0——桥台或挡土墙后填土的破坏棱体长度，m；

　　　B——桥台横向全宽或挡土墙的计算长度，m。其中，挡土墙的计算长度 B 可按式(2-6)计算，但不应超过挡土墙分段长度。

$$B=13+H\tan 30° \tag{2-6}$$

式中：H——挡土墙高度，m。对墙顶以上有填土的挡土墙，H 为 2 倍墙顶填土厚度加墙高。当挡土墙分段长度小于 13 m 时，B 取分段长度，并应在该长度内按不利情况布置轮重。

5. 汽车制动力

汽车制动力是车辆在桥上制动时，为克服车辆的惯性力而在桥面与车辆之间发生的滑动摩擦力，其方向与行车方向相反。《公路桥涵设计通用规范》(JTG D60—2015)规定，汽车荷载制动力应按下列规定计算：

① 汽车荷载制动力按同向行驶的汽车荷载(不计冲击力)计算，并应按表 2-8 的规

定,以使桥梁墩台产生最不利纵向力的加载长度进行纵向折减。一个设计车道上由汽车荷载产生的制动力标准值按车道荷载标准值在加载长度上计算的总重力的 10% 计算,但公路—Ⅰ级、公路—Ⅱ级汽车荷载制动力标准值分别不小于 165 kN 和 90 kN。同向行驶双车道的汽车荷载制动力标准值应为一个设计车道制动力标准值的 2 倍,同向行驶三车道的应为一个设计车道的 2.34 倍,同向行驶四车道的应为一个设计车道的 2.68 倍。

② 制动力的着力点在桥面以上 1.2 m 处,计算墩台时,可将其移至支座铰中心或支座底座面上。计算刚构桥、拱桥时,制动力的着力点可移至桥面上,但不应计由此产生的竖向力和力矩。

6. 人群荷载

人群荷载标准值应根据表 2-9 采用,对跨径不等的连续结构,以最大计算跨径为准。专用人行桥梁的人群荷载标准值为 3.5 kN/m²。

表 2-9　人群荷载标准值

计算跨径 l/m	$l \leqslant 50$	$50 < l < 150$	$l \geqslant 150$
人群荷载/(kN·m⁻²)	3.0	$3.25 - 0.005L_0$	2.5

注:对于非机动车、行人密集的公路桥梁,人群荷载标准值按表中数值的 1.15 倍取值。

人群荷载在横向应布置在人行道的净宽度内,在纵向应施加于结构产生最不利荷载效应的区段内。人行道板(局部构件)可以一块板为单元,按标准值 4.0 kN/m² 的均布荷载计算。

7. 其他可变作用

疲劳荷载、风荷载、流水压力、冰压力、波浪力、温度作用,以及支座摩阻力等可变作用可按《公路桥涵设计通用规范》(JTG D60—2015)相关条文计算。

2.3　偶然作用

《公路桥涵设计通用规范》(JTG D60—2015)将偶然作用定义为:在设计基准期内不一定出现,而一旦出现其量值很大,且持续时间很短的作用。对于公路桥涵,偶然作用主要包括船舶的撞击作用、漂流物的撞击作用及汽车的撞击作用。

1. 船舶的撞击作用

通航水域中的桥梁墩台,设计时应考虑船舶的撞击作用。对于四至七级内河航道,当缺乏实际调查资料时,船舶撞击作用设计值可按表 2-10 采用;航道内的钢筋混凝土桩墩,顺桥向撞击作用可按表 2-10 中数值的 50% 采用。

表 2-10　内河船舶撞击作用设计值

内河航道等级	船舶吨级 DWT/t	横桥向撞击作用/kN	顺桥向撞击作用/kN
四	500	550	450
五	300	400	350
六	100	250	200
七	50	150	125

2. 漂流物的撞击作用

有漂流物的水域中的桥梁墩台,设计时应考虑漂流物的撞击作用,其横桥向撞击力设计值 F 可按式(2-7)计算,漂流物的撞击作用点假定在计算通航水位线上桥墩宽度的中点处。

$$F = \frac{W v_{\mathrm{w}}}{gT} \tag{2-7}$$

式中：W——漂流物重力,kN;

v_{w}——水流速度,m/s;

T——撞击时间,s,应根据实际资料估计,在无实际资料时,可用 1 s;

g——重力加速度,$g = 9.81$ m/s²。

3. 汽车的撞击作用

桥梁结构必要时可考虑汽车的撞击作用。汽车撞击力设计值在车辆行驶方向应取 1000 kN,在车辆行驶垂直方向应取 500 kN,两个方向的撞击力不同时考虑。撞击力应作用于行车道以上 1.2 m 处,直接分布于撞击涉及的构件上。

对设有防撞设施的结构构件,可视防撞设施的防撞能力对汽车撞击力设计值予以折减,但折减后的汽车撞击力设计值不应低于前述规定值的 1/6。

2.4　地震作用

我国处于世界两大地震带(即环太平洋地震带和亚欧地震带)之间,是一个强震多发国家。公路桥梁是生命线系统工程中的重要组成部分,必须进行抗震设计。根据公路桥梁的重要性和修复(抢修)的难易程度,桥梁抗震设防分为 A 类、B 类、C 类和 D 类四个类别,分别对应不同的抗震设防标准和设防目标。

公路桥梁地震作用的计算和抗震设计应按现行《公路工程抗震规范》(JTG B02—2013)和《公路桥梁抗震设计规范》(JTG/T 2231-01—2020)的规定确定。

2.5　作用效应组合

公路桥涵结构采用以概率理论为基础、按分项系数表达的极限状态设计方法进行设计,其中的极限状态包括承载能力极限状态和正常使用极限状态。从结构可靠性来看,承载能力极限状态着重体现了公路桥涵结构的安全性,正常使用极限状态则体现了结构的适用性和耐久性。通过规定上述两类极限状态设计的要求,能使所设计的公路桥涵结构达到其全部预定的功能。

《公路桥涵设计通用规范》(JTG D60—2015)根据公路桥涵结构破坏后果的严重程度将桥涵结构设计安全等级划分为一级、二级、三级。在设计计算时,不同安全等级的桥涵结构用结构重要性系数 γ_0 来体现,具体如表 2-11 所示。

表 2-11　公路桥涵结构设计安全等级

设计安全等级	破坏后果	适用对象	结构重要性系数 γ_0
一级	很严重	① 各等级公路上的特大桥、大桥、中桥; ② 高速公路、一级公路、二级公路、国防公路及城市附近交通繁忙公路上的小桥	1.1
二级	严重	① 三、四级公路上的小桥; ② 高速公路、一级公路、二级公路、国防公路及城市附近交通繁忙公路上的涵洞	1.0
三级	不严重	三、四级公路上的涵洞	0.9

2.5.1　作用的代表值和设计值

1. 作用的代表值

在公路桥涵设计时,对于不同的作用(永久作用、可变作用、偶然作用和地震作用)应按下列规定采用不同的代表值:

① 永久作用的代表值是其标准值。

② 可变作用的代表值包括标准值、组合值、频遇值和准永久值。其中,组合值、频遇值和准永久值可通过可变作用标准值分别乘以组合值系数 ψ_c、频遇值系数 ψ_f 和准永久值系数 ψ_q 来确定。

③ 偶然作用的代表值是其设计值。

④ 地震作用的代表值是其标准值。

2. 作用的设计值

永久作用的设计值是其标准值乘以相应的永久作用分项系数 γ_G(见表 2-1)。

可变作用的设计值是其标准值或组合值乘以相应的可变作用分项系数 γ_Q(见表 2-2)。

2.5.2 作用效应组合方法

结构或结构构件对所受作用的反应,称为作用效应,如构件承受的弯矩、剪力、结构位移等。公路桥涵结构设计时应考虑结构上可能同时出现的多种作用,比如桥梁结构除结构自重(永久作用)外,会同时出现汽车荷载、人群荷载等可变作用。将结构上多种作用产生的效应进行叠加,称为作用效应组合。在众多可能的作用效应组合中找出的一组对结构或结构构件产生总效应最不利的组合,便是作用效应最不利组合。《公路桥涵设计通用规范》(JTG D60—2015)要求按承载能力极限状态、正常使用极限状态进行作用组合,并按下列原则取其最不利组合效应进行设计:

① 只有在结构上可能同时出现的作用,才能进行组合。当结构或结构构件需做不同受力方向的验算时,则应以不同方向的最不利的作用组合效应进行计算。

② 当可变作用的出现对结构或结构构件产生有利影响时,该作用不应参与组合;对不可能同时出现或组合概率很小的可变作用,按表2-12中的规定不考虑参与组合。

③ 施工阶段的作用组合,应按计算需要及结构所处条件而定,结构上的施工人员和施工机具设备均应作为可变作用加以考虑。

④ 多个偶然作用不同时参与组合。

⑤ 地震作用不与偶然作用同时参与组合。

表 2-12　可变作用不同时组合表

作用名称	不与该作用同时参与组合的作用
汽车制动力	流水压力、冰压力、波浪力、支座摩阻力
流水压力	汽车制动力、冰压力、波浪力
波浪力	汽车制动力、流水压力、冰压力
冰压力	汽车制动力、流水压力、波浪力
支座摩阻力	汽车制动力

公路桥涵结构按承载能力极限状态设计时,对应于不同的设计状况,可采用作用的基本组合、偶然组合或地震组合等进行作用效应组合的计算,具体有:

① 对于持久设计状况和短暂设计状况,应采用作用的基本组合。

② 对于偶然设计状况,应采用作用的偶然组合。

③ 对于地震设计状况,应采用作用的地震组合。

公路桥涵结构按正常使用极限状态设计时,应根据不同的设计要求采用作用的频遇组合或准永久组合。

2.5.3 按承载能力极限状态设计时的作用组合

1. 基本组合:永久作用设计值与可变作用设计值的组合

在承载能力极限状态下,作用基本组合的效应设计值 S_{ud} 可按式(2-8)计算。在式(2-8)中,G 和 Q 分别表示永久作用和可变作用,下标 k 表示作用的标准值。

$$S_{ud} = \gamma_0 S \Big(\sum_{i=1}^{m} \gamma_{G_i} G_{ik}, \gamma_{Q_1} \gamma_L Q_{1k}, \psi_c \sum_{j=2}^{n} \gamma_{L_j} \gamma_{Q_j} Q_{jk} \Big) \tag{2-8}$$

式中：γ_0——结构重要性系数，按表 2-11 采用；

　　　$S(\ )$——作用组合的效应函数；

　　　γ_{G_i}——第 i 个永久作用的分项系数，按表 2-1 采用；

　　　G_{ik}——第 i 个永久作用的标准值；

　　　γ_{Q_1}——汽车荷载（含汽车冲击力、离心力）的分项系数，按表 2-2 采用；

　　　Q_{1k}——汽车荷载（含汽车冲击力、离心力）的标准值；

　　　ψ_c——在作用组合中除汽车荷载（含汽车冲击力、离心力）外的其他可变作用的组合值系数，取 $\psi_c = 0.75$；

　　　γ_{L_j}——第 j 个可变作用的结构设计使用年限荷载调整系数；公路桥涵结构的设计使用年限按现行《公路工程技术标准》（JTG B01）取值时，$\gamma_{L_j} = 1.0$；否则，γ_{L_j} 取值应按专题研究确定；

　　　γ_{Q_j}——在作用组合中除汽车荷载（含汽车冲击力、离心力）、风荷载外的其他第 j 个可变作用的分项系数，按表 2-2 采用；

　　　Q_{jk}——在作用组合中除汽车荷载（含汽车冲击力、离心力）外的其他第 j 个可变作用的标准值；

　　　$\psi_c Q_{jk}$——在作用组合中除汽车荷载（含汽车冲击力、离心力）外的其他第 j 个可变作用的组合值。

《公路桥涵设计通用规范》（JTG D60—2015）指出，当作用与作用效应可按线性关系考虑时，作用基本组合的效应设计值 S_{ud} 可通过作用效应代数相加计算。此时，式（2-8）可具体表示为

$$S_{ud} = \gamma_0 \Big(\sum_{i=1}^{m} \gamma_{G_i} G_{ik} + \gamma_{Q_1} \gamma_L Q_{1k} + \psi_c \sum_{j=2}^{n} \gamma_{L_j} \gamma_{Q_j} Q_{jk} \Big) \tag{2-9}$$

2. 偶然组合：永久作用标准值与可变作用某种代表值、一种偶然作用设计值的组合

在承载能力极限状态下，作用偶然组合的效应设计值 S_{ad} 可按式（2-10）计算：

$$S_{ad} = S \Big[\sum_{i=1}^{m} G_{ik}, A_d, (\psi_{f1} \text{ 或 } \psi_{q1}) Q_{1k}, \sum_{j=2}^{n} \psi_{qj} Q_{jk} \Big] \tag{2-10}$$

式中：A_d——偶然作用的设计值；

　　　ψ_{f1}——汽车荷载（含汽车冲击力、离心力）的频遇值系数，取 $\psi_{f1} = 0.7$；当某个可变作用在组合中其效应值超过汽车荷载效应时，则该作用取代汽车荷载，人群荷载 $\psi_f = 1.0$，风荷载 $\psi_f = 0.75$，温度梯度作用 $\psi_f = 0.8$，其他作用 $\psi_f = 1.0$；

　　　$\psi_{f1} Q_{1k}$——汽车荷载的频遇值；

　　　ψ_{q1}、ψ_{qj}——第 1 个和第 j 个可变作用的准永久值系数，汽车荷载（含汽车冲击力、离心力）$\psi_q = 0.7$，人群荷载 $\psi_q = 0.4$，风荷载 $\psi_q = 0.75$，温度梯度作用 $\psi_q = 0.8$，其他作用 $\psi_q = 1.0$；

　　　$\psi_{q1} Q_{1k}$、$\psi_{qj} Q_{jk}$——第 1 个和第 j 个可变作用的准永久值。

当作用与作用效应可按线性关系考虑时，作用偶然组合的效应设计值 S_{ad} 可通过作

用效应代数相加计算。此时,式(2-10)可具体表示为

$$S_{\mathrm{ad}} = \sum_{i=1}^{m} G_{ik} + A_{\mathrm{d}} + (\psi_{\mathrm{f1}} \text{ 或 } \psi_{\mathrm{q1}}) Q_{1k} + \sum_{j=2}^{n} \psi_{\mathrm{q}j} Q_{jk} \qquad (2\text{-}11)$$

3. 地震组合

作用地震组合的效应设计值 S_{ed} 应按现行《公路工程抗震规范》(JTG B02—2013)和《公路桥梁抗震设计规范》(JTG/T 2231-01—2020)的有关规定计算。

2.5.4 按正常使用极限状态设计时的作用组合

1. 频遇组合:永久作用标准值与汽车荷载频遇值、其他可变作用准永久值的组合

在正常使用极限状态下,作用频遇组合的效应设计值 S_{fd} 可按式(2-12)计算:

$$S_{\mathrm{fd}} = S\Big(\sum_{i=1}^{m} G_{ik}, \psi_{\mathrm{f1}} Q_{1k}, \sum_{j=2}^{n} \psi_{\mathrm{q}j} Q_{jk} \Big) \qquad (2\text{-}12)$$

式中:ψ_{f1} ——汽车荷载(不计汽车冲击力)频遇值系数,取 0.7。

当作用与作用效应可按线性关系考虑时,作用频遇组合的效应设计值 S_{fd} 可通过作用效应代数相加计算。此时,式(2-12)可具体表示为

$$S_{\mathrm{fd}} = \sum_{i=1}^{m} G_{ik} + \psi_{\mathrm{f1}} Q_{1k} + \sum_{j=2}^{n} \psi_{\mathrm{q}j} Q_{jk} \qquad (2\text{-}13)$$

2. 准永久组合:永久作用标准值与可变作用准永久值的组合

在正常使用极限状态下,作用准永久组合的效应设计值 S_{qd} 可按式(2-14)计算:

$$S_{\mathrm{qd}} = S\Big(\sum_{i=1}^{m} G_{ik}, \sum_{j=1}^{n} \psi_{\mathrm{q}j} Q_{jk} \Big) \qquad (2\text{-}14)$$

式中:$\psi_{\mathrm{q}j}$ ——汽车荷载(不计汽车冲击力)准永久值系数,取 0.4。

当作用与作用效应可按线性关系考虑时,作用准永久组合的效应设计值 S_{qd} 可通过作用效应代数相加计算。此时,式(2-14)可具体表示为

$$S_{\mathrm{qd}} = \sum_{i=1}^{m} G_{ik} + \sum_{j=1}^{n} \psi_{\mathrm{q}j} Q_{jk} \qquad (2\text{-}15)$$

本 章 小 结

1. 对于公路桥梁,引起结构反应的作用可以分为直接作用和间接作用两大类;按照随时间变化的性质,公路桥梁的作用又可分为永久作用、可变作用、偶然作用和地震作用 4 类。

2. 对于公路桥梁,永久作用主要包括结构重力(包括结构附加重力)、预加力、土的重力、土侧压力、混凝土收缩及徐变作用、水的浮力、基础变位作用等 7 种;可变作用主要包括汽车荷载、汽车冲击力、汽车离心力、汽车引起的土侧压力、汽车制动力、人群荷载、疲劳荷载、风荷载、流水压力、冰压力、波浪力、温度(均匀温度和梯度温度)作用以及支座摩阻力等 13 种。

3. 公路桥梁设计时,针对不同设计目的可采用不同的作用代表值,主要包括作用

标准值、组合值、频遇值和准永久值。

4. 公路桥梁结构按承载能力极限状态设计时,对应于不同的设计状况,可采用作用的基本组合、偶然组合或地震组合等进行作用效应组合的计算;按正常使用极限状态设计时,应根据不同的设计要求,采用作用的频遇组合或准永久组合。

思　考　题

1. 解释下列名词的含义:作用、直接作用、间接作用、永久作用、可变作用、作用的代表值、作用的设计值。

2. 在公路桥梁设计中,汽车荷载由哪几部分组成? 它们分别适用于什么场合?

3. 车道荷载的标准值如何确定? 在设计时如何布置车道荷载?

4. 为什么要考虑汽车荷载的冲击作用? 如何计算汽车荷载冲击力?

5. 如何计算汽车荷载制动力?

6. 公路桥梁结构按承载能力极限状态设计时,作用效应组合如何计算?

7. 公路桥梁结构按正常使用极限状态设计时,作用效应组合如何计算?

8. 某桥计算跨径为 19.5 m,在公路—Ⅱ级汽车荷载等级作用下,其车道荷载相应的均布荷载标准值 q_k 和集中荷载标准值 P_k 分别为多少?

9. 某座 5 跨、每跨标准跨径为 30 m(计算跨径为 29.5 m)的桥梁,在公路—Ⅰ级汽车荷载等级作用下,一个设计车道的汽车制动力标准值是多少? 若该桥同向行驶有三车道,求总的汽车制动力标准值。

10. 某标准跨径为 20 m 的预应力混凝土简支梁桥,设计安全等级为一级;梁跨中截面在各种作用下的弯矩标准值如下:结构重力 $M_{Gk}=350.6$ kN·m,汽车荷载 $M_{Q1k}=525.0$ kN·m,人群荷载 $M_{Q2k}=102.7$ kN·m,温度梯度作用 $M_{Q3k}=62.2$ kN·m;冲击系数 $(1+\mu)=1.18$。试按承载能力极限状态设计时的基本组合以及正常使用极限状态设计时的准永久组合计算跨中截面的弯矩组合设计值 M_{ud} 及 M_{qd}。

 桥梁故事

桥梁无法承受的荷载——10·10 无锡高架桥侧翻事故

【事故回放】　2019 年 10 月 10 日 18:10 左右,江苏省无锡市锡山区 312 国道上海方向 K135 处、锡港路上跨桥路段出现桥面侧翻。事故桥梁属于箱梁结构,箱梁下方是独柱式的桥墩。经现场初步勘测,桥面上有一辆半挂车,跨桥侧翻砸中桥下 3 辆小车(其中 1 辆为停放车辆,无人)。截至 11 日 5 时,事故共造成 3 人死亡,2 人受伤(见图 2-4)。

图 2-4 事故现场

【事故原因】 经调查,本起事故的直接原因为:两辆重型平板半挂车严重超载、间距较近(荷载分布相对集中),偏心荷载引起的失稳效应远超桥梁上部结构稳定效应,造成桥梁支座系统失效;梁体和墩柱之间产生相对滑动和转动,从而导致梁体侧向滑移倾覆触地。

【社会评论】 高架桥下不能承受的生命之重

高架桥突然侧翻了,人们第一时间想知道是不是桥梁的设计和质量有问题。官方文件显示,这座高架桥于 2005 年交工验收通车,曾被评为优良级工程。这座桥的结构是独墩桥,独墩桥 2000 年后在国内应用广泛,其优点是占地少,节约空间;缺点是侧向稳定度不够。这次事故不是独墩桥体侧翻的首例事故,国内已有多起类似事故的记录。之前发生的类似事故中,桥梁设计大多被证实不是主因。严格来说,任何设计都不是完美的,有优点就有相应的不足,桥梁在竣工交付使用的时候,都有最大承载能力的限制,不能超越限制条件。无锡高架桥侧翻事故发生后,参与调查的专家初步认定,事故发生的主要原因是车辆超载。

【事故反思】 汽车荷载的设计规定及运行监督

对于不同等级的公路,工程师在设计时会根据规范要求确定相应的汽车荷载等级,并按规范要求的设计标准进行设计。经无锡市事故调研组技术组专家与交通运输部专家组现场会商确认,该桥梁体完整,未见折断,未见跨中和墩顶严重横向开裂现象,设计符合设计期相关规范要求。

车辆超载被初步认定为这起事故的元凶,人们接下来想知道治理超载是不是存在诸多疏漏之处。据报道,发生侧翻的这座桥周边有钢材城、木材市场等多个大型的专业批发市场,因而有密集的载重货车常年通过。有媒体两年前就刊文提醒,无锡快速内环不应该放行卡车,不然将很难达到设计使用的 50 年期限,"一旦载重卡车压坏高架道路,造成桥梁断裂倒塌等,正在行驶中的小汽车是无法预知和预防的,必定是灭顶之灾"。尽管刊文所说的内环不是此次事故发生地外环,但类似的意见如果引起了有关部门的高度重视,有关部门采取了更严格完备的治理措施,或许这次悲剧就能够得以避免。

第 3 章　混凝土梁桥构造

　　本章主要介绍混凝土梁桥的截面形式、构造特点和受力特点，混凝土简支板桥、简支梁桥和连续梁桥等几种常见桥型，并对桥面系的桥面布置、构造与使用功能进行介绍。

钢筋混凝土和预应力混凝土梁桥是以抗压性能良好的混凝土和抗拉性能良好的钢筋为主要建桥材料的桥梁。这两种桥梁因具有能就地取材、可工业化施工、耐久性好、适应性强、整体性好及美观等优点,被广泛应用在公路或城市桥梁建设中。而预应力技术的应用,更使建桥技术和桥梁运营质量产生了较大的飞跃。

按照承重结构横截面形式的不同,混凝土梁式桥可以分为板桥、肋梁桥和箱形梁桥。

板桥(见图 3-1a)是最简单的梁式桥,其截面特点是建筑高度小,一般使用跨径为1.5~8 m,采用预制装配式施工时,预制构件重量小,架设方便。

肋梁桥(见图 3-1b)在板桥的基础上,通过将梁下缘的混凝土材料很大程度地挖空,来达到减轻结构自重、提高跨越能力的目的。

箱形梁桥(见图 3-1c)提供了能承受正、负弯矩的混凝土受压区,其抗弯、抗扭能力突出,从而可以用于较大跨径的连续梁体系和悬臂体系梁桥。

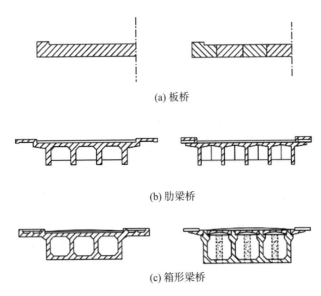

(a) 板桥

(b) 肋梁桥

(c) 箱形梁桥

图 3-1 典型的混凝土梁式桥横截面

按照桥梁受力的不同,混凝土梁式桥可以分为简支梁桥、连续梁桥和悬臂梁桥。

简支梁桥(见图 3-2a)属于静定结构,是建桥实践中构造最简单的桥型之一,应用十分广泛。主梁简支在墩台上,各孔独立工作,不受墩台变位影响。但简支梁桥各孔之间不连续,导致车辆在通过断缝时将产生跳跃,影响了车速的提高。目前趋向于采用将主梁做成简支、桥面做成连续的形式。

连续梁桥(见图 3-2b)属于超静定结构,在荷载作用下支座截面会产生负弯矩,从而大大减小了跨中截面的正弯矩值,由此提高了桥梁的跨越能力,在实际工程中应用较为广泛。连续梁桥墩台的不均匀沉降会引起梁体各孔内力发生变化。因此,连续梁一般用于地基条件较好、跨径较大的桥梁上。

悬臂梁桥(见图 3-2c)属于静定结构,往往在短臂上搁置简支的挂梁,相互衔接构成多跨悬臂梁。悬臂梁桥的每个挂孔两端为桥面接缝,悬臂端的挠度也较大,行车条件不良,目前已很少采用。

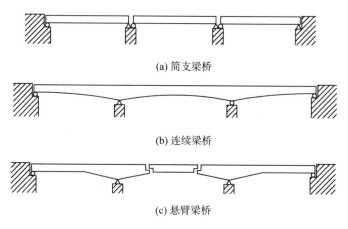

(a) 简支梁桥

(b) 连续梁桥

(c) 悬臂梁桥

图 3-2 梁式桥的基本体系

按照施工方法的不同,混凝土梁式桥又可分为整体浇筑式梁桥和预制装配式梁桥两类。

整体浇筑式梁桥具有整体性好、可做成曲线等优点。预制装配式梁桥具有施工方便、节省大量支架模板、受季节因素影响小等优点,已越来越多地被应用到桥梁实践中。装配式结构块件的划分方式常分为纵向竖缝划分、纵向水平缝划分和横向竖缝划分三种。如图 3-3 所示,显然,对于预制梁段,由于其没有钢筋穿过接缝,就必须在安装就位后串联预应力钢束,通过施加预应力才能保证所有接缝具有足够的连接强度,使整体受力。拼装形式以及拼装单元的最大尺寸和质量应根据现场实际的预制、运输和起重条件确定。划分时应尽量减少结构数量和块件的尺寸形式,确保有牢固可靠的接头,以方便施工。

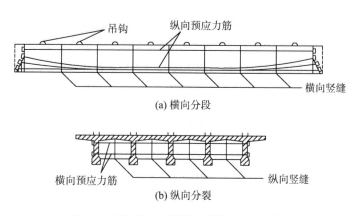

(a) 横向分段

(b) 纵向分裂

图 3-3 横、纵向分段装配式梁桥(串联梁)

3.1 简支板桥构造

板桥因其在建成后外形像一张薄板而得名。板桥的承重结构是矩形截面的钢筋混凝土或预应力混凝土板,是所有桥梁结构中构造最简单的一种,而且其建筑高度低,施工方便,既便于现场整体式浇筑,又便于工厂成批生产,并且装配式板桥构件的质量小,架设方便。通常,钢筋混凝土简支板的标准跨径不宜大于 13 m,连续板的标准跨径不宜大于 16 m。预应力混凝土简支板的标准跨径不宜大于 25 m,连续板的标准跨径不宜大于 30 m。

根据施工方法,简支板桥可以分为整体式简支板桥和装配式简支板桥。

3.1.1 整体式简支板桥

等厚度的矩形截面(见图 3-4a)是整体式简支板桥最常见的截面形式。为了减轻自重,整体式简支板桥的截面形式也可做成肋板式截面(见图 3-4b)、空心板等。城市高架桥的板桥可以采用板的下表面呈单波或双波的截面(见图 3-4c、d)且与独柱墩配合使用,桥下净空开阔,形成优美的造型。钢筋混凝土整体式板桥的常规跨径不超过 8 m,板的厚跨比一般取 $1/22 \sim 1/16$。

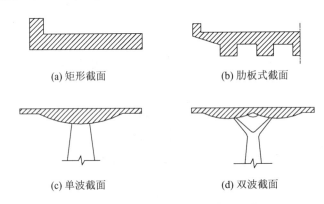

(a) 矩形截面   (b) 肋板式截面

(c) 单波截面   (d) 双波截面

图 3-4　整体式简支板桥的截面形式

对于城市桥梁,由于其桥面较宽,为防止因温度变化和混凝土收缩而产生裂缝,以及由于活荷载在板的上缘产生过大的横向弯矩,通常将板沿桥梁中线断开,把桥梁设计成结构分离的两个半幅桥。整体式简支板桥的跨径通常与板宽相差不大,故在车辆荷载作用下板桥处于双向受力状态。因此,板桥除设置纵向受力钢筋外,还应配置垂直于主筋的横向分布钢筋。截面的配筋应根据计算的纵、横向弯矩来确定,主钢筋直径应不小于 12 mm,间距应不大于 200 mm,一般也不宜小于 70 mm。横向分布钢筋设置在主钢筋的内侧,一般在单位板长上分布钢筋的面积不得少于单位板宽上主筋面积的 15%,直径应不小于 8 mm,间距应不大于 200 mm。图 3-5 所示为标准跨径为 8 m 的整体式简支板桥的设计图,桥面宽度为 5 m,板厚 400 mm,为跨径的 1/20,纵向钢筋采用 HRB400 钢筋,直径为 22 mm,分布钢筋直径为 16 mm,单位板长分布钢筋的面积按单位板宽纵向主筋面积的 30％配置。

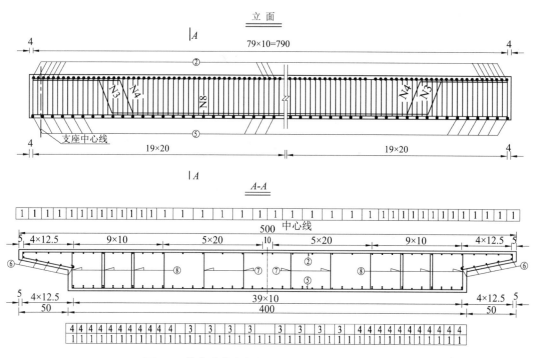

图 3-5　整体式简支板桥的设计图(尺寸单位:cm)

3.1.2　装配式简支板桥

装配式简支板桥的横截面形式主要有实心板和空心板两种,桥梁跨径一般为 6～20 m。图 3-6 所示为广泛使用的钢筋混凝土装配式实心板桥的横截面。

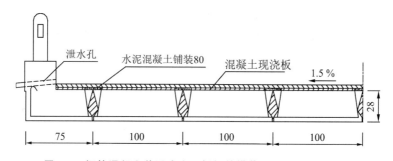

图 3-6　钢筋混凝土装配式实心板桥的横截面(尺寸单位:mm)

为减轻自重,提高跨越能力,可将板桥的横截面部分挖空,做成空心板。空心板的主要开孔形式有矩形、单孔折线形、单孔圆形、双孔圆形、双孔多边形等。图 3-7a 所示为单孔,其挖空率大,重量轻,但顶板需配置横向受力钢筋,以承担上部车辆荷载的作用。图 3-7b 所示为双孔,其挖空率较单孔小,自重较重,可以节省一些钢筋,但模板制作较复杂。空心板横截面最薄处的厚度不得小于 8 cm,以保证符合结构施工质量和受

力的要求。

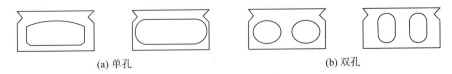

（a）单孔 （b）双孔

图 3-7　装配式空心板桥的截面形式

　　为使各板块组成整体来共同承担上部车辆荷载的作用,板块之间必须有可靠的横向连接构造。常见的横向连接方式主要有企口混凝土铰接和钢板焊接连接两种,分别如图 3-8 和图 3-9 所示。钢板焊接的具体做法是将钢板 N1 焊在相邻两块件的预埋钢板 N2 上。在荷载作用下,装配式板之间通过连接构造传递竖向剪力,从而达到整体受力的效果。但在实际使用过程中,装配式板的铰缝容易出现开裂等病害,使剪力传递失效,最终造成单板受力,从而破坏桥梁的整体性,严重缩短桥梁的使用寿命。

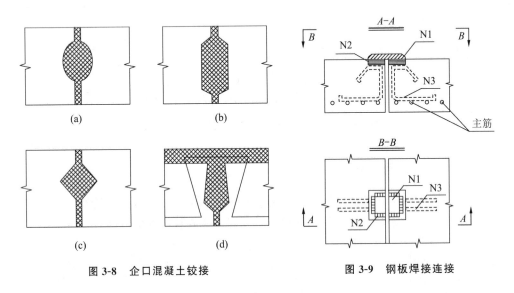

图 3-8　企口混凝土铰接　　　　图 3-9　钢板焊接连接

　　图 3-10 所示为标准跨径为 8 m 的装配式钢筋混凝土空心板的钢筋布置图。板长 7.96 m,计算跨径 7.60 m,板厚 450 mm;横截面采用三圆孔,半径 240 mm,采用 C30 混凝土预制。每块板底层布置 13 根直径 20 mm 的钢筋,板顶层布置 8 根直径 8 mm 的钢筋。

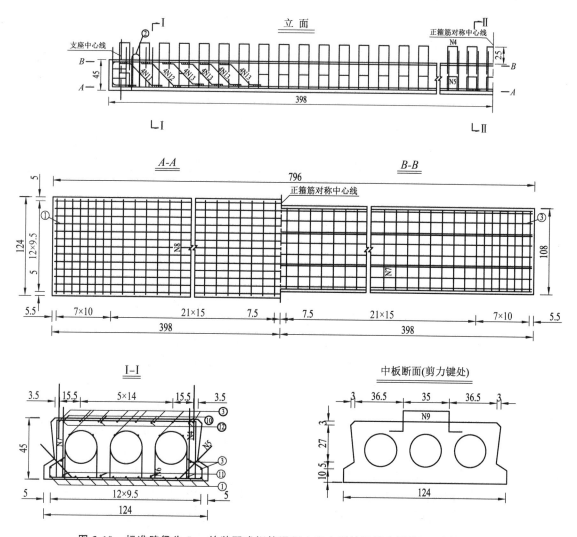

图 3-10　标准跨径为 **8 m** 的装配式钢筋混凝土空心板的钢筋布置图(尺寸单位:cm)

图 3-11 所示为标准跨径为 16 m 的后张法预应力混凝土简支空心板的预应力钢束布置图。板长 19.88 m,板厚 0.85 m,采用 C50 混凝土预制,两肋下部共布置 4 束钢绞线,每束钢绞线由 4 根公称直径(ϕ^s)15.2 mm 的低松弛高强度钢绞线组成。在顶板和底板布置纵向钢筋以增强板的抗裂性,在板端箍筋加密处理以承受剪力。

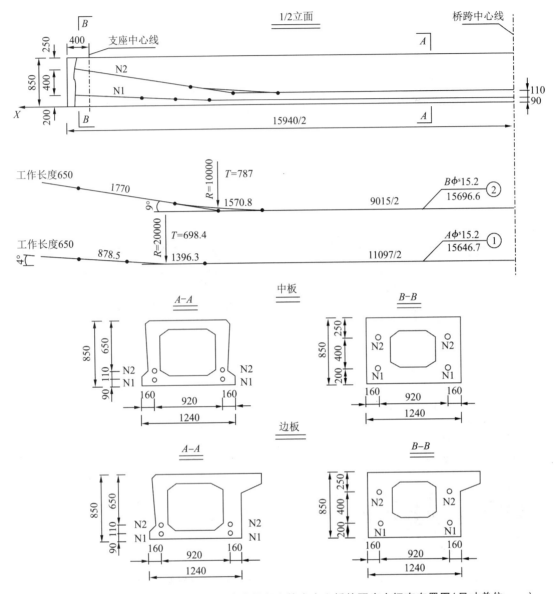

图 3-11　标准跨径为 16 m 的后张法预应力混凝土简支空心板的预应力钢束布置图(尺寸单位:mm)

3.2　简支梁桥构造

在横截面内形成鲜明的肋形结构的梁桥为肋板式梁桥,简称肋梁桥。这类梁桥将梁肋(或称腹板)与上部钢筋混凝土桥面板结合在一起作为承重结构。由于肋与肋之间处于受压区的混凝土被很大程度地挖空,因此显著减轻了上部结构的自重。简支梁桥的上部结构是静定结构,相邻各跨之间单独受力,结构受力较明确,不受墩台、基础沉降和支座变位的影响,因此适用于各种地质条件,且其构造较为简单,易做成标准化、装配式构件,是应用最广泛的梁式桥。

装配式简支梁桥的截面形式如图 3-12 所示,可分为 Π 形、T 形和箱形三种。

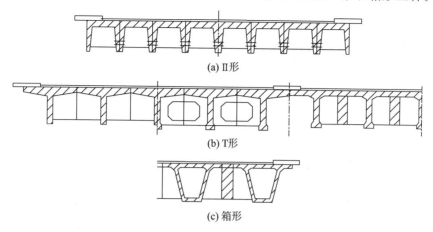

(a) Π形

(b) T形

(c) 箱形

图 3-12 装配式简支梁桥的截面形式

3.2.1　Π 形梁桥

图 3-12a 所示为 Π 形梁桥的横截面。Π 形梁桥的优点是:截面形状稳定,横向抗弯刚度大,构件的堆放、运输方便,块件之间用穿过腹板的螺栓连接。其缺点是:构件制造较复杂,梁肋被分成两片薄的腹板,通常用钢筋网来配筋,难以做成刚度大的钢筋骨架。实际经验表明,当 Π 形梁桥的跨径较大时,混凝土和钢筋用量较大,横向联系差,因此现已很少采用这种梁桥。

3.2.2　T 形梁桥

T 形截面梁,简称 T 形梁或 T 梁,是简支梁桥中常见的截面形式。T 形梁桥既可以采用整体现浇法施工,也可以采用预制装配法施工。装配式 T 形梁桥是中小跨径桥梁中最为普遍的结构形式,其优点是制造简单、整体性好、接头方便。

1. 整体式简支 T 形梁桥

常见的整体式简支 T 形梁桥的横截面如图 3-13 所示。在保证抗剪强度、稳定性的前提下,主梁的肋宽为梁高的 1/7~1/6,但不宜小于 16 cm,以方便浇筑混凝土。当肋宽有变化时,其过渡段的长度不小于 12 倍的肋宽差。主梁高度通常为跨径的 1/16~1/8。为了减小桥面板的跨径(一般限制在 2~3 m 之内),还可以在两根主梁之间增设次纵梁。

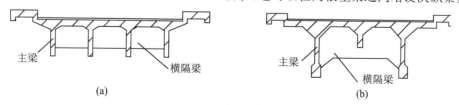

主梁　　　　　　　横隔梁　　　　　　主梁　　　　　　横隔梁

(a)　　　　　　　　　　　　　　　(b)

图 3-13 整体式简支 T 形梁桥横截面

2. 装配式简支 T 形梁桥

常见的装配式简支 T 形梁桥的横截面如图 3-14 所示。装配式简支 T 形梁桥具有

建桥速度快、工期短、模板支架用量少等优点,是目前最普遍的肋梁桥的结构形式。

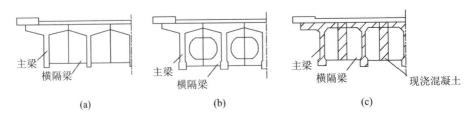

图 3-14　装配式简支 T 形梁桥横截面

（1）主梁构造

钢筋混凝土 T 形简支梁常用于不大于 20 m 的跨径。主梁间距一般在 1.6～2.5 m 之间,对于较大的结构,加大主梁间距、减少主梁片数更为经济合理,考虑到起重设备的能力和预制、运输、安装的方便,一般采用间距小于 2 m 的多梁式结构,其横截面如图 3-14 所示。T 形梁的顶部翼板即桥面板（行车道板）,又作为主梁的上翼缘与梁肋构成纵向受力截面。在每根预制 T 形梁上通常沿着梁的纵向设置若干个横隔板（梁）,待 T 形梁架设安装就位后再将横隔板相互连接,使主梁形成整体,将桥面板上的部分荷载分布给各主梁共同承受。我国制定了标准跨径为 10 m、13 m、16 m 和 20 m 的公路钢筋混凝土 T 形梁桥标准设计图供设计师选用。

图 3-15 是一根标准跨径为 20 m 的装配式钢筋混凝土 T 形主梁的钢筋构造图,每根梁内主筋为 12 根⌀32 mm 的钢筋。其中最下层的 4 根 N1 钢筋将通过梁端支承中心,其余 8 根则按照梁的抗剪要求从不同的位置开始弯起。设在梁上层的⌀22 mm 架立钢筋在梁端向下弯,并与主筋 N1 焊接连接。箍筋采用 ϕ 8 mm@140 mm,但在支座附近加密。附加斜筋采用 ϕ 16 mm 的钢筋,其具体位置通过计算确定。防收缩钢筋采用 ϕ 8 mm 钢筋,按照下密上疏的要求布置。所有钢筋均采用双面焊。

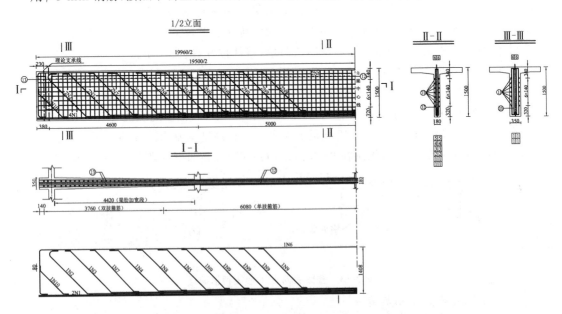

图 3-15　标准跨径为 20 m 的装配式钢筋混凝土 T 形主梁钢筋构造图（尺寸单位:mm）

　　当桥梁跨径增大时,宜采用预应力混凝土简支梁,不过其最大跨径不宜大于 50 m。图 3-16 是标准跨径为 25 m 的装配式预应力混凝土 T 形主梁的预应力钢筋布置图。预制梁采用 C50 混凝土,每片梁配 5 根钢丝束,钢丝的抗拉强度标准值为 1860 MPa。

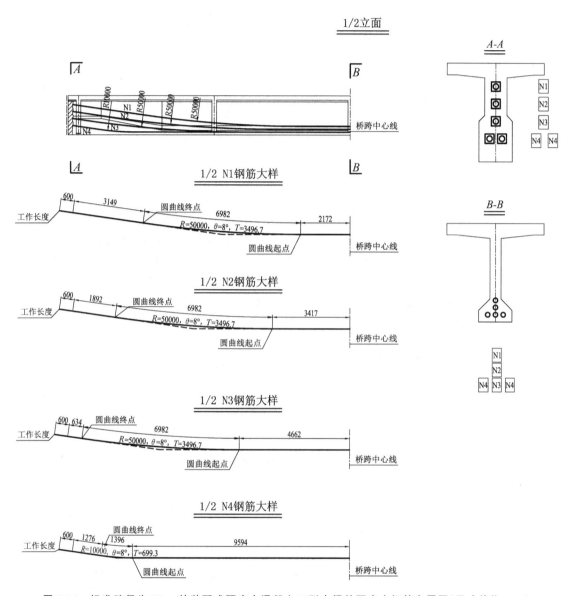

图 3-16　标准跨径为 25 m 的装配式预应力混凝土 T 形主梁的预应力钢筋布置图(尺寸单位:mm)

　　(2) 翼缘板及横向连接构造

　　装配式简支 T 形梁的翼缘板一般采用变厚度形式,其厚度随主梁间距而定。翼缘板根部(与梁肋衔接处)的厚度应不小于梁高度的 1/10,边缘厚度不小于 10 cm。当板件采用横向整体现浇法连接时,悬臂端厚度不应小于 14 cm。主梁间距小于 2.0 m 的铰接梁桥,边缘厚度可为 12 cm(桥面铺装不参与受力)或 10 cm(桥面铺装通过预埋的连接钢筋与翼缘板共同受力)。

图 3-17 是 T 形梁桥的翼缘板钢筋布置图。翼缘板上缘受负弯矩作用,受力钢筋直径不小于 12 mm,间距不大于 20 cm。在垂直于主筋方向布置分布钢筋时,直径应不小于 8 mm,间距不大于 20 cm,且分布钢筋的截面面积应不小于板截面面积的 0.1%。

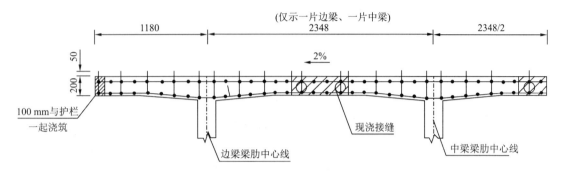

图 3-17　T 形梁桥的翼缘板钢筋布置图(尺寸单位:mm)

对于少横隔梁的主梁,应在翼缘板上加设接头进行连接,并加强桥面铺装的构造连接,使桥梁横向连成整体。接头应有足够的强度以保证结构的整体性,并能在营运过程中承受荷载的反复作用和冲击作用而不发生松动。常用的桥面板横向连接有焊接接头和湿接接头两种。图 3-18a 为焊接接头构造,翼板间用钢板连接,接缝处铺装层内放置上下两层钢筋网;图 3-18b 为湿接接头构造,通过一定措施将翼缘伸出钢筋连成整体,在接缝处铺装层内增补适量加强钢筋。

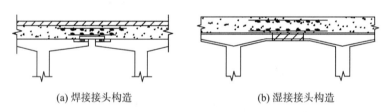

(a) 焊接接头构造　　　　　　　　　(b) 湿接接头构造

图 3-18　主梁翼缘板连接构造图

（3）横隔梁及横向连接构造

装配式 T 形简支梁桥一般由多根主梁组成,为了使主梁连接成整体,通常会设置端横梁和横隔梁(中横梁),以保证结构的整体性。横隔梁刚度越大,梁的整体性越好。端横梁是必须设置的,跨内的横隔梁宜根据跨径的大小每隔 5～10 m 设置一道。

从运输和安装的稳定性考虑,通常将端横梁做成与梁同高,横隔梁的高度一般为梁高度的 0.7～0.9 倍。预应力横隔梁通常与马蹄的斜坡下端齐平,其中部可以部分挖空以减小质量。横隔梁的厚度一般为 15～18 cm,并做成上宽下窄的楔形。图 3-19 为常见的横隔梁钢筋构造图。

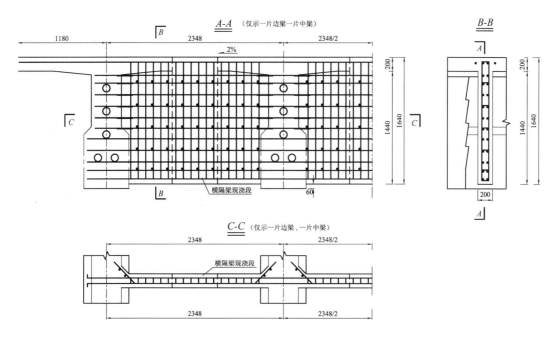

图 3-19　装配式 T 形梁桥中横隔梁钢筋构造图(尺寸单位:mm)

横隔梁的连接方式主要有两种。

（1）钢板连接

如图 3-20a 所示，在横隔梁靠近下部边缘的两侧和腹板顶部均有预埋钢板，钢板与横隔梁的受力钢筋焊接在一起做成钢筋骨架。当 T 形梁架设完毕后，在横隔梁的预埋钢板上再焊上钢板使其形成整体。这种接头强度可靠，焊接后就能承受荷载，但施工现场要有焊接设备，并且有时需要在桥下进行仰焊，施工比较困难。

（2）扣环连接

图 3-20b 所示是一种强度可靠、整体性好的扣环连接方式。扣环接头既可以承受弯矩，也可以承受剪力。扣环连接具体做法如下：横隔梁预制时，在接缝处伸出钢筋扣环，安装时在相邻构件的扣环两侧再安上另一扣环，在形成的圆环内插入短的分布钢筋，再现浇成混凝土封闭接缝，接缝宽度为 0.3～0.6 m。

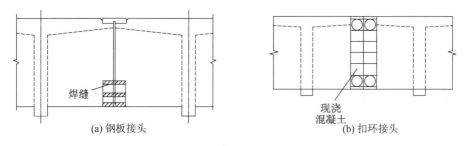

图 3-20　横隔板的接头构造

3.2.3 箱形梁桥

箱形截面具有良好的力学性能,与同等截面面积的肋梁桥或板桥相比,箱形梁桥闭口的箱体具有更大的抗扭刚度和横向抗弯刚度,因此在修建简支弯桥、斜桥时是很好的备选方案。箱形梁可做成薄壁结构,对自重占大部分荷载的大跨径简支梁来说是较为经济合理的。

整体式箱形梁往往在桥孔支架模板上现场浇筑,个别也有整体预制、整体架设的情况。箱形梁桥的截面形式有单箱单室、单箱双室、多箱多室等,如图 3-21 所示。

装配式简支箱梁目前多用于先简支后连续的形式。其梁体吊装质量通常比较大,这在确定桥梁类型时需加以考虑。箱形梁在中、大跨径桥梁中的应用已相当普遍,在连续和悬臂体系的混凝土桥梁中,箱形梁几乎占统治地位。

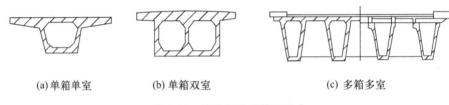

(a)单箱单室   (b)单箱双室   (c)多箱多室

图 3-21　箱形梁桥的截面形式

3.3 预应力混凝土连续梁桥

3.3.1 力学特点

超静定结构的连续梁桥在恒载和活载作用下,主梁受弯,跨中截面承受正弯矩,中间支点截面承受负弯矩,通常支点截面负弯矩比跨中截面正弯矩大。作为超静定结构,温度变化、混凝土收缩及徐变、基础变位以及预加力等都会使桥梁结构产生次内力。

由于预应力结构可以有效地避免混凝土开裂,因此它能充分发挥高强材料的特性,促使结构轻型化。预应力混凝土连续梁桥具有比钢筋混凝土连续梁桥更大的跨越能力,加之它具有变形和缓、伸缩缝少、刚度大、行车平稳、超载能力大、养护简便等优点,所以在近代桥梁中得到越来越广泛的应用。

3.3.2 立面布置

预应力混凝土连续梁桥的立面布置包括桥跨布置、梁高选择等问题,可以设计成等跨或不等跨、等截面或变截面的结构形式(见图 3-22)。结构形式的选择除了要考虑结构受力的合理性,还应考虑施工方法。

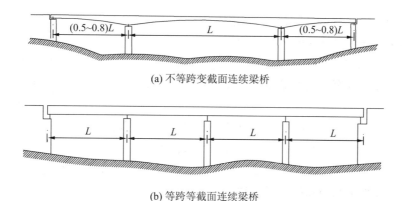

(a) 不等跨变截面连续梁桥

(b) 等跨等截面连续梁桥

图 3-22　连续梁桥立面布置

1. 桥跨布置

根据连续梁的受力特点,大、中跨径的连续梁桥一般采用不等跨布置,但多于三跨的连续梁桥,除边跨外,其中间跨一般均采用等跨布置。对于多于两跨的连续梁桥,为使边跨与中跨的最大正弯矩接近相等以达到经济的目的,边跨跨径一般为中跨的 0.8 倍,当采用箱形截面的三跨连续梁时,边跨跨径可减小至中跨的 0.5～0.7 倍。对于预应力混凝土连续梁桥宜取偏小值,以增大边跨刚度,减小活载弯矩的变化幅度,从而减少预应力筋的数量。若采用过小的边跨,端支座上将出现较大的负反力,需在桥台上设置拉力支座或压重。当受到桥址处地形、河床断面形式、通航(车)净空及地质条件等因素的限制,且桥长受到制约时,可采用多孔小边跨与较大的中间跨相配合,跨径从中间向外递减,以使各跨内力峰值相差不大。

桥跨布置还与施工方法密切相关。长桥、选用顶推法施工或者简支-连续施工的桥梁,多采用等跨布置,这样布置的梁桥结构简单,模式统一。等跨布置的跨径大小主要取决于经济分跨和施工设备。

连续梁桥的跨数以三跨最为常见,超过五跨时的内力情况虽然与五跨时的相差不大,但会导致梁端伸缩量很大,需设置大位移量的伸缩缝。因此,连续跨数一般不超过五跨。

2. 梁高选择

(1) 变截面连续梁桥

连续梁桥支点截面的负弯矩绝对值比跨中截面的正弯矩值大,采用变截面(变高度)形式符合受力特点,同时变截面梁一般采用悬臂法施工,逐渐变化的高度与施工阶段的内力相适应。从美学角度看,变高度梁也比较有韵律感。

变截面梁的梁底线形可采用二次抛物线、折线和介于折线与二次抛物线之间的 $1.5～1.8$ 次抛物线变化形式。抛物线的变化规律与连续梁的弯矩变化规律基本接近,因此最为常用。根据已建成桥梁的资料,支点梁高 $H_{支}$ 约为中间跨径 L(L 为中间跨跨长)的 $1/18～1/16$,跨中梁高 $H_{中}$ 约为支点梁高 $H_{支}$ 的 $2/5～2/3$。

(2) 等截面连续梁桥

等截面连续梁桥构造简单,预制施工方便,随着施工方法的发展越来越受到重视。

中等跨径(40～60 m)的连续梁桥若采用预制装配或现场浇筑法施工,宜选用等截面布置,如此可便于预制安装和模板周转使用。若采用顶推法施工,一般均采用等截面梁,如此可便于布置顶推和滑移设备。对于各跨均为中等跨径的长桥,采用逐跨架设和移动模架法施工时,按等截面布置最为有利,它只需使用少量施工设备即可完成全桥的施工。

等截面连续梁桥的梁高可参考有关资料选用,一般可取梁高 $H=(1/25～1/15)L_m$。当桥梁的跨径较大采用顶推法施工时,梁高的选择不仅取决于桥梁的跨径,同时还要考虑顶推施工的要求,为了避免出现顶推法施工时的不利受力状态,通常可设置临时墩。不设置临时墩时,梁高与顶推跨径之比宜为 $1/17～1/12$。

3.3.3 截面形式及尺寸

预应力混凝土连续梁桥的截面形式很多,一般应依据桥梁的跨径、宽度、梁高要求,支承条件,桥梁的总体布置和施工方法等综合确定。合理的主梁截面形式对减轻桥梁的重量、节约材料、简化施工和改善截面的受力性能都具有十分重要的意义。

预应力混凝土连续梁桥典型的截面形式有板式(包括空心板)、肋梁式(包括宽肋梁)和箱形截面,如图 3-23 所示。

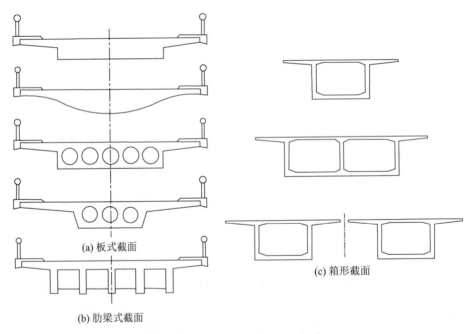

图 3-23　预应力混凝土连续梁桥典型的截面形式

1. 板式和肋梁式截面

板式截面和肋梁式截面一般只适用于中小跨径的连续梁桥。图 3-23a 为典型的板式截面,图 3-23b 为肋梁式截面。

板式桥构造简单,施工方便,建筑高度小,在高架道路上用得较多。板式截面分为实体截面和空心截面。矩形实体截面使用较少,曲线形整体截面近年来使用相对较多。

实体截面的连续梁桥常采用在支架上现浇施工。空心截面常用于跨径为 15～30 m 的连续梁桥,板厚可取 0.8～1.2 m。

肋梁式截面预制方便,常采用预制架设施工,并在梁段安装完之后,经体系转换为连续梁桥。其常用跨径为 25～50 m,梁高一般取 1.3～2.5 m。总体来说,肋梁式截面由于肋宽不大,布置钢筋受到限制,在负弯矩区承压面积也不大,因此应用不多。

2.箱形截面

当连续体系梁桥的跨径超过 40～60 m 时,主梁多采用箱形截面。箱形截面为闭口截面,截面具有良好的抗弯和抗扭性能,并且箱形截面有顶板和底板,可以在跨中或支座部位有效地抵抗正负弯矩。图 3-23c 所示为常用的箱形截面,其中单箱单室截面多用于顶板宽度小于 20 m 的桥梁;单箱双室截面适用于顶板宽度为 25 m 左右的桥梁;双箱单室截面顶板宽度可达 40 m 左右;单箱多室截面的桥梁宽度可不受限制。此外,箱形截面还有单箱三室、双箱双室、多箱单室等截面形式。

单箱单室截面受力明确、施工方便、材料用量少。因此,当桥宽在 20～25 m 范围时,也有不少桥梁采用单箱单室截面,但需要在截面构造上采取一定的措施。直腹板箱梁构造简单、施工方便,主要用于箱宽不大的情况。斜腹板箱梁可缩短底板的横向跨径,节省下部结构的圬工量,同时能有效缩小迎阳面,改善风的攻击角,改善温度应力和抗风性能,但此类截面的模板制造较复杂。分离式箱梁的特点是结构简单,受力明确,横向分布系数小,施工时可分箱进行,施工简单。

(1)顶板和底板厚度

箱形梁顶板厚度的确定一般需要考虑两个因素,即满足桥面板横向弯矩和纵横向预应力钢筋束布置的要求。不设横向预应力筋时,顶板厚度与腹板间距的选取可以参考表 3-1;设有横向预应力筋时,顶板厚度需足够布置预应力筋的套管并留有注入混凝土的间隙。

表 3-1　箱梁不同腹板间距对应的顶板厚度

腹板间距/m	3.5	5.0	7.0
顶板厚度/cm	20	22	28

顶板两侧悬臂板的长度是调节顶板内弯矩的重要因素。悬臂板长度一般采用 2～5 m,当长度超过 3 m 后,一般需布置横向预应力筋。

对于变截面连续梁,箱梁跨中底板厚度一般按构造选定。若不配预应力筋,厚度可取 18～22 cm;若配有预应力筋,厚度一般为 20～25 cm。

在负弯矩区,特别是在靠近桥墩处,底板承受较大的压应力,由于底板的宽度比顶板厚度小得多,因此,为满足混凝土受压要求,底板的厚度要比顶板厚度大。墩顶处底板厚度一般为支点梁高的 1/12～1/10,底板厚度由支点向跨中逐渐减小。

对于采用顶推法施工的等高连续梁,由于施工过程中截面承受交变的正负弯矩,因此底板往往设计成等厚度板。

(2)腹板厚度

箱梁腹板的主要作用是承受结构的弯曲剪应力和扭转剪应力所引起的主拉应力,墩顶区域剪力大,因而腹板厚度较大;而跨中区域剪力小,因此腹板厚度也较小。腹板

最小厚度的确定还应考虑钢束管道布置、钢筋布置和混凝土浇筑的要求。一般等高箱梁可采用直腹板或斜腹板,变高度梁宜采用直腹板。

跨中腹板厚度一般可按以下原则选用:当腹板内无预应力筋时,可取 20 cm;当腹板内有预应力筋时,可取 25~30 cm;当腹板内有预应力筋锚固头时,取 35 cm。为满足支点剪应力大的要求,墩上或靠近桥墩的箱梁根部腹板需加厚到 30~60 cm,特殊情况可达 100 cm。大跨径连续梁桥腹板应采用变厚度形式,从跨中向支点分段线形逐步加厚,变厚段一般为一个节段长。为方便施工、简化内模构造,中小跨径连续梁桥的腹板一般采用等厚度形式。

3. 横隔板(梁)

采用 T 形截面的连续梁桥,因其横截面的抗扭刚度较小,为增强桥梁的整体性和横向刚度,一般均需设置中横隔板和端横隔板。中横隔板的数目、位置及构造与简支梁相同。

采用箱形截面的连续梁桥,其横截面的抗弯刚度和抗扭刚度较大,除在支点部位设置横隔板外,中间一般不需要设置横隔板,因为中横隔板对桥梁横向刚度的影响并不显著,而且增大了施工难度,所以目前的趋势是少设或不设中横隔板。对于弯梁、斜梁,设置中横隔板的效果较显著,其中横隔板的厚度可取 15~20 cm。

箱梁支点处横隔板的尺寸和配筋形式与箱梁的支承方式有关。当支座直接位于主梁腹板之下时,端横隔板的主要作用是增大箱梁横向刚度,限制箱梁的畸变,横隔板厚度通常为 30~50 cm,在横隔板中仅需配置一定数量的普通钢筋(见图 3-24)。当支座设置在横隔板中部时,横隔板承担着传递支反力的作用,是重要的受力构件,如采用普通钢筋混凝土结构,横隔板内的抗剪、抗弯及抗裂钢筋交错密布,会导致混凝土浇筑困难且不易振捣密实;而如果采用预应力混凝土结构,横隔板厚度一般不大于 80 cm,在横隔板中设置曲线形的预应力筋(见图 3-25)时,可避免普通钢筋混凝土横隔板的弊病。为满足施工、维修和通风要求,横隔板上一般会设置过人孔。

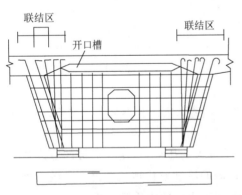

图 3-24 箱梁中的横隔梁配筋示意图

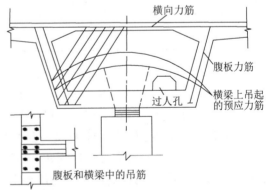

图 3-25 箱梁中横隔板的预应力筋布置示意图

3.3.4 预应力钢筋构造

连续梁主梁的内力主要有纵向预应力、竖向预应力和横向预应力三个。其中,纵向预应力抵抗纵向弯矩和部分剪力,竖向预应力抵抗剪力,横向预应力抵抗横向弯矩。连续梁桥中的纵向预应力筋为主筋,其数量与布置位置需根据使用时的受力状态予以确定,同时也要满足施工各阶段的受力需求。此外,在大跨径梁腹板内常布置竖向预应力筋。跨径较大的箱梁顶板和悬臂板内也常布置横向预应力筋。

1. 纵向预应力筋

沿桥跨方向的纵向预应力筋又称为主筋,是用以保证桥梁在恒载、活载作用下纵向跨越能力的主要受力钢筋,可布置在顶板、底板和腹板中。预应力混凝土连续梁桥中纵向预应力筋的布置方式有多种,与所采用的施工方法和预应力筋的种类有密切关系。

图 3-26a 为采用顶推施工法的直线形预应力筋布置方式。上下钢筋束使截面受力接近轴心受压,以抵抗顶推过程中各截面承受的正负弯矩的交替变化。待顶推完成后,再在跨中的底部和支点的顶部增加局部预应力筋,用来满足运营荷载下相应的内力要求。有时还在跨中的顶部和支点附近的底部设置局部的施工临时钢筋束,待顶推完成后予以卸除。

图 3-26b 为采用先简支后连续施工法的预应力筋布置方式。待墩上接缝混凝土达到规定强度后,用设置在接缝顶部的局部预应力筋来保证结构的连续性。

图 3-26c、d 为采用悬臂施工法的预应力筋布置方式。梁中除了正弯矩区和负弯矩区各需布置顶部和底部预应力筋外,在有正、负弯矩的区段内,顶板和底板中均需设置预应力筋。图 3-26c 所示为直线布束方式,即顶板预应力筋沿水平布置并锚固在梗肋处,此种布束方式可减少预应力筋的摩阻损失,且穿束方便,也改善了腹板的混凝土浇筑条件;水平预应力筋的设计和构造仅由弯曲应力决定,而抗剪强度则由竖向预应力筋提供。图 3-26d 所示为顶板预应力筋在腹板内弯曲并下弯锚固在腹板上的形式,其目的是减小外荷载所产生的剪力。此时腹板应具有足够的厚度以承受锚固力。

图 3-26e 为整根曲线形钢筋束锚固于梁端的布置方式,一般用于整联现浇的情形。在此情况下,若预应力筋较长且弯曲次数又多,就显著加大了预应力筋的摩阻损失,因而联长或力筋不宜过长。

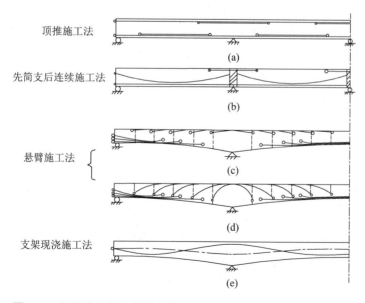

图 3-26　不同方法施工的预应力混凝土连续梁的预应力筋布置方式

综上所述,预应力混凝土连续梁桥的主筋布置是多种多样的,它与所采用的施工方法有密切的关系。不同的施工方法要求不同的预应力筋布置,而预应力筋的数量则取决于结构在施工阶段和使用阶段的受力情况。

2. 横向和竖向预应力筋

在设计中,有时需要对结构施加横向和竖向预应力,横向预应力可加强桥梁的横向联系,提高悬臂板的抗弯能力,而竖向预应力可提高截面的抗剪能力。

横向预应力筋一般布置在横隔梁内或截面的顶板内,竖向预应力筋一般布置在截面的腹板内。横向和竖向预应力筋都比较短,直筋常采用钢绞线、钢丝束,也可选用精轧螺纹钢筋,在预留孔道内按后张法工艺施工。图 3-27 给出了对箱梁顶板施加横向预应力以及对箱梁腹板施加竖向预应力的预应力筋的布置方式。

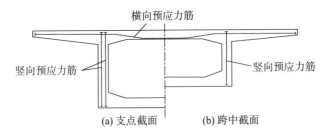

图 3-27 箱梁横向及竖向预应力筋的布置方式

3.4 混凝土梁桥桥面构造

公路和城市桥梁的桥面系构造包括桥面铺装、排水与防水设施、伸缩装置、人行道与栏杆等。虽然这些构造不是桥梁的主要承重结构,但它们对桥梁功能的正常发挥、对主要构件的保护、对行车的安全性和舒适性以及桥梁的美观性都起到了十分重要的作用。图 3-28 为桥面系的一般构造。桥面布置应在桥梁的总体设计中考虑,根据道路等级、桥梁宽度、行车要求等条件综合确定。

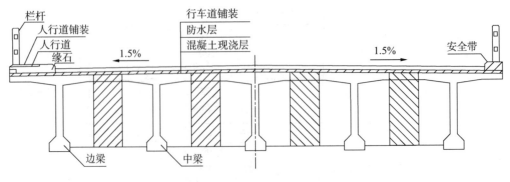

图 3-28 桥面系的一般构造

3.4.1　桥面铺装

桥面铺装是桥梁结构的最上层部分,是车轮直接接触的部分,其主要作用有:保护桥梁主体结构,承受车轮的直接磨损;防止主梁遭受雨水的侵蚀;分散车轮的集中荷载。因此,桥面铺装必须具有足够的强度和良好的整体性,抗冲击、耐疲劳、不易开裂且耐磨损,以及防水性好、对温度变化的适应性好等性能。

桥面铺装层一般不做受力计算,在施工时确保铺装层与行车道板紧密结合成整体,铺装层的混凝土还可以计算在行车道板的厚度内和行车道板共同受力。桥面铺装层在桥梁恒载中占有相当的比重,这在小跨径的桥梁中尤为明显。

桥面铺装层的类型主要有水泥混凝土和沥青混凝土等。

水泥混凝土桥面铺装是以水泥和水和成的水泥浆为结合料,碎(砾)石为粗集料,砂为细集料,经搅拌、摊铺、振捣和养护所修筑而成的桥面铺装。水泥混凝土桥面铺装的耐磨性更好,适合重载交通,但其养护期比沥青系的铺装要长,后期修补也较麻烦。水泥混凝土桥面铺装直接铺设在防水层或桥面板上,厚度不宜小于 8 cm(不含找平层和垫层),其混凝土强度等级应尽量与桥面板的混凝土强度等级接近,不应低于 C40,铺装时应避免二次成形。此外,混凝土铺装层内应布置直径不小于 8 mm、间距不大于100 mm 的钢筋网。

沥青混凝土桥面铺装是按照级配原理选配原料,加入适量的沥青均匀拌和,并经摊铺与压实而成的桥面铺装。沥青混凝土维修养护方便,但容易老化变形。《公路桥涵设计通用规范》(JTG D60—2015)规定:高速公路和一级公路上的特大桥、大桥的桥面铺装宜采用沥青混凝土桥面铺装,高速公路、一级公路的铺装层厚度不宜小于 70 mm,二级及二级以下公路的铺装层厚度不宜小于 50 mm。桥面铺装的构造如图 3-29 所示。

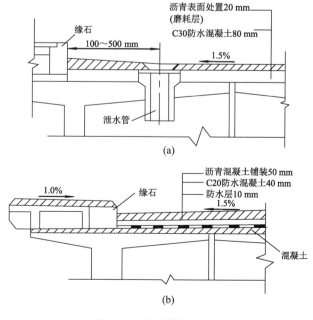

图 3-29　桥面铺装的构造

3.4.2 桥面排水与防水设施

桥面积水不利于行车安全,也会给行人带来不便。混凝土的桥梁结构不宜经受干燥和潮湿的交替作用,尤其是在寒冷的冬季,渗入结构细小裂纹中的水分结冰后,会使混凝土产生开裂破坏而缩短桥梁的使用年限,此外,水分还会加剧钢筋的锈蚀,对结构十分不利。因此,为防止桥梁结构受雨水侵蚀,应当设置完善的桥面排水和防水设施。

1. 桥面排水设施

为了使雨水迅速排出,根据交通量要求,桥面上通常设置纵横坡,以达到快速排水的目的,这样有利于行车和行人的安全,还可以减少雨水对铺装层的渗透,从而保护行车道板,延长桥梁的使用寿命。

桥面上设置纵坡,有利于排水,平原地区可以在满足桥下通航净空要求的前提下降低墩台高程,减少桥头引道的土方量,从而节约工程费用。桥面的纵坡一般都做成双向纵坡,在桥中心设置竖曲线。《公路桥涵设计通用规范》(JTG D60—2015)规定:桥上纵坡不宜大于 4%,桥头引道纵坡不宜大于 5%;对于位于市镇混合交通繁忙处的桥梁,桥上纵坡和桥头引道纵坡不得大于 3%。

横坡一般采用 1.5%~2.0%,在雨量丰沛的地区,宜取 2.0% 的横坡。行车道板的桥面普遍采用人字形或抛物线形横坡,人行道采用直线形。横坡可直接设在墩台顶部,从而使桥梁上部构造形成双向倾斜,此时,铺装层在整个桥宽上做成等厚的。横坡也可直接铺设在行车道板上。先铺设一层厚度变化的混凝土三角垫层,形成双向倾斜,再铺设等厚的(沥青)混凝土铺装层。横坡还可以通过支座垫石高度变化来形成或通过行车道板做成倾斜面来实现。

桥梁上应设置泄水管,泄水管的过水面积通常是每平方米桥面上不小于 2~3 cm²。泄水管可以沿行车道两侧左右对称排列,也可交替排列,离路缘石 20~50 cm。泄水管也可以布置在人行道下面,为此需要在人行道块件(或路缘石)上留出横向泄水孔,并在周边设置相应的聚水槽,起聚水、导流和拦截作用。常用的泄水孔有竖向泄水孔、横向泄水孔和封闭式泄水孔等形式。制作材料一般为铸铁、钢筋混凝土或塑料管(聚氯乙烯 PVC 或聚乙烯 PE)。由于钢筋混凝土泄水管道制作麻烦且体积大,现已很少使用。

(1)竖向泄水管道

竖向泄水管道(见图 3-30)常用于肋板式梁桥、箱形梁桥及肋拱桥、刚架拱桥、桁架拱桥等轻型拱桥上。竖向泄水管道通过桥面板上预留的孔洞伸到桥面板下方,桥面积水可以通过竖向泄水管道直接泄到桥下。竖向泄水管道的直径一般为 100 mm,安装泄水管时应将其下端伸出桥面板底面以下 150~200 mm,以防止雨水浸润桥面板。若桥面铺装层内设有防水层,则应让管道与防水层紧密结合,以便防水层上的积水能通过泄水管道排出桥外。

(2)横向泄水管道

横向泄水管道(见图 3-31)常用于板桥或实腹式拱桥。若要在这些桥型结构中设置竖向泄水管道,则需要穿过板梁或很厚的拱上结构或填料,施工复杂,所以通常采用横向泄水管道,将桥面积水从行车道两侧安全带或护栏下方直接排出桥外。这种泄水管道构造简单、安装方便,但因为泄水管的设置坡度较缓,所以容易堵塞。

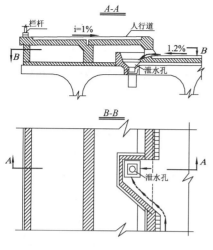

图 3-30　竖向泄水管道

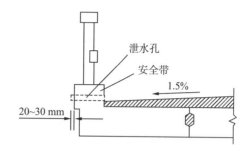

图 3-31　横向泄水管道

（3）封闭式泄水管道

对于跨越公路、铁路、通航河流的桥梁以及城市高架桥，由于其下方往往是道路或者其他设施，布设竖向或横向泄水管道会影响桥下交通及行人的安全，又有碍于公共卫生。因此，跨越公路、铁路、通航河流的桥梁以及城市高架桥需要设置封闭式的排水系统。将桥面积水通过横坡或纵坡排入纵向泄水管道或排水槽，再通过设在墩台处的竖向封闭管道（落水管）排到地面排水设施中，如图 3-32 所示。

2. 桥面防水层

桥面防水层一般设置在行车道铺装层下面。钢筋混凝土桥面板与铺装层之间是否需要设防水层，应视当地的气温、雨量、桥梁结构和桥面铺装的形式等具体情况而定。桥面伸缩缝处应连续铺设，不可切断；桥面纵向应铺过桥台台背；桥面横向两

图 3-32　封闭式泄水管道

侧则应伸过缘石底部，从人行道与缘石砌缝里向上叠起 100 mm。无防水层时，水泥混凝土铺装应采用防水混凝土。对于沥青混凝土铺装则应加强排水和养护。

桥面防水层有以下 3 种类型：

① 沥青涂胶下封层，即洒布薄层沥青或改性沥青，在其上撒布一层砂，经碾压形成沥青涂胶下封层。

② 高分子聚合物涂胶，如聚氨酯胶泥、环氧树脂、阳离子乳化沥青、聚丁胶乳等。

③ 沥青或改性沥青防水卷材，以及浸渍沥青的无纺土工布等。

3.4.3 伸缩装置

桥跨结构在温度变化、混凝土收缩和徐变以及荷载作用下会产生梁端变位,为了保证车辆能够顺利地在桥面上行驶,同时满足桥面变形的要求,就需要在梁端和桥台背墙之间设置伸缩装置。

伸缩缝应满足以下5个主要的构造要求:① 牢固可靠;② 能保证结构温度变化所引起的伸缩变形;③ 车辆行驶时平顺、不打滑,无突跳和过大的噪声与振动;④ 具有安全排水、防水的伸缩缝构造,除了能防止雨水侵蚀结构、垃圾或泥土阻塞,还可以保证桥面结构以下其他结构功能的正常发挥;⑤ 易于安装、检查、养护和更换。

公路桥面伸缩装置的种类繁多,它随着公路交通事业的发展而不断改进。在《公路桥梁伸缩装置通用技术条件》(JT/T 327—2016)中,公路桥梁伸缩装置按伸缩结构可分为模数式伸缩装置(代号 M)、梳齿板式伸缩装置(代号 S)和无缝式伸缩装置(代号 W)3 种。

1. 模数式伸缩装置

模数式伸缩装置是利用吸震缓冲性能好又容易做到密封的橡胶材料与强度高、刚度好的异型钢材组合的,在大位移量情况下能承受车辆荷载的各种模数支承式(模数式)桥梁伸缩装置系列。这类伸缩装置的构造相同点是均由 V 形截面或其他截面形状的橡胶密封条嵌接于异型钢梁内组成可伸缩的密封体。异型钢梁直接承受车辆荷载,且可根据不同的伸缩量要求增加或减少钢梁和密封橡胶条,加工组装成各种伸缩量的系列产品。其不同点仅在于承重异型钢梁和传递伸缩力的传动机构形式及原理。异型钢有采用钢板或型钢焊接而成,或挤压成型的,也有用轧钢坯经车轧成型的。图 3-33所示为模数式伸缩装置。

2. 梳齿板式伸缩装置

梳齿板式伸缩装置由梳齿型钢板、不锈钢滑板、氯丁橡胶板、锚固螺栓等组成。梳齿板式伸缩装置面层板为梳齿形防滑槽钢板,是从左右伸出桥面板间隙处相互啮合的支承式构造,结构刚度比较大,可承受较大的水平变位。梳齿板式伸缩装置在桥面铺装层高度内就可以安装,无须在梁体内预留槽口,便于设计和施工。此外,梳齿板式伸缩装置适用范围广,新、老桥梁都可以运用,尤其是对老桥伸缩装置的更换特别适宜,是模数式大位移伸缩装置无法取代的。图 3-34 所示为梳齿板式伸缩装置。

图 3-33　模数式伸缩装置

图 3-34　梳齿板式伸缩装置

3. 无缝式伸缩装置

无缝式伸缩装置是指接缝构造不伸出桥面,在桥梁端部的伸缩间隙中填入弹性材料并铺上防水材料,然后在桥面铺装层铺筑黏弹性复合材料,使伸缩接缝处的桥面铺装与其他铺装部分形成连续体,以连接缝的沥青混凝土等材料的变形承受伸缩的一种构造。这种类型的伸缩装置是在路面铺装完成后再切割路面,并在槽口内注入嵌缝材料而成的构造,这种接缝仅

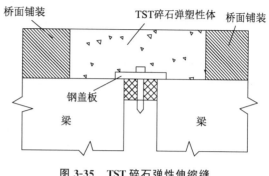

图 3-35　TST 碎石弹性伸缩缝

适用于较小的接缝部位,适用范围有限。图 3-35 所示为我国常见的 TST 碎石弹性伸缩缝。

桥面上的伸缩缝在使用过程中容易损坏,因此,为了提高行车舒适性、减少桥梁的养护工作和延长桥梁的使用寿命,应力求减少伸缩缝的数量。对于多跨简支体系的桥梁,减少桥梁伸缩缝数量的主要做法是在跨缝的铺装层混凝土内设置专门的桥面连续钢筋,并在铺装层上表面开假缝以适应主梁的伸缩变形。这种方式多在跨径不大的钢筋混凝土和预应力混凝土公路桥上采用。桥面连续一般 3～7 跨为一联。当跨径大时,一联的跨数减少;当跨径小时,一联的跨数增多。

3.4.4　人行道与栏杆

1. 人行道

人行道是用路缘石或护栏或其他设施加以分隔的专门供人行走的部分,其宽度等于一条行人带宽乘以带数。我国每条人行道带宽 0.75～1.00 m,其通行能力均为 800～1000 人/h,带数由人流量确定。桥梁上人行道宽度宜取 0.75 m 或 1.00 m,按照 0.5 m 的倍数增加,其高度应多出行车道至少 0.20～0.25 m,以确保行人的安全。人行道的布置方式如图 3-36 所示。

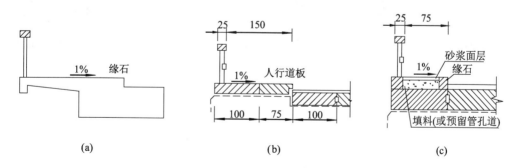

(a)　　　　　　　　　　(b)　　　　　　　　　　(c)

图 3-36　人行道的布置方式(尺寸单位:cm)

2. 栏杆

栏杆是设置在桥面两侧以利于行人安全过桥的措施。常见的栏杆由混凝土、石材、

铸铁、钢或圬工材料制作而成。栏杆形式可分为节间式与连续式。节间式栏杆由栏杆柱、扶手及横挡组成,便于预制安装。连续式栏杆具有连续的扶手,一般由扶手、栏杆及底座组成,采用有规律的栏板,简洁、明快、有节奏感。

栏杆的设计首先应考虑结构安全可靠、选材合理,栏杆柱或栏杆底座要与浇在混凝土中的预埋件焊牢,以增强抗冲击力。同时,栏杆要经济实用,工序简单,施工方便。根据栏杆的高度,栏杆可分为高栏、中栏和低栏。公路与城市道路桥梁上的栏杆高度不得低于1.10 m。

栏杆是桥梁的表面构造物,栏杆设置在桥梁的边缘,对桥梁起装饰作用。对城市桥梁栏杆的艺术造型应予以重视,栏杆应与桥梁结构、周围环境相协调,栏杆在形式、色调、图案和轮廓层次上应富有美感,而不是过分追求装饰华丽。图3-37至图3-40为常见的不同材质的栏杆。

图3-37 钢栏杆

图3-38 石栏杆

图3-39 钢筋混凝土栏杆

图3-40 钢-混凝土栏杆

本章小结

1. 钢筋混凝土和预应力混凝土梁桥是利用抗压性能良好的混凝土和具有高抗拉能力的钢筋作为主要建桥材料的桥梁。

2. 按照承重结构横截面的形式分类,混凝土梁式桥可以分为板桥、肋梁桥和箱形梁桥。按照桥梁受力特点分类,混凝土梁式桥可以分为简支梁桥、连续梁桥和悬臂梁桥。按照施工方法分类,混凝土梁式桥可以分为整体浇筑式梁桥和预制装配式梁桥两类。

3. 板桥的承重结构是矩形截面的钢筋混凝土或预应力混凝土板,是所有桥梁结构中构造最简单的一种,而且其建筑高度低、施工方便,既便于现场整体式浇筑,又便于工厂成批生产,并且装配式板桥构件的质量小,架设方便。

4. 简支梁桥的上部结构是静定结构,相邻各跨之间单独受力,结构受力较明确,不受墩台、基础沉降和支座变位的影响,因此适用于各种地质条件,且其构造较为简单,易做成标准化、装配式构件,是应用最广泛的梁式桥。

5. 预应力混凝土连续梁桥具有比钢筋混凝土连续梁桥更大的跨越能力,具有变形和缓、伸缩缝少、刚度大、行车平稳、超载能力大、养护简便等优点。

6. 桥面系构造包括桥面铺装、排水与防水设施、伸缩装置、人行道与栏杆等。虽然这些构造不是主要承重结构,但它们对桥梁功能的正常发挥、对主要构件的保护、对行车的安全性和舒适性以及桥梁的美观性等都起到了十分重要的作用。

思 考 题

1. 钢筋混凝土简支板桥、梁桥,以及钢筋混凝土连续梁桥适用的跨径范围是多少?
2. 横隔板的作用是什么? 为何端部横隔板的厚度较大?
3. 引起预应力混凝土连续梁桥次内力的原因有哪些?
4. 桥面系构造包含哪些内容?

 桥梁故事

广东虎门大桥辅航道桥

虎门大桥(Humen Bridge)是中国广东省境内一座连接广州市南沙区与东莞市虎门镇的跨海大桥,位于珠江狮子洋之上,是珠江三角洲地区环线高速公路南部联络线(莞佛高速公路)的组成部分。

虎门大桥(见图 3-41)全长 15.76 km,主桥长 4.606 km,主航道桥为跨径 888 m 的加劲钢箱梁悬索桥,是我国率先施工、当时规模最大的现代化悬索桥;辅航道桥为跨径 270 m 的预应力混凝土连续刚构桥,居世界同类桥梁之首。虎门大桥是桥孔径布置为 (150+270+150)m 的预应力混凝土连续刚构桥,单幅桥箱梁为单箱单室截面,箱梁顶面宽 15 m,箱宽 7 m,顶板悬臂宽 4 m,主梁根部梁高 14.8 m,在跨中位置梁高 5 m,其间梁高按抛物线变化。箱梁采用三向预应力结构,纵横向预应力采用钢绞线束施加,竖向预应力采用精轧螺纹粗钢筋施加。上部构造设计的特点包括:上下行分离为独立的单桥,两个单桥在墩顶处通过体外 4 道横向贯通的横隔板连为整体,两个主墩承台由系梁连为整体,通过尽量压缩梁高、采用 C55 箱梁混凝土等方式减轻结构重量。下部结

构为双薄壁墩身,群桩基础。

图 3-41　虎门大桥

　　虎门大桥工程体现了中国桥梁建设者"敢为天下先""苦干巧干"的自强精神。中国桥梁建设者仅用 5 年时间就自行设计建成第一座特大型大跨径钢箱梁悬索桥——虎门大桥,而同时期国外同类桥梁的建设时间至少需要 7 年。

第 4 章　混凝土简支梁桥计算

　　本章主要介绍混凝土简支梁桥桥面板、主梁、横隔梁,同时简要介绍主梁挠度和预拱度的计算。

桥梁结构设计是保证桥梁安全的重要环节。混凝土桥梁的设计流程一般为:首先根据使用要求、跨径大小、桥面宽度、荷载等级、施工方法等资料拟定各构件的截面形式和细部尺寸;然后运用数学、力学方法计算荷载作用下构件的内力,并根据对应的性能要求进行内力组合;最后得出最不利内力后进行配筋设计,并进行强度、稳定性、挠度和裂缝宽度的验算。若不符合要求,则需对原设计进行调整,再根据上述要求进行计(验)算,直至满足规范要求。

混凝土简支梁桥上部结构的主要设计项目有桥面板、主梁和横隔梁。本章以常用的钢筋混凝土简支 T 形梁桥为例,着重阐述桥面板、主梁和横隔梁的受力特点、最不利内力计算、内力组合,同时介绍主梁的挠度和预拱度计算方法。关于截面设计和验算的内容可查阅其他教材及规范,本章不再重复。

4.1 桥面板计算

4.1.1 桥面板力学模型

桥面板是桥梁直接承受车辆轮压荷载的结构构件,它与主梁梁肋和横隔梁连接在一起,既保证了梁的整体作用,又将荷载传递于主梁。根据其位置及施工方法,桥面板可简化为四边固支板、铰接悬臂板和悬臂板三种力学模型。

1. 四边固支板

对于整体现浇的 T 形梁桥,主梁和横隔梁之间的桥面板属于四边固支板,如图 4-1 所示。通常横隔梁间距 l_a 比主梁间距 l_b 大得多,根据弹性薄板理论,对于四边支承板,当其长宽比(l_a/l_b)等于或大于 2 时,荷载作用下绝大部分力沿短跨方向(l_b)传递,l_a/l_b 越大,沿 l_a 方向传递的荷载就越少,因此可近似按单向板来设计,即仅在短跨方向配置受力主筋,长跨方向配置适当的构造钢筋即可。

2. 铰接悬臂板

对于常见的 $l_a/l_b \geqslant 2$ 的装配式 T 形梁桥,当相邻翼缘板在端部互相做成铰接缝的构造时(见图 4-1c),桥面板应按一端嵌固、一端铰接的铰接悬臂板进行计算。

3. 悬臂板

对于常见的 $l_a/l_b \geqslant 2$ 的装配式 T 形梁桥,当翼缘板的端部为自由边,每间隔一定距离用钢板来连接时(见图 4-1b),桥面板可简化为三边支承、一边自由的悬臂板进行分析;另外,边梁外侧的翼缘板也可看作悬臂板进行计算。

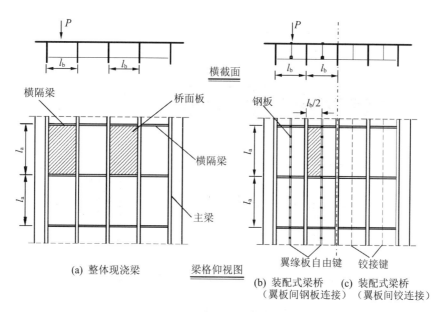

图 4-1　梁格构造和桥面板支承方式

4.1.2　车轮荷载在桥面板上的分布

依据《公路桥涵设计通用规范》(JTG D60—2015)的相关规定,在计算可变作用下的桥面板内力时,汽车荷载应采用考虑实际轮压大小的车辆荷载。汽车车轮直接作用在桥面上,然后通过桥面铺装层向下扩散并最终作用在桥面板上,由于桥面板的计算跨径相对于轮压分布宽度不是很大,因此在计算时需考虑实际的轮压分布面积,而不能简化为一个集中力来处理。

研究表明,车轮压力在桥面板上的分布较为复杂,为了方便计算,通常在满足局部最大应力不变的条件下,将其简化为 $a_2 \times b_2$ 的矩形面,此处 a_2 是车轮沿行车方向的着地长度,b_2 为车轮的宽度(可从表 2-5 中查得),如图 4-2 所示。另外,试验研究表明,对于混凝土或沥青面层,荷载可以偏安全地假定呈 $45°$ 角向下扩散。由此可得,作用于混凝土桥面板顶面的矩形荷载压力面的长(a_1)、宽(b_1)为

沿行车方向(垂直于板的跨径方向)　$a_1 = a_2 + 2H$

沿桥的横向(平行于板跨径方向)　$b_1 = b_2 + 2H$　　　　　(4-1)

式中：H——铺装层厚度。

由此可得单个车轮作用于桥面板上时,局部分布荷载 p 为

$$p = \frac{P}{2a_1 b_1}$$　　　　　(4-2)

式中：P——汽车的轴重,可从图 2-2 或表 2-5 中查得。

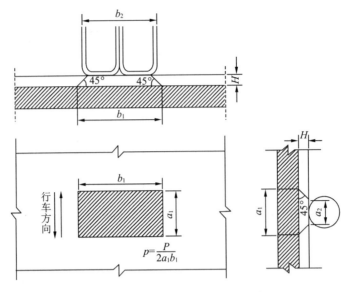

图 4-2 车辆荷载在桥面板上的分布

4.1.3 桥面板的有效工作宽度

当荷载以 $a_1 \times b_1$ 的分布面积作用在板上时,板除了沿计算跨径 x 方向产生挠曲变形 ω_x 外,还沿垂直于计算跨径的 y 方向产生挠曲变形 ω_y(见图 4-3a)。这说明荷载作用下不仅直接承压的宽度为 a 的板条受力,其邻近的板也受力。精确计算桥面板内力可以采用弹性薄板理论,但其计算过程较为复杂,不便于工程设计人员使用。

为了计算方便,设想以宽度为 a 的板均匀承受车轮荷载,产生的总弯矩(见图 4-3b)为

$$M = a \cdot m_{x\max} = \int m_x \, \mathrm{d}y$$

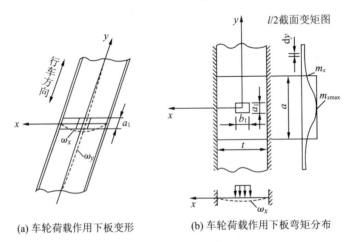

(a) 车轮荷载作用下板变形   (b) 车轮荷载作用下板弯矩分布

图 4-3 行车道板的受力状态

弯矩图形的换算宽度为

$$a = \frac{M}{m_{x\max}} \tag{4-3}$$

式中：M——车轮荷载产生的跨中总弯矩；

　　$m_{x\max}$——荷载中心处的最大单宽弯矩值，精确解需通过板的空间计算得到；

　　a——板的有效工作宽度，也称为荷载有效分布宽度。《公路钢筋混凝土及预应力混凝土桥涵设计规范》(JTG 3362—2018)基于大量的理论研究，对不同类型的板的有效工作宽度有如下规定。

（1）单向板的有效工作宽度

① 车轮在跨径中间

当单独一个车轮荷载（见图 4-4a）作用时，单向板的有效工作宽度为

$$a = a_1 + \frac{l}{3} = a_2 + 2H + \frac{l}{3} \geqslant \frac{2}{3}l \tag{4-4}$$

式中：l——两梁肋之间板的计算跨径。

《公路钢筋混凝土及预应力混凝土桥涵设计规范》(JTG 3362—2018)规定，计算弯矩时，$l = l_0 + t$，但不大于 $l_0 + b$；计算剪力时，$l = l_0$。其中，l_0 为板的净跨径，t 为板的厚度，b 为梁肋的宽度。

当多个相同的车轮在板的跨径中部时（见图 4-4b），若按式（4-4）计算所得各相邻荷载的有效分布宽度会发生重叠，则应按下式计算有效工作宽度：

$$a = a_1 + d + \frac{l}{3} = a_2 + 2H + d + \frac{l}{3} \geqslant \frac{2}{3}l + d \tag{4-5}$$

式中：d——多个车轮时，最外两个车轮的中心距离。

② 车轮在板的支承处

$$a' = a_1 + t = a_2 + 2H + t \leqslant a \tag{4-6}$$

③ 车轮在板的支承附近

$$a_x = a' + 2x \tag{4-7}$$

式中：x——荷载离支承边缘的距离；

　　t——桥面板厚度。

根据以上所述得出的不同荷载作用位置时单向板的有效工作宽度图形如图 4-4c 所示。值得注意的是，按上式计算所得的所有荷载分布宽度均不得大于板的宽度；对于彼此不相连的预制板，车轮在板内的工作宽度不得大于预制板宽度。

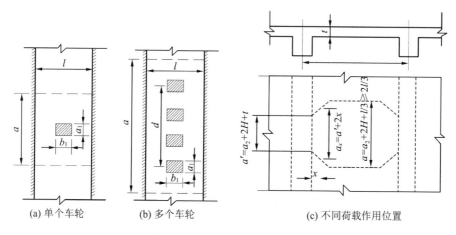

(a) 单个车轮　　　(b) 多个车轮　　　(c) 不同荷载作用位置

图 4-4　单向板的有效工作宽度

（2）悬臂板的有效工作宽度

悬臂板的最不利内力发生在悬臂根部（荷载则尽可能靠近悬臂端），因此需计算其悬臂根部的荷载有效工作宽度。理论研究表明，悬臂板的有效工作宽度接近于2倍悬臂长度，即荷载可近似按45°角由悬臂端向悬臂板支承处扩散（见图4-5）。

《公路钢筋混凝土及预应力混凝土桥涵设计规范》（JTG 3362—2018）规定，当 $b' \leqslant$ 2.5 m时，垂直于悬臂板跨径方向的车轮荷载分布宽度可按式（4-8）计算：

$$a = a_2 + 2H + 2b' = a_1 + 2b' \tag{4-8}$$

式中：b'——平行于悬臂板跨径方向的车轮着地尺寸的外缘，即通过铺装层45°分布线的外边线至腹板外边缘的距离。

对于分布荷载靠近板边的最不利情况，b' 就等于悬臂板的净跨径 l_0，于是

$$a = a_1 + 2l_0 \tag{4-9}$$

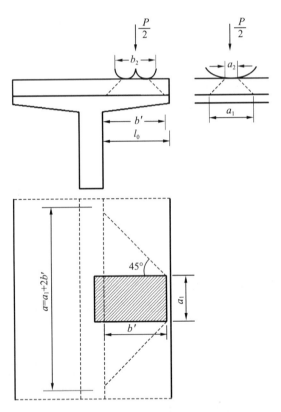

图 4-5　悬臂板的有效工作宽度

4.1.4　桥面板内力计算

桥面板的设计一般由弯矩和剪力控制，以每米宽的板条进行计算。利用4.1.3节得到的荷载分布宽度可以得出车轮荷载作用在每米宽板条上的分布荷载，进一步利用结构力学的知识可计算出相应的弯矩和剪力。不同类型桥面板的内力计算方法如下。

1. 多跨连续单向板的内力

对于整体式肋梁桥或横向（特别是翼缘处）采用可靠湿接头连接的装配式肋梁桥，

其桥面板实质上是一个支承在一系列弹性支承(T 形梁梁肋或箱梁腹板)上的多跨连续单向板。由于桥面板与主梁梁肋(或箱梁腹板)是整体浇筑在一起的,因此,桥面板上的荷载会使主梁发生相应变形,而这种变形又会影响主梁的内力,导致桥面板的受力情况变得很复杂。为了方便工程应用,对于一次浇筑的多跨连续单向板的内力计算,《公路钢筋混凝土及预应力混凝土桥涵设计规范》(JTG 3362—2018)作了如下简化。

(1) 弯矩计算

支点弯矩
$$M_{支} = -0.7M_0 \tag{4-10}$$

跨中弯矩:当 $t/h < 1/4$ 时(即主梁抗扭能力大者), $M_{中} = +0.5M_0$ (4-11a)

当 $t/h \geqslant 1/4$ 时(即主梁抗扭能力小者), $M_{中} = +0.7M_0$ (4-11b)

式中:h——梁肋高度;

M_0——把板当作简支板时,由使用荷载引起的 1 m 宽板条的跨中最大设计弯矩,它是 M_{0p} 和 M_{0g} 两部分的内力组合。

M_{0p} 为相同计算跨径的 1 m 宽简支板条的跨中汽车荷载弯矩(见图 4-6a):

$$M_{0p} = (1+\mu) \cdot \frac{P}{8a}\left(1 - \frac{b_1}{2}\right) \tag{4-12}$$

其中,P 应取用车辆荷载后轴的轴重 140 kN;$\mu = 0.3$。

M_{0g} 为相同计算跨径的简支板(1 m 宽)的跨中自重弯矩,可由下式计算:

$$M_{0g} = \frac{1}{8}gl^2 \tag{4-13}$$

式中:g——1 m 宽板条每延米的结构自重集度。

(2) 剪力计算

计算单向板的支点剪力时,可不考虑主梁的弹性固结作用,而将其作为简支梁考虑。为了求得桥面板的最大支点剪力,荷载应尽可能靠近梁肋边缘布置。对于跨径内只有一个汽车车轮荷载的情况,在考虑了相应的有效工作宽度后,每米板宽承受的分布荷载如图 4-6b 所示。汽车引起的支点剪力为

$$Q_{支p} = (1+\mu)(A_1 y_1 + A_2 y_2) \tag{4-14}$$

式中:A_1——矩形部分荷载的合力,可表示为

$$A_1 = pb_1 = \frac{P}{2ab_1}b_1 = \frac{P}{2a}$$

A_2——三角形部分荷载的合力,可表示为

$$A_2 = \frac{1}{2}(p'-p) \cdot \frac{1}{2}(a-a') = \frac{1}{2}\left(\frac{P}{2a'b_1} - \frac{P}{2ab_1}\right) \cdot \frac{1}{2}(a-a') = \frac{P}{8aa'b_1}(a-a')^2$$

式中:p、p'——有效工作宽度 a 和 a' 处的荷载强度;

y_1、y_2——荷载合力 A_1 和 A_2 的支点剪力影响线竖标值。

结构自重引起的支点剪力为

$$Q_{支g} = \frac{1}{2}gl_0 \tag{4-15}$$

若板的跨径较大,可能不止一个车轮进入,计算弯矩和剪力时,则应计及其他车轮的影响(尤其是剪力)。

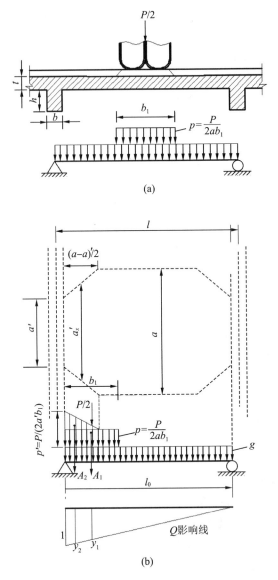

图 4-6 单向板内力计算图式

2. 铰接悬臂板的内力

用铰接方式连接的 T 形梁翼缘板的最大弯矩在悬臂根部。计算汽车荷载弯矩 $M_{\min,p}$ 时,近似地把车轮荷载对称布置在铰接处作为最不利的荷载位置,利用对称性可知,这时铰内的剪力为零,两相邻悬臂板各承受半个车轮荷载,即 $P/4$,如图 4-7 所示。因此,每米宽悬臂板的汽车荷载弯矩 $M_{\min,p}$ 为

$$M_{\min,p} = -(1+\mu)\frac{P}{4a}\left(l_0 - \frac{b_1}{4}\right) \tag{4-16}$$

每米宽板条的结构自重弯矩为

$$M_{\min,g} = -\frac{1}{2}gl_0^2 \tag{4-17}$$

注意:此处 l_0 为铰接悬臂板的净跨径。

悬臂根部 1 m 板宽的总弯矩是 $M_{\min,p}$ 和 $M_{\min,g}$ 两部分的组合;悬臂根部的剪力可以偏安全地按一般悬臂板的图式来计算,此处从略。

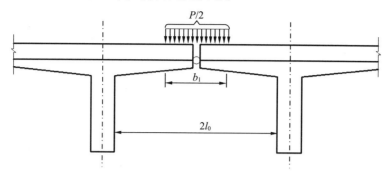

(a) 铰接悬臂板

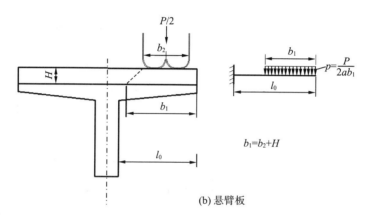

(b)悬臂板

图 4-7　铰接悬臂板和悬臂板计算图式

3. 悬臂板的内力

计算悬臂板根部的最大弯矩时,应将车轮荷载布置在靠板的边缘,此时 $b_1=b_2+H$,如图 4-7b 所示,则结构自重和汽车荷载弯矩值可由一般公式求得。

(1)弯矩计算

$$M_{\min,p}=-(1+\mu)\cdot\frac{1}{2}pl_0^2=-(1+\mu)\cdot\frac{P}{4ab_1}\cdot l_0^2 \quad (b_1\geqslant l_0 \text{ 时}) \qquad (4\text{-}18)$$

$$M_{\min,p}=-(1+\mu)\cdot\frac{1}{2}pb_1\left(l_0-\frac{b_1}{2}\right)=-(1+\mu)\cdot\frac{P}{4a}\cdot\left(l_0-\frac{b_1}{2}\right) \quad (b_1<l_0 \text{ 时})$$

$$(4\text{-}19)$$

式中：p——汽车荷载作用在每米宽板上的每延米荷载强度,$p=\dfrac{P}{2ab_1}$;

$\quad\quad l_0$——悬臂板的长度。

每米宽板条在悬臂根部的结构自重弯矩为

$$M_{\min,g}=-\frac{1}{2}gl_0^2 \qquad (4\text{-}20)$$

(2) 剪力计算

每米宽板条在悬臂根部的汽车荷载剪力为

$$Q_{\min,p} = (1+\mu) \cdot \frac{P}{2ab_1} \cdot l_0 \quad (b_1 \geqslant l_0 \text{ 时}) \tag{4-21}$$

$$Q_{\min,p} = (1+\mu) \cdot \frac{P}{2a} \quad (b_1 < l_0 \text{ 时}) \tag{4-22}$$

每米宽板条在悬臂根部的结构自重剪力为

$$Q_{\min,g} = g l_0 \tag{4-23}$$

需要注意的是,以上所有汽车荷载内力的计算公式都是依据轮重为 $P/2$ 的汽车车辆荷载推导得来的。

4. 内力组合

按照上述理论分别计算出结构自重和汽车荷载(有人行道时还需计算人群荷载)作用下的内力后,根据第 2 章 2.5.3 节和 2.5.4 节的内力组合方法,1 m 宽板条的最大组合内力可用表 4-1 中所列的公式进行计算。

表 4-1 1 m 宽板条的内力组合公式

内力组合		公式
承载能力极限状态组合	结构重力对结构承载能力不利时	$S_{ud} = 1.2G_{自重} + 1.8Q_{汽} + 0.75 \times 1.4Q_{人}$
	结构重力对结构承载能力有利时	$S_{ud} = G_{自重} + 1.8Q_{汽} + 0.75 \times 1.4Q_{人}$
正常使用极限状态组合	频遇组合	$S_{fd} = G_{自重} + 0.7Q_{汽(不计冲击力)} + 1.0Q_{人}$
	偶然组合	$S_{qd} = G_{自重} + 0.4Q_{汽(不计冲击力)} + 0.4Q_{人}$

注:S_{ud}——承载能力极限状态下作用基本组合的效应组合设计值(弯矩或剪力);
　　$G_{自重}$——永久作用中结构重力效应的标准值(弯矩或剪力);
　　$Q_{汽}$——可变作用中汽车荷载效应(含汽车冲击力、离心力)的标准值(弯矩或剪力);
　　$Q_{人}$——可变作用中人群荷载效应的标准值(弯矩或剪力);
　　S_{fd}——正常使用极限状态下作用频遇组合设计值(弯矩或剪力);
　　S_{qd}——正常使用极限状态下作用偶然组合设计值(弯矩或剪力)。

4.1.5 桥面板内力计算示例

【例 4.1】 计算图 4-8 所示的 T 形梁翼板所构成的铰接悬臂板的设计内力。桥面铺装为 2 cm 厚的沥青表面处治(容重为 23 kN/m³)和平均 9 cm 厚的 C25 混凝土垫层(容重为 24 kN/m³)。T 形梁翼板采用 C30 混凝土,容重为 25 kN/m³。

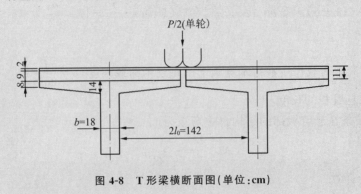

图 4-8 T 形梁横断面图(单位:cm)

【解】　（1）结构自重及其内力计算（按纵向 1 m 宽的板条计算）

① 每延米板上的结构自重集度 g 见表 4-2。

表 4-2　每延米板上的结构自重 g

构件类型	计算式
沥青表面处治	$g_1 = 0.02 \times 1.0 \times 23 = 0.46 \text{ kN/m}$
C25 混凝土垫层	$g_2 = 0.09 \times 1.0 \times 24 = 2.16 \text{ kN/m}$
T 形梁翼板自重集度	$g_3 = \dfrac{0.08 + 0.14}{2} \times 1.0 \times 25 = 2.75 \text{ kN/m}$
合计	$g = \sum\limits_{i=1}^{3} g_i = 5.37 \text{ kN/m}$

② 结构自重产生的内力为

$$M_{Ag} = -\frac{1}{2}gl_0^2 = -\frac{1}{2} \times 5.37 \times 0.71^2 = -1.35 \text{ kN} \cdot \text{m}$$

$$Q_{Ag} = gl_0 = 5.37 \times 0.71 = 3.81 \text{ kN}$$

（2）车辆荷载产生的内力

将车辆荷载的后轮作用于铰缝轴线上（见图 4-8），后轴作用力 $P = 140$ kN，车辆荷载计算图式如图 4-9 所示。由《公路桥涵设计通用规范》（JTG D60—2015）查得其后轮着地长度 $a_2 = 0.20$ m，宽度 $b_2 = 0.60$ m，则

$$a_1 = a_2 + 2H = 0.20 + 2 \times 0.11 = 0.42 \text{ m}$$

$$b_1 = b_2 + 2H = 0.60 + 2 \times 0.11 = 0.82 \text{ m}$$

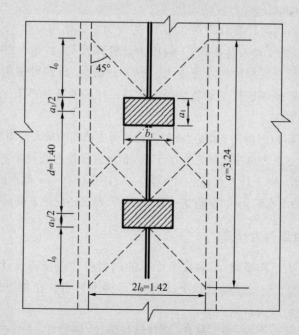

图 4-9　车辆荷载计算图式（单位：m）

荷载对于悬臂根部的有效分布宽度为

$$a = a_1 + d + 2l_0 = 0.42 + 1.40 + 2 \times 0.71 = 3.24 \text{ m}$$

依据《公路桥涵设计通用规范》(JTG D60—2015),汽车荷载在 T 形梁悬臂板上的冲击系数采用 0.3,则作用于 1 m 宽板条上的弯矩为

$$M_{Ap} = -(1+\mu)\frac{P}{4a}\left(l_0 - \frac{b_1}{4}\right) = -1.3 \times \frac{140 \times 2}{4 \times 3.24} \times \left(0.71 - \frac{0.82}{4}\right) = -14.18 \text{ kN} \cdot \text{m}$$

作用于 1 m 宽板条上的剪力为

$$Q_{Ap} = (1+\mu)\frac{P}{4a} = 1.3 \times \frac{140 \times 2}{4 \times 3.24} = 28.09 \text{ kN}$$

(3) 内力组合

按承载能力极限状态进行内力组合,则基本组合为

$$M_{ud} = 1.2M_{Ag} + 1.8M_{Ap} = 1.2 \times (-1.35) + 1.8 \times (-14.18) = -27.14 \text{ kN} \cdot \text{m}$$

$$Q_{ud} = 1.2Q_{Ag} + 1.8Q_{Ap} = 1.2 \times 3.81 + 1.8 \times 28.09 = 55.13 \text{ kN}$$

按正常使用极限状态进行内力组合,其中频遇组合(汽车荷载不计冲击力)为

$$M_{fd} = M_{Ag} + 0.7M_{Ap}/(1+\mu) = (-1.35) + 0.7 \times (-14.18)/1.3 = -8.99 \text{ kN} \cdot \text{m}$$

$$Q_{fd} = Q_{Ag} + 0.7Q_{Ap}/(1+\mu) = 3.81 + 0.7 \times 28.09/1.3 = 18.94 \text{ kN}$$

4.2 主梁内力计算

简支梁桥主梁的内力计算分为永久作用(主要为上部结构自重)下的内力计算和可变作用(主要为汽车荷载和人群荷载)下的内力计算两部分,得出各部分的内力后按规范要求进行组合便可获得截面的设计内力。有了截面内力,就可按钢筋混凝土和预应力混凝土结构的计算原理进行主梁各截面的配筋设计和验算。本节主要介绍不同荷载下的主梁内力计算方法。

对于跨径在 10 m 以内的简支梁,通常只需计算跨中截面的最大弯矩和支点截面及跨中截面的剪力;跨中与支点之间各截面的剪力可以近似地假设按直线规律变化,弯矩可假设按二次抛物线规律变化。对于较大跨径的简支梁,一般还应计算 1/4 截面的弯矩和剪力。如果主梁沿桥轴方向截面有变化(如梁肋宽或梁高变化),那么还应计算截面变化处的内力。

4.2.1 结构自重内力计算

对于公路混凝土结构桥梁,结构自重产生的内力往往占全部设计内力很大的比重(通常占 60%～90%),且梁的跨径越大,结构自重内力所占的比重也越大。因此,设计时需正确确定主梁的结构自重内力。

在计算结构自重内力时,为了简化,往往将横隔梁、铺装层、人行道和栏杆等的重量均匀分摊给各主梁承受。因此,对于等截面梁桥的主梁,其结构自重是简单的均布荷载。为了更精确起见，也可根据施工情况分阶段按 4.2.2 节所述的荷载横向分布规律进行分配计算。

如图 4-10 所示，计算出结构自重集度 g 之后，梁内各截面的弯矩 M 和剪力 Q 的计算公式则为：

$$\begin{cases} M_x = \dfrac{gl}{2} \cdot x - gx \cdot \dfrac{x}{2} = \dfrac{gx}{2}(l-x) \\ Q_x = \dfrac{gl}{2} - gx = \dfrac{g}{2}(l-2x) \end{cases} \tag{4-24}$$

式中：l——简支梁的计算跨径；

x——计算截面到支点的距离。

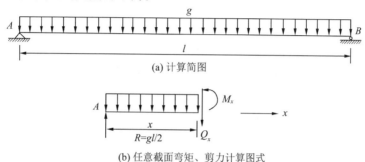

(a) 计算简图

(b) 任意截面弯矩、剪力计算图式

图 4-10　自重作用下简支梁桥结构自重内力计算图式

【例 4.2】　一座五梁式装配式钢筋混凝土简支梁桥的主梁和横隔梁截面如图 4-11 所示，计算跨径 $l = 19.50$ m，结构重要性系数 $\gamma_0 = 1.0$，求边主梁在结构自重作用下产生的内力（已知每侧的栏杆及人行道构件重力的作用力为 5 kN/m）。

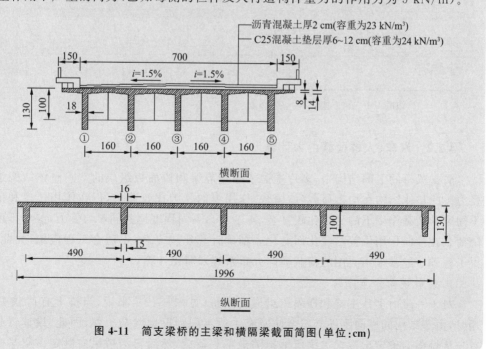

图 4-11　简支梁桥的主梁和横隔梁截面简图(单位:cm)

【解】 （1）计算主梁承担的各构件的自重集度并进行汇总，如表 4-3 所示

表 4-3 结构自重集度

构件		计算式
主梁		$g_1 = \left[0.18 \times 1.30 + \left(\dfrac{0.08+0.14}{2}\right) \times (1.60-0.18)\right] \times 25 = 9.76 \text{ kN/m}$
横隔梁	对于边主梁	$g_2 = \left\{\left[1.0 - \left(\dfrac{0.08+0.14}{2}\right)\right] \times \left(\dfrac{1.60-0.18}{2}\right)\right\} \times \dfrac{0.15+0.16}{2} \times 5 \times 25 / 19.50 = 0.63 \text{ kN/m}$
	对于中主梁	$g_2^1 = 2 \times 0.63 = 1.26 \text{ kN/m}$
桥面铺装层		$g_3 = \left[0.02 \times 7 \times 23 + \dfrac{1}{2} \times (0.06+0.12) \times 7.00 \times 24\right]/5 = 3.67 \text{ kN/m}$
栏杆和人行道		$g_4 = 5 \times 2/5 = 2.00 \text{ kN/m}$
合计	对于边主梁	$g = \displaystyle\sum_{i=1}^{4} g_i = 9.76 + 0.63 + 3.67 + 2.00 = 16.06 \text{ kN/m}$
	对于中主梁	$g^1 = 9.76 + 1.26 + 3.67 + 2.00 = 16.69 \text{ kN/m}$

（2）计算自重下的主梁结构内力，如表 4-4 所示

表 4-4 边主梁结构自重产生的内力

截面位置	内力	
	剪力 Q/kN	弯矩 $M/(\text{kN} \cdot \text{m})$
$x=0$	$Q = \dfrac{16.06}{2} \times 19.5 = 156.6$ 〔162.7〕	$M = 0$ 〔0〕
$x = \dfrac{l}{4}$	$Q = \dfrac{16.06}{2} \times \left(19.5 - 2 \times \dfrac{19.5}{4}\right) = 78.3$ 〔81.4〕	$M = \dfrac{16.06}{2} \times \dfrac{19.5}{4} \times \left(19.5 - \dfrac{19.5}{4}\right) \approx 572.5$ 〔595.0〕
$x = \dfrac{l}{2}$	$Q = 0$ 〔0〕	$M = \dfrac{1}{8} \times 16.06 \times 19.5^2 \approx 763.4$ 〔793.3〕

注：〔〕内的值为中主梁内力。

4.2.2 汽车、人群荷载内力计算

简支梁桥的上部结构中，多片主梁依靠横隔梁和桥面板组成的空间整体结构进行受力。此整体结构在均布荷载（如恒载）作用下的受力比较简单，但在作用位置和范围不固定的活载作用下的受力比较复杂，各主梁会不同程度地共同参与受力，参与程度会随荷载在横向作用位置的变化而变化。精确计算比较复杂，不适合工程应用，为此，桥梁工程领域经常采用实用的荷载横向分布系数来简化计算。

1. 荷载横向分布计算

对于一座由多片主梁和横隔梁组成的梁桥（见图 4-12a）来说，当桥上有荷载 P 作用时，由于结构的横向刚性必然会使所有主梁不同程度地参与工作，因此，设计者必须首先从桥横向确定出某根主梁所承担的最不利荷载，然后再沿桥纵向确定该梁某一截

面的最不利内力,即

$$S = P\eta_2(y)\eta_1(x) \tag{4-25}$$

式中：S——某根主梁某一截面的内力值；

$\eta_1(x)$——单梁在 x 轴方向某一截面的内力影响线；

$\eta_2(y)$——单位荷载沿桥面横向(y 轴方向)作用在不同位置时,某梁所分配的荷载比值变化曲线,也称作某梁的荷载横向分布影响线；

$P\eta_2(y)$——当 P 作用于点 $a(x,y)$ 时沿横向分布给某梁的荷载(见图 4-12b),暂以 P' 表示,即 $P' = P\eta_2(y)$。

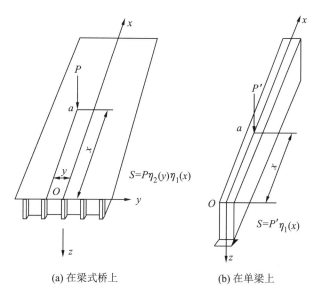

(a) 在梁式桥上　　　　　　　(b) 在单梁上

图 4-12　荷载作用下的内力计算

若定义 $P'_{max} = mP$,P 为汽车轴重,则称 m 为荷载横向分布系数,它表示某根主梁所承担的最大荷载是各个轴重的倍数(通常小于 1)。

根据此定义,同一座桥梁内各根主梁的荷载横向分布系数 m 可能不相同,不同类型荷载(如汽车荷载、人群荷载)的 m 值也各异,而且荷载在梁上沿纵向的位置对 m 也有影响。

桥上荷载横向分布的规律与结构的横向连接刚度有密切关系,横向连接刚度越大,荷载横向分布越明显,荷载在各主梁之间的分布也越均匀。图 4-13 所示为 5 根主梁组成的桥梁在跨中截面中梁位置承受荷载 P 的变形情况。图 4-13a 表示各主梁之间没有任何联系,此时只有中梁向下发生一定的位移,其他主梁不变形,桥上的荷载全部由中梁承担,即该梁的荷载横向分布系数 $m=1$。图 4-13c 表示各主梁通过横隔板及桥面板在横向连接成整体,并假设横隔梁的刚度接近无穷大,5 片主梁向下发生了相同的位移,此时荷载 P 由 5 片主梁均匀分担,每根主梁承受的荷载为 $0.2P$,即各梁的荷载横向分布系数 $m=0.2$。实际情况下,各主梁虽通过横向结构连接成整体,但其横向刚度并非无穷大,此时在荷载 P 作用下,中主梁的挠度最大,其他各主梁也有一定的挠度,此时中主梁的横向分布系数 m 介于 0.2 和 1 之间。

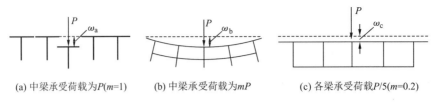

(a) 中梁承受荷载为P(m=1)   (b) 中梁承受荷载为mP   (c) 各梁承受荷载P/5(m=0.2)

图 4-13 不同横向连接刚度时主梁的变形和受力情况

根据梁式桥的宽度、横向连接构造和截面位置的不同建立计算模型,荷载横向分布系数有以下几种计算方法:

① 杠杆原理法——把横向结构(桥面板和横隔梁)视作在主梁上断开而简支在其上的简支梁;

② 偏心压力法——把横隔梁视作刚性极大的梁,当计及主梁抗扭刚度时,此方法又称为修正的偏心压力法;

③ 横向铰接板(梁)法——把相邻板(梁)之间视为铰接,只传递剪力;

④ 横向刚接梁法——把相邻主梁之间视为刚性连接,即传递剪力和弯矩;

⑤ 比拟正交异性板法——将主梁和横隔梁的刚度换算成正交两个方向刚度不同的比拟弹性平板来求解。

本节重点介绍较常用的杠杆原理法和偏心压力法,其他方法可参阅其他有关书籍。

(1) 杠杆原理法

按杠杆原理法进行荷载横向分布系数计算的基本假定是忽略主梁之间横向结构的联系作用,即假设桥面板在主梁梁肋处断开,将其当作沿横向支承在主梁上的简支梁或悬臂梁来考虑,如图 4-14a、b 所示。

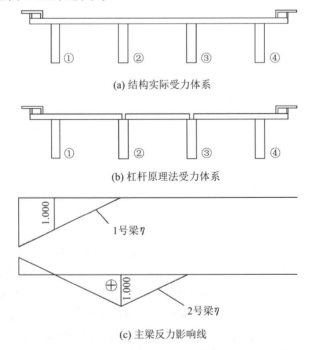

(a) 结构实际受力体系

(b) 杠杆原理法受力体系

(c) 主梁反力影响线

图 4-14 按杠杆原理法计算荷载横向分布系数

根据上述假定利用结构力学知识可作出各主梁的反力影响线,也就是荷载横向分布影响线。例如,作图 4-14a 中①、②号梁的荷载横向分布影响线时,将单位荷载 $P=1$ 沿桥横向移动,当 $P=1$ 作用于计算梁上时,该梁承担的荷载为1;当 $P=1$ 作用于相邻或其他梁上时,计算梁承担的荷载为0。有了各根主梁的荷载横向分布影响线,就可以根据规范加载要求进行荷载最不利位置布置,然后通过汇总各荷载作用位置的影响线竖标值即可求得相应的荷载横向分布系数 m_0。

汽车、人群的荷载横向分布系数的计算公式如下:

汽车荷载
$$m_{oq}=\frac{\sum \eta_q}{2}$$
(4-26)

人群荷载
$$m_{or}=\eta_r$$
(4-27)

式中:η_q——汽车车轮荷载集度的影响线竖标值;

η_r——人群荷载集度的影响线竖标值。

杠杆原理法适用于计算荷载位于靠近主梁支点时的荷载横向分布系数 m_0。此时主梁的支承刚度远大于主梁间横向联系的刚度,其受力特性与杠杆原理接近。另外,该法还可用于双主梁桥的荷载横向分布系数计算。

【例 4.3】 图 4-15a 所示是桥面净空为净—7 m+(2×0.75) m 的五梁式钢筋混凝土 T 形梁式桥,试求荷载位于支点处时 1# 梁和 2# 梁相应于公路—Ⅱ级荷载和人群荷载的横向分布系数。

【解】 当荷载位于支点处时,应按杠杆原理法计算荷载横向分布系数。

首先绘制 1# 梁和 2# 梁的荷载横向分布影响线,分别如图 4-15b、c 所示。

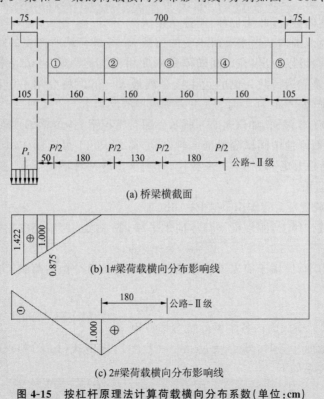

图 4-15 按杠杆原理法计算荷载横向分布系数(单位:cm)

然后根据《公路桥涵设计通用规范》(JTG D60—2015)规定,在荷载横向分布影响线上确定荷载沿横向最不利的布置位置。对于汽车荷载,规定的汽车横向轮距为1.8 m。两列汽车车轮的横向最小间距为1.3 m,车轮距离人行道缘石最少为0.5 m。由此求出相应于荷载位置的影响线竖标值后,可得1#梁的荷载横向分布系数。

公路—Ⅱ级荷载　　$m_{oq} = \dfrac{\sum \eta_q}{2} = \dfrac{0.875}{2} = 0.438$

人群荷载　　　　$m_{or} = \eta_r = 1.422$

同理,按图4-15c进行计算,可得2#梁的荷载横向分布系数 $m_{oq} = 0.5$ 和 $m_{or} = 0$。其中,人群荷载的荷载横向分布系数取0,是因为人行道荷载产生的是负反力,在考虑荷载组合时反而会减小2#梁的受力。

(2) 偏心压力法

适用偏心压力法计算荷载横向分布系数的情况是桥上具有可靠的横向连接,且桥的宽跨比(B/l)小于或接近0.5(一般称为窄桥)。该方法可用于计算跨中截面荷载横向分布系数 m_c。

使用偏心压力法的基本前提是:① 在车辆荷载作用下,中间横隔梁可近似地看作一根刚度无穷大的刚性梁,保持直线的形状;② 忽略主梁的抗扭刚度,即不计入主梁对横隔梁的抵抗扭矩。如图4-16a所示,图中 ω_i 表示桥跨中央各主梁的竖向挠度。基于横隔梁无限刚性的假定,此法也称"刚性横梁法"。

根据在弹性范围内某根主梁所承受的荷载 R_i 与该荷载所产生的跨中弹性挠度 ω_i 成正比例的原则,可以得出:在中间横隔梁刚度相当大的窄桥上,在沿横向偏心布置的荷载作用下,总是靠近荷载一侧的边主梁受载最大。下面将介绍单位荷载 $P=1$ 作用在跨中任意位置(偏心距为 e)时,1#主梁所承担的反力 R_i。

取跨中 $x = l/2$ 截面,如图4-16b所示。通常情况下,各主梁的惯性矩 I_i 相等。显然,对于具有近似刚性中间横隔梁的结构,偏心荷载 $P=1$ 可以用作用于桥轴线的中心荷载 $P=1$ 和偏心力矩 $M = 1 \cdot e$ 来替代,分别求出这两种情况下1#主梁所承担的力,然后进行叠加即可。

① 中心荷载 $P=1$ 的作用[见图4-16b(Ⅲ)]

在中心荷载作用下,刚性横梁整体向下平移,各主梁的跨中挠度相等,即

$$\omega_1' = \omega_2' = \cdots = \omega_n' = \overline{\omega} \tag{4-28}$$

根据材料力学,作用于简支梁跨中的荷载(即主梁所分担的荷载)与挠度的关系为

$$\omega_i' = \frac{R_i' l^3}{48 E I_i} \tag{4-29}$$

式中:I_i——桥梁横截面内各主梁的抗弯惯性矩。

当各主梁截面相等时,即 $I_1 = I_2 = \cdots = I_n = I$,则由式(4-28)和式(4-29)得反力与挠度成正比的关系如下:

$$\frac{R_1'}{\omega_1'} = \frac{R_2'}{\omega_2'} = \cdots = \frac{R_i'}{\omega_i'} = \cdots = \frac{R_n'}{\omega_n'} = \frac{48 E I}{l^3} = C(\text{常数})$$

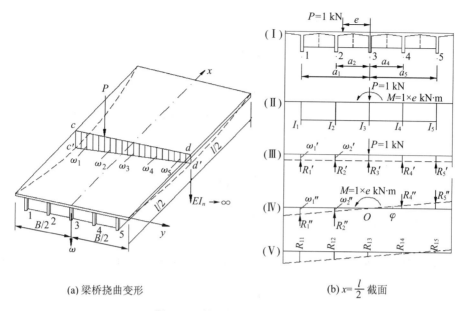

(a) 梁桥挠曲变形　　　　　(b) $x=\dfrac{l}{2}$ 截面

图 4-16　偏心压力法计算图式

由此得

$$R'_i = C\omega'_i = C\,\overline{\omega} \tag{4-30}$$

根据静力平衡条件,有

$$R'_1 + R'_2 + \cdots + R'_n = 1$$

将式(4-30)代入上式,便有

$$C(\omega'_1 + \omega'_2 + \cdots + \omega'_n) = Cn\overline{\omega} = 1$$

所以

$$C\,\overline{\omega} = \frac{1}{n} \tag{4-31}$$

再将式(4-31)代入式(4-30),得

$$R'_i = \frac{1}{n} \tag{4-32}$$

② 偏心力矩 $M = 1 \cdot e$ 的作用[见图 4-16b(Ⅳ)]

在偏心力矩 $M = 1 \cdot e$ 作用下,桥的横截面产生绕中心点 O 的转角 ϕ,因此各主梁的跨中挠度为

$$\omega''_i = a_i \tan \phi \tag{4-33}$$

式中:a_i——各片主梁梁轴到截面形心的距离。

根据力矩平衡条件,有

$$\sum_{i=1}^{n} R''_i a_i = 1 \cdot e \tag{4-34}$$

再根据反力与挠度成正比的关系,有

$$R''_i = C\omega''_i \tag{4-35}$$

或

$$R''_i = Ca_i \tan \phi \tag{4-36}$$

将式(4-36)代入式(4-34),得

$$C\tan\phi\sum_{i=1}^{n}a_i^2=1\cdot e$$

或

$$C\tan\phi=\frac{e}{\sum_{i=1}^{n}a_i^2} \qquad (4\text{-}37)$$

将式(4-37)代入式(4-36),得

$$R''_i=\frac{a_ie}{\sum_{i=1}^{n}a_i^2} \qquad (4\text{-}38)$$

注意,当式(4-38)中的荷载位置 e 和梁位 a_i 位于形心轴同侧时,R''_i 取正号,反之取负号。

③ 偏心距为 e 的单位荷载 $P=1$ 对 $1^{\#}$ 主梁的总作用[见图 4-16b(Ⅴ)]

$$R_{1e}=\eta_{1e}=\frac{1}{n}\pm\frac{a_1e}{\sum_{i=1}^{n}a_i^2} \qquad (4\text{-}39)$$

这就是 $1^{\#}$ 主梁的荷载横向分布影响线在各梁位处的竖标值。

当 $P=1$ 位于第 k 号梁轴上($e=a_k$)时,对 $1^{\#}$ 主梁的总作用可写成

$$\eta_{1k}=\frac{1}{n}\pm\frac{a_1a_k}{\sum_{i=1}^{n}a_i^2} \qquad (4\text{-}40)$$

同理,当 $P=1$ 位于第 k 号梁轴上($e=a_k$)时,对 $i^{\#}$ 主梁的总作用为

$$\eta_{ik}=\frac{1}{n}\pm\frac{a_ia_k}{\sum_{i=1}^{n}a_i^2} \qquad (4\text{-}41)$$

由此也不难得到关系式:

$$\eta_{ik}=R_ik=\eta_{ki} \qquad (4\text{-}42)$$

同理可得,当各主梁的惯性矩 I_i 不相等时,偏心荷载 $P=1$ 对各主梁的总作用为

$$\eta_{ie}=\frac{I_i}{\sum_{i=1}^{n}I_i}\pm\frac{ea_iI_i}{\sum_{i=1}^{n}a_i^2I_i} \qquad (4\text{-}43)$$

当 $P=1$ 位于第 k 号梁轴上($e=a_k$)时,式(4-43)可写成

$$\eta_{ik}=\frac{I_i}{\sum_{i=1}^{n}I_i}\pm\frac{a_ia_kI_i}{\sum_{i=1}^{n}a_i^2I_i} \qquad (4\text{-}44)$$

有了荷载横向分布影响线,就可以根据荷载沿横向的最不利位置来计算相应的横向分布系数,从而求得其所受的最大荷载。

汽车、人群的荷载横向分布系数的计算公式如下:

汽车荷载

$$m_{cq}=\frac{\sum\eta_q}{2} \qquad (4\text{-}45)$$

人群荷载

$$m_{cr} = \sum \eta_r \qquad (4\text{-}46)$$

【例 4.4】 　一座计算跨径 $l = 19.50 \text{ m}$ 的简支梁，其横截面如图 4-17a 所示，纵断面布置如图 4-11 所示。试求荷载位于跨中时 $1^{\#}$ 边梁的荷载横向分布系数 m_{cq}（汽车荷载）和 m_{cr}（人群荷载）。

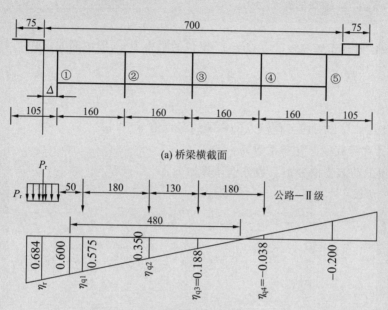

(a) 桥梁横截面

(b) $1^{\#}$梁荷载横向分布影响线

图 4-17　偏心压力法计算荷载横向分布系数图式(单位：cm)

【解】 　从图 4-17 中可知，此桥设有刚度强大的横隔梁，且承重结构的宽跨比为

$$\frac{B}{l} = \frac{5 \times 1.60}{19.50} = 0.41 < 0.5$$

故可按偏心压力法来计算荷载横向分布系数 m_c，其步骤如下。

① 求荷载横向分布影响线竖标值

本桥各根主梁的横截面均相等，梁数 $n = 5$，梁间距为 1.60 m，则

$$\sum_{i=1}^{5} a_i^2 = a_1^2 + a_2^2 + a_3^2 + a_4^2 + a_5^2$$

$$= (2 \times 1.60)^2 + 1.60^2 + 0 + (-1.60)^2 + (-2 \times 1.60)^2$$

$$= 25.60 \text{ m}^2$$

由式(4-41)得，$1^{\#}$ 梁在两个边主梁处的荷载横向分布影响线的竖标值为

$$\eta_{11} = \frac{1}{n} + \frac{a_1^2}{\sum\limits_{i=1}^{n} a_i^2} = \frac{1}{5} + \frac{(2 \times 1.60)^2}{25.60} = 0.20 + 0.40 = 0.60$$

$$\eta_{15} = \frac{1}{n} + \frac{a_1 a_5}{\sum\limits_{i=1}^{n} a_i^2} = 0.20 - 0.40 = -0.20$$

② 绘出荷载横向分布影响线,并按最不利位置布载,如图 4-17b 所示,其中人行道缘石至 1# 梁轴线的距离 Δ 为

$$\Delta = 1.05 - 0.75 = 0.30 \text{ m}$$

荷载横向分布影响线的零点至 1# 梁位的距离为 x,按比例关系有

$$\frac{x}{0.60} = \frac{4 \times 1.60 - x}{0.20}$$

解得
$$x = 4.80 \text{ m}$$

据此可计算出对应各荷载点的影响线竖标值 η_{qi} 和 η_r。

③ 计算荷载横向分布系数 m_c

1# 梁的荷载横向分布系数分别计算如下:

汽车荷载

$$m_{cq} = \frac{1}{2} \sum \eta_q = \frac{1}{2}(\eta_{q1} + \eta_{q2} + \eta_{q3} + \eta_{q4})$$

$$= \frac{1}{2} \times \frac{0.60}{4.80} \times (4.60 + 2.80 + 1.50 - 0.30) = 0.538$$

人群荷载

$$m_{cr} = \eta_r = \frac{\eta_{11}}{x} x_r = \frac{0.60}{4.80} \times \left(4.80 + 0.30 + \frac{0.75}{2}\right) = 0.684$$

求得 1# 梁的各种荷载横向分布系数后,就可得到各类荷载分布至该梁的最大荷载值。

2. 荷载横向分布系数沿桥跨的变化

当用杠杆原理法确定位于支点处的荷载横向分布系数 m_c 和用偏心压力法确定位于跨中的荷载横向分布系数 m_c 后,便可用图 4-18 所示的近似处理方法来确定其他位置的荷载横向分布系数 m_x。

对于无中间横隔梁或仅有一根中间横隔梁的情况,跨中部分须用不变的 m_c,从离支点 $l/4$ 处起至支点的区段内 m_x 呈直线形过渡至 m_c(见图 4-18a);对于有多根内横隔梁的情况,m_c 从第一根内横隔梁起向支点 m_c 呈直线形过渡(见图 4-18b)。

这样,主梁上的荷载因其纵向位置不同,就应有不同的横向分布系数。

在实际应用中,当求简支梁跨内各截面中的最大弯矩时,为了简化起见,通常均可按不变的 m_c 来计算。只有在计算主梁梁端截面的最大剪力时,才考虑荷载横向分布系数变化的影响。对于跨内其他截面的主梁剪力,也可视具体情况考虑 m 沿桥跨变化的影响。

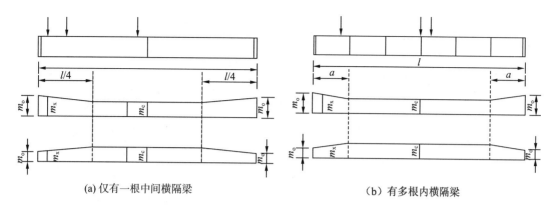

(a) 仅有一根中间横隔梁　　　　　　（b）有多根内横隔梁

图 4-18　荷载横向分布系数 m 沿跨长变化

3. 汽车、人群作用效应计算

对于汽车荷载,应将集中荷载直接布置在内力影响线数值最大的位置,其计算公式为

$$S_{汽}=(1+\mu)\xi(m_c q_k\Omega+m_i P_k y_i)\tag{4-47}$$

式中：$S_{汽}$——所求截面由汽车荷载产生的弯矩或剪力标准值；

　　　μ——汽车荷载的冲击系数；

　　　ξ——横向车道布载系数,参见表 2-7；

　　　m_c——跨中横向分布系数；

　　　q_k——汽车车道荷载中每延米均布荷载标准值；

　　　P_k——汽车车道荷载中的集中荷载标准值；

　　　Ω——影响线的面积；

　　　m_i——沿桥跨纵向与集中荷载位置对应的横向分布系数,参见图 4-18；

　　　y_i——沿桥跨纵向与荷载位置对应的内力影响线坐标值。

同理,对于人群荷载：

$$S_{人}=m_c q_r\Omega\tag{4-48}$$

式中：$S_{人}$——所求截面由人群荷载产生的弯矩或剪力标准值；

　　　q_r——纵向每延米人群荷载标准值。

注意：利用式(4-47)和式(4-48)计算支点截面的剪力或接近支点截面的剪力时,应另外计及支点附近由荷载横向分布系数变化引起的内力增加(或减少)值。

【例 4.5】　仍以例 4.2 所述五梁式装配式钢筋混凝土简支梁桥为例,计算边主梁在公路—Ⅱ级和人群荷载 $q_r=3.0\ kN/m^2$ 作用下的跨中最大弯矩、最大剪力以及支点截面的最大剪力。已经计算过的数据,均汇总于表 4-5。

【解】　(1) 荷载横向分布系数汇总(见表 4-5)

表 4-5　荷载横向分布系数汇总

梁号	荷载位置	公路—Ⅱ级荷载	人群荷载	备注
边主梁	跨中 m_c	0.538	0.684	按偏心压力法计算,见例 4.4
	支点 m_0	0.438	1.422	按杠杆原理法计算,见例 4.3

（2）均布荷载和内力影响线面积计算（见表4-6）

表4-6　均布荷载和内力影响线面积计算

内力	公路—Ⅱ级荷载 q_k/(kN·m^{-1})	人群荷载 q_r/(kN·m^{-1})	影响线面积/m^2	影响线图式
$M_{l/2}$	$10.5×0.75$ $=7.875$	$3.0×0.75$ $=2.25$	$\Omega=\dfrac{1}{8}l^2=\dfrac{1}{8}×19.5^2$ $=47.53$	
$Q_{l/2}$	7.875	2.25	$\Omega=\dfrac{1}{2}×\dfrac{1}{2}×19.5×0.5$ $=2.44$	
Q_0	7.875	2.25	$\Omega=\dfrac{1}{2}×19.5×1=9.75$	

（3）公路—Ⅱ级集中荷载计算

计算弯矩效应：

$$P_k=0.75×[2×(19.5+130)]=0.75×299=224.25\ kN$$

计算剪力效应：

$$P_k=1.2×224.25=269.10\ kN$$

（4）冲击系数 μ 计算

简支梁桥基频计算公式见式(2-4)，对于单根主梁：

$$A=0.3902\ m^2$$

$$I_c=6614602\ cm^4≈0.066146\ m^4$$

$$G=0.3902×25=9.76\ N/m$$

$$m_c=G/g=9.76/9.81=0.995×10^3\ N·s^2/m$$

C30混凝土 E 取 $3×10^{10}\ N/m^2$，则有

$$f=\frac{\pi}{2l^2}\sqrt{\frac{EI_c}{m_c}}=\frac{3.14}{2×19.5^2}×\sqrt{\frac{3×10^{10}×0.066146}{0.995×10^3}}=5.831\ Hz$$

$$\mu=0.1767\ln f-0.0157=0.296$$

则

$$1+\mu=1.296$$

跨中弯矩 $M_{l/2}$、跨中剪力 $Q_{l/2}$ 的计算见表4-7。

根据表2-7，对双车道桥梁，取横向车道布载系数 $\xi=1$。

表 4-7　跨中弯矩及跨中剪力计算

内力	荷载类型	q_k 或 $q_r/$ $(\text{kN}\cdot\text{m}^{-1})$	P_k/kN	$1+\mu$	m_c	Ω 或 y	$S/(\text{kN}\cdot\text{m}$ 或 kN)	
							S_i	S
$M_{l/2}$	公路—Ⅱ级荷载	7.875	—	1.296	0.538	47.53	260.98	1023.22
		—	224.25			$y=\dfrac{l}{4}=4.875$	762.24	
	人群荷载	2.25	—	—	0.684	47.53	73.1	
$Q_{l/2}$	公路—Ⅱ级荷载	7.875	—	1.296	0.538	2.438	13.39	107.20
		—	269.10			0.5	93.81	
	人群荷载	2.25	—	—	0.684	2.438	3.75	

（5）支点截面汽车荷载最大剪力计算

绘制荷载横向分布系数沿桥纵向的变化图形和支点剪力影响线如图 4-19 所示。

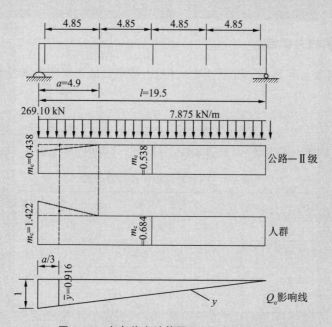

图 4-19　支点剪力计算图示（尺寸单位：m）

横向分布系数变化区段的长度：

$$a=\frac{1}{2}\times 19.5-4.85=4.9\ \text{m}$$

m 变化区荷载重心处的内力影响线坐标为

$$\bar{y}=1\times\left(19.5-\frac{1}{3}\times 4.9\right)/19.5=0.916$$

利用式（4-47）计算，则得

$$Q_{o均} = (1+\mu) \cdot \xi q_k \left[m_c \Omega + \frac{a}{2}(m_o - m_c)\overline{y} \right]$$

$$= 1.296 \times 1 \times 7.875 \times \left[0.538 \times 9.75 + \frac{4.9}{2} \times (0.438 - 0.538) \times 0.916 \right]$$

$$= 51.25 \text{ kN}$$

$$Q_{o集} = (1+\mu) \cdot \xi \cdot m_i P_k y_i = 1.296 \times 1 \times 0.438 \times 269.10 \times 1.0 = 152.75 \text{ kN}$$

则在公路—Ⅱ级荷载作用下,$1^{\#}$梁支点的最大剪力为

$$Q_o = Q_{o均} + Q_{o集} = 51.25 + 152.75 = 204.00 \text{ kN}$$

(6) 支点截面人群荷载最大剪力计算

人群荷载引起的支点剪力按式(4-48)计算:

$$Q_{or} = m_c \cdot q_r \cdot \Omega + \frac{a}{2}(m_o - m_c)q_r \cdot \overline{y}$$

$$= 0.684 \times 2.25 \times 9.75 + \frac{1}{2} \times 4.9 \times (1.422 - 0.684) \times 2.25 \times 0.916$$

$$\approx 15.00 + 3.73 = 18.73 \text{ kN}$$

4.2.3 主梁内力组合

对于钢筋混凝土及预应力混凝土梁式桥,当按承载能力极限状态设计时,其作用效应组合按式(2-9)采用。

【例4.6】 已知例4.2所示装配式钢筋混凝土简支梁桥中$1^{\#}$边梁的内力值最大,利用例4.5的计算结果,列表确定控制设计的计算内力(见表4-8)。

表4-8 控制设计的计算内力确定

序号	荷载类别	弯矩 $M/(\text{kN} \cdot \text{m})$			剪力 Q/kN	
		梁端	四分点	跨中	梁端	跨中
(1)	结构自重	0	572.5	763.4	156.6	0
(2)	汽车自重	0	767.42	1023.22	204.00	107.20
(3)	人群荷载	0	54.9	73.1	18.7	3.8
(4)	1.2×(1)	0	687.0	916.1	187.9	0
(5)	1.4×(2)	0	1074.39	1432.51	285.60	150.08
(6)	0.75×1.4×(3)	0	57.65	76.76	19.64	3.99
(7)	$S_{ud} = $(4)+(5)+(6)	0	1819.04	2425.37	493.14	154.07

4.3　横隔梁内力计算

为了保证各主梁共同受力和加强结构的整体性,横隔梁本身或其装配式接头应具有足够的强度。对于具有多根内横隔梁的桥梁,通常只需计算受力最大的跨中横隔梁的内力,其他横隔梁可偏安全地仿此设计。横隔梁内力的精确计算较为复杂,实际工程中一般结合主梁横向分布的原理,采用简化的实用近似分析方法。其中偏心压力法计算简单,在工程中得到了广泛应用。为此,本节只介绍按偏心压力法计算横隔梁内力的具体步骤。

4.3.1　作用在横隔梁上的计算荷载

对于跨中横隔梁来说,除了直接作用在其上的轮重外,前后的轮重对它也有影响。在计算中可假设荷载在相邻横隔梁之间按杠杆原理法分布,如图 4-20 所示。因此,纵向一列汽车车道荷载分布给该横隔梁的计算荷载为

$$P_{oq} = P_k y_1 + q_k \Omega = P_k y_1 + q_k l_a \tag{4-49}$$

同理,人群荷载为

$$P_{or} = q_r \cdot \Omega = q_r l_a \quad （影响线上布满荷载）$$

式中：Ω——按杠杆原理法计算的纵向荷载影响线面积；

l_a——横隔梁的间距；

y_1——P_k 布置在中横隔梁上时所对应的按杠杆原理法计算的纵向荷载影响线竖坐标值,取 1。其余符号意义同前。

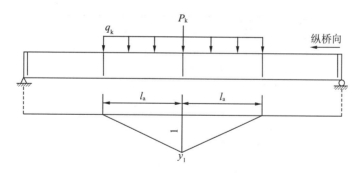

图 4-20　中横隔梁计算荷载的计算图式

4.3.2　横隔梁的内力影响线

将桥梁的中横隔梁近似地视作竖向支承在多根弹性主梁上的多跨弹性支承连续梁,如图 4-21 所示。当桥梁在跨中有单位荷载 $P=1$ 作用时,各主梁所受的荷载将为 $R_1, R_2, R_3, \cdots, R_n$,这就是横隔梁的弹性支承反力。因此,取 r 截面左侧为隔离体,如图 4-21c 所示,由力的平衡条件可写出横隔梁任意截面 r 的内力计算公式。

（1）荷载 $P=1$ 位于截面 r 的左侧时，

$$\begin{cases} M_r = R_1 b_1 + R_2 b_2 - 1 \cdot e = \sum_{}^{左} R_i b_i - e \\ Q_r = R_1 + R_2 - 1 = \sum_{}^{左} R_i - 1 \end{cases} \tag{4-50}$$

（2）荷载 $P=1$ 位于截面 r 的右侧时，

$$\begin{cases} M_r = R_1 b_1 + R_2 b_2 = \sum_{}^{左} R_i b_i \\ Q_r = R_1 + R_2 = \sum_{}^{左} R_i \end{cases} \tag{4-51}$$

式中：M_r——横隔梁任意截面 r 的弯矩；

$\qquad Q_r$——横隔梁任意截面 r 的剪力；

$\qquad e$——荷载 $P=1$ 至所求截面 r 的距离；

$\qquad b_i$——支承反力 R_i 至所求截面的距离；

$\qquad \sum_{}^{左} R_i$——所求截面 r 以左的全部支承反力的总和。

由此可以直接利用已经求得的 R_i 的横向分布影响线绘制横隔梁上的某个截面的内力影响线。

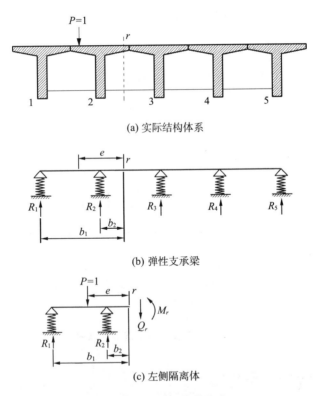

(a) 实际结构体系

(b) 弹性支承梁

(c) 左侧隔离体

图 4-21　横隔梁计算图式

4.3.3　计算横隔梁的内力

用上述的计算荷载在横隔梁某截面的内力影响线上按最不利位置加载，就可求得横隔梁在该截面上的最大(或最小)内力值：

$$S = \frac{1}{2}(1+\mu)\zeta P_{oq} \sum \eta \tag{4-52}$$

式中：η——横隔梁内力影响线竖标值；

$1+\mu$、ζ——通常可近似地取用主梁的 $1+\mu$ 和 ζ 值。

【例 4.7】 计算例 4.2 中装配式钢筋混凝土简支梁桥跨中横隔梁在 2# 和 3# 主梁之间 r-r 截面上的弯矩 M_r 及靠近 1# 主梁处截面的剪力 $Q_1^{右}$，荷载等级为公路—Ⅱ级。

【解】（1）确定作用在中横隔梁上的计算荷载

跨中横隔梁的最不利荷载布置如图 4-22 所示。纵向一列车轮对跨中横隔梁的计算荷载如下：

计算弯矩时，

$$P_{oq} = q_k \Omega + P_k y = 7.875 \times \frac{1}{2} \times 4.85 \times 2 \times 1.0 + 224.25 \times 1.0 = 262.44 \text{ kN}$$

计算剪力时，

$$P_{oq} = 7.875 \times \frac{1}{2} \times 4.85 \times 2 \times 1.0 + 1.2 \times 224.25 \times 1.0 = 307.30 \text{ kN}$$

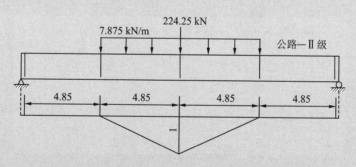

图 4-22　跨中横隔梁的受载图示(尺寸单位：m)

（2）绘制中横隔梁的内力影响线

按例 4.4 可算得 1#、2#、3# 梁的荷载横向分布影响线竖标值，如图 4-23a 所示，则 M_r 的影响线竖标值可计算如下：

$P=1$ 作用在 1# 梁轴上时（$\eta_{11}=0.60$），

$$\eta_{r1}^M = \eta_{11} \times 1.5d + \eta_{21} \times 0.5d - 1 \times 1.5d$$
$$= 0.60 \times 1.5 \times 1.6 + 0.40 \times 0.5 \times 1.6 - 1 \times 1.5 \times 1.6$$
$$= -0.64$$

$P=1$ 作用在 2# 梁轴上时（$\eta_{12}=-0.20$），

$$\eta_{r2}^M = \eta_{12} \times 1.5d + \eta_{22} \times 0.5d$$
$$= (-0.20) \times 1.5 \times 1.6 + 0 \times 0.5 \times 1.6$$
$$= -0.48$$

$P=1$ 作用在 $3^{\#}$ 梁轴上时 $(\eta_{13}=\eta_{23}=\eta_{33}=0.20)$,

$$\eta_{r3}^{M}=\eta_{13}\times 1.5d+\eta_{23}\times 0.5d$$
$$=0.20\times 1.5\times 1.6+0.20\times 0.5\times 1.6=0.64$$

由影响线的知识可知,M_r 影响线必在 $r-r$ 截面处有突变,将 η_{r5}^{M} 和 η_{r3}^{M} 连线并延伸至 $r-r$ 截面,即得 η_{rr}^{M} 值(0.92),由此可绘出 M_r 影响线,如图 4-23b 所示。

（3）绘制剪力影响线

对于 $1^{\#}$ 主梁处截面的 $Q_1^{右}$ 影响线可计算如下:

$P=1$ 作用在计算截面以右时,

$$Q_1^{右}=R_1,\text{即 } \eta_{1i}^{右}=\eta_{1i}$$

$P=1$ 作用在计算截面以左时,

$$Q_1^{左}=R_1-1,\text{即 } \eta_{1i}^{左}=\eta_{1i}-1$$

同理,绘制 $Q_1^{右}$ 影响线,如图 4-23c 所示。

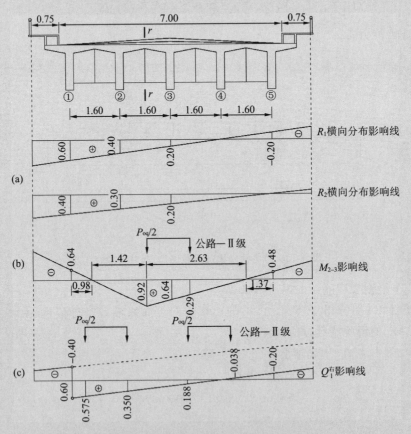

图 4-23 中横隔梁内力影响线(尺寸单位:m)

（4）计算截面内力

将求得的计算荷载 P_{oq} 在相应的影响线上按最不利荷载位置加载,对于汽车荷载需计入冲击系数 $(1+\mu)$,即得

$$M_{2\text{-}3} = \frac{1}{2}(1+\mu)\zeta P_{\text{oq}}\sum\eta$$

$$= \frac{1}{2}\times 1.296\times 1\times 262.44\times(0.92+0.29) = 205.77 \text{ kN}\cdot\text{m}$$

$$Q_1^{\text{右}} = \frac{1}{2}(1+\mu)\zeta P_{\text{oq}}\sum\eta$$

$$= \frac{1}{2}\times 1.296\times 1\times 307.30\times(0.575+0.350+0.188-0.038)$$

$$= 214.06 \text{ kN}$$

（5）内力组合（鉴于横隔梁的结构自重内力很小，计算中略去不计）

承载能力极限状态内力组合

$$M_{\max,\text{r}} = 0+1.4\times 205.77 = 288.1 \text{ kN}\cdot\text{m}$$

$$Q_{\max,1}^{\text{右}} = 0+1.4\times 214.06 = 299.7 \text{ kN}$$

正常使用极限状态内力频遇组合（汽车荷载不计冲击力）

$$M_{\max,\text{r}} = 0+0.7\times 205.77/1.296 = 111.1 \text{ kN}\cdot\text{m}$$

$$Q_{\max,1}^{\text{右}} = 0+0.7\times 214.06/1.296 = 115.6 \text{ kN}$$

4.4　挠度和预拱度计算

一座桥梁如果发生过大的变形，不仅会影响高速行车，使车辆的冲击作用加大，引起桥梁的剧烈振动，而且容易使桥面铺装层和结构的辅助设施遭到损坏，严重者甚至危及桥梁的安全。因此，进行桥梁设计时，除了要对主梁进行承载能力计算和应力验算，以保证结构具有足够的强度储备，还应该按照正常使用极限状态验算梁的变形（通常指竖向挠度），以确保结构具有足够的刚度。

永久作用（包括长期预应力、混凝土徐变和收缩作用）在桥梁中一直存在，其产生的挠度与持续时间有关，可分为短期挠度和长期挠度。永久作用挠度并不表征结构的刚度特征，通常可以通过施工时预设的反向挠度（又称预拱度）加以抵消，使竣工后的桥梁达到理想的线形。

可变作用挠度包括汽车荷载、人群荷载等产生的挠度。虽然它是临时出现的，但是随着可变作用的移动，其大小逐渐变化，在最不利的荷载位置下，挠度达到最大值，一旦汽车驶离桥梁，挠度随即消失。变形的幅度越大，可能发生的冲击和振动作用就越强烈，对行车的影响也越大。因此，在桥梁设计中需要验算可变作用产生的挠度来体现结构的刚度特性。

4.4.1　挠度验算

挠度验算属于持久正常使用极限状态计算的内容。根据《公路钢筋混凝土及预应

力混凝土桥涵设计规范》(JTG 3362—2018),挠度验算采用作用的短期效应组合并考虑长期效应的影响,其中汽车荷载不考虑冲击系数,可根据给定的刚度条件用结构力学的方法计算。

钢筋混凝土和预应力混凝土简支梁的长期挠度值 f_c 可按下式计算:

$$f_c = \eta_\theta f \tag{4-53}$$

式中:η_θ——挠度长期增长系数,当采用 C40 以下混凝土时取 1.60,当采用 C40～C80 混凝土时取 1.45～1.35,中间强度等级可按直线内插取用,计算预应力混凝土简支梁预加力反拱值时,n_θ 取 2.0;

f——按荷载频遇组合计算的短期挠度值。

对于钢筋混凝土简支梁,荷载短期效应作用下的跨中截面挠度 f 可按下式近似计算:

$$f = \frac{5}{48} \frac{M_s l^2}{B} \tag{4-54}$$

当 $M_s \geqslant M_{cr}$ 时,

$$B = \frac{B_0}{\left(\dfrac{M_{cr}}{M_s}\right)^2 + \left[1 - \left(\dfrac{M_{cr}}{M_s}\right)^2\right]\dfrac{B_0}{B_{cr}}} \tag{4-55a}$$

当 $M_s < M_{cr}$ 时,

$$B = B_0 \tag{4-55b}$$

式中:M_s——按频遇组合计算的弯矩值;

l——计算跨径;

B——开裂构件等效截面的抗弯刚度;

B_0——全截面的抗弯刚度,$B_0 = 0.95 E_c I_0$;

B_{cr}——开裂截面的抗弯刚度,$B_{cr} = E_c I_{cr}$;

M_{cr}——开裂弯矩;

I_0——全截面换算截面惯性矩;

I_{cr}——开裂截面换算截面惯性矩;

$$M_{cr} = \gamma f_{tk} W_0 \tag{4-56}$$

$$\gamma = \frac{2 S_0}{W_0} \tag{4-57}$$

f_{tk}——混凝土轴心抗拉强度标准值;

γ——构件受拉区混凝土塑性影响系数;

S_0——全截面换算截面重心轴以上(或以下)部分面积对重心轴的面积矩;

W_0——换算截面抗裂边缘的弹性抵抗矩。

当计算短期弹性挠度时,预应力混凝土受弯构件的刚度计算按是否开裂分为两种情况:

① 对于不开裂的全预应力混凝土和 A 类预应力混凝土构件,截面刚度采用 B_0,即 $0.95 E_c I_0$。

② 对于允许开裂的 B 类预应力混凝土构件,M_{cr} 作用时,截面刚度采用 B_0;($M_s -$

M_{cr})作用时,截面刚度采用 B_{cr},即 $E_c I_{cr}$,且 $M_{cr}=(\sigma_{pc}+\gamma f_{tk})W_0$。$\sigma_{pc}$ 表示扣除全部预应力损失后预应力钢筋和普通钢筋合力在构件抗裂边缘产生的混凝土预压应力,γ 表示构件受拉区混凝土塑性影响系数,f_{tk} 表示混凝土轴心抗拉强度标准值,其他符号含义同前。

《公路桥涵设计通用规范》(JTG D60—2015)规定,对于钢筋混凝土及预应力混凝土梁式桥,用可变荷载频遇值计算的上部结构长期的跨中最大挠度,不应超过计算跨径的 1/600;在梁式桥主梁悬臂端产生的最大挠度不应超过悬臂长度的 1/300。

4.4.2　预拱度的设置

(1) 钢筋混凝土受弯构件预拱度的设置

为了消除永久作用挠度而设置的预拱度通常按结构自重和 1/2 可变荷载频遇值计算的长期挠度值之和采用,这就意味着在使用阶段常遇荷载作用下桥面基本接近设计标高的情况。对于一般小跨径的钢筋混凝土梁桥,当由荷载频遇组合并考虑长期效应影响产生的长期挠度不超过计算跨径的 1/1600 时,可以不设预拱度。

(2) 预应力混凝土受弯构件预拱度的设置

当预加应力产生的长期反拱值大于按荷载频遇组合计算的长期挠度时,可不设预拱度;反之应设预拱度,其值应按该项荷载的挠度值与预加应力长期反拱值之差采用。

对自重相对于活载较小的预应力混凝土受弯构件,应考虑预加应力反拱值过大可能造成的不利影响,必要时采取反预拱或设计和施工上的其他措施,避免桥面隆起甚至开裂破坏。

对于位于竖曲线上的桥梁,应视竖曲线的凸起(或凹下)情况,适当增大(或减小)预拱度值,使竣工后的线形与竖曲线接近一致。

【例 4.8】　验算例 4.2 所示 C30 装配式钢筋混凝土简支梁桥的主梁变形,已知该主梁开裂构件等效截面的抗弯刚度 $B=1.75\times10^9$ N·m²。

【解】　根据例 4.5 可知,跨中截面主梁结构自重产生的最大弯矩 M_{GK} 为 763.4 kN·m,汽车产生的最大弯矩 M_{QK}(不计冲击力)为 789.50 kN·m,人群产生的最大弯矩 M_{RK} 为 73.1 kN·m。

(1) 验算主梁的变形

《公路桥涵设计通用规范》(JTG D60—2015)规定,验算主梁的变形时,不计入结构自重产生的长期挠度,汽车荷载不计入冲击力,则可变荷载频遇值产生的跨中挠度为

$$f_c=1.6\times\frac{5(0.7M_{QK}+M_{RK})l^2}{48\times B}=1.6\times\frac{5\times(0.7\times789.50+73.1)\times10^3\times19.5^2}{48\times1.75\times10^9}$$

$$=0.0227\ \text{m}=2.27\ \text{cm}<\frac{l}{600}=\frac{1950}{600}=3.25\ \text{cm}$$

主梁变形满足规范要求。

（2）判断是否设置预拱度

根据《公路桥涵设计通用规范》（JTG D60—2015）的规定，当由荷载短期效应组合并考虑荷载长期效应影响产生的长期挠度超过计算跨径的1/1600时，应设置预拱度，即

$$f_c = 1.6 \times \frac{5(M_{GK} + 0.7M_{QK} + M_{RK})l^2}{48 \times B}$$

$$= 1.6 \times \frac{5 \times (763.4 + 0.7 \times 789.50 + 73.1) \times 10^3 \times 19.5^2}{48 \times 1.75 \times 10^9}$$

$$\approx 0.0503 \text{ m} = 5.03 \text{ cm} > \frac{l}{1600} = \frac{1950}{1600} = 1.22 \text{ cm}$$

需设置预拱度。

（3）计算预拱度最大值

根据《公路桥涵设计通用规范》（JTG D60—2015）的规定，跨中预拱度最大值等于结构自重和1/2可变荷载频遇值所产生的长期挠度，即

$$f_c = 1.6 \times \frac{5\left[M_{GK} + \dfrac{1}{2}(0.7M_{QK} + M_{RK})\right]l^2}{48 \times B}$$

$$= 1.6 \times \frac{5 \times [763.4 + (0.7 \times 789.50 + 73.1)/2] \times 10^3 \times 19.5^2}{48 \times 1.75 \times 10^9}$$

$$\approx 0.0390 \text{ m} = 3.90 \text{ cm}$$

应做成平顺曲线。

本 章 小 结

1. 混凝土简支梁桥上部结构设计的项目主要有主梁、横隔梁和桥面板三部分。

2. 根据结构构造的不同，桥面板计算的力学模式有单向板、铰接悬臂板和悬臂板三种。

3. 板的有效分布宽度 a 为总弯矩除以最大分布弯矩，主要用于桥面板内力的简化计算。

4. 荷载横向分布系数 m 为主梁指定位置分配到的最大荷载占轴重的比例，利用荷载横向分布系数可将实际的空间受力问题转化为平面受力问题，进而采用结构力学的方法来求解主梁的最不利内力。

5. 杠杆原理法适用于计算主梁支点截面的荷载横向分布系数。偏心压力法等其他方法适用于计算主梁跨中的荷载横向分布系数。

6. 横隔梁的内力计算步骤为：计算作用在横隔梁上的荷载，绘制横隔梁内力影响线，按最不利位置加载并计算截面内力。

7. 桥梁挠度包括永久作用挠度和可变作用挠度。永久作用挠度可以通过设置预拱度来抵消。可变作用挠度体现结构的刚度特性,需进行验算,其最大值应满足规范限值要求。

思 考 题

1. 解释下列名词的含义:板的有效工作宽度、荷载横向分布系数、预拱度。

2. T 形梁行车道板的结构形式有哪几种? 它们各按什么力学模式计算?

3. 如何确定行车道板中板的有效分布宽度?

4. 主梁内力计算的步骤是什么?

5. 简支 T 形梁计算荷载横向分布系数的方法有哪些?

6. 按杠杆原理法计算荷载横向分布系数的基本假定是什么?

7. 按偏心压力法计算荷载横向分布系数的基本假定是什么?

8. 杠杆原理法和偏心压力法的适用范围各是什么?

9. 荷载横向分布系数沿梁跨是如何分布的?

10. 横隔梁内力计算的步骤是什么?

11. 计算图 4-24 所示行车道板的最不利内力。混凝土采用 C25,钢筋采用 HRB400,结构计算按图中所拟尺寸进行。

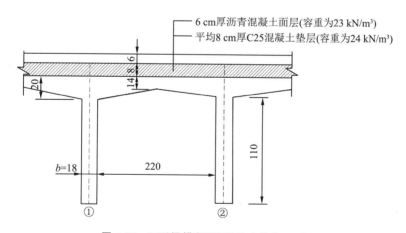

图 4-24　T 形梁横断面图(尺寸单位:cm)

12. 计算下列装配式钢筋混凝土简支 T 形梁在汽车和人群荷载下的 1#、2#、3# 梁的最不利内力及其内力组合,并验算主梁跨中挠度。

设计荷载:公路—Ⅱ级荷载,人群荷载 3 kN/m²;

桥面净宽:—7 m+(2×1.50) m;

标准跨径:L_b=20 m;

计算跨径:l=19.7 m;

材料:混凝土采用 C30,主钢筋、弯起钢筋和架立钢筋采用 HRB400,其他采

用 HPB300。

梁的横、纵断面尺寸如图 4-25 所示。

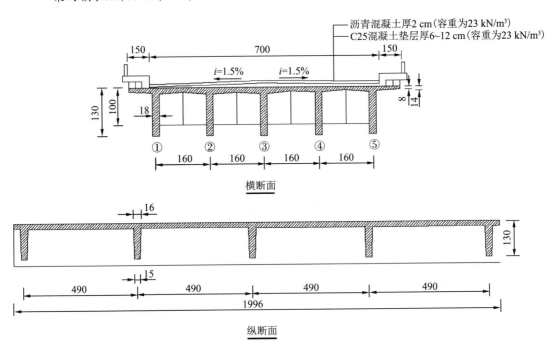

图 4-25　简支 T 形梁横、纵断面图(尺寸单位:cm)

第 **5** 章　混凝土连续梁桥计算

　　本章主要介绍混凝土连续梁桥结构各种荷载及其效应的计算方法,其中包括结构恒载内力计算、结构活载内力计算、预应力效应计算、混凝土徐变次内力计算、混凝土收缩次内力计算、基础沉降次内力计算、温度次内力和自应力计算、悬臂施工时的挠度和预拱度计算。

5.1 结构恒载内力计算

5.1.1 恒载内力计算特点

不同于简支梁桥,连续梁桥属于超静定结构,应根据它所采用的施工方法来确定其结构自重所产生的内力的计算图式。对于桥面铺装等二期恒载,如果它是在成桥以后开始施工的,那么可按照成桥结构的图式进行分析;否则,应先按其相应施工阶段的计算图式进行单独计算,然后进行内力或应力叠加。

以连续梁桥为例,其施工方法大体包括以下几种:

① 有支架施工法;

② 逐孔施工法;

③ 悬臂施工法;

④ 顶推施工法。

上述几种方法中,除采用有支架施工一次落梁法的连续梁桥可按成桥结构进行分析之外,采用其余几种方法施工的连续梁桥都存在一个结构体系转换和内力(或应力)叠加的问题,这就是连续梁桥恒载内力计算的一个重要特点。

本节着重介绍如何结合施工程序来确定计算图式和进行内力分析及内力叠加等问题,并将大跨径连续梁桥中的后两种施工方法——悬臂施工法和顶推施工法作为典型例子进行介绍。

5.1.2 采用悬臂法施工时连续梁桥的恒载内力计算

为了便于理解,现以一座三孔连续梁桥为例进行阐述(见图 5-1)。该桥上部结构采用挂篮悬臂浇筑法施工,大致可归纳为五个主要阶段,现按图分述如下。

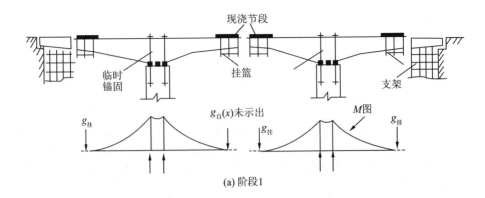

(a) 阶段1

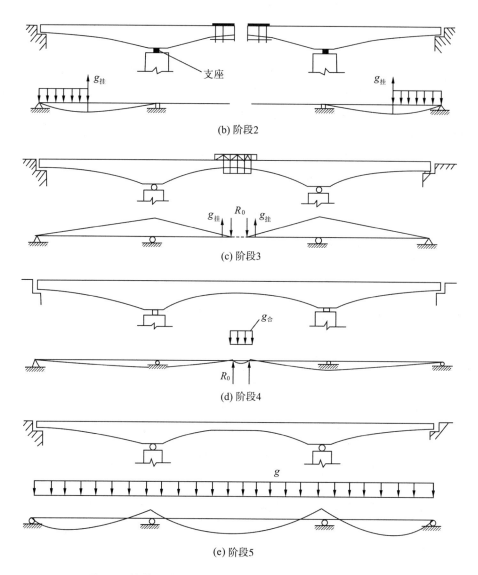

图 5-1　挂篮悬臂浇筑法施工时连续梁桥自重内力计算图式

阶段 1： 在主墩上悬臂浇筑混凝土

首先在主墩上浇筑墩顶上面的梁体节段（称为零号块），并将梁体与墩身进行临时锚固，然后采用施工挂篮向桥墩两侧分节段地进行对称平衡悬臂施工。此时桥墩上的支座暂不受力，结构的工作性能类似于 T 形刚构。边跨不对称的部分梁段采用有支架施工法。

此时结构体系是静定的，外荷载为梁体自重 $g_{自}(x)$ 和挂篮重力 $g_{挂}$，其弯矩图与一般悬臂梁无异。

阶段 2： 边跨合龙

当边跨梁体合龙后，先拆除中墩临时锚固，再拆除支架和边跨的挂篮。

此时结构体系发生了变化,边跨相当于一个单悬臂梁,原来由支架承担的边段梁体质量转移到边跨梁体上。边跨挂篮的拆除导致结构承受一个向上的集中力 $g_挂$。

阶段 3:中跨合龙

当中跨合龙段上的混凝土尚未达到设计强度时,该段混凝土的自重 q 及挂篮重力 $2g_挂$ 将以 2 个集中力 R_0 的形式分别作用于两侧悬臂梁端部。因此阶段的挂篮均向前移动,故原来方向向下的 $g_挂$ 现以方向向上的卸载力 $g_挂$ 作用在梁段原来的位置上。

阶段 4:拆除合龙段挂篮

此时全桥已经形成整体结构(超静定结构),拆除合龙段挂篮后,原先由挂篮承担的合龙段自重转而作用于整体结构上。

阶段 5:上二期恒载

在桥面均布二期恒载的作用下,可得到三跨连续梁桥的相应弯矩图。

以上是对每个阶段受力体系的剖析,要求得某个阶段的累计内力,只需将该阶段的内力与之前几个阶段的内力进行叠加。成桥后的总恒载内力是这五个阶段内力叠加的结果。

5.1.3 采用顶推法施工时连续梁桥的恒载内力计算

1. 受力特点

用逐段顶推施工法完成的连续梁桥(简称"顶推连续梁"),一般将结构设计成等跨径和等高度截面的形式。当全桥顶推就位后,其恒载内力的计算与采用有支架施工法的连续梁完全相同。顶推连续梁的主要受力特点:在顶推施工的过程中,随着主梁节段逐段地向对岸推进,全桥每个截面的内力不断地按照负弯矩→正弯矩→负弯矩→……呈反复性变化。该结构在施工过程中的恒载弯矩包络图如图 5-2 所示。

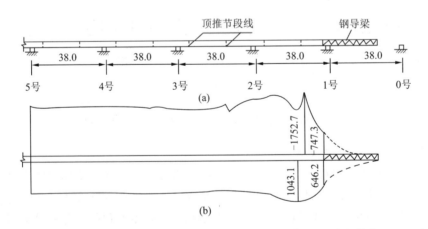

图 5-2　某桥顶推连续梁的布置与恒载弯矩包络图(尺寸单位:m;弯矩单位:kN・m)

为了减少这种施工方法带来的负面影响,一般采用以下措施:

① 在顶推连续梁的最前端设置自重较轻且具有一定刚度的临时钢导梁(又称"鼻梁"),钢导梁长度约为主梁跨径 l 的 65%,以减小主梁截面的悬臂负弯矩。

② 当主梁跨径较大(一般 $l \geqslant 60$ m)时,可在每个桥孔的中央设置临时墩,或者在永久墩沿桥纵向的两侧增设三角形临时钢斜托,以减小顶推跨径。

③ 对于在成桥以后不需要布置正弯矩或负弯矩的钢束区,可以根据顶推过程中的受力需要,配置适量的临时预应力钢束。

2. 施工中恒载内力计算

(1) 计算假定

顶推连续梁通常是在岸边专门搭设的台座上逐段地预制并逐段向对岸推进的,它的形成过程是先由悬臂梁到简支梁再到连续梁,再由双跨连续梁到多跨连续梁直至达到设计要求的跨数。为了简化计算,一般做以下假定:

① 放在台座上的部分梁段不参与计算,也就是说,在计算图式中,靠近台座的桥台处可以看作一个完全铰,如图 5-3 所示。

② 每个顶推阶段均按该阶段全桥所处的实际跨径布置和荷载图式进行整体内力分析,而不是对同一截面的内力按若干不同阶段的计算内力进行叠加,也就是说,截面内力是流动的而不是叠加的。

(2) 最大正弯矩截面计算

顶推连续梁的内力呈动态型,其内力值与主梁和导梁的自重比、跨长比及刚度比等因素有关,很难用某个公式来确定图 5-2 中最大正弯矩截面的所在位置。因此,只能借助有限元计算程序和通过试算来确定。但在初步设计中,可以按图 5-4 的三跨连续梁计算图式估算。

$$M_{\max}^{+} = \frac{q_{自} l^2}{12}(0.933 - 2.96\gamma\beta^2) \tag{5-1}$$

式中: $q_{自}$——主梁单位长的自重;

γ——导梁与主梁的单位长自重比;

β——导梁长与跨径 l 的比例系数。

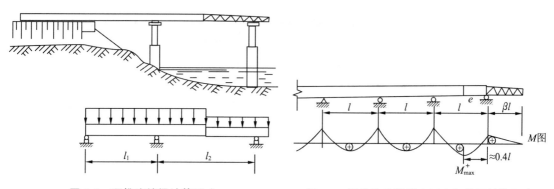

图 5-3　顶推连续梁计算图式　　　　图 5-4　顶推连续梁最大正弯矩截面计算图式

(3) 最大负弯矩截面计算

最大负弯矩截面可通过对比以下两种图式的计算结果来确定。

① 导梁接近前方支点(见图 5-5)

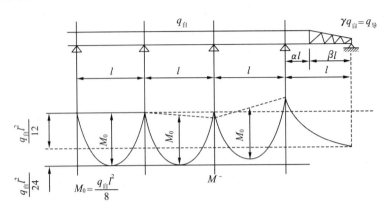

图 5-5 导梁接近前方支点时的自重内力

此时的悬臂跨长最长,计算公式为

$$M_{\min}^- \approx -\frac{q_{自}l^2}{2}\left[\alpha^2+\gamma(1-\alpha^2)\right] \tag{5-2}$$

式中:α——主梁悬臂伸出部分的长度与跨径 l 之比,参见图 5-5,其余符号含义同前。

② 前支点支承在导梁约一半长度处(见图 5-6)

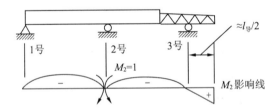

图 5-6 前支点支承在导梁上的计算图式

一般带悬臂的两跨连续梁图式的计算结果最不利,这是根据支点截面的负弯矩影响线面积来判断的。该图式为一次超静定结构,虽然其中一跨梁存在刚度变化,但计算并不困难。真正的最大负弯矩截面还需在靠近支座两侧做试算和比较。

(4) 一般梁截面的内力计算

当导梁完全处在悬臂状态时,多跨连续梁可以分解为两种情况,如图 5-7b 和图 5-7c 所示,应用表 5-1 和表 5-2 的弯矩系数分别计算后再进行叠加求得。

各支点截面在端部弯矩 M_d 作用下的弯矩 M_{id} 可按下式计算:

$$M_{id}=\eta_1 M_d \tag{5-3}$$

各支点截面在主梁自重作用下的弯矩 M_{iq} 可按下式计算:

$$M_{iq}=\eta_2 q_{自}l^2 \tag{5-4}$$

各支点截面的总恒载弯矩 M_i 为

$$M_i=M_{id}+M_{iq} \tag{5-5}$$

上式中的 η_1 和 η_2 的值可分别从表 5-1 和表 5-2 中查得。求得各支点的 M_i 后,再按简支梁计算各截面的弯矩值。

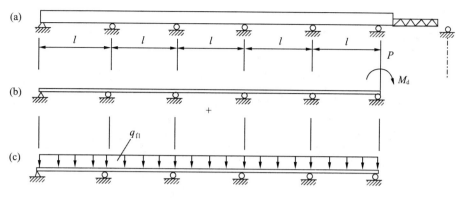

图 5-7　荷载的分解

表 5-1　等截面、等跨径连续梁在端部弯矩作用下的支点弯矩系数

跨数n	各支点截面弯矩系数 η_1										
	M_0	M_1	M_2	M_3	M_4	M_5	M_6	M_7	M_8	M_9	M_{10}
1	0	-1									
2	0	0.250000	-1								
3	0	-0.066667	0.266667	-1							
4	0	0.017857	-0.071429	0.267857	-1						
5	0	-0.004785	0.019139	-0.071771	0.267943	-1					
6	0	0.001282	-0.005128	0.019231	-0.071795	0.267949	-1				
7	0	-0.000344	0.001374	-0.005153	0.019237	-0.071797	0.267949	-1			
8	0	0.000092	-0.000368	0.001381	-0.005155	0.019238	-0.071797	0.267949	-1		
9	0	-0.000025	0.000097	-0.000370	0.001381	-0.005155	0.019238	-0.071797	0.267949	-1	
10	0	0.000007	-0.000026	0.000099	-0.000370	0.001381	-0.005155	0.019238	-0.071797	0.267949	-1

表 5-2　等截面、等跨径连续梁在自重作用下的支点弯矩系数

跨数n	各支点截面弯矩系数 η_2										
	M_0	M_1	M_2	M_3	M_4	M_5	M_6	M_7	M_8	M_9	M_{10}
1	0	-1									
2	0	-0.125000	-1								
3	0	-0.100000	-0.100000	-1							
4	0	-0.107143	-0.071428	-0.107143	-1						
5	0	-0.105263	-0.078947	-0.078947	-0.105263	-1					
6	0	-0.105769	-0.076923	-0.086538	-0.076923	-0.105769	-1				
7	0	-0.105634	-0.077465	-0.084507	-0.084507	-0.077465	-0.105634	-1			
8	0	-0.105670	-0.077320	-0.085052	-0.082474	-0.085052	-0.077320	-0.105670	-1		
9	0	-0.105660	-0.073580	-0.084906	-0.083019	-0.083019	-0.084906	-0.073580	-0.105660	-1	
10	0	-0.105663	-0.077348	-0.084945	-0.082873	-0.083564	-0.082873	-0.084945	-0.077348	-0.105663	-1

【例5.1】 为了方便理解上述计算公式与方法,下面以5×40 m顶推连续梁为例进行说明,如图5-8所示。设主梁的荷载集度 $q_{自}=10$ kN/m,导梁长度 $l_{导}=\beta l=0.65\times40=26$ m,导梁的荷载集度 $q_{导}=1$ kN/m($\gamma=0.1$),导梁与主梁的刚度比 $E_{导}I_{导}/EI=0.15$,试计算该主梁的最大正、负弯矩值。

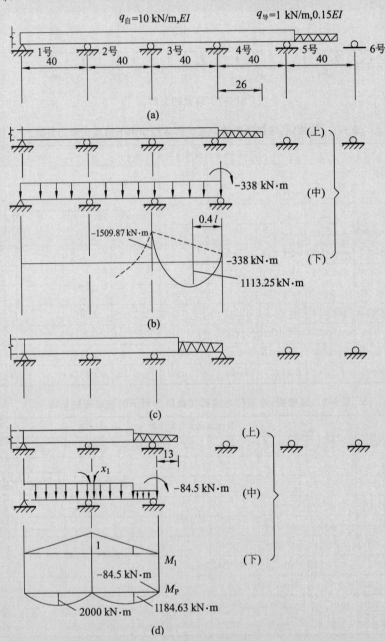

图 5-8 算例的结构布置及计算图式(尺寸单位:m)

【解】 (1)求主梁的最大正弯矩值

方法1:按式(5-1)近似公式计算。

$$M_{\max}^{+} = \frac{q_{自} l^2}{12}(0.933 - 2.96\gamma\beta^2)$$

$$= \frac{10 \times 40^2}{12} \times (0.933 - 2.96 \times 0.1 \times 0.65^2) \approx 1077.25 \text{ kN·m}$$

方法 2： 按图 5-8b(上)和应用表 5-1、表 5-2 中的系数计算。

首先将悬出的钢导梁自重简化为作用于端部支点处的集中力和节点弯矩 M_d [见图 5-8b(中)]，集中力直接传递至桥墩，对梁内力没有影响，故不予考虑。因此，4 号节点的弯矩 M_4 为

$$M_4 = M_d = -\frac{q_{导}(\beta l)^2}{2} = -\frac{1 \times 26^2}{2} = -338 \text{ kN·m}$$

按三跨连续梁查表 5-1 和表 5-2，得到 3 号中支点截面的弯矩系数分别为

$$\eta_1 = 0.266667, \quad \eta_2 = -0.100000$$

将 3 号中支点截面的弯矩系数代入式(5-3)至式(5-5)得到 3 号支点总弯矩为

$$M_3 = 0.266667 \times 338 - 0.100000 \times 10 \times 40^2 = -1509.87 \text{ kN·m}$$

注：将 M_d 用正值代入是因为表 5-1 中的系数 η_1 均是按负值端弯矩求得的。

根据已知端弯矩 M_3、M_4 和均布荷载 $q_{自}$ 值，参照图 5-8b(下)不难算出距离 4 号节点 $0.4l = 16$ m 处的弯矩值为

$$M_{0.4l} \approx M_{\max}^{+} = 1113.25 \text{ kN·m} \quad (\text{计算过程略})$$

此值与近似公式的计算值较接近，并且按此方法可以计算全梁各个截面的内力值。

(2) 求主梁的最大负弯矩值

① 按导梁接近前方支点的计算图式(见图 5-8c)和式(5-2)进行计算，得到

$$M_3 = M_{\min}^{-} = -\frac{q_{自} l^2}{2}[\alpha^2 + \gamma(1 - \alpha^2)]$$

按图中布置，$\alpha = \dfrac{14}{40} = 0.35$，于是得到

$$M_{\min}^{-} = -\frac{10 \times 40^2}{2}[0.35^2 + 0.1 \times (1 - 0.35^2)] = -1682 \text{ kN·m}$$

② 按导梁中点支在 3 号墩顶的图式[见图 5-8d(上)]计算

首先取图 5-8d(中)所示的基本结构，并将悬出部分的钢导梁简化为作用于 3 号支点处的集中力和节点弯矩，然后绘制单位荷载及外荷载弯矩图[见图 5-8d(下)]。由于有一跨的不同节段存在刚度的差异，故在计算力法中的常变位和载变位时，应先分段积分(或用图乘法)再求和，本例中的两个变位值分别为

$$\delta_{11} = \frac{29.26}{EI}, \quad \Delta_{1p} = -\frac{57253.14}{EI}$$

$$X_1 = -\frac{\Delta_{1p}}{\delta_{11}} = \frac{57253.14}{29.26} = 1956.7 \text{ kN·m} \quad (\text{同假定方向})$$

此值与有限元法程序的计算值 -1958 kN·m 近似。经比较，以此图式算得的负弯矩值最大，该截面距主梁前端的距离约为 27 m。

5.2 结构活载内力计算

连续梁桥活载内力的计算公式为

$$S=(1+\mu)\cdot\xi\cdot(m_c q_k\Omega+m_i P_k y_i) \tag{5-6}$$

其中的冲击系数 μ、荷载横向折减系数 ξ、跨中横向分布系数 m_c、沿桥跨纵向与集中荷载对应的横向分布系数 m_i,以及车道荷载 q_k 和 P_k 均已在第 4 章做了详细介绍,故本节仅就连续梁桥的荷载横向分布系数 m_i 和内力影响线竖标值 y_i 分别做一些补充介绍。

5.2.1 荷载横向分布计算的等代简支梁法

连续梁桥与简支梁桥除了存在受力体系的差别外,还存在结构构造上的差别。简支梁桥一般设计成等高度的开口截面(如 T 形、I 形等)形式,而连续梁桥除了小跨径外,一般设计成变高度的、抗扭刚度较大的箱形截面形式。因此,连续梁桥的荷载横向分布问题更复杂。为了满足工程设计上的需要,国内外学者从各种途径探索了许多近似分析方法,通过实践证明,其中易于掌握且较安全的方法是等代简支梁法。因为它只要将其中某些参数进行修正,就可以完全按照求简支梁荷载横向分布系数的方法来完成计算,所以本节主要介绍等代简支梁法的基本原理和计算方法。

1. 基本原理

等代简支梁法的原理主要有以下三个要点:

(1)假设将多室箱梁从各室顶板、底板中点切开,使之变为由 n 片 T 形梁(或 I 形梁)组成的桥跨结构,然后应用修正偏心压力法公式计算其荷载横向分布系数 m,如图 5-9 所示。

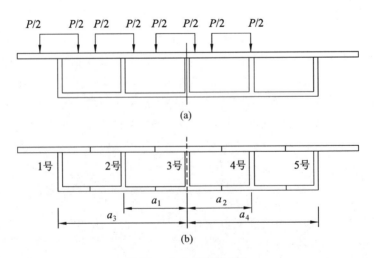

图 5-9 多室箱梁的划分

（2）按照在同等集中荷载 $P=1$ 作用下跨中挠度 ω 相等的原理来反算抗弯惯性矩换算系数 C_{ω}。现以三跨变截面连续梁的中跨（见图 5-10）为例加以说明，设该跨梁跨中截面的抗弯惯性矩为 I_c，在 $P=1$ 作用下的跨中挠度为 $\omega_{连}$，现用同等跨径的等截面简支梁来代替该跨，当该等代梁的抗弯惯性矩调整到某个 $C_{\omega}I_c$ 值时，便可以达到与实际梁相等的跨中挠度，即 $\omega_{代}=\omega_{连}$，如图 5-10b 和图 5-10d 所示。关于 C_{ω} 的计算，后面还要讲述。

（3）按照类似原理，利用实际梁与等代梁在集中扭矩 $T=1$ 作用下扭转（自由扭转）角相等（$\theta_{代}=\theta_{连}$）的条件来反求连续梁中跨的抗扭惯性矩换算系数 C_{θ}，此处实际梁的跨中截面抗扭惯性矩为 I_{Tc}，如图 5-10a、图 5-10e 和图 5-10g 所示。

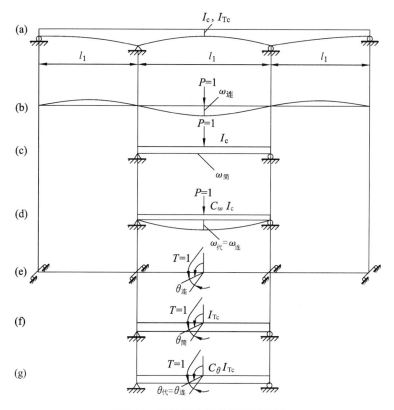

图 5-10 等代简支梁的原理示意图

同理，在连续梁的边跨的中点施加 $P=1$ 和 $T=1$ 分别来反算该跨的换算系数 C_{ω} 和 C_{θ}。当求出各跨的换算系数后，就可得到抗扭修正系数 β 为

$$\beta = \cfrac{1}{1 + \cfrac{l^2}{12} \cdot \cfrac{G}{E} \cdot \cfrac{C_{\theta}I_{Tc}}{(C_{\omega}I_c/n) \cdot \sum a_i^2}} \tag{5-7}$$

或

$$\beta = \cfrac{1}{1 + \cfrac{nl^2}{12} \cdot \cfrac{G}{E} \cdot \cfrac{C_{\theta}}{C_{\omega}} \cdot \cfrac{I_{Tc}}{I_c} \cdot \cfrac{1}{\displaystyle\sum_{i=1}^{i=n} a_i^2}} \tag{5-8}$$

其中 I_c 和 I_{Tc} 分别为整个箱梁截面的抗弯惯性矩和抗扭惯性矩,其余各个符号意义同前,a_i 参见图 5-9b。

2. 连续梁桥 C_ω 的计算

这里仍然用中跨等代梁来阐明,如图 5-10d 所示。在 P 的作用下,跨中挠度 $\omega_{代}$ 为

$$\omega_{代} = \frac{Pl^3}{48EC_\omega I_c} \tag{5-9}$$

令截面抗弯刚度为 EI_c 的普通简支梁跨中挠度为 $\omega_{简}$(见图 5-10c),则

$$\omega_{简} = \frac{Pl^3}{48EI_c} \tag{5-10}$$

比较式(5-10)与式(5-9),得到

$$\omega_{代} = \frac{\omega_{简}}{C_\omega}$$

或

$$C_\omega = \frac{\omega_{简}}{\omega_{代}}$$

写成一般的形式,为

$$C_\omega = \frac{\omega_{简}}{\omega_{连}} \tag{5-11}$$

式中:$\omega_{连}$——连续梁桥中需要关注的某跨跨中挠度;

$\omega_{简}$——与实际梁跨中截面抗弯惯性矩 I 相同的等截面简支梁的跨中挠度。

连续梁桥是超静定结构,其截面多为变截面,故可以借助有限元法来完成 $\omega_{连}$ 的计算,$\omega_{简}$ 仍按式(5-10)计算,再由式(5-11)可得到相应的换算系数 C_ω。

3. 连续梁桥 C_θ 的计算

根据上述推导 C_ω 的原理并参考图 5-10 的图式,可以得到 C_θ 为

$$C_\theta = \frac{\theta_{简}}{\theta_{连}} \tag{5-12}$$

其中

$$\theta_{简} = \frac{Tl}{4GI_{Tc}} \tag{5-13}$$

式中:$\theta_{连}$——连续梁桥中需要考察的某跨在做自由扭转时的跨中截面扭转角;

T——外力扭矩;

其余符号的含义与式(5-8)中的相同。

根据杆件自由扭转的特点,若连续梁的支点截面无横向转动,则锚跨对连续梁自由端的扭转角 θ 不产生影响,这样就可以简化计算。显然,当全梁为等截面时,其抗扭惯性矩换算系数 $C_\theta = 1$。对于变截面连续梁,则可应用总和法进行近似计算。现以图 5-10 中的连续梁为例进行具体推导。其等代梁的结构形式如图 5-11 所示。由于连续梁桥中跨一般为对称于跨径中点的截面形式,因此结构与荷载均是对称的,可取其半结构进行分析。

无论是实际的梁结构还是等代梁结构,它们的支点反力扭矩均等于1,其扭矩内力分布图也是相同的,如图 5-11c 所示。由式(5-13)可得出等截面简支梁(见图 5-11b)的

跨中扭转角 $\theta_{简}$ 为

$$\theta_{简}=\frac{2\times 2l_1}{4GI_{Tc}}=\frac{l_1}{GI_{Tc}}$$

对于实际的变截面结构(见图 5-11a),可以根据精度的要求,将左半跨等分为 m 段,共有 $m+1$ 个节点截面。然后逐一计算这些节点截面的抗扭惯性矩 I_{Ti}($i=0,1,2,\cdots,m$),每个节段的长度 $\Delta S=\dfrac{l_1}{m}$。于是,跨中扭转角 θ_c 为

$$\theta_c=\theta_{连}=\int_0^{l_1}\frac{T(x)\mathrm{d}x}{GI_T(x)}\approx\frac{\Delta S}{G}\left[\frac{1}{2}\left(\frac{1}{I_{T0}}+\frac{1}{I_{Tc}}\right)+\sum_{i=1}^{m-1}\frac{1}{I_{Ti}}\right]$$

式中的 $T(x)$ 为杆件的扭转内力分布,而不是外力扭矩。对于本例,$T(x)=1$。将上述两式代入式(5-12)中,便可得到连续梁桥抗扭惯性矩换算系数的具体计算公式为

$$C_\theta=\frac{2m}{\left(\dfrac{1}{I_{T\theta}}+\dfrac{1}{I_{Tc}}+2\sum_{i=1}^{m-1}\dfrac{1}{I_{Ti}}\right)\cdot I_{Tc}} \tag{5-14}$$

不难看出,当为等截面梁时,$I_{Ti}=$ 常数,故 $C_\theta=1$。

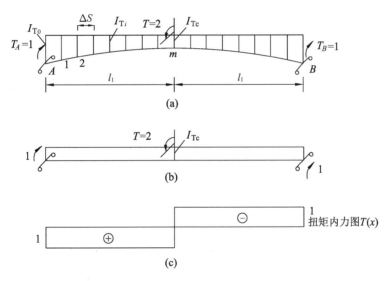

图 5-11　变截面连续梁的节段划分与内力图

对于其他非对称形式的中跨或者边跨,其计算公式则应另推导,并应将全跨等分为 n(n 为偶数)个节段,且它们的支点反力扭矩不相等($T_A\neq T_B$),如图 5-12 所示。对于其中的等截面简支梁(见图 5-12b),跨中扭转角 $\theta_{简}$ 可直接由式(5-13)写出,即

$$\theta_{简}=\frac{l}{4GI_{Tc}} \tag{5-15}$$

对于图 5-12a 的结构,由于截面是连续的,故自 A 端起算至中点的扭转角 θ_{CA} 应等于自 B 端起算至中点的扭转角 θ_{CB},即 $\theta_{CA}=\theta_{CB}$。它们的计算公式如下:

$$\theta_{CA}=\int_0^{l/2}\frac{T(x)}{GI_T(x)}\mathrm{d}x\approx\frac{\Delta S}{G}\left[\frac{1}{2}\left(\frac{1}{I_{T0}}+\frac{1}{I_{Tc}}\right)+\sum_{i=1}^{\frac{n}{2}-1}\frac{1}{I_{Ti}}\right]\cdot T_A \tag{5-16}$$

$$\theta_{CB} = \int_{l/2}^{l} \frac{T(x)}{GI_T(x)} \mathrm{d}x \approx \frac{\Delta S}{G} \left[\frac{1}{2} \left(\frac{1}{I_{T_c}} + \frac{1}{I_{T_n}} \right) + \sum_{i=\frac{n}{2}+1}^{n-1} \frac{1}{I_{T_i}} \right] \cdot T_B \qquad (5\text{-}17)$$

利用以下关系式

$$\theta_{CA} = \theta_{CB} = \theta_c \qquad (5\text{-}18)$$

$$T_A + T_B = 1 \qquad (5\text{-}19)$$

联立求解和化简后，可以得到

$$\theta_c = \theta_{\text{连}} = \frac{\Delta S \left(\dfrac{1}{I_{T0}} + \dfrac{1}{I_{T_c}} + 2\sum\limits_{i=1}^{\frac{n}{2}-1} \dfrac{1}{I_{T_i}} \right) \left(\dfrac{1}{I_{T_c}} + \dfrac{1}{I_{T_n}} + 2\sum\limits_{i=\frac{n}{2}+1}^{n-1} \dfrac{1}{I_{T_i}} \right)}{2G \left(\dfrac{1}{I_{T0}} + \dfrac{1}{I_{T_n}} + 2\sum\limits_{i=1}^{n-1} \dfrac{1}{I_{T_i}} \right)} \qquad (5\text{-}20)$$

将式(5-15)与式(5-20)代入式(5-12)，便可得到截面呈任意形式变化的桥跨结构的抗扭惯性矩换算系数 C_θ，即

$$C_\theta = \frac{n \left(\dfrac{1}{I_{T0}} + \dfrac{1}{I_{T_n}} + 2\sum\limits_{i=1}^{n-1} \dfrac{1}{I_{T_i}} \right)}{2I_{T_c} \left(\dfrac{1}{I_{T0}} + \dfrac{1}{I_{T_c}} + 2\sum\limits_{i=1}^{\frac{n}{2}-1} \dfrac{1}{I_{T_i}} \right) \left(\dfrac{1}{I_{T_c}} + \dfrac{1}{I_{T_n}} + 2\sum\limits_{i=\frac{n}{2}+1}^{n-1} \dfrac{1}{I_{T_i}} \right)} \qquad (5\text{-}21)$$

以上各式的符号定义同前，其中 I_{T_i} 为任意截面的抗扭惯性矩。同样地，当为等截面梁时，$C_\theta = 1$；当边跨的截面变化对称于边跨跨中，且 $n = 2m$ 时，则式(5-21)的结果与式(5-14)完全相同。

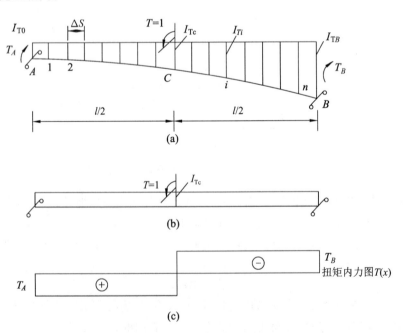

图5-12 非对称变截面边跨梁的节段划分与内力图

4. 荷载增大系数

上面的公式推导是将箱形截面梁看作开口截面梁,经过刚度等效和修正后,再应用修正偏心压力法公式和活载的最不利横向布置,分别计算每根主梁的荷载横向分布系数 m_i,一般情况下具有最大值 m_{max} 的应是边主梁。然而从图 5-9a 可以看出,箱形截面是一个整体构造,将它分为若干单片梁进行结构受力分析和截面配筋设计不仅不合理,而且也比较麻烦。工程上为了简化计算和偏安全取值起见,假定图 5-9b 中每片梁均达到了边梁的荷载横向分布系数 m_{max},于是引入荷载增大系数 ζ 的概念,它可表示为

$$\zeta = n \cdot m_{max} \tag{5-22}$$

式中:n——腹板数。

在对连续体系桥跨结构进行受力分析时,用相应桥跨的荷载增大系数 ζ 直接乘以各桥跨上的车道荷载 P_k 和 q_k,如图 5-13 所示。按此图式计算出来的内力值便是箱形截面梁由全截面承担的内力。

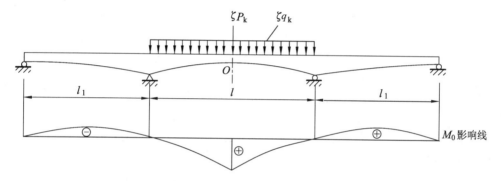

图 5-13　变截面连续梁中跨跨中截面的内力计算图式

综上所述,在分析连续体系变截面梁桥的活载内力之前,需要做以下几个步骤的数据准备工作:

① 采用合适的方法分别求出实际梁各跨跨中在 $P=1$ 作用下的挠度 $\omega_{连}$。

② 应用式(5-10)和式(5-11)求等代简支梁的抗弯惯性矩换算系数 C_ω。

③ 直接应用式(5-14)或式(5-21)求抗扭惯性矩换算系数 C_θ。

④ 将 C_ω 和 C_θ 代入式(5-8)中求抗扭修正系数 β。

⑤ 将 β 代入修正偏心压力法的公式,绘出图 5-9 中边腹板的荷载横向分布影响线,然后在它上面进行最不利的横向布载,求出荷载横向分布系数的最大值 m_{max}。

⑥ 应用式(5-22)求得相应桥跨的荷载增大系数 ζ,然后按照图 5-13 中的示例,将 ζ_i 分别乘以相应桥跨上的车道荷载 P_k 和 q_k,也可以偏安全地对全桥取统一的 ζ_{max} 值。

5. 示例

【例 5.2】　图 5-14 所示三跨变高度连续箱梁桥的跨径组合为 40 m＋60 m＋40 m,混凝土为 C40,单室箱截面尺寸及抗扭惯性矩见表 5-3,边跨和中跨在集中力 P 作用下的跨中挠度分别为 $0.9128×10^{-5}P$ 和 $0.1679×10^{-4}P$,试求边跨和中跨抗扭修正系数 β 及边跨的荷载增大系数。

表 5-3　单室箱截面尺寸及抗扭惯性矩

截面号		h/m	l_2/m	$I_{\mathrm{T}i}/\mathrm{m}^4$
边跨	0	1.60	0.25	6.125843
	1	1.60	0.25	6.125843
	2	1.60	0.25	6.125843
	3	1.60	0.25	6.125843
	4	1.61	0.26	6.283357
	5	1.64	0.31	6.839049
	6	1.76	0.34	8.164468
	7	1.95	0.36	10.350174
	8	2.22	0.39	13.872249
	9	2.62	0.42	19.809668
	10	3.00	0.45	26.257213
中跨	11	2.50	0.41	17.927437
	12	2.11	0.37	12.337437
	13	1.82	0.33	8.748877
	14	1.66	0.29	6.925307
	15	1.60	0.25	6.125843

注：每跨各分 10 段，即 $n=10$。

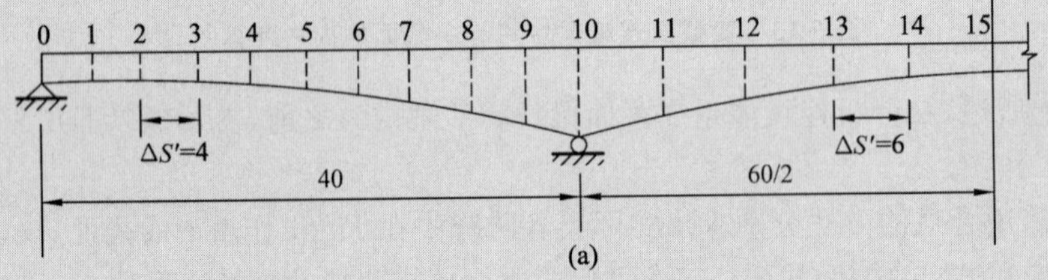

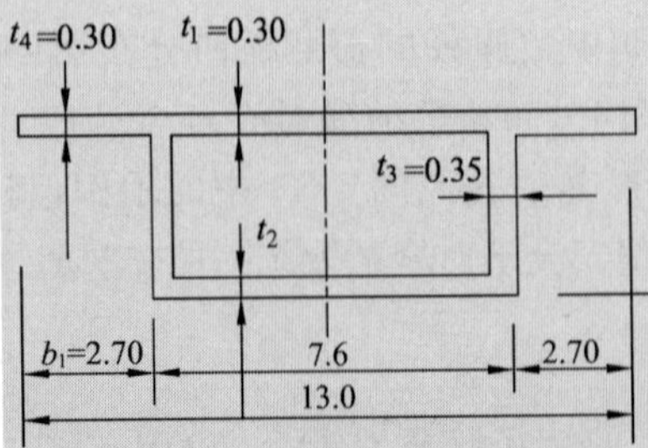

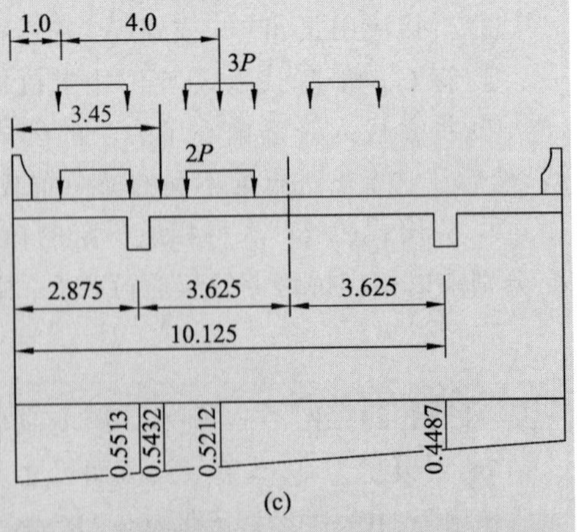

图 5-14　桥梁跨径、截面尺寸及荷载横向分布影响线(尺寸单位:m)

【解】　(1) C_ω 计算

① 计算边跨和中跨的跨中截面抗弯惯性矩 I_c。

边跨 $\qquad\qquad\qquad\qquad\qquad I_c' = 2.7465 \text{ m}^4$

中跨 $\qquad\qquad\qquad\qquad\qquad I_c = 2.3875 \text{ m}^4$

② 按式(5-10)分别计算边跨和中跨的等代简支梁跨中挠度。

边跨 $\quad \omega_{简}' = \dfrac{Pl^3}{48EI_c'} = \dfrac{P \times 40^3}{48 \times 3.3 \times 10^7 \times 2.7465} \approx P \times 1.47111 \times 10^{-5}$

中跨 $\qquad\quad \omega_{简} = \dfrac{P \times 60^3}{48 \times 3.3 \times 10^7 \times 2.3875} \approx P \times 5.71157 \times 10^{-5}$

③ 按式(5-11)分别计算边跨和中跨的抗弯惯性矩换算系数 C_ω。

边跨 $\qquad\quad C_\omega' = \dfrac{\omega_{简}'}{\omega_{连}'} = \dfrac{P \times 1.47111 \times 10^{-5}}{P \times 0.9128 \times 10^{-5}} \approx 1.6116$

中跨 $\qquad\quad C_\omega = \dfrac{\omega_{简}}{\omega_{连}} = \dfrac{P \times 5.71157 \times 10^{-5}}{P \times 0.1679 \times 10^{-4}} \approx 3.4018$

(2) C_θ 计算

① 单箱单室截面的抗扭惯性矩 I_{T_i} 表达式如下：

$$I_{T_i} = \dfrac{4F^2}{\displaystyle\oint \dfrac{\mathrm{d}s}{t}} + \dfrac{2}{3}b_1 t_4^3$$

式中：F——箱形截面中心线包围的面积；

$\qquad t$——板厚；

$\qquad b_1$——每侧悬臂板长度；

$\qquad \mathrm{d}s$——周边微段长度。

现以图中 0 号截面为例进行计算：

$$I_{T0} = \dfrac{4 \times \left[\left(1.6 - \dfrac{0.3}{2} - \dfrac{0.25}{2}\right) \times (7.6 - 0.35)\right]^2}{\left(1.6 - \dfrac{0.3 + 0.25}{2}\right) \times \dfrac{2}{0.35} + (7.6 - 0.35) \times \left(\dfrac{1}{0.3} + \dfrac{1}{0.25}\right)} + \dfrac{1}{3} \times 2 \times 2.7 \times 0.3^3$$

$\approx 6.077243 + 0.0486 = 6.125843 \text{ m}^4$

其余截面的抗扭惯性矩可按照此法计算求得，见表 5-3，其中边跨跨中抗扭惯性矩 I_{T_c}' 和中跨跨中抗扭惯性矩 I_{T_c} 分别为

$$I_{T_c}' = 6.839049 \text{ m}^4$$

$$I_{T_c} = 6.125843 \text{ m}^4$$

② 按式(5-14)和式(5-21)分别计算中跨和边跨的抗扭惯性矩换算系数 C_θ。现以中跨为例，将表 5-3 中的 I_{T_i} 代入公式中，并注意到 $m = n/2 = 5$ (段)，可得

$$C_\theta = \dfrac{2m}{\left(\dfrac{1}{I_{T0}} + \dfrac{1}{I_{T_c}} + 2\displaystyle\sum_{i=1}^{m-1} \dfrac{1}{I_{T_i}}\right) \cdot I_{T_c}}$$

$$= \frac{1}{\left[\frac{1}{26.257213}+\frac{1}{6.125843}+2\times\left(\frac{1}{17.927437}+\cdots+\frac{1}{6.925307}\right)\right]\times 6.125843}$$

$$=1.644941$$

同理可得,边跨的抗扭惯性矩换算系数 $C'_\theta = 1.297513$。

（3）抗扭修正系数 β 的计算

① β 公式中的各个参数计算。

$n=2$（腹板数）

$a_i = a_1 = a_2 = (7.6-0.35)/2 = 3.625$（腹板至中心线距离）

$l_{边}=40 \text{ m}$，$l_{中}=60 \text{ m}$

$G=0.43E$（剪切模量）

② β 值计算。

边跨 $\quad \beta' = \dfrac{1}{1+\dfrac{nl_{边}^2}{12}\cdot\dfrac{G}{E}\cdot\dfrac{C'_\theta}{C'_\omega}\cdot\dfrac{I'_{Tc}}{I'_c}\cdot\dfrac{1}{\displaystyle\sum_{i=1}^{2}a_i^2}}$

$$= \frac{1}{1+\frac{2\times 40^2}{12}\cdot\frac{0.43E}{E}\cdot\frac{1.297513}{1.6116}\cdot\frac{6.839049}{2.7465}\cdot\frac{1}{2\times 3.625^2}} \approx 0.1026$$

中跨的 $\beta=0.0759$，计算过程从略。为了节省时间,可将上述的 C_ω 和 C_θ 计算编制成计算程序。

（4）荷载增大系数 ζ 的计算

现以边跨为例,荷载沿横桥向按二车道和三车道两种工况进行偏心布置,如图5-14c 所示。

① 求左侧 1 号腹板的荷载横向分布影响线竖标值。

按式(4-32)进行计算,分别得到荷载位于两侧腹板处时对 1 号腹板的影响线竖标值为

$$\eta_{11}=\frac{1}{n}+\beta\frac{a_1^2}{\displaystyle\sum_{i=1}^{2}a_i^2}=\frac{1}{2}+0.1026\times\frac{3.625^2}{2\times 3.625^2}=0.5513$$

$$\eta_{12}=\frac{1}{n}+\beta\frac{a_1 a_2}{\displaystyle\sum_{i=1}^{2}a_i^2}=\frac{1}{2}-0.1026\times\frac{3.625^2}{2\times 3.625^2}=0.4487$$

② 求 1 号腹板的荷载横向分布系数 m。

按荷载横向分布影响线进行内插,可得二车道和三车道合力作用点所对应的竖标值分别为 0.5368 和 0.5163。

二车道的荷载横向分布系数

$$m=2\times 0.5368=1.0736$$

三车道的荷载横向分布系数

$$m = 3 \times 0.5163 = 1.5489$$

③ 求荷载增大系数 ζ。

按式(5-22)计算,对于三车道应按《公路桥涵设计通用规范》(JTG D60—2015)计入多车道的横向折减系数 $k_{横}$,三车道 $k_{横} = 0.78$,对于二车道则不予折减。

二车道荷载增大系数 $\zeta = n \cdot m_{\max} = 2 \times 1.0736 = 2.1472$

三车道荷载增大系数 $\zeta = k_{横} \cdot n \cdot m_{\max} = 0.78 \times 2 \times 1.5489 \approx 2.4163$

经比较,边跨荷载增大系数应取 $\zeta = 2.4163$。

5.2.2　连续梁桥的内力影响线

关于连续梁桥内力(弯矩、剪力和支反力)影响线的计算原理和方法已在结构力学课程中进行过详细的阐述,本节不再赘述,而仅列出两种不同类型连续梁桥的内力影响线示意图,对比它们与简支梁内力影响线示意图之间的差异,以便设计者合理地布置桥梁纵向车辆荷载,绘出全梁的内力包络图。

连续梁桥属超静定结构,各种内力影响线呈曲线分布,其计算公式复杂,尤其是当跨径不等且截面为变高度时,手算十分困难,此时只能利用计算机求数值解。对于等截面连续梁桥则可以应用结构力学课程中的机动法,这样可以很快地得到各种内力影响线的分布规律,据此可以考虑如何进行纵向布载或者判断计算机程序所给出的结果有无差错。

图 5-15 是一座四跨连续梁的几个截面的内力影响线示意图。参考此图不难勾绘出更多跨连续梁的内力影响线示意图。

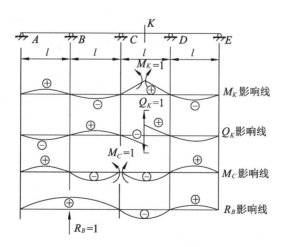

图 5-15　四跨连续梁内力影响线示意图(机动法)

有了内力影响线后,便可按最不利的纵向荷载位置分别将车辆荷载布置在同号的内力影响线区段内,进而求得各控制截面的最大或最小活载内力值,然后根据《公路桥涵设计通用规范》(JTG D60—2015)将恒载内力、活载内力以及其他附加次内力进行荷

载组合,便可得到全梁的内力包络图。关于附加次内力的计算,本章将在后面予以介绍。

5.3 预应力效应计算

5.3.1 预应力效应计算特点

超静定结构(连续梁和连续刚构等)因各种强迫变形(如预应力、徐变、收缩、温度及基础沉降等)而在多余约束处产生的附加内力,统称次内力或二次内力。

预应力混凝土简支梁在预加力作用下只产生自由挠曲变形和预应力偏心力矩(初预矩),而不产生次力矩,如图 5-16a 所示。连续梁因存在多余约束,梁体自由变形受到限制,不仅在多余约束处产生垂直次反力,而且在梁体产生次力矩,如图 5-16b 所示,故它的总力矩为

$$M_{总} = M_0 + M' \tag{5-23}$$

式中:M_0——初预矩,它是预加力 N_y 与偏心距 e 的乘积,即 $M_0 = N_y e$;

M'——预加力引起的次力矩,可用力法或等效荷载法求解。

由于力法原理在结构力学课程中已得到详细阐述,故本节重点介绍等效荷载法的原理及应用。

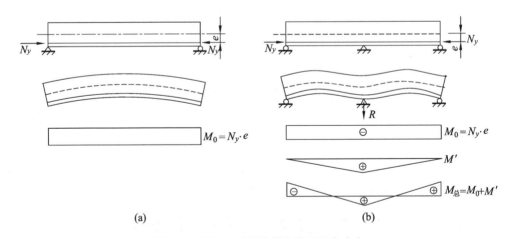

图 5-16 预加力引起的挠曲变形和次内力

5.3.2 等效荷载法

1. 基本假定

为了简化分析,对预应力混凝土梁做以下假定:
① 预应力筋的摩阻损失忽略不计(或按平均分布计入)。
② 预应力筋贯穿构件的全长。

③ 预应力索曲线近似视为按二次抛物线变化，且曲率平缓。

2. 曲线预应力索的等效荷载

图 5-17 为配置曲线索的预应力混凝土简支梁等效荷载，其左端锚头的倾角为 θ_A 且偏离中轴线的距离即偏心距为 e_A，其右端锚头的倾角为 θ_B 且偏心距为 e_B，索曲线在跨中的垂度为 f。图中的符号规定：索力的偏心距 $e(x)$ 以向上为正，向下为负；荷载以向上为正，向下为负。

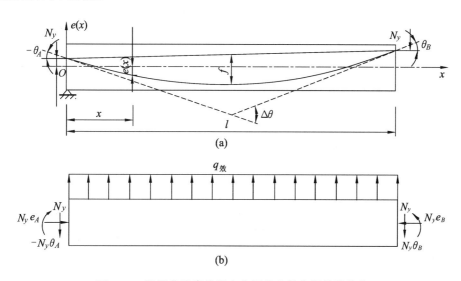

图 5-17　配置曲线索的预应力混凝土简支梁等效荷载

基于上述符号规定，此索曲线的表达式为

$$e(x) = \frac{4f}{l^2}x^2 + \frac{e_B - e_A - 4f}{l}x + e_A \tag{5-24}$$

预应力筋对中心轴的偏心力矩 $M(x)$ 为

$$M(x) \approx N_y e(x) = N_y\left(\frac{4f}{l^2}x^2 + \frac{e_B - e_A - 4f}{l}x + e_A\right) \tag{5-25}$$

由材料力学课程知识可知

$$q(x) = \frac{\mathrm{d}^2 M(x)}{\mathrm{d}x^2} = \frac{8f}{l^2}N_y = 常数 \tag{5-26}$$

$$\theta(x) = e'(x) = \frac{8f}{l^2}x + \frac{e_B - e_A - 4f}{l} \tag{5-27}$$

$$\theta_A = e'(0) = \frac{e_B - e_A - 4f}{l} \tag{5-28}$$

$$\theta_B = e'(l) = \frac{1}{l}(e_B - e_A + 4f) \tag{5-29}$$

将式(5-29)减式(5-28)，得

$$\theta_B - \theta_A = \frac{8f}{l} \tag{5-30}$$

比较式(5-26)与式(5-30)，得

$$q(x)=\frac{N_y}{l}(\theta_B-\theta_A)=\frac{N_y\Delta\theta}{l}=常数=q_效 \tag{5-31}$$

式(5-31)表示均布荷载 q 的方向向上,且为正值,$\Delta\theta$ 为索曲线倾角的改变量,如图 5-17a 所示。此均布荷载 q 称为预加力对此梁的等效荷载,它沿全跨长的总荷载 $q_效 l$ 恰与两端预加力的垂直向下分力 $N_y(\theta_B-\theta_A)$ 相平衡。

3. 折线预应力索的等效荷载

同理,如图 5-18 所示的配置折线索的预应力混凝土简支梁的索力线方程为

AC 段 $\qquad e_1(x)=e_A-\left(\dfrac{e_A+d}{a}\right)x$

$$\tag{5-32}$$

CB 段 $\qquad e_2(x)=-d+\left(\dfrac{d+e_B}{b}\right)(x-a)$

由此得

AC 段 $\qquad Q_1(x)=M'_1(x)=-N_y\left(\dfrac{e_A+d}{a}\right)=-N_y\theta_A$

$$\tag{5-33}$$

CB 段 $\qquad Q_2(x)=M'_2(x)=N_y\left(\dfrac{e_B+d}{b}\right)=N_y\theta_B$

按式(5-33)可绘出此简支梁的剪力分布图(见图 5-18b),而此剪力分布图又恰与在梁的 C 截面处作用一个垂直向上的集中力 $P_效$ 的结果相吻合,此 $P_效$ 为折线形预加力的等效荷载,即

$$P_效=N_y(\theta_B-\theta_A) \tag{5-34}$$

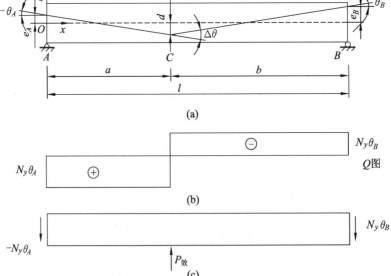

图 5-18　配置折线索的预应力混凝土简支梁的等效荷载

5.3.3　等效荷载法的应用

1. 计算步骤

现以两跨连续梁(见图 5-19a)为例概述等效荷载法的计算步骤:

① 按预应力索曲线的偏心距 e_i 及预加力 N_y 绘制梁的初预矩图,即 $M_0 = N_y e_i$,不考虑所有支座对梁体的约束影响(见图 5-19b)。

② 按布索形式分别应用式(5-31)和式(5-34)确定等效荷载值(见图 5-19c)。

③ 用力法或有限单元法程序求解连续梁在等效荷载作用下的截面内力,得出的弯矩值称为总弯矩 $M_总$,它包含了初预矩 M_0。

④ 求截面的次力矩 $M_次$,它的计算公式如下:

$$M_次 = M_总 - M_0 \tag{5-35}$$

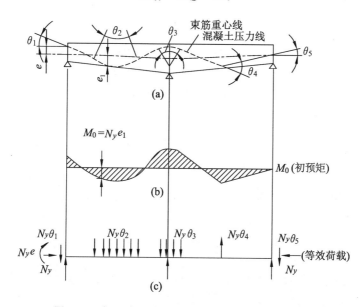

图 5-19　与预应力筋对应的初预矩及其等效荷载图

2. 示例

【例 5.3】　两等跨等截面预应力混凝土连续梁的索曲线布置图式如图 5-20 所示,各段索曲线的偏心距方程 $e_i(x)$ 如表 5-4 所示,端部预加力 $N_y = 1158$ kN,试求中支点 B 截面的总弯矩 $M_总$ 和次力矩 $M_次$。

表 5-4　本例半结构索曲线的偏心距方程

分段号	坐标原点	索曲线的偏心距方程 $e_i(x)$
$a \sim d$ 段	a 点	$e_1(x) = 0.0079x^2 - 0.0933x$
$d \sim b$ 段	d 点	$e_2(x) = 0.18 + 0.12x - 0.03x^2$

【解】 由于结构及预加力均对称于中支点 B 截面,因此可取一半结构进行分析,并视 B 截面为固定端。计算步骤如下:

(1) 绘制预加力的初预矩图,即 $M_0(x)=N_y e_i(x)$,如图 5-20b 所示。

(2) 计算预加力的等效荷载。

$a \sim d$ 段的端转角为

$$e_1'(x)=2 \times 0.0079 x - 0.0933$$
$$e_1'(0)=\theta_a=-0.0933 \text{ rad}$$
$$e_1'(13.5)=\theta_d=0.12 \text{ rad}$$

应用式(5-31)得 $a \sim d$ 段的等效荷载为

$$q_1=N_y \cdot \frac{\theta_d-\theta_a}{l_1}=1158 \times \frac{0.12+0.0933}{13.5}=18.2964 \approx 18.30 \text{ kN/m(向上)}$$

$d \sim b$ 段的端转角为

$$e_2'(x)=0.12-0.06 x$$
$$e_2'(0)=\theta_d=0.12 \text{ rad}$$
$$e_2'(2)=\theta_b=0 \text{ rad}$$

$d \sim b$ 段的等效荷载为

$$q_2=N_y \frac{\theta_b-\theta_d}{l_2}=1158 \times \frac{0-0.12}{2}=-69.48 \text{ kN/m(向下)}$$

(3) 计算 B 支点总弯矩 $M_\text{总}$。

计算图式如图 5-20c 所示,它可分解为图 5-20d 和图 5-20e 两种简单工况。对于图 5-20d,B 支点的弯矩计算公式为

$$M_B=-\frac{ql^2}{8}$$

由于 q 是以向下为正、向上为负,故应以 $q_1=-18.30 \text{ kN/m}$ 代入本例,得

$$M_B'=-\frac{(-18.30) \times 15.5^2}{8} \approx 549.57 \text{ kN} \cdot \text{m}$$

对于图 5-20e,根部截面弯矩的计算公式为

$$M_B''=-\frac{qb^2}{8}\left(2-\frac{b}{l}\right)^2=-\frac{87.78 \times 2^2}{8}\left(2-\frac{2}{15.5}\right)^2 \approx -153.64 \text{ kN} \cdot \text{m}$$

B 支点的总弯矩为

$$M_\text{总}=M_B'+M_B''=549.57-153.64=395.93 \text{ kN} \cdot \text{m}$$

(4) 计算 B 支点的次力矩 $M_\text{次}$。

由式(5-35)得

$$M_\text{次}=M_\text{总}-M_0=395.93-347.4=48.53 \text{ kN} \cdot \text{m}$$

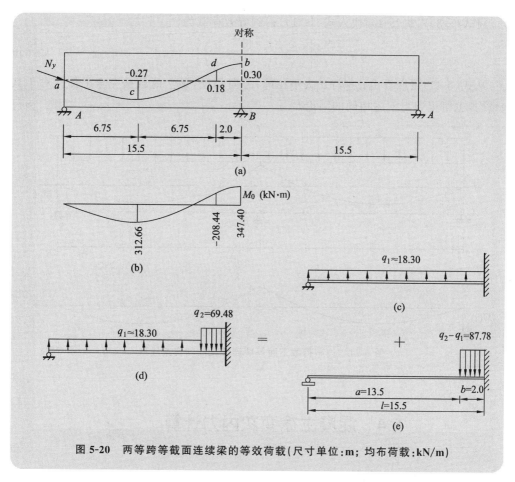

图 5-20　两等跨等截面连续梁的等效荷载(尺寸单位:m;均布荷载:kN/m)

5.3.4　吻合束的概念

将实际荷载作用下的弯矩图线形作为束曲线的线形,便是吻合束的线形,此时外荷载正好被预加力平衡。均布荷载 q 下两等跨连续梁的吻合束线形如图 5-21 所示。其左跨弯矩计算公式为

$$M(x) = \frac{qlx}{8}\left(3 - 4\,\frac{x}{l}\right) \tag{5-36}$$

由于

$$M(x) = N_y \cdot e(x)$$

故

$$e(x) = \frac{q}{N_y}\,\frac{lx}{8}\left(3 - 4\,\frac{x}{l}\right) \tag{5-37}$$

$$e'(x) = \frac{q}{N_y}\left(\frac{3l}{8} - x\right) \tag{5-38}$$

$$e'(0) = \theta_A = \frac{q}{N_y} \cdot \frac{3l}{8} \tag{5-39}$$

$$e'(l) = \theta_B = -\frac{q}{N_y} \cdot \frac{5l}{8} \tag{5-40}$$

将式(5-39)、式(5-40)代入式(5-31)，得到等效荷载为

$$q_{效} = \frac{N_y}{l}\left[\left(\frac{q}{N_y}\right)\left(-\frac{5l}{8}-\frac{3l}{8}\right)\right] = -q \qquad (5-41)$$

从式(5-41)可以看出，$q_{效}$与q大小相等，方向相反，梁上荷载被完全平衡。对于其他结构，也可得到与上述相同的结论。

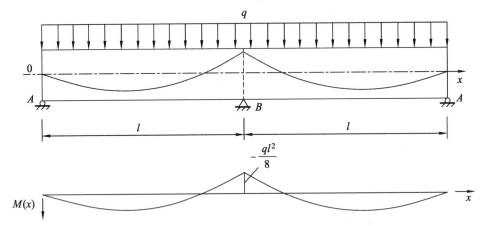

图 5-21　均布荷载下两等跨连续梁的吻合束线形

5.4　混凝土徐变次内力计算

5.4.1　徐变次内力的概念

1. 名词定义

（1）徐变变形

在长期持续荷载作用下，混凝土棱柱体继瞬时变形 Δ_e（弹性变形）后，随时间 t 的增加而持续产生的那一部分变形量 Δ_c，称为徐变变形，如图 5-22 所示。

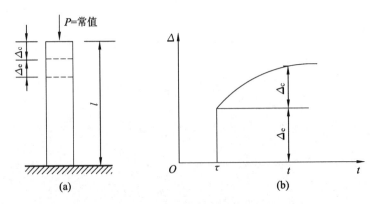

图 5-22　棱柱体的徐变变形

（2）徐变应变

单位长度的徐变变形量称为徐变应变 ε_c，它可表示为徐变变形量 Δ_c 与棱柱体长度 l 的比值，即

$$\varepsilon_c = \frac{\Delta_c}{l} \qquad (5\text{-}42)$$

（3）瞬时应变

瞬时应变 ε_e 又称弹性应变，它是初始加载的瞬间所产生的变形量 Δ_e 与棱柱体长度 l 之比，即

$$\varepsilon_e = \frac{\Delta_e}{l} \qquad (5\text{-}43)$$

（4）徐变系数

徐变系数是自加载龄期 τ_0 后至某个时刻 t，棱柱体内的徐变应变值与瞬时应变（弹性应变）值之比，可表示为

$$\varphi(t,\tau_0) = \frac{\varepsilon_c}{\varepsilon_e} \qquad (5\text{-}44)$$

或 $$\varepsilon_c = \varepsilon_e \cdot \varphi(t,\tau_0) = \frac{\sigma}{E} \cdot \varphi(t,\tau_0) \qquad (5\text{-}45)$$

式(5-45)表明，对于任意时刻 t，徐变应变与混凝土应力 σ 均呈线性关系，这称为线性徐变理论。

2. 徐变次内力

当超静定混凝土结构的徐变变形受到多余约束的制约时，结构截面内会产生附加内力，工程上将此内力称为徐变次内力。现举一个最简单的例子来说明。设图 5-23a 所示的两根对称于中线的悬臂梁，在完成瞬时变形后，悬臂端点均处于水平位置，此时悬臂根部的弯矩均为 $M = -\frac{ql^2}{2}$。随着时间的延长，这两根悬臂梁的端部将发生随时间 t 变化的下挠量 Δ_t 和转角 θ_t（见图 5-23a）。尽管如此，直到徐变变形终止，该梁的内力沿跨长方向是不发生改变的（见图 5-23b）。

再考察图 5-23c 的情况，当两悬臂端完成瞬时变形后，立即焊接合龙段的钢筋并浇筑接缝混凝土，之后虽然在接缝处仍产生随时间变化的下挠量 Δ_t，但转角 θ_t 始终为 0，这意味着两侧悬臂梁相互约束着角位移，从而使结合截面上的弯矩从 0 变为 M_t，而根部截面的弯矩逐渐变小，直到徐变变形终止，这就是所谓的内力重分布（或应力重分布）（见图 5-23d）。结合截面上的 M_t 就是徐变次内力，但它与根部截面弯矩的绝对值之和仍为 $\frac{ql^2}{2}$。由此可见，静定结构只产生徐变变形，而不产生次内力；超静定结构由于徐变变形受到了约束，将产生随时间 t 变化的徐变次内力。

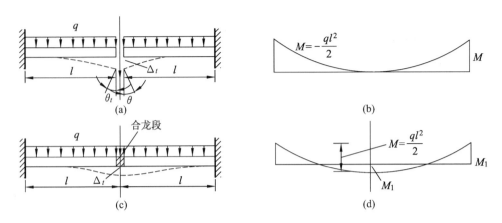

图 5-23 徐变变形与徐变次内力

5.4.2 徐变系数表达式

1. 三种理论

要计算结构徐变变形和徐变次内力,就需要知道徐变系数变化规律的表达式。一些学者根据长期观察和研究一致认为,徐变系数与加载龄期和加载持续时间两个主要因素有关。所谓加载龄期是指结构混凝土自养护之日起至加载之日的时间间距,用 τ_i 表示,$i=0,1,2,\cdots$,单位以天计;所谓加载持续时间是指自加载之日 τ 起至所欲观察之日 t 的时间间距,即 $t-\tau$。但是,在采用具体的表达式时,学者们却提出了以下三种不同的徐变理论。

（1）老化理论

该理论认为:不同加载龄期 τ 的混凝土徐变曲线,在任意时刻 $\tau(t>\tau)$ 徐变增长率都相同,如图 5-24a 所示。其中,任意加载龄期 τ 的混凝土在 t 时刻的徐变系数计算公式为

$$\varphi(t,\tau)=\varphi(t,\tau_0)-\varphi(\tau,\tau_0)$$

式中:$\varphi(t,\tau_0)$——加载龄期为 τ_0 的混凝土至 $t(t>\tau_0)$ 时刻的徐变系数;

$\varphi(\tau,\tau_0)$——加载龄期为 τ_0 的混凝土至 $\tau(\tau>\tau_0)$ 时刻的徐变系数。

（2）先天理论

该理论认为:不同龄期的混凝土徐变增长规律都是一样的,如图 5-24b 所示。其中,任意加载龄期的混凝土在 t 时刻的徐变系数为

$$\varphi(t,\tau)=\varphi(t-\tau,\tau_0) \tag{5-46}$$

$\varphi(t,\tau)$ 是以 τ_0 为原点的徐变基本曲线上,加载持续时间为 $t-\tau$ 的徐变系数。

（3）混合理论

兼有老化理论和先天理论特点的理论称为混合理论。试验研究表明,老化理论比较符合早期加载情况,先天理论比较符合后期加载情况,如图 5-24c 所示。

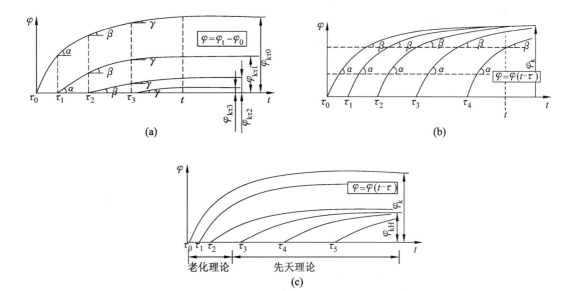

图 5-24　三种徐变理论曲线

2. 徐变系数的表达式

基于上述理论研究,并参考国外的相关规定,《公路桥涵设计通用规范》(JTG D60—2015)制定了关于混凝土徐变系数的计算公式供设计时应用。

(1) 一般表达式

$$\varphi(t,t_0)=\varphi_0\cdot\beta_c(t-t_0) \tag{5-47}$$

(2) 名义徐变系数 φ_0

$$\varphi_0=\varphi_{RH}\cdot\beta(f_{cm})\cdot\beta(t_0) \tag{5-48}$$

其中

$$\varphi_{RH}=1+\frac{1-RH/RH_0}{0.46(h/h_0)^{1/3}} \tag{5-49}$$

$$f_{cm}=0.8f_{cu,k}+8 \tag{5-50}$$

$$\beta(f_{cm})=\frac{5.3}{(f_{cm}/f_{cm0})^{0.5}} \tag{5-51a}$$

$$\beta(t_0)=\frac{1}{0.1+(t_0/t_1)^{0.2}} \tag{5-51b}$$

(3) 加载后徐变随时间发展的系数 $\beta_c(t-t_0)$

$$\beta_c(t-t_0)=\left[\frac{(t-t_0)/t_1}{\beta_H+(t-t_0)/t_1}\right]^{0.3} \tag{5-52}$$

其中

$$\beta_H=150\left[1+\left(1.2\frac{RH}{RH_0}\right)^{18}\right]\frac{h}{h_0}+250\leqslant1500 \tag{5-53}$$

式中：t_0——加载时的混凝土龄期,d;

　　　t——计算考虑时刻的混凝土龄期,d;

　　　$\varphi(t,t_0)$——加载龄期为 t_0、计算考虑龄期为 t 时的混凝土徐变系数;

RH——环境年平均相对湿度，%；

h——构件理论厚度，mm，$h=2A/u$，其中 A 为构件截面面积，u 为构件与大气接触的周边长度；

f_{cm}——强度等级为 C20～C50 的混凝土在 28 d 龄期时的平均圆柱体抗压强度，MPa；

$f_{cu,k}$——龄期为 28 d，具有 95％保证率的混凝土立方体抗压强度标准值，MPa；

其余，$RH_0=100\%$；$h_0=100$ mm；$t_1=1$ d；$f_{cm0}=10$ MPa。

5.4.3 结构混凝土的徐变变形计算

1. 基本假定

计算由混凝土徐变引起的结构徐变变形时，一般采用下列基本假定：

① 不考虑结构内配筋的影响。

② 混凝土的弹性模量假定为常值。

③ 采用线性徐变理论。

2. 静定结构在恒定荷载条件下的徐变变形计算

现以等截面悬臂梁（见图 5-25）作为例子加以阐明。

设 Δ_e 和 θ_e 分别为悬臂梁端部作用有恒定垂直力 P 和恒定弯矩 M 时的弹性（瞬时）挠度和端转角，$\Delta_c(t,\tau)$ 和 $\theta_c(t,\tau)$ 分别为相应的加载龄期为 τ 且持续到 t 时刻的徐变挠度和徐变端转角（见图 5-25）。于是便有下列关系式，即

$$\begin{cases} \Delta_c(t,\tau)=\Delta_e\varphi(t,\tau)=P\,\overline{\Delta}_e\cdot\varphi(t,\tau) \\ \theta_c(t,\tau)=\theta_e\varphi(t,\tau)=M\,\overline{\theta}_e\cdot\varphi(t,\tau) \end{cases} \tag{5-54}$$

式中：$\overline{\Delta}_e$——单位力 $P=1$ 时，在其作用方向上的位移；

$\overline{\theta}_e$——单位力矩 $M=1$ 时，在其作用方向上的转角。

按照结构力学中的虚功原理，$\overline{\Delta}_e$ 和 $\overline{\theta}_e$ 可以分别表示为

$$\begin{aligned} \overline{\Delta}_e &= \delta_{11}=\int_0^l \frac{\overline{M}_1^2}{EI}\mathrm{d}x \\ \overline{\theta}_e &= \delta_{22}=\int_0^l \frac{\overline{M}_2^2}{EI}\mathrm{d}x \end{aligned} \tag{5-55}$$

其中，$\overline{M}_1$ 和 $\overline{M}_2$ 分别为在 $P=1$ 和 $M=1$ 作用下悬臂梁的弯矩分布图（见图 5-25c,d）。将式（5-55）代入式（5-54），便有

$$\begin{cases} \Delta_c(t,\tau)=P\cdot\int_0^l \frac{\overline{M}_1^2}{EI}\mathrm{d}x\cdot\varphi(t,\tau) \\ \theta_c(t,\tau)=M\cdot\int_0^l \frac{\overline{M}_2^2}{EI}\mathrm{d}x\cdot\varphi(t,\tau) \end{cases} \tag{5-56}$$

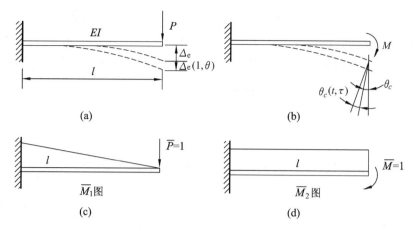

图 5-25　恒定荷载条件下的徐变变形

3. 静定结构在随时间 t 变化的荷载作用下的徐变变形计算

本节前面介绍了随时间 t 变化的徐变次内力的概念,现以如图 5-26 所示的先简支后连续的两等跨连续梁为例来阐明静定结构在随时间 t 变化的荷载作用下的徐变变形。将两等跨连续梁从中支点截开,取两跨简支梁(静定结构)作为基本结构,如图 5-26b 所示。由于该结构是采用先分两跨吊装施工而后合龙的体系转换方法,故在此切口处的初始恒载弯矩 $M=0$,基本结构上只有垂直恒载 q 和随时间变化的徐变赘余次力矩 $M(t)$ 的作用。为了分析简便,暂假定左、右简支梁的徐变系数 $\varphi(t,\tau)$ 相同。这样,图 5-26 中的 $M(t)$ 便可以应用两种方法求解:一种是建立微分方程式的狄辛格法;另一种是建立代数方程式的特劳斯德·巴曾法。

应用狄辛格法时,在时间增量 $\mathrm{d}t$ 内,切口两侧的变形增量协调方程为

$$M(t)\delta_{22}\mathrm{d}\varphi+\mathrm{d}M(t)\delta_{22}+\Delta_{2P}\mathrm{d}\varphi=0 \tag{5-57}$$

应用特劳斯德·巴曾法时,在任意时刻 t 时,切口两侧的变形协调方程为

$$M(t)\delta_{22}(1+\rho\cdot\varphi)+\Delta_{2P}\varphi=0 \tag{5-58}$$

式中:δ_{22}、Δ_{2P}——在切口处分别由单位力矩 $\overline{M}=1$ 和恒载 q 引起的截面两侧的相对弹性角位移;

ρ——老化系数,又称时效系数,它是考虑结构次内力的徐变因混凝土的老化而逐渐衰减的一个折减系数,其值小于 1;

$\mathrm{d}\varphi$——时间增量 $\mathrm{d}t$ 内的徐变系数增量。

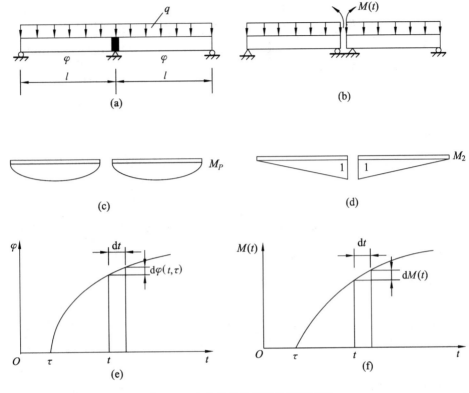

图 5-26 变化荷载作用下的徐变变形

从式(5-57)和式(5-58)不难看出,式(5-57)在理论上是比较精确的,但当结构为高次超静定时,且各梁段的徐变系数 $\varphi(t,\tau)$ 又不相同,必须建立庞大的微分方程组,求解十分困难。式(5-58)中的第二项代表在 t 时刻由恒载 q 在切口处产生的相对徐变角位移,而第一项代表同一时刻由徐变次内力 $M(t)$ 在切口处产生的总的相对角位移,它可表示为

$$\theta_c(t,\tau)=M(t)\delta_{22}(1+\rho\cdot\varphi) \tag{5-59}$$

它是将 $M(t)$ 视为不随时间 t 变化的赘余力,通过老化系数 $\rho(t,\tau)$ 修正徐变系数 $\varphi(t,\tau)$ 后,求得该次内力产生的总变形。但是由于该式中有两个未知量,即 $M(t)$ 和 $\rho(t,\tau)$,故不能求解。为此,我国的金成棣教授采取联立混合求解的方法求解,具体思路是先应用式(5-57)求解 $M(t)$,再将它代入式(5-58)中,便可得到关于 $\rho(t,\tau)$ 的一般表达式,解得这个未知量后,再求解线性代数方程组就不成问题了。

下面简单介绍式(5-57)的求解。首先用 δ_{22} 除全式,且令 $M_e=\Delta_{2P}/\delta_{22}$ 常数,则得

$$dM(t)+[M(t)+M_e]d\varphi=0 \tag{5-60}$$

注意到 $dM_e=0$,则式(5-60)可以写成

$$\frac{d[M(t)+M_e]}{M(t)+M_e}=-d\varphi \tag{5-61}$$

此微分方程的解为

$$\ln[M(t)+M_e]=-\varphi+C(常数) \tag{5-62}$$

利用图 5-26e 和图 5-26f 中的边界条件,当 $t=\tau$ 时,$M(t)=0$,$\varphi(t,\tau)=0$,便解得

常数 C 为

$$C = \ln M_e \tag{5-63}$$

再将式(5-63)代入式(5-62),得到

$$M(t) = -(1 - e^{-\varphi}) M_e \tag{5-64}$$

式(5-58)也可以改写成

$$M(t) = -\frac{\varphi}{1 + \rho \cdot \varphi} M_e \tag{5-65}$$

联立求解式(5-64)和式(5-65),便得到老化系数 $\rho(t,\tau)$ 的一般表达式为

$$\rho(t,\tau) = \frac{1}{1 - e^{-\varphi}} - \frac{1}{\varphi} \tag{5-66}$$

最后,参照式(5-55),则完全可以应用式(5-59)计算出在随时间 t 变化的 $M(t)$ 荷载下切口处的徐变变形 δ_{2t},即

$$\delta_{2t} = \theta_c(t,\tau) = M(t) \cdot \left(2\int_0^l \frac{\overline{M}_2^2}{EI} dx \right) [1 + \rho(t,\tau) \cdot \varphi(t,\tau)] \tag{5-67}$$

4. 换算弹性模量概念

式(5-58)还可写成

$$M(t) \int_0^l \frac{\overline{M}_2^2}{EI} dx \cdot (1 + \rho\varphi) + \int_0^l \frac{\overline{M}_2^2 M_P}{EI} dx \cdot \varphi = 0$$

为了便于应用结构力学中的力法来求解超静定结构的徐变次内力问题,引入两个广义换算弹性模量。

① 应用在恒定荷载下徐变变形计算的换算弹性模量 E_φ:

$$E_\varphi = \frac{E}{\varphi(t,\tau)} \tag{5-68}$$

② 应用在随 t 变化荷载下徐变变形计算的换算弹性模量 $E_{\rho\varphi}$:

$$E_{\rho\varphi} = \frac{E}{1 + \rho(t,\tau)\varphi(t,\tau)} \tag{5-69}$$

则式(5-58)可写为

$$M(t) \int_0^l \frac{\overline{M}_2^2}{E_{\rho\varphi} I} dx + \int_0^l \frac{\overline{M}_2^2 M_P}{E_\varphi I} dx = 0 \tag{5-70}$$

或

$$M(t) \delta_{22t} + \Delta_{2Pt} = 0$$

其中

$$\begin{cases} \delta_{22t} = \int_0^l \frac{\overline{M}_2^2}{E_{\rho\varphi} I} dx \\ \Delta_{2pt} = \int_0^l \frac{\overline{M}_2^2 M_P}{E_\varphi I} dx \end{cases} \tag{5-71}$$

以上各式中,E 为混凝土的弹性模量,其余符号意义同前。

5.4.4　超静定梁的徐变次内力计算

1. 计算方法

目前,计算超静定梁的徐变次内力的方法有以下几种:

① 狄辛格方法。

② 扩展狄辛格方法。

③ 换算弹性模量法。

④ 以上述理论为基础的有限元法等。

本节重点介绍用换算弹性模量法计算徐变次内力的原理和步骤,其余方法可参阅有关专著。

2. 换算弹性模量法

(1)计算原理

前面已经介绍了关于按换算弹性模量计算静定结构的徐变变形问题。对于超静定结构所选取的基本结构,其被截开的截面或者被移去的多余支点(简称赘余约束)处,除了要加上荷载产生的赘余力 X_i 外,还要施加随时间 t 变化的徐变赘余力 X_{it},然后根据变形协调条件,所有外荷载及赘余力 X_i 和 X_{it} 在赘余约束处产生的徐变变形之和应为 0,即

$$\sum \Delta_i = 0 \tag{5-72}$$

便可求得徐变次内力。但在计算外荷载及赘余约束处的初始内力 X_i 所引起的徐变变形时,其换算弹性模量应取 E_φ[按式(5-68)计算]。在计算由待定的、随时间 t 变化的徐变赘余力 X_{it} 所引起的徐变变形时,其换算弹性模量应取 $E_{\rho\varphi}$[按式(5-69)计算],其余计算同一般力法原理。

(2)计算步骤

对于同样一座连续梁桥,可以采用一次现浇成桥,也可以采用先简支后连续或者悬臂浇筑法等多种施工方式成桥。施工方法不同,各节段的加载龄期就不相同,计算模式也不同,因而其徐变次内力也就不相同。不论采用哪种成桥方式,其一般计算步骤都可以大致归纳如下:

① 选取基本结构的计算图式。

② 按不同施工阶段计算恒载内力 M_P。

③ 在赘余联系处分别施加各单位赘余力 $\overline{X}_i$,得到各 $\overline{M}_i$ 图。

④ 根据已知条件分别计算各梁段的老化系数 $\rho(t,\tau)$[按式(5-66)计算]、换算弹性模量 E_φ[按式(5-68)计算]和 $E_{\rho\varphi}$[按式(5-69)计算]。

⑤ 按换算弹性模量和图乘法分别计算所有恒定外力及徐变赘余力在赘余约束处产生的变位,即

常变位 $$\delta_{iit} = \sum \int_{l_i} \frac{\overline{M}_i^2}{E_{\rho\varphi} I} \mathrm{d}x$$

$$\delta_{ijt} = \sum \int_{l_i} \frac{\overline{M}_i \overline{M}_j}{E_{\rho\varphi} I} \mathrm{d}x \tag{5-73}$$

载变位 $$\Delta_{iPt} = \sum \int_{l_i} \frac{M_P \overline{M}_i}{E_\varphi I} \mathrm{d}x$$

⑥ 依据变形协调条件,解力法方程组求各徐变次内力 X_{it},即

$$\begin{cases}\delta_{11t}X_{1t}+\delta_{12t}X_{2t}+\cdots+\Delta_{1P_t}=0\\ \delta_{21t}X_{1t}+\delta_{22t}X_{2t}+\cdots+\Delta_{2P_t}=0\\ \cdots\end{cases} \tag{5-74}$$

⑦ 按解得的徐变次内力 X_{it} 分别计算各梁段的内力及变位。

⑧ 将各施工阶段的恒载内力和变形与步骤⑦的计算结果叠加,便得到整个结构总的受力和变形状态。

（3）计算示例

【例 5.4】　两等跨等截面连续梁每跨跨长 $l=48$ m,采用先预制吊装后合龙固结的施工方法,左半跨的徐变系数 $\varphi_1(\infty,\tau)=1$,右半跨的徐变系数 $\varphi_2(\infty,\tau)=2$,作用于桥上的均布恒载 $q=10$ kN/m(预制梁自重),E、I 分别为该结构的弹性模量和截面抗弯惯性矩,如图 5-27 所示,试求 $t=\infty$ 时中支点截面的徐变次力矩。

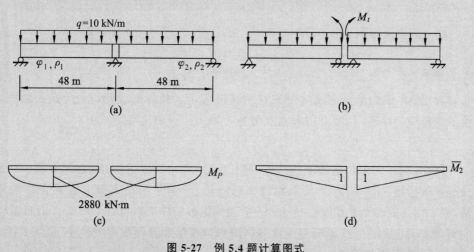

图 5-27　例 5.4 题计算图式

【解】　计算步骤如下:

（1）选取从跨中断开的两跨简支梁作为基本结构,合龙时该截面的弯矩为 0,即 $X_2=0$。

（2）在赘余联系处仅施加一个赘余力,即待定的徐变次内力 M_t(见图 5-27b)。

（3）计算老化系数及换算弹性模量。

$$\rho_1(\infty,\tau)=\frac{1}{1-e^{-\varphi_1}}-\frac{1}{\varphi_1}$$

$$=\frac{1}{1-e^{-1}}-\frac{1}{1}=0.582$$

$$\rho_2(\infty,\tau)=\frac{1}{1-e^{-\varphi_2}}-\frac{1}{\varphi_2}$$

$$=\frac{1}{1-e^{-2}}-\frac{1}{2}=0.657$$

$$E_{\varphi_1} = \frac{E}{\varphi_1(\infty,\tau)} = E$$

$$E_{\varphi_2} = \frac{E}{\varphi_2(\infty,\tau)} = \frac{E}{2} = 0.5E$$

$$E_{\rho\varphi_1} = \frac{E}{1+\rho_1(\infty,\tau)\varphi_1(\infty,\tau)} = \frac{E}{1+0.582\times1} = 0.632E$$

$$E_{\rho\varphi_2} = \frac{E}{1+\rho_2(\infty,\tau)\varphi_2(\infty,\tau)} = \frac{E}{1+0.657\times2} = 0.432E$$

（4）计算常变位和载变位（图乘法）。

$$\delta_{22t} = \frac{1}{E_{\rho\varphi_1}I}\left(\frac{1}{2}\times1\times48\times\frac{2}{3}\right) + \frac{1}{E_{\rho\varphi_2}I}\left(\frac{1}{2}\times1\times48\times\frac{2}{3}\right) = 62.35\frac{1}{EI}$$

$$\Delta_{2pt_1} = \frac{1}{E_{\varphi_1}I}\left(\frac{2}{3}\times48\times2880\times\frac{1}{2}\right) + \frac{1}{E_{\varphi_2}I}\left(\frac{2}{3}\times48\times2880\times\frac{1}{2}\right) = 138240\frac{1}{EI}$$

（5）解力法方程。

$$62.35M_t + 138240 = 0$$

$$M_t \approx -2217 \text{ kN} \cdot \text{m}$$

弯矩 M_t 即为徐变完成后中支点的最终弯矩。此算例表明，对于先简支后连续的非预应力结构，徐变会引起支点负弯矩增大和跨中正弯矩减小。

【例 5.5】 两等跨等截面连续梁，跨长为 2×20 m，按图 5-28a 和图 5-28c 的图式分两阶段施工，中支点两侧采用对称悬浇法，两端采用在支架上进行合龙的方法，设中间梁段的徐变系数 $\varphi_1(\infty,\tau)=1$，两端梁段的徐变系数 $\varphi_2(\infty,\tau)=2$，自重均布荷载 $q=10$ kN/m，E、I 分别为该结构的弹性模量和截面抗弯惯性矩，试求 $t=\infty$ 时中支点截面的总弯矩。

【解】 计算步骤如下：

（1）取如图 5-28e 所示的两跨简支梁作为基本结构，应用结构力学的方法计算出两个施工阶段在中支点截面产生的初始弯矩 $M_0 = -1280-39.2 = -1319.2$ kN·m。

（2）由于徐变系数与例 5.4 相同，故换算弹性模量也相同，即

$$E_{\varphi_1}=E, \quad E_{\varphi_2}=0.5E$$

$$E_{\rho\varphi_1}=0.632E, \quad E_{\rho\varphi_2}=0.432E$$

（3）计算常变位与载变位。

由于结构及荷载均为对称的，故常变位和载变位可取其中一跨进行计算，计算中部分采用图乘法，部分采用分段积分法，即

$$\delta_{11t} = \frac{1}{E_{\rho\varphi_1}I}\cdot\frac{16}{6}\times[2\times(0.2^2+1^2)+2\times1\times0.2] + \frac{1}{E_{\rho\varphi_2}I}\left(\frac{4\times0.2}{2}\times\frac{2}{3}\times0.2\right)$$

$$= \frac{6.6133}{E_{\rho\varphi_1}I} + \frac{0.0533}{E_{\rho\varphi_2}I} \approx 10.5876\frac{1}{EI}$$

$$\Delta_{1qt} = \frac{1}{E_{\varphi_1}I}\int_4^{20}\left(100x - \frac{10}{2}x^2\right)\frac{x}{20}\mathrm{d}x + \frac{1}{E_{\varphi_2}I}\int_4^{20}\left(100x - \frac{10}{2}x^2\right)\frac{x}{20}\mathrm{d}x$$

$$= \frac{1}{E_{\varphi_1}I}\left(\frac{5}{3}x^3 - \frac{x^4}{16}\right)\Big|_4^{20} + \frac{1}{E_{\varphi_2}I}\left(\frac{5}{3}x^3 - \frac{x^4}{16}\right)\Big|_4^{20}$$

$$= \frac{3242.67}{E_{\varphi_1}I} + \frac{90.67}{E_{\varphi_2}I} \approx 3424\frac{1}{EI}$$

$$\Delta_{1M_{0t}} = -\left(\frac{6.6133}{E_{\varphi_1}I} + \frac{0.0533}{E_{\varphi_2}I}\right) \times 1319.2 \approx -8864.89\frac{1}{EI}$$

$$\Delta_{1pt} = \Delta_{1qt} + \Delta_{1M_{0t}} = (3424 - 8864.89)\frac{1}{EI} = -5440.89\frac{1}{EI}$$

$$X_{1t} = -\frac{\Delta_{1pt}}{\delta_{11t}} = -\frac{-5440.89}{10.5876} = 513.9 \text{ kN} \cdot \text{m}$$

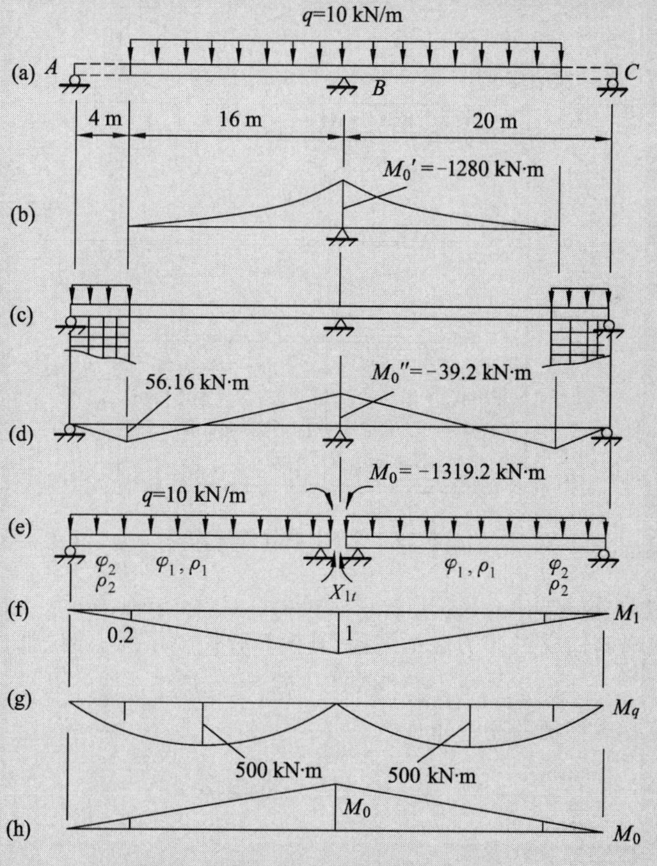

图 5-28　例 5.5 题计算图式

（4）计算中支点截面的最终弯矩值。

$$M_B = M_0 + X_{1t} = -1319.2 + 513.9 = -805.3 \text{ kN} \cdot \text{m}$$

此算例表明,对于悬臂施工的连续结构,徐变会引起支点负弯矩减小和跨中正弯矩增大。

【例5.6】 结构尺寸及荷载同例5.5,施工采用在支架上一次浇筑完成,$\varphi_2(\infty, \tau) = 2$,试求在 $t = \infty$ 时中支点的徐变次力矩(见图5-29)。

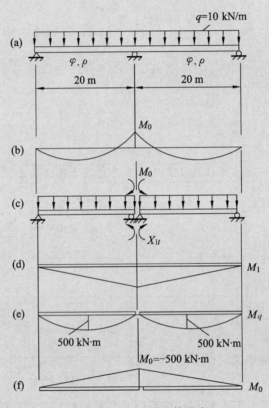

图5-29 例5.6题计算图式

【解】 计算步骤如下:

（1）仍取两跨简支梁作为基本结构,其换算弹性模量同上例,即

$$E_{\rho\varphi} = 0.432E, \quad E_{\varphi} = 0.5E$$

（2）计算支点截面的初弯矩 M_0。

$$M_0 = -\frac{ql^2}{8} = -500 \text{ kN} \cdot \text{m}$$

（3）计算常变位及载变位。

$$\delta_{11t} = \frac{1}{E_{\rho\varphi}} \left(\frac{20 \times 1}{2} \times \frac{2}{3} \times 1 \right) \times 2 \approx 30.864 \frac{1}{EI}$$

$$\Delta_{1qt} = \frac{1}{E_{\varphi}I}\left(\frac{2}{3}\times 500\times 20\times \frac{1}{2}\right)\times 2 \approx 13333.3\,\frac{1}{EI}$$

$$\Delta_{1M_{0t}} = -\frac{1}{E_{\varphi}I}\left(\frac{500\times 20}{2}\times \frac{2}{3}\times 1\right)\times 2 \approx -13333.3\,\frac{1}{EI}$$

$$\Delta_{1Pt} = \Delta_{1qt} + \Delta_{1M_{0t}} = (13333.3 - 13333.3)\frac{1}{EI} = 0$$

得　　　　　　　　　　　$$X_{1t} = 0$$

　　本算例表明,一次浇筑的超静定结构,虽然其徐变次内力为零,但其仍会产生徐变变形,其徐变变形可按图 5-29c 的图式,叠加两种不变荷载 q 和 M_0 工况下的徐变变形得到。

5.5　混凝土收缩次内力计算

　　混凝土结构杆件的收缩并不是因外力而产生的,而是由结构材料本身的特性引起的。混凝土收缩应变也是随时间变化的,其增长速度受空气温度及湿度等条件的影响。它的收缩方向是三维的,但在结构分析中主要考虑其沿杆件方向的变形量。对于连续梁桥结构,一般只计算结构的收缩位移量,但对于墩-梁固结的连续刚构体系桥梁,则必须考虑因收缩引起的结构次内力。

　　下面将分别介绍收缩应变的表达式和混凝土收缩次应力的近似计算方法。

5.5.1　混凝土收缩应变表达式

《公路桥涵设计通用规范》(JTG D60—2015)给出的混凝土收缩应变表达式如下:

(1) 一般表达式

$$\varepsilon_{cs}(t, t_s) = \varepsilon_{cs0} \cdot \beta_s(t - t_s) \tag{5-75}$$

(2) 名义收缩系数

$$\varepsilon_{cs0} = \varepsilon_s \cdot f_{cm} \cdot \beta_{RH} \tag{5-76}$$

其中,

$$\varepsilon_s \cdot f_{cm} = [160 + 10\beta_{sc}(9 - f_{cm}/f_{cm0})]\times 10^{-6} \tag{5-77}$$

$$\beta_{RH} = 1.55[1 - (RH/RH_0)^3] \tag{5-78}$$

(3) 收缩随时间发展的系数 β_s

$$\beta_s(t - t_0) = \left[\frac{(t - t_s)/t_1}{350(h/h_0)^2 + (t - t_s)/t_1}\right]^{0.5} \tag{5-79}$$

式中:t——计算考虑时刻的混凝土龄期,d;

　　　t_0——收缩开始时的混凝土龄期,可假定为 3~5 d;

　　　$\varepsilon_{cs}(t, t_s)$——收缩开始时的龄期为 t_s,计算考虑龄期为 t 时的收缩应变;

　　　β_{sc}——依据水泥种类而定的系数,对于一般硅酸盐类水泥或快硬水泥,$\beta_{sc} = 0.5$;

其余符号的定义与式(5-53)中的相同。

5.5.2 等效温降值计算法

按式(5-75)求出结构中某段长度内的收缩应变量后,便可按照下式将它换算为这段长度内的相对温降量,为了与龄期 t 的符号相区别,这里用 ΔT_s 表示相对温降量,即

$$\Delta T_s = \frac{\varepsilon_{cs}(t,t_s)}{\alpha} \tag{5-80}$$

式中:α——材料的温度胀缩系数。具体的计算可按年平均温差的工况,用手算或用计算机程序来完成。

5.6 基础沉降次内力计算

关于超静定连续梁结构因沉降而产生的次内力计算问题,在结构力学课程中已有详细的叙述。对于图 5-30a 所示的三跨连续梁,当中墩基础分别产生不等的基础沉降量 $\Delta_{1\Delta}$ 和 $\Delta_{2\Delta}$ 时,可取图 5-30b 所示的基本结构,其力法方程为

$$\begin{cases} \delta_{11}X_1 + \delta_{12}X_2 + \Delta_{1\Delta} = 0 \\ \delta_{21}X_1 + \delta_{22}X_2 + \Delta_{2\Delta} = 0 \end{cases} \tag{5-81}$$

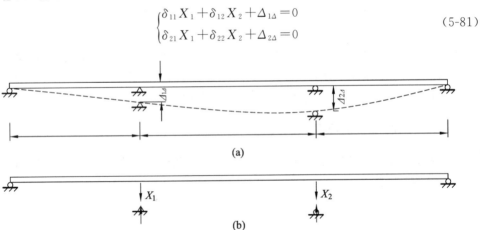

图 5-30 连续梁结构因基础沉降产生的次内力计算图式

求解此线性方程组并无太大困难,关键问题在于如何确定基础沉降量 $\Delta_{1\Delta}$ 和 $\Delta_{2\Delta}$。从设计原则来讲,连续梁桥的桥墩基础应设置在坚硬的岩石上,但当它必须修建在非岩石的地基土上时,就必须计入基础沉降引起的结构次内力。有关基础沉降量的具体计算方法,详见《公路桥涵地基与基础设计规范》(JTG 3363—2019)。规范中规定:

① 相邻墩台间不均匀沉降差值(不包括施工中的沉降),不应使桥面形成大于 0.2‰ 的附加纵坡(折角)。

② 外超静定结构桥梁墩台间不均匀沉降差值,还应满足结构的受力要求。

5.7　温度自应力和次内力计算

5.7.1　基本概念

温度梯度是指当桥梁结构受到日照温度的影响后,温度沿梁截面高度变化的形式。图 5-31 所示为各国桥梁规范对梁式结构沿梁高方向的温度梯度形式的规定,这些都属于日照温差(或局部温差)的表现形式。此外,图 5-31g 反映的是气温随季度发生周期性变化时,在构件截面上假定为平均变化的年温差表现形式。这个形式在各国都是一致的,只在取值上有差异。

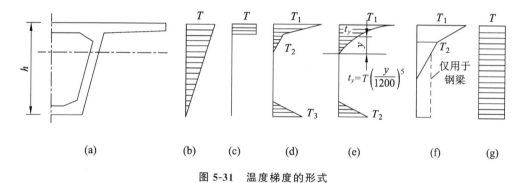

图 5-31　温度梯度的形式

1. 温度次内力

结构因受到自然环境温度的影响(升温或降温)而产生伸缩或弯曲变形,当这个变形受到多余约束时,便会在结构内产生附加内力,工程上将此附加内力称为温度次内力。现以两种呈线性变化形式的温度梯度为例进行说明。

(1) 年温差

图 5-32a 和图 5-32b 分别表示悬臂梁(静定结构)和连续梁(超静定结构)在年温差(温升)的影响下,只产生纵向水平位移,而不产生次内力;但图 5-32c 中的连续刚构在同样条件下由于受固结桥墩的约束,不但主梁产生水平位移,而且墩和梁均产生弯曲变形和支点反力,从而导致截面内产生次内力。

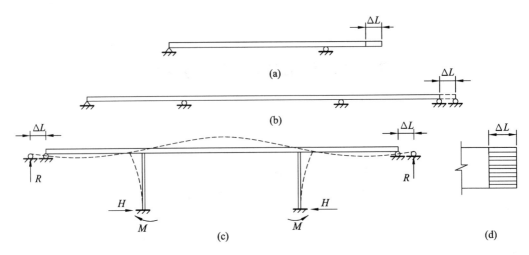

图 5-32　年温差对不同结构的影响

（2）呈线性变化的温度梯度

图 5-33a 表示静定简支梁在线性温度梯度的影响下，结构只产生弯曲变形；图 5-33b 表示在同样温度梯度的影响下，由于中支座的多余约束限制梁体变形，中支座会产生向下的垂直拉力，从而导致梁体内产生次内力。

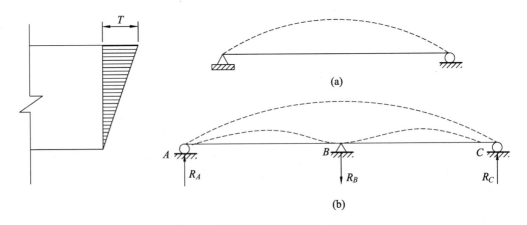

图 5-33　线性温度梯度对结构的影响

2. 温度自应力

结构在非线性温度梯度的影响下产生挠曲变形时，因梁要服从平截面假定，致使截面内各纤维层的变形不协调而互相约束，从而在整个截面内产生一组自相平衡的应力，称为温度自应力。下面以受非线性温度梯度影响的简支 T 形梁（见图 5-34）为例来说明。

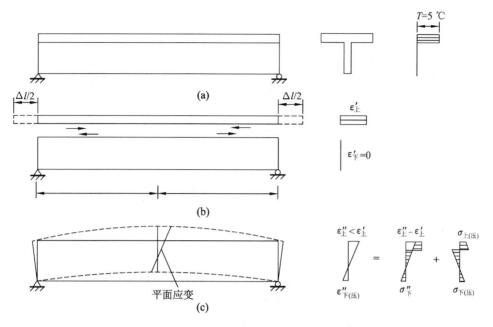

图 5-34　非线性温度梯度对简支 T 形梁的影响

此 T 形梁仅在翼板内受温度($T=5$ ℃)的影响,从整个结构来说,它将同样产生向上挠的变形(见图 5-34c),但截面内会出现正应力(自应力),这是因为当翼板与腹板完全脱开时,翼板两端会各产生 $\Delta l/2$ 的伸长量(见图 5-34b),应变值 $\varepsilon'_{上}=\Delta l/l$。然而,翼板与腹板实际是一个整体,将使这个伸长趋势因结合面的剪切力而受到制约,最后使梁顶面纤维层的应变值只能达到 $\varepsilon''_{上}(<\varepsilon'_{上})$,而使腹板原来的无应力状态因平面变形而转化为有应力状态,结合面处翼板侧受压、腹板侧受拉(见图 5-34c)。即便如此,但整个截面内的应力合力(水平力)仍为 0,即 $\sum \sigma_i \Delta A_i=0$,其中,$\Delta A_i$ 是截面自上而下的微段面积,σ_i 为所对应截面的正应力。

由此不难理解,此简支梁若再受到外部多余约束,仍会产生温度次内力。因此,受非线性温度梯度影响的超静定结构,其总的温度应力是自应力 $\sigma_{自}$ 与由温度次内力产生的次应力 $\sigma_{次}$ 之和,即

$$\sigma_{总}=\sigma_{自}+\sigma_{次} \tag{5-82}$$

由于受线性温度梯度影响的超静定结构内力计算在结构力学课程中已有讲解,故本节着重讨论受非线性温度梯度影响的超静定结构次内力计算问题。

5.7.2　温度自应力计算

为了使求解的问题一般化,下面以沿梁高连续分布的任意曲线 $T(y)$ 来代表截面上的温度梯度,如图 5-35b 所示。现取梁中的一个单元进行分析,并且假定全截面是匀质的,忽略钢筋的影响,若纵向纤维之间互不约束,各自做自由伸缩,则沿梁各点的自由变形为

$$\varepsilon_T(y)=\alpha T(y) \tag{5-83}$$

式中:α——材料的线膨胀系数。

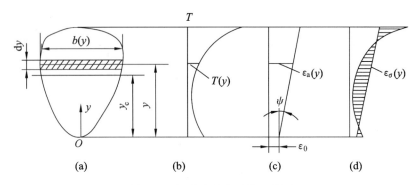

图 5-35　温度自应力计算示意图

前面已述,实际梁截面的变形是服从平截面假定的,它的应变变化可表示为

$$\varepsilon_a(y) = \varepsilon_0 + \psi \tag{5-84}$$

式中:ε_0——$y = 0$ 处的应变值;

$\quad\psi$——单元梁段挠曲变形后的曲率。

式(5-83)与式(5-84)的应变之差即图 5-35d 中阴影部分的应变,是由纵向纤维之间的约束产生的,即温度自应变 $\varepsilon_\sigma(y)$,它可表示为

$$\varepsilon_\sigma(y) = \varepsilon_T(y) - \varepsilon_a(y) = \alpha T(y) - (\varepsilon_0 + \psi) \tag{5-85}$$

由此可得任意纤维层的自应力为

$$\sigma_{自}(y) = E\varepsilon_\sigma(y) = E[\alpha T(y) - (\varepsilon_0 + \psi)] \tag{5-86}$$

式(5-86)中的 E 为材料的弹性模量,由于自应力是自平衡状态的应力,因而可以利用截面上应力合力的总和为 0 及对截面中和轴的力矩之和为 0 两个条件求得 ε_0 和 ψ 两个未知量。

由 $\sum N = 0$,有

$$\begin{aligned}
N &= E\int_h \varepsilon_\sigma(y) \cdot b(y)\mathrm{d}y = E\int_h [\alpha T(y) - (\varepsilon_0 + \psi)] \cdot b(y)\mathrm{d}y \\
&= E[\alpha\int_h T(y)b(y)\mathrm{d}y - \varepsilon_0 A - A \cdot y_c \cdot \psi] = 0
\end{aligned} \tag{5-87}$$

由 $\sum M = 0$,有

$$\begin{aligned}
M &= E\int_h \varepsilon_\sigma(y) \cdot b(y)(y - y_c)\mathrm{d}y \\
&= E\int_h [\alpha T(y) - (\varepsilon_0 + \psi)] \cdot b(y)(y - y_c)\mathrm{d}y \\
&= E[\alpha\int_h T(y)b(y)(y - y_c)\mathrm{d}y - \psi I] = 0
\end{aligned} \tag{5-88}$$

其中,

$$\begin{cases}
A = \int_h b(y)\mathrm{d}y \\
I = \int_h b(y)y(y - y_c)\mathrm{d}y \\
y_c = \dfrac{1}{A}\int_h yb(y)\mathrm{d}y
\end{cases} \tag{5-89}$$

联立求解式(5-87)和式(5-88),得到

$$
\begin{cases}
\psi = \dfrac{\alpha}{I}\displaystyle\int_h T(y)b(y)(y-y_c)\mathrm{d}y \\[4mm]
\varepsilon_0 = \dfrac{\alpha}{A}\displaystyle\int_h T(y)b(y)\mathrm{d}y - \psi \cdot y_c
\end{cases}
\tag{5-90}
$$

对于图 5-36 中的各种非线性温度梯度均可应用式(5-90)的一般表达式分段进行积分,求得 ε_0 和 ψ 值,再将其代入式(5-86)中,就可求得各纤维层的温度自应力。下面举一个简单的例子来阐明其应用。

【例 5.7】 T 形截面梁的几何尺寸如图 5-36 所示,试求 T 形截面梁在翼板内受 5 ℃温差影响时,截面的 ε_0 和 ψ 值。

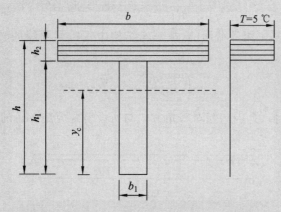

图 5-36 受非线性温度梯度影响的 T 形截面梁

$$
\begin{aligned}
\psi &= \frac{\alpha b_1}{I}\int_0^{h_1} 0 \cdot (y-y_c)\mathrm{d}y + \frac{\alpha b}{I}\int_{h_1}^{h} 5(y-y_c)\mathrm{d}y \\
&= 0 + \frac{5\alpha b}{I}\left(\frac{y^2}{2} - y_c \cdot y\right)\Bigg|_{h_1}^{h} \\
&= \frac{5\alpha A_f}{I}\left(\frac{h+h_1}{2} - y_c\right)
\end{aligned}
\tag{5-91}
$$

$$
\begin{aligned}
\varepsilon_0 &= \frac{\alpha b_1}{A}\int_0^{h_1} 0 \cdot \mathrm{d}y + \frac{\alpha b}{A}\int_{h_1}^{h} 5 \cdot \mathrm{d}y - \psi \cdot y_c \\
&= \frac{5\alpha b}{A} \cdot h_2 - \frac{5\alpha A_f}{I}\left(\frac{h+h_1}{2} - y_c\right) \cdot y_c
\end{aligned}
$$

式中:$A_f = b \cdot h_2$,其余符号同前。

5.7.3 连续梁桥温度次内力计算

1. 等截面连续梁的温度次内力计算

以两跨连续梁为例,取两跨简支梁为基本结构,在中支点切口处的赘余力矩为 M_{1T},如图 5-37 所示,于是可以列出力法方程为

$$\delta_{11}M_{1T}+\Delta_{1T}=0 \tag{5-92}$$

式中：δ_{11}——$\overline{M}_{1T}=1$ 时在赘余力矩方向上引起的相对转角；

Δ_{1T}——因温度变化在赘余力矩方向上引起的相对转角。

Δ_{1T} 的计算步骤如下：

① 按式(5-90)分别计算 AB 跨和 BC 跨简支梁的挠曲线曲率 ψ_1 和 ψ_2，由于该两跨的截面尺寸完全相同，故当不计钢筋影响时，$\psi_1=\psi_2=\psi$，$\psi=\dfrac{1}{\rho}=\dfrac{M}{EI}$，$\rho$ 为曲率半径。

② 分别计算该两跨在各自两个端点切线之间的夹角，即

$$\theta_1=\int_A^B \frac{M}{EI}\mathrm{d}x=\psi\int_A^B \mathrm{d}x=\psi l_1$$

$$\theta_2=\int_B^C \frac{M}{EI}\mathrm{d}x=\psi\int_B^C \mathrm{d}x=\psi l_2$$

③ 由于连续梁是采用等截面的，故基本结构中每跨梁两端的转角对称且相等，各等于 $\theta/2$，于是

$$\Delta_{1T}=-\left(\frac{\theta_1+\theta_2}{2}\right)=-\frac{\psi}{2}(l_1+l_2) \tag{5-93}$$

Δ_{1T} 之所以取负值，是因为相对转角方向与所设赘余力矩 M_{1T} 的方向相反。

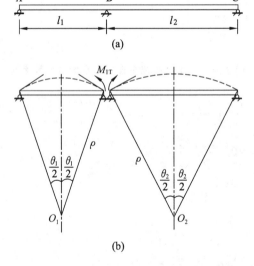

图 5-37 连续梁在非线性温度梯度作用下的挠曲变形

2. 变截面连续梁的温度次内力计算

求两跨变截面连续梁次内力的力法方程同式(5-92)。现在的问题是如何计算其中的常变位 δ_{11} 和载变位 Δ_{1T}。求解的方法有平面杆系有限元法、图解解析法和纽玛克法等。本节仅介绍应用图解解析法的计算步骤。

(1) δ_{11} 的计算步骤(见图 5-38)

① 绘制 $M=1$ 的分布图 $\overline{M}(x)$，如图 5-38b 所示。

② 曲率分布图如图 5-38c 所示。

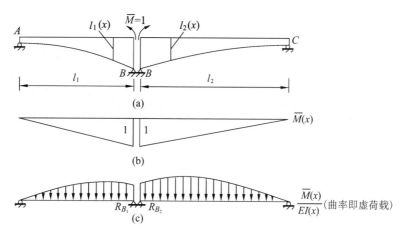

图 5-38　变截面梁 δ_{11} 的计算图式

③ 将曲率作为虚荷载,用总和法计算 B 支点的 R_{B_1} 和 R_{B_2},它们便是在中支点处的端转角。

④ 计算 δ_{11},即

$$\delta_{11}=R_{B_1}+R_{B_2} \tag{5-94}$$

(2)Δ_{1T} 的计算步骤

Δ_{1T} 的计算步骤与 δ_{11} 相似,只需应用式(5-90)分别求全梁若干段截面的 $\psi(x)$ 值来取代图 5-38 中的 $\dfrac{\overline{M}(x)}{EI(x)}$,所得到的 B 支点的反力之和便是 Δ_{1T}。下面将通过一个简单的例子来说明其应用。

【例 5.8】　变高度简支 T 形梁跨长 10 m,截面尺寸如图 5-39 所示,混凝土线膨胀系数 $\alpha=1\times10^{-5}$,非线性温度梯度同例 5.7,即 $T=5$ ℃均匀分布在翼板内,试求该梁在非线性温度梯度作用下两端的转角。

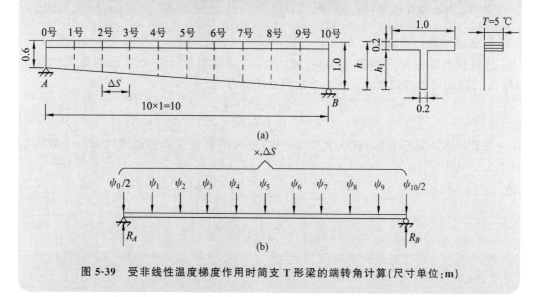

图 5-39　受非线性温度梯度作用时简支 T 形梁的端转角计算(尺寸单位:m)

【解】 计算步骤如下：

① 将全梁等分为 10 段，每段长 $\Delta S = 1$ m，分别计算每个节点截面的几何特性 y_c 和 I（见表 5-5）。

表 5-5　简支 T 形梁的几何特性汇总表

截面序号	h_i/m	y_c/m	$I/10^{-1}\ \mathrm{m}^4$	A/m^2	$\psi_i/10^{51}\ \mathrm{m}^{-1}$
0	0.60	0.41429	0.068762	0.280	12.46470
1	0.64	0.44222	0.083442	0.288	11.71830
2	0.68	0.46973	0.10008	0.296	10.93950
3	0.72	0.49684	0.11878	0.304	10.36880
4	0.76	0.52359	0.13961	0.312	9.77079
5	0.80	0.55000	0.16267	0.320	9.22112
6	0.84	0.57610	0.18804	0.328	8.71623
7	0.88	0.60190	0.21580	0.336	8.25301
8	0.92	0.62744	0.24603	0.344	7.82669
9	0.96	0.65273	0.27881	0.352	7.43409
10	1.00	0.67778	0.31422	0.360	7.07212

② 按式(5-91)计算各截面因温度差产生的曲率 ψ_i。

③ 将 $\psi_i \Delta S$（本例 $\Delta S = 1$ m）值代入图 5-39b 的计算图式中，得

$$\theta_A = R_A = 5.1533 \times 10^{-4}\ \mathrm{rad}, \quad \theta_B = R_B = 4.2484 \times 10^{-4}\ \mathrm{rad}$$

按平面杆系有限元法程序的计算结果为

$$\theta_A = 5.138 \times 10^{-4}\ \mathrm{rad}, \quad \theta_B = 4.251 \times 10^{-4}\ \mathrm{rad}$$

其中，θ_A 为逆时针转动，θ_B 为顺时针转动。

3. 连续梁内的总温度应力

通过解力法方程求得赘余力矩 $M(x)$ 后，可得到全梁各个截面的温度次内力 $M_{次}(x)$，进而可以得到截面上所承受的温度次应力为

$$\sigma_{次} = \frac{M_{次}(x) \cdot y}{I} \tag{5-95}$$

将式(5-95)及式(5-90)代入式(5-86)中，便可得到连续梁总温度应力的一般表达式为

$$\sigma_{总}(y) = E[\alpha T(y) - (\varepsilon_0 + \psi)] + \frac{M_{次}(x)y}{I} \tag{5-96}$$

5.8　悬臂施工时的挠度和预拱度计算

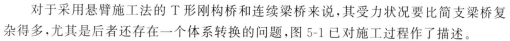

对于采用悬臂施工法的 T 形刚构桥和连续梁桥来说,其受力状况要比简支梁桥复杂得多,尤其是后者还存在一个体系转换的问题,图 5-1 已对施工过程作了描述。

本节主要介绍悬臂施工时主梁挠度的计算要考虑哪些因素,以及如何在悬臂施工中对每个节段设置预拱度,使成桥以后的桥面高程符合设计要求等问题。挠度的具体计算可应用一般结构力学中所介绍的方法以及前面几节所介绍的关于次内力计算的内容。

5.8.1　一期恒载作用下的挠度计算和预拱度设置

悬臂施工中的一期恒载主要包括结构自重和预施预应力两大部分,前者的计算比较容易,后者可应用 5.3 节中的等效荷载法进行计算。

1. 有支架施工的悬臂梁

现以由 4 节段组成的悬臂梁为例,如图 5-40 所示。如果只计结构恒载应设的预拱度,那么每个节点的预拱度 Δ_i 可用下式表示:

$$
\begin{bmatrix}
\Delta_{11} & \Delta_{12} & \Delta_{13} & \Delta_{14} \\
\Delta_{21} & \Delta_{22} & \Delta_{23} & \Delta_{24} \\
\Delta_{31} & \Delta_{32} & \Delta_{33} & \Delta_{34} \\
\Delta_{41} & \Delta_{42} & \Delta_{43} & \Delta_{44}
\end{bmatrix}
\begin{bmatrix} 1 \\ 1 \\ 1 \\ 1 \end{bmatrix}
=
\begin{bmatrix} \Delta_1 \\ \Delta_2 \\ \Delta_3 \\ \Delta_4 \end{bmatrix}
\tag{5-97}
$$

式中：$\Delta_1 \sim \Delta_4$——悬臂梁上 4 个节点在卸架后由结构恒载引起的总变形;

$\Delta_{ij}(i,j=1,2,3,4)$——j 节段自重(G_1,G_2,G_3,G_4)及预应力使 i 节点产生的弹性变形。

2. 悬臂拼装结构

如果图 5-40 中的悬臂梁是由 4 个预制节段用悬臂拼装法逐段拼装而成的,那么由于结构恒载而应设置的预拱度 Δ_i 就应该按式(5-98)计算:

$$
\begin{bmatrix}
\Delta_{11} & \Delta_{12} & \Delta_{13} & \Delta_{14} \\
0 & \Delta_{22} & \Delta_{23} & \Delta_{24} \\
0 & 0 & 0 & \Delta_{34} \\
0 & 0 & 0 & 0
\end{bmatrix}
\begin{bmatrix} 1 \\ 1 \\ 1 \\ 1 \end{bmatrix}
=
\begin{bmatrix} \Delta_1 \\ \Delta_2 \\ \Delta_3 \\ \Delta_4 \end{bmatrix}
\tag{5-98}
$$

悬臂结构是逐段拼装而成的,后节段的恒载会使先拼节段产生弹性变形,而先拼节段已完成了本身恒载的变形,不再对后续节段产生影响,这可用图 5-41 所示的分析加以说明。

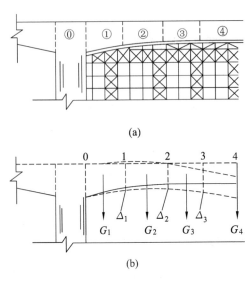

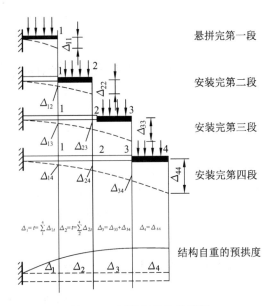

图 5-40　有支架施工的悬臂梁

图 5-41　逐段悬拼的悬臂梁

3. 挂篮施工的悬浇结构

挂篮施工和悬臂拼装工艺的最大差别在于:第一,挂篮在施工过程中固定在先完成的节段上,它的自重也使结构产生变形,但在挂篮拆除后,原来的变形可得到恢复;第二,挂篮设备上伸出的悬臂因浇筑混凝土时结构质量不断增加而产生挠曲变形,从而导致结构发生永久性变形,值得重视的是,在挂篮拆除后,这部分变形无法得到恢复。

(1) 现浇 1 号节段

一般来说,在现浇 1 号节段混凝土时,挂篮设备的自重全部落在墩顶上的 0 号节段上。但是在悬浇过程中,混凝土质量不断增加,使挂篮设备上的伸臂发生弹性变形 δ_{1g},从而使底模板前端的高程同样发生变形,如图 5-42 所示。类似的变形将同样发生在以后各节段的施工中,用 δ_{2g}、δ_{3g} 和 δ_{4g} 表示。因此,计算各节点的预拱度值时均应考虑变形的影响,或通过调整挂篮的吊带来考虑变形的影响。

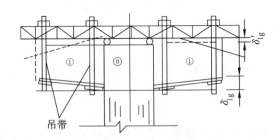

图 5-42　1 号节段浇筑时挂篮变形

(2) 挂篮自重引起的结构变形

现浇 2 号以后节段混凝土时,一般将挂篮设备分拆成两截,分别固定在(或者部分地落在)已完成的悬臂节段上。由于挂篮具有一定的自重,尤其在大跨径桥梁的悬臂施工中,挂篮设备的重心距悬臂梁根部的力臂较大,导致已完成梁段发生变形,从而使待浇段模板下垂,如图 5-43 中的 Δ_{2G} 和 $\Delta_{3G}(\approx\Delta_{2G})$。但是正如前面所说,这种变形将随着挂篮的拆除而得到恢复。因此,在设置预拱度时,应该预先扣除这部分影响。

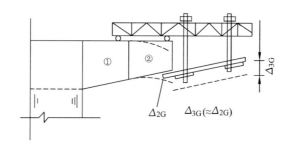

图 5-43　其余节段浇筑时的变形

在弄清上述预拱度设置的原理后,不难理解,当逐段施加预应力时,它对各节点产生的变形值仍可写成与式(5-98)相似的形式,不过它一般向上挠曲,因此应设的预拱度中扣除这部分影响。

5.8.2　设置预拱度应考虑的因素

上面仅讨论了一期恒载对设置预拱度的影响。事实上,当悬臂梁合龙转换成连续体系后,预拱度还受二期恒载、次内力(二次预应力、徐变、收缩及温度影响)和 1/2 汽车活载的影响。为了简化施工,通常将这些影响值的总和作为跨中预拱度的最大值,以两桥墩支点的预拱度为 0,其余各点的预拱度近似地按二次抛物线进行分配。为了对预拱度设置有一个全面的了解,现将悬臂施工的连续梁桥预拱度设置汇总于表 5-6。表中的挂篮伸臂挠曲可通过调整挂篮吊带长度预先消除。

表 5-6　悬臂施工的连续梁桥预拱度设置

阶段	影响因素	预拱度	施工方法		计算方法	预拱度分配
			悬拼	悬浇		
悬臂施工阶段	一期恒载	＋	√	√	按悬臂梁逐段计算	按式(5-98)叠加值
	预施预应力	－	√	√		
	挂篮设备自重	－		√		
	挂篮伸臂挠曲	＋		√		
	收缩徐变	＋	√	√		
合龙后及通车	二期恒载次应力	＋	√	√	按连续梁计算	按二次抛物线比例分配
	二次预应力	±	√	√		
	收缩徐变	＋	√	√		
	1/2 汽车荷载(不计冲击力)	＋	√	√		

注:"√"表示考虑;"＋"表示预拱度向上;"－"表示预拱度向下(或扣除)。

本章小结

1. 不同于简支梁桥,连续梁桥属于超静定结构,结构自重所产生的内力应根据它所采用的施工方法来确定其计算图式。对于连续梁桥,其施工方法主要有以下几种:有支架施工法;逐孔施工法;悬臂施工法;顶推施工法。

2. 超静定结构(连续梁和连续刚构等)因各种强迫变形(例如预应力、徐变、收缩、温度及基础沉降等)而在多余约束处产生的附加内力,统称次内力或二次内力。

3. 按实际荷载作用下的弯矩图线形作为束曲线的线形,便是吻合束的线形,此时外荷载正好被预加力平衡。

4. 预应力等效荷载法计算步骤为:按预应力索曲线的偏心距及预加力绘制梁的初预矩图;按布索形式确定等效荷载值;用力法或有限单元法程序求解连续梁在等效荷载作用下的截面内力,得出总弯矩;最后求截面的次弯矩。

5. 受非线性温度梯度的超静定结构,其总的温度应力将是自应力与由温度次内力产生的次应力之和。

思考题

1. 连续梁桥的施工方法有哪些?与简支梁桥相比,连续梁桥恒载内力计算的特点是什么?

2. 悬臂浇筑施工时连续梁的恒载内力计算有哪些阶段?对各阶段进行阐述。

3. 采用顶推法施工时,连续梁桥恒载内力的受力特点是什么?

4. 等代简支梁法的原理主要有哪些要点?

5. 什么是次内力?

6. 等效荷载法有哪些基本假定?曲线和折线预应力索的等效荷载是什么?

7. 等效荷载法的计算步骤有哪些?

8. 两等跨等截面连续梁索曲线的布置图式如图 5-44 所示,各段索曲线的偏心距方程见表 5-7,端部预加力 $N_y = 1200$ kN,试求中支点 B 截面的总弯矩 $M_总$ 和次力矩 $M_次$。

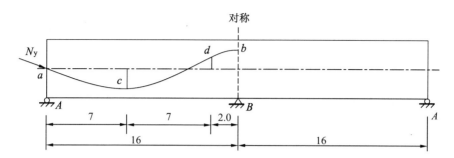

图 5-44　索曲线的布置图式(尺寸单位:m)

表 5-7　半结构索曲线的偏心距方程

分段号	坐标原点	索曲线的偏心距方程 $e_i(x)$
$a \sim d$ 段	a 点	$e_1(x) = 0.006633x^2 - 0.08214x$
$d \sim b$ 段	d 点	$e_2(x) = 0.15 + 0.103584x - 0.0259x^2$

9. 关于徐变系数的基本理论有哪些? 简述各基本理论。

10. 混凝土结构徐变变形计算时一般有哪些基本假定? 换算弹性模量法计算徐变次内力的原理和步骤是什么?

11. 某 T 形截面梁的几何尺寸如图 5-45 所示,梁体材料为 C40 混凝土,弹性模量为 3.25×10^{10} N/m²,试求在翼板内受 10 ℃温度梯度的影响时截面的自应力值。

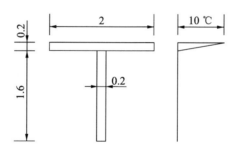

图 5-45　受非线性温度梯度影响的 T 形截面梁(尺寸单位:m)

第6章 拱 桥

　　本章主要介绍拱桥的基本受力特点与主要类型,详细阐述拱桥总体布置,包括确定桥梁长度及分孔、桥梁的设计高程和矢跨比、不等跨连续拱桥的处理方法以及拱轴线的选择等;重点阐述拱桥的构造及内力计算方法。

6.1 概　述

6.1.1 拱桥的基本特点

拱桥是桥梁工程中使用广泛且历史悠久的一种桥梁结构类型。它的造型宏伟壮观,且经久耐用。拱桥与梁桥不仅外形不同,而且两者的受力特点有着本质区别。梁桥在竖向荷载作用下,支承处仅产生竖向支承反力,梁体主要承受弯矩和剪力;而拱桥在竖向荷载作用下,两端支承除了产生竖向反力外,还产生水平推力。正是这个水平推力,使拱体的弯矩大为减小,拱截面主要承受轴向压力,主拱圈是以受压为主的压弯构件。由梁、拱截面所产生的压力可知,梁体中性轴以下截面是受拉区(见图 6-1a),当下缘拉应力达到极限时,中性轴处的应力还很小,横截面上的应力分布极不均匀,导致材料强度不能充分发挥。而拱由于轴向压力的作用使大部分截面处于受压区(见图 6-1b),应力分布较均匀,因此可以充分利用材料的抗压强度。如果拱的轴线选择合理,就能使拱体只承受轴向压力,例如,承受均布荷载的三铰拱。若采用一次抛物线作为拱轴线,则拱体内任意截面的弯矩均等于零。因此,拱式结构可以充分利用主拱截面的材料强度,增大其跨越能力。拱桥不仅可以利用钢、钢筋混凝土等材料来建造,还可以充分利用抗压性能较好而抗拉性能较差的圬工材料(如砖、石料、混凝土等)来修建。用砖、石料、混凝土等圬工材料修建的拱桥称为圬工拱桥。

拱桥的主要优点:① 跨越能力较大;② 抗风稳定性强,结构整体性好;③ 能就地取材,可以充分利用当地的圬工和钢筋混凝土等材料,造价较低;④ 耐久性能好,维修、养护费用低;⑤ 构造较简单,技术容易掌握,有利于广泛应用;⑥ 建筑艺术造型简洁美观,能与周围环境较好地协调。

拱桥的主要缺点:① 自重较大,由于存在水平推力,墩台和地基必须承受拱脚的强大推力作用,增加了下部结构的工程量,并要求有良好的地基条件;② 对连续多孔的大、中桥梁,需要采用较复杂的结构措施或设置单向推力墩,以承受不平衡的推力,相应增加了造价;③ 与梁式桥相比,上承式拱桥的建筑高度较高,在城市及平原地区,为满足桥下净空要求,必须提高桥面高程,以增长两岸接线长度或增大桥面纵坡,使其应用范围受到一定的限制。

我国的拱桥不仅数量众多、桥型丰富,而且保持着石拱桥、钢拱桥、钢筋混凝土拱桥和钢管混凝土拱桥跨径的世界纪录。目前,世界上最大跨径的石拱桥是山西晋城的丹河大桥,主跨 146 m;世界上最大跨径的钢筋混凝土拱桥是重庆的万州长江大桥,主跨420 m;世界上最大跨径的混凝土桁架拱桥是贵州的江界河大桥,主跨 330 m;世界上最大跨径的钢拱桥是上海卢浦大桥,中承式钢箱结构,主跨 550 m。

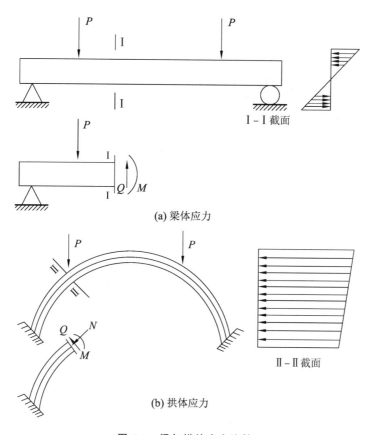

(a) 梁体应力

(b) 拱体应力

图 6-1 梁与拱的应力比较

6.1.2 拱桥的主要组成和主要类型

1. 拱桥的主要组成

拱桥的上部结构和下部结构各主要组成部分的名称如图 6-2 所示。

拱桥的上部结构由主拱圈和拱上建筑组成。主拱圈是拱桥的主要承重结构。桥面与主拱圈之间需要有传力的构件或填充物,以使车辆能在平顺的桥道上行驶。桥面系和这些传力构件或填充物统称为拱上结构或拱上建筑。

拱桥的下部结构由桥墩、桥台及基础等组成,用以支承桥跨结构,将桥跨结构的荷载传至地基。桥台还起到与两岸路堤相连接的作用,使路桥形成一个协调的整体。

拱圈最高处称为拱顶,拱圈和墩台连接处称为拱脚(或起拱面)。拱圈各横向截面(或换算截面)的形心连线称为拱轴线。拱圈的上曲面称为拱背,下曲面称为拱腹。起拱面与拱腹相交的直线称为起拱线。

下面介绍拱桥的几个主要技术名称:

净矢高 f_{h0} ——拱顶截面下缘至起拱线连线的垂直距离,m。

计算矢高 f_h ——拱顶截面形心至相邻两拱脚截面形心之连线的垂直距离,m。

矢跨比 D_0 或 D ——拱圈(或拱肋)的净矢高与净跨径之比,或计算矢高与计算跨径之比,即 $D_0 = f_{h0}/l_0$(l_0 为净跨径)或 $D = f_h/l$(l 为计算跨径)。一般将矢跨比大于

或等于 1/5 的拱称为陡拱,将矢跨比小于 1/5 的拱称为坦拱。

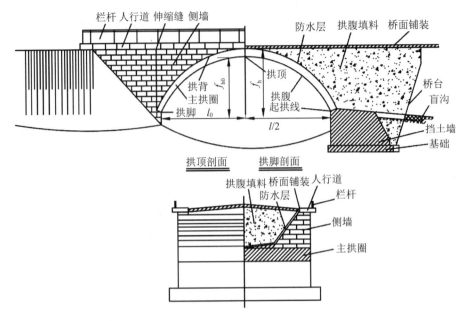

图 6-2　拱桥的主要组成部分

2. 拱桥的主要类型

拱桥的形式多种多样,构造各不相同,可以按照以下几种不同的方式进行分类:

① 按照主拱圈(肋、箱)使用的建筑材料,可分为圬工拱桥、钢筋混凝土拱桥、钢拱桥和钢-混凝土组合拱桥等。

② 按照拱上建筑的形式,可分为实腹式拱桥和空腹式拱桥。

③ 按照主拱圈轴线的形式,可分为圆弧线拱桥、抛物线拱桥和悬链线拱桥。

④ 按照行车道处于主拱圈的不同位置,可分为上承式拱桥、下承式拱桥和中承式拱桥。

⑤ 按照有无水平推力,可分为有推力拱桥和无推力拱桥。

下面按另外两种不同的分类方式对圬工拱桥和钢筋混凝土拱桥的主要类型做一些介绍。

(1)按照结构体系分类

按照主拱圈与行车系之间相互作用的性质和影响程度,拱桥可分为三种类型。

1)简单体系拱桥

简单体系拱桥可以做成上承式、中承式或下承式(无系杆拱)(见图 6-3),均为有推力拱。

在简单体系拱桥中,对于上承式拱桥的拱上建筑或中、下承式拱桥的拱下悬吊结构(统

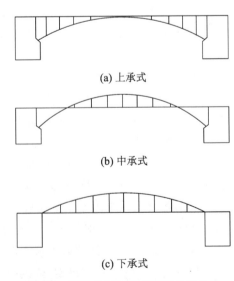

(a) 上承式

(b) 中承式

(c) 下承式

图 6-3　简单体系拱桥按桥面位置分类

称为行车道系结构），一般不考虑它与主拱的联合作用。桥上的全部荷载由主拱单独承受，主拱是桥跨结构的主要承重构件。拱的水平推力直接由墩台或基础承受。

按照主拱的静力体系，简单体系拱桥又可以分成三铰拱、两铰拱和无铰拱三种（见图 6-4）。

| (a) 三铰拱 | (b) 两铰拱 | (c) 无铰拱 |

图 6-4　简单体系拱桥按主拱的静力体系分类

① 三铰拱（见图 6-4a）。

三铰拱属外部静定结构。由温度变化、混凝土收缩、支座沉陷等因素引起的变形不会对拱内产生附加内力，计算时无须考虑体系弹性变形对内力的影响。因此，在软土地基或寒冷地区，需要采用拱式桥梁时，可以选用三铰拱。但铰的存在，不仅会使其构造复杂，施工困难，维护费用增加，而且会降低结构的整体刚度，尤其会减弱抗震能力。同时，拱的挠度曲线在顶铰处有转折，对行车不利，因此，大、中跨径的主拱圈一般不宜采用三铰拱。

② 两铰拱（见图 6-4b）。

两铰拱属外部一次超静定结构。由于取消了拱顶铰，两铰拱结构的整体刚度较三铰拱的要大。由基础位移、温度变化、混凝土收缩和徐变等引起的附加内力对两铰拱的影响比对无铰拱的小，故可在地基条件较差时或坦拱中采用两铰拱。

③ 无铰拱（见图 6-4c）。

无铰拱属外部三次超静定结构。在自重及外荷载作用下，拱内的弯矩分布比两铰拱均匀，材料用量省。由于没有设铰，结构的整体刚度大，构造简单，施工方便，维护费用少，因此在实际中使用最广泛。但由于无铰拱的超静定次数多，温度变化、材料收缩会导致结构变形，特别是墩台位移会在拱内产生较大的附加内力，因此无铰拱一般修建在地基条件良好的地方，这使它的使用范围受到一定限制。不过，随着跨径的增大，附加内力的影响相对减小，因而无铰拱仍是国内外拱桥上采用最多的一种构造形式。

2）组合体系拱桥

组合体系拱桥一般由拱肋、系杆、吊杆（或立柱）、行车道梁（板）及桥面系等组成。拱式组合体系桥将梁和拱两种基本结构组合起来，共同承受桥面荷载和水平推力，充分发挥梁受弯、拱受压的结构特性及其组合作用，达到节省材料的目的。由于桥面系与主拱的组合方式不同，其静力图式也不同。组合体系拱桥一般可划分为无推力的和有推力的两种类型。同样，组合体系拱桥也可做成上承式或下承式。常用的组合体系拱桥有以下几种形式。

① 无推力的组合体系拱。

无推力拱式组合体系桥（也称"系杆拱桥"）是外部静定结构，兼有拱桥的较大跨越能力和简支梁桥对地基的强适应能力两大特点。拱的推力由系杆承受，系杆是一个将两拱脚联系在一起的水平构件，因而墩台不承受水平推力。根据拱肋和系杆（梁）相对

刚度的大小及吊杆的布置形式,无推力的组合体系拱可以分为以下几种类型:具有竖直吊杆的柔性系杆刚性拱,称为系杆拱(见图 6-5a);具有竖直吊杆的刚性系杆柔性拱,称为蓝格尔拱(见图 6-5b);具有竖直吊杆的刚性系杆刚性拱,称为洛泽拱(见图 6-5c)。对于以上三种拱,若用斜吊杆来代替竖直吊杆,则称为尼尔森拱,见图 6-5d~f。

　　② 有推力的组合体系拱桥。

　　有推力的组合体系拱桥没有系杆,由单独的梁和拱共同受力,拱的推力仍由墩台承受。图 6-5g 是刚性梁柔性拱(倒蓝格尔拱);图 6-5h 是刚性梁刚性拱(倒洛泽拱)。

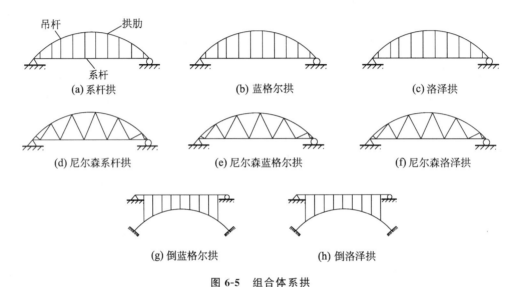

(a) 系杆拱　　　　(b) 蓝格尔拱　　　　(c) 洛泽拱

(d) 尼尔森系杆拱　　(e) 尼尔森蓝格尔拱　　(f) 尼尔森洛泽拱

(g) 倒蓝格尔拱　　　　(h) 倒洛泽拱

图 6-5　组合体系拱

3) 拱片桥

　　上边缘与桥面纵向平行,下边缘是拱形的有推力结构称为拱片,如图 6-6 所示。拱片的行车道系与拱肋刚性连成一个整体,共同承受荷载,故它仅能用于上承式拱桥。拱片的立面可以做成实体拱片,也可以挖空做成桁架式拱片。根据桥梁宽度的不同,拱片桥由两片以上的拱片组成,并用横向联系将各拱片连成整体,行车道板支承在拱片上。拱片桥可以做成无铰、两铰或三铰结构,它的推力均由墩台承受。

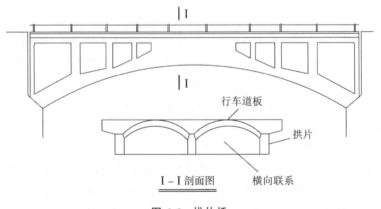

I—I 剖面图

图 6-6　拱片桥

（2）按主拱圈的横截面形式分类

按主拱圈的横截面形式（见图 6-7）的不同，拱桥通常分为下面几种类型。

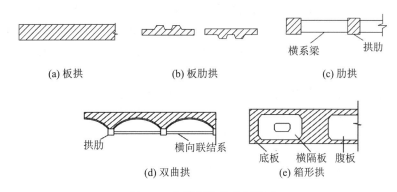

图 6-7　主拱圈的横截面形式

1）板拱桥

主拱圈采用矩形实体截面的拱桥称为板拱桥。板拱桥是最古老的拱桥形式，由于它构造简单，施工方便，至今仍在使用。

在截面面积相同的条件下，实体矩形截面比其他形式截面的抵抗矩小，在有弯矩作用时，其材料的强度没有得到充分利用。要获得与其他形式截面相同的截面抵抗矩，就必须增大板拱截面尺寸，这就相应地增加了材料用量和结构自重，从而增加了下部结构的负荷，这是不经济的。因此，通常只在地基条件较好的中小跨径圬工拱桥中才采用这种形式。

2）板肋拱桥

板肋拱桥的拱圈截面是由板和肋组成的。板肋拱在较薄的拱板上增加几条纵向肋以提高拱圈的抗弯刚度。根据主拱圈弯矩的分布情况，在跨径中部，肋宜布置在下面，而在拱脚区段，将肋布置在上面较为合理。但实际应用时，为了简化模板和钢筋工作，往往沿整个拱跨将肋布置在主拱圈截面的上面或下面。

3）肋拱桥

肋拱桥是在板拱桥的基础上发展形成的，它是将板拱的整块矩形实体截面划分成两条或多条分离的、高度较大的拱肋，肋与肋之间用横系梁相连，这样就可以用较小的截面面积获得较大的截面抵抗矩，从而节省材料，减轻拱桥的自重。肋拱桥的构造比板拱桥复杂，因此多用于大、中跨径的拱桥。

4）双曲拱桥

双曲拱桥的主拱圈横截面由一个或数个横向小拱组成，由于主拱圈的纵向及横向均呈曲线形，故称为双曲拱。双曲拱截面抵抗矩较相同材料用量的实体板拱大，故可节省材料，结构自重轻，吊装质量轻，施工中可采用预制拼装，相比板拱有较大的优越性。双曲拱桥最大跨径可达 150 m，但双曲拱桥存在施工工序多、组合截面整体性较差和易开裂等缺点，一般用于中、小跨径的拱桥。

5）箱形拱桥

这类拱桥外形与板拱相似，将实体的板拱截面挖空成空心箱形截面，则称为箱形拱

或空心板拱。由于截面被挖空,箱形拱的截面抵抗矩较相同材料用量的板拱大很多,从而可大大减小弯矩引起的应力;截面挖空率大,可达全截面的50%～70%,节省材料较多,减轻自重,相应地也减少下部结构的材料用量。对于大跨径拱桥效果则更为显著,由于它是闭口箱形截面,截面抗扭刚度大,横向整体性和结构稳定性均较双曲拱好,故特别适用于无支架施工。但箱形拱桥的施工较复杂,因此,往往用于大跨径拱桥。

6) 钢管混凝土拱桥

钢管混凝土属于钢-混凝土组合结构中的一种,主要用于以受压为主的结构。它一方面借助内填混凝土增强钢管壁的稳定性,另一方面利用钢管对核心混凝土的套箍作用,使核心混凝土处于三向受压状态,从而使其具有更高的抗压强度和抗变形能力。

6.1.3 拱桥的总体布置

在选定了桥位,进行了必要的水文水力计算,掌握了桥址处的地质、地形等资料后,即可进行拱桥的总体布置。总体布置是否合理,考虑问题是否周全,不仅直接影响桥梁的总造价,还直接影响今后桥梁的使用、维护和管理。因此,拱桥的总体布置十分重要。设计的好坏往往就体现在总体布置的优劣上。

拱桥总体布置的主要内容包括:拟定结构体系及结构形式;确定桥梁的长度及分孔、设计高程和矢跨比、不等跨连续拱桥的处理、拱轴线的选择等。

1. 确定桥梁的长度及分孔

通过水文水力计算和技术经济等方面的比较确定两岸桥台之间的总长度后,从纵、平、横三个方面综合考虑桥梁与两端路线的衔接,就可以确定桥台的位置和长度,从而确定桥梁的全长。

在桥梁全长确定后,根据桥址处的地形、地质等情况,并结合选用的结构体系、结构形式和施工条件,可以进一步确定选择单孔拱桥还是多孔拱桥。

如果采用多孔拱桥,如何进行分孔是总体布置中的一个关键问题。若多孔需跨越通航河流,则在确定孔数与跨径时,一般将孔分为通航孔和不通航孔两部分。分孔时,除应满足设计洪水通过的需要外,还应确定一孔或两孔作为通航孔。通航孔跨径和通航净空的大小应满足航道等级规定的要求,并与航道部门协商。通航孔多半布置在常水位时的河床最深处或航行最方便的地方。对于航道可能变迁的河流,必须设置多个通航的桥跨。对于不通航孔或非通航河段,桥孔划分可按经济原则考虑,尽量使桥的上、下部结构的总造价最低。

在分孔时,有时为了避开深水区或不良的地质地段(如软土层、溶洞、岩石破碎带等)可能加大或减小跨径。在水下基础结构复杂、施工困难的地方,为减少基础工程量,可考虑采用较大跨径;对跨越高山峡谷、水流湍急的河道,建造大跨径桥梁更为经济合理。分孔时,还应考虑施工的方便和可能。通常,全桥宜采用等跨或分组等跨的分孔方案,并尽量采用标准跨径,以便于施工和修复,又能改善下部结构的受力和节省材料。此外,分孔时还需注意整座桥的造型和美观。

2. 确定桥梁的设计高程和矢跨比

拱桥的高程主要有4个,即桥面高程、拱顶底面高程、起拱线高程和基础底面高程(见图6-8)。如何合理确定这4个高程,是拱桥总体布置中的另一个重要问题。

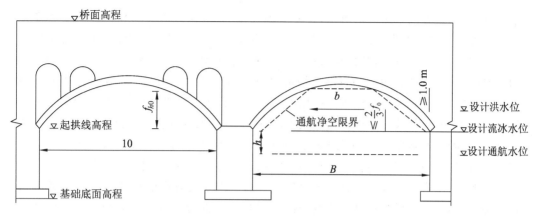

图 6-8　拱桥的主要高程及桥下净空示意图

桥面高程一般由两岸线路的纵断面设计控制。对于跨越平原地区河流的拱桥,其桥面最小高度一般由桥下净空控制,并且还需满足排泄设计洪水流量或不同航道等级所规定的桥下净空界限的要求。

为了保证漂浮物通过,在任何情况下,拱顶底面都应高出设计洪水位 1.0 m。对于有淤积的河床,桥下净空应适当加高。对于通航河流,通航孔的最小桥面高度除应满足以上要求外,还应满足不同航道等级所规定的桥下净空界限的要求。设计通航水位一般是按一定的设计洪水频率进行计算,并与航运部门具体协商决定。

当桥面高程确定后,用桥面高程减去拱顶处的建筑高度(拱顶填料厚度和主拱圈厚度),就可得到拱顶底面高程。

拟定起拱线高程时,为了减小墩台基础底面的弯矩,减少墩台的圬工数量,一般宜选择低拱脚的设计方案。但对于有铰拱桥,拱脚需高出设计洪水位 0.25 m。为了防止冰害,对有铰或无铰拱,拱脚均应高出最高流冰面 0.25 m。当洪水带有大量漂浮物时,若拱上建筑采用立柱,宜提高起拱线高程,使主拱圈不被过多淹没,以防漂浮物撞击立柱或挂留。有时为了美观,应避免就地起拱,而应使墩台露出地面一定的高度。

3. 不等跨连续拱桥的处理

多孔连续拱桥最好选用等跨或分组等跨的分孔方案。在受地形、地质、通航等条件的限制,或引桥很长,考虑与桥面纵坡协调一致时,或对桥梁的美观有特殊要求时,可以考虑采用不等跨的分孔方案。

不等跨拱桥,由于相邻孔的永久作用推力不相等,桥墩和基础增加了永久作用的不平衡推力。在采用柔性墩的多孔连续拱桥中,还需考虑由自重引起的不平衡推力所产生的连拱作用,它使计算和拱桥构造变得复杂。为了减小这个不平衡推力,改善桥墩、基础的受力状况,节省材料和造价,可以采用如下措施:① 采用不同的矢跨比;② 采用不同的拱脚高程;③ 调整拱上建筑的自重;④ 采用不同类型的拱跨结构。

4. 拱轴线的选择

拱轴线的选择原则,就是要尽可能减小因荷载作用而产生的拱圈内弯矩的数值。最理想的拱轴线是与拱上各种荷载作用下的压力线相吻合,这时拱圈截面只受轴向压力,而无弯矩作用,从而能充分利用圬工材料的抗压性能。但事实上是不可能获得这样

的拱轴线的,因为拱圈除了自重外,还要受到汽车、人群荷载等可变作用以及温度变化和材料收缩等因素的影响。尽管在永久作用下压力线与拱轴线吻合,但在可变作用下却不再吻合。公路拱桥的结构重力占全部作用的比重较大,如一座跨径为 30 m 的双车道公路拱桥,其可变作用大约只是结构重力的 20%,随着跨径的增大,结构重力所占的比重还将增大。因此,以结构重力作用下的压力线作为设计拱轴线,可以认为基本上是适宜的。但是,即使仅在结构重力作用下,拱圈本身的轴线也会因材料的弹性压缩而变形,致使拱圈的实际压力线与原来设计所采用的拱轴线发生偏离。因此,在设计拱桥时,想要选择一条能够使结构重力作用下的截面弯矩都为零的拱轴线是不可能的。

一般而言,拱桥设计中所选择的拱轴线应满足以下几方面的要求:① 尽量减小拱圈截面的弯矩,使主拱圈在计入弹性压缩、均匀温降、混凝土收缩等影响时各主要截面的应力相差不大,且最大限度减小截面的拉应力,最好是不出现拉应力;② 对于无支架施工的拱桥,应能满足各施工阶段的要求,并尽可能少用或不用临时性施工措施;③ 线型美观,便于施工。

6.2　拱桥的构造

6.2.1　上承式拱桥的构造

上承式拱桥可分为两大类:一类是普通型上承式拱桥,这类拱桥由主拱(圈)、拱上传载构件、桥面系等组成,主拱(圈)是主要承重结构;另一类是整体型上承式拱桥,这类拱桥由主拱片(指由拱圈与拱上传载构件组成的整体结构)和桥面系组成,主拱片是主要承重结构。

1.普通型上承式拱桥

上承式拱桥根据主拱圈的横截面形式可分为板拱、肋拱、箱形拱、双曲拱 4 种。

(1)板拱

拱桥的主拱圈采用整体实心矩形截面时,称为板拱。按建筑材料划分,板拱又可分为石板拱、混凝土板拱和钢筋混凝土板拱等。

1)石板拱

砌筑石板拱主拱圈的石料主要有料石、块石和砖石等,用粗料石砌筑拱圈时,拱石需要随拱轴线和截面形式的不同而分别进行编号,以便于加工。等截面圆弧拱的拱石规格少,编号简单(见图 6-9);变截面圆弧拱圈的拱石规格较多,编号较复杂,施工不便(见图 6-10)。有的石拱桥也采用等截面或变截面的悬链线作为拱抽线,这时,拱石的编号更为复杂。因此,目前大多采用等截面拱桥。

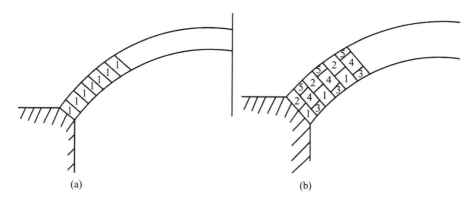

(a)   (b)

图 6-9　等截面圆弧拱的拱石编号

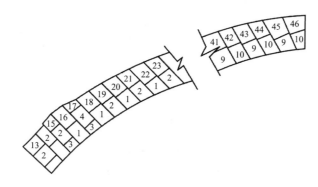

图 6-10　变截面圆弧拱圈的拱石编号

2）混凝土板拱

素混凝土板拱主要用于缺乏合格天然石料的地区，可以采用整体现浇，也可以预制砌筑。整体现浇混凝土拱圈，拱内收缩应力大，受力不利；同时，拱架、模板木材用量大，工期长，质量不易控制，故较少采用。预制砌筑就是将混凝土板拱划分成若干块件，然后预制混凝土块件，最后将块件砌筑成拱。预制砌块在砌筑前应有足够的养生期，以消除或减少混凝土收缩的影响。

较之于素混凝土板拱，钢筋混凝土板拱可以设计成较小厚度，其构造简单、外表整齐、轻巧美观，钢筋混凝土板拱的横截面如图 6-11 所示。根据桥宽需要，钢筋混凝土板拱的拱圈可做成单条整体拱圈或多条平行板（肋）拱圈，施工时可反复利用一套较窄的拱架与模板来完成，大大节省材料。

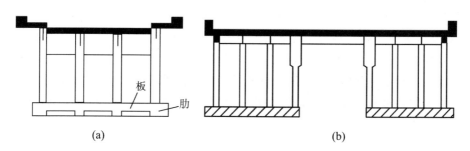

(a)   (b)

图 6-11　钢筋混凝土板拱的横截面

钢筋混凝土等截面板拱的拱圈高度可按跨径的 1/70～1/60 初拟,跨径大时取小者。

(2) 肋拱

肋拱桥由两条或多条分离的拱肋、横系梁、立柱和由横梁支承的行车道组成,如图 6-12 所示。

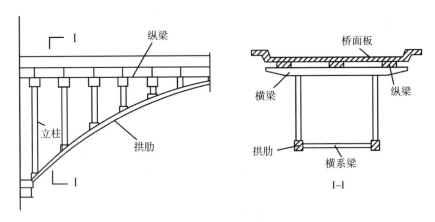

图 6-12　肋拱桥的立面布置

拱肋是主要承重结构,可由混凝土、钢筋混凝土、钢管混凝土、劲性骨架混凝土做成。拱肋的数量和间距以及截面形式主要从桥梁宽度、肋形、材料性能、荷载等级、施工条件、拱上结构等各方面综合考虑决定。为了简化构造,一般在吊装能力满足要求的情况下,宜采用少肋形式。通常,当桥宽不超过 20 m 时,均可考虑采用双肋式;当桥宽超过 20 m 时,宜采用分离的双幅双肋拱,以避免由于肋中距增大而使肋间横系梁、拱上结构横向跨径与尺寸增大太多。上、下游拱肋最外缘的间距一般不宜小于跨径的 1/20,以保证肋拱的横向整体稳定性。

拱肋的截面形式分为实体矩形、工字形、管形、箱形和劲性骨架混凝土箱形等。矩形截面构造简单、施工方便,一般仅用于中小跨径的肋拱。肋高可取跨径的 1/60～1/40,肋宽可为肋高的 0.5～2.0 倍。工字形截面常用于大、中跨径的肋拱桥,肋高一般为跨径的 1/35～1/25,肋宽为肋高的 0.4～0.5 倍,腹板厚度常为 30～50 cm。管形肋拱是指采用钢管混凝土结构作为拱肋的拱桥,其肋高与跨径之比常在 1/65～1/45 之间。当肋拱桥的跨径大、桥面宽时,拱肋还可采用箱形截面,这样可减少更多的圬工体积。

箱形肋拱由双肋或多肋组成,肋间设置横系梁使之形成整体。

箱形肋拱的拱肋尺寸根据受力需要确定,初拟时一般肋高取为跨径的 1/70～1/50,肋宽取为肋高的 1.0～2.0 倍。箱形肋之间的横系梁除具有增强肋拱横向整体稳定性的作用外,还可起到横向分布荷载的作用,但要求具有足够的强度和刚度,并与拱肋固结。肋间横系梁常用钢筋混凝土材料,目前有三种断面类型,如图 6-13 所示。

箱形肋拱通常采用等截面形式,以方便施工。对于特大跨径的箱形肋拱,也可采用受力更为合理的变截面形式。

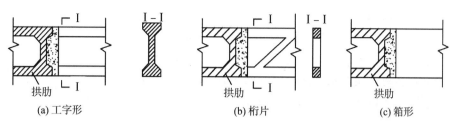

图 6-13　箱肋拱横系梁

（3）箱形拱

主拱圈截面由多室箱构成的拱称为箱形拱，如图 6-14 所示。

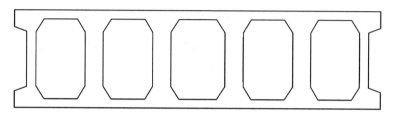

图 6-14　箱形拱主拱圈截面示意图

箱形拱的主要特点：

① 截面挖空率大，挖空率可达全截面的 $50\%\sim60\%$，与板拱相比，可节省大量施工成本，减轻桥体重量。

② 箱形截面的中性轴大致居中，抵抗正、负弯矩的能力几乎同等，能较好地适应主拱圈各截面正、负弯矩变化的需要。

③ 由于是闭合空心截面，抗弯和抗扭刚度大，拱圈的整体性好，应力分布较均匀。

④ 单条箱肋刚度较大，稳定性较好，能单箱肋成拱，便于无支架吊装。

⑤ 制作要求较高，吊装设备较多，主要用于大跨径拱桥。

箱形拱的拱圈可以由一个闭合箱（单室箱）或由几个闭合箱（多室箱）组成，每个闭合箱又由箱壁（侧板）、顶板（盖板）、底板及横隔板组成（见图 6-15）。

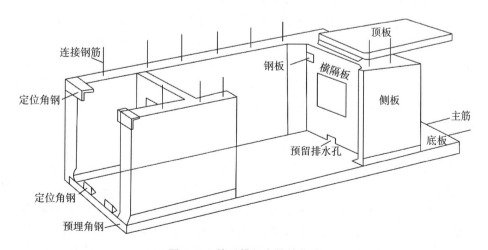

图 6-15　箱形拱闭合箱的构造

箱形拱截面的组成方式有以下几种：

① 由多条 U 形肋组成的多室箱形截面(见图 6-16a)。

② 由多条工字形肋组成的多室箱形截面(见图 6-16b)。

③ 由多条闭合箱肋组成的多室箱形截面(见图 6-16c)。

④ 整体式单箱多室截面(见图 6-16d)。

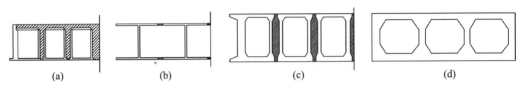

| (a) | (b) | (c) | (d) |

图 6-16 箱形拱截面的组成方式

待拟定的箱形拱截面尺寸主要包括拱圈的高度、宽度，箱肋的宽度，以及顶底板及腹板尺寸。

拱圈的高度主要取决于拱的跨径，还与拱圈所用混凝土的强度有很大的关系。初拟拱圈的高度时，可取跨径的 $1/75 \sim 1/55$，或者按如下经验公式估算：

$$h = \frac{l_0}{100} + \Delta \tag{6-1}$$

式中：h——拱圈高度，m；

Δ——经验误差，箱形拱为 0.6~0.7 m，箱肋拱为 0.8~1.0 m。

提高混凝土的强度可以减小截面尺寸，从而减轻拱体本身的自重或加大跨径。目前，拱桥常用 C40~C50 混凝土，对特大跨径拱桥应尽量采用强度等级更高的混凝土。

拟定拱圈的宽度时，可考虑采用悬挑桥面，减小拱圈宽度，即采用窄拱圈形式。拱圈宽度一般可为桥宽的 1.0~0.6 倍，桥面悬挑可达到 4.0 m，但为保证其横向稳定性，一般要求拱圈宽度不小于跨径的 1/20，但特大跨径桥的拱圈宽度常难以满足该条件，只要桥的横向稳定性能得到保证即可。

箱肋是组成预制吊装施工的箱形拱桥的基本构件。拱圈宽度确定后，根据缆索吊装能力，在横向划分为几个箱肋，即可确定箱肋的宽度。

箱形拱的构造与施工方法有密切的联系。修建箱形拱，可以采用预制拱箱无支架吊装或有支架现场浇筑等施工方法。若采用无支架施工，拱箱可分段预制，当吊装能力很大时，可以采用封闭式拱箱，这样可以增加拱箱在施工过程中的整体稳定性，减少施工步骤。其具体过程为：在横向将拱截面划分为多条箱形肋，在纵向将箱形肋分段，先预制各箱肋段，然后将各箱肋段安装成拱，最后现浇各箱肋间的填缝混凝土形成箱形拱。

(4) 双曲拱

双曲拱桥的主拱圈通常由拱肋、拱波、拱板和横向联系等部分组成，如图 6-17 所示。双曲拱桥的主要特点是将主拱圈以"化整为零"的方法按先后顺序进行施工，再以"集零为整"的组合式整体结构承重。施工时，先将拱圈划分成拱肋、拱波、拱板及横向联系四部分，并预制拱肋、拱波和横向联系，即"化整为零"；然后吊装钢筋混凝土拱肋成拱并与横向联系构件组成拱形框架，在拱肋间安装拱波，随后浇筑拱板混凝土，形成主拱圈,即"集零为整"。双曲拱桥是我国于 20 世纪 70 年代提出的,当时的主要目的是减轻吊装重量。

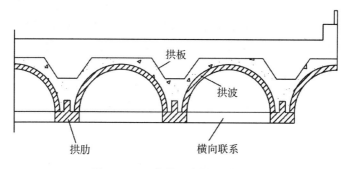

图 6-17 双曲拱桥主拱圈横断面

　　根据桥梁的跨径、宽度、设计荷载的大小,以及材料类型和施工工艺等的不同,双曲拱桥的主拱圈截面可以采用不同的形式(见图 6-18)。双曲拱桥主拱圈采用最多的截面形式是多肋多波(见图 6-18a～c)。一般来说,肋间距不宜过小,以免限制拱波的矢高,减小拱圈的截面刚度,但同时肋间距受吊装机械的控制又不宜过大,以免拱肋数量少而过分加大拱肋截面尺寸,增加吊装重量,给施工带来不便。小跨径的双曲拱桥可采用单波的截面形式(见图 6-18d)。

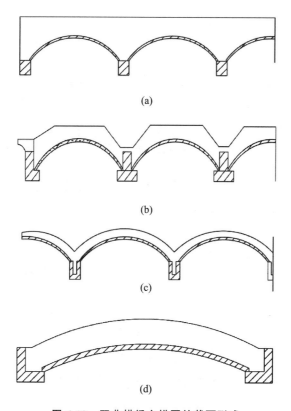

图 6-18 双曲拱桥主拱圈的截面形式

拱肋是双曲拱桥主拱圈的骨架,它不仅与拱圈共同承受全部恒载和活载,对主拱圈质量也有重大影响,而且在施工过程中又起砌筑拱波和浇筑拱板的支架作用。当拱波、拱板完成后,拱肋成为主拱圈的重要组成部分。因此,拱肋的设计,必须保证其具有足够的强度和刚度。特别是采用无支架施工的双曲拱,除应满足吊装阶段的强度和纵横向稳定性要求以外,还需满足截面在组合过程中各阶段荷载作用下的强度要求。

常用的拱肋截面形式有矩形、倒 T 形(凸形)、槽形、U 形和工字形等(见图 6-19)。一般根据跨径大小、受力性能、施工难易等条件综合选择合理的截面形式,所选拱肋截面应有利于增强主拱圈的整体性,制作简单且能保证施工安全。

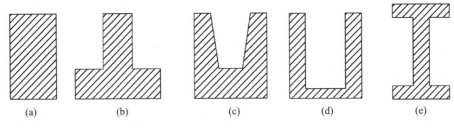

图 6-19　拱肋的截面形式

拱肋一般为钢筋混凝土构件,常采用预制安装的方法施工。预制的拱肋,如果长度太长,不便于预制、运输和吊装,则常常分成几段。分段数目和长度应根据桥梁跨径大小、运输设备和吊装能力等条件来确定。由于拱顶往往是受力最不利的截面,因此拱肋分段时其

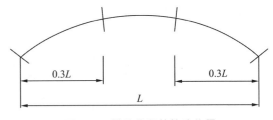

图 6-20　拱肋分段的接头位置

接头不宜布置在拱顶。接头宜设置在拱肋自重作用下弯矩最小的地方,一般在跨径的 0.3 倍处附近。这样,拱肋一般可分为 3 段(见图 6-20)。当跨径超过 80 m 时,可以分为 5 段。

拱波一般都用混凝土预制,常做成圆弧形,矢跨比一般为 1/5～1/3,单波的矢跨比为 1/6～1/3。拱波跨径由拱肋间距确定,以 1.3～2.0 m 为宜,单波截面以 3～5 m 为宜。拱波厚一般为 6～8 cm,拱波的宽度为 0.3～0.5 m。拱波不仅是参与主拱圈共同承受荷载的组成部分,而且在浇筑拱板混凝土时起模板的作用。

拱板在拱圈截面的占比最大,现浇混凝土拱板又将拱肋、拱波连成整体,使拱圈能实现“集零为整”。因此,拱板在加强拱圈整体性方面起着重要的作用。

双曲拱桥主拱圈截面高度一般为跨径的 1/55～1/40,跨径大者取小值。

为使拱肋的变形在横桥方向均匀,避免拱顶出现纵向裂缝,需在拱肋间设置横向联系。常用的横向联系形式有横系梁和横隔板,通常布置在拱顶、腹孔墩下面、分段吊装的拱肋接头处等,间距一般为 3～5 m,在拱顶部分间距可适当加密。

2. 整体型上承式拱桥

整体型上承式拱桥包括桁架拱桥和刚架拱桥。这些桥型进一步减轻了拱桥自重,增强了桥梁结构的整体性,充分发挥了装配式结构工业化程度高、施工进度快等优点,

扩大了拱桥的使用范围。

（1）桁架拱桥

桁架拱桥又称拱形桁架桥。桁架拱桥是一种有水平推力的桁架结构，其上部结构由桁架拱片、横向联系和桥面组成。桁架拱片是主要承重结构，由上、下弦杆，腹杆和实腹段组成。

1）结构形式

根据构造的不同，桁架拱桥的形式可以分为斜（腹）杆式、竖（腹）杆式、桁肋式和组合式四种。

① 斜（腹）杆式

斜（腹）杆式桁架拱桥如图 6-21 所示。三角形腹杆的桁架拱片，腹杆根数少，杆件的总长度最短，因此腹杆用料省，整体刚度较大。

图 6-21　斜（腹）杆式

② 竖（腹）杆式

竖（腹）杆式桁架拱片（见图 6-22）外形美观，节点构造简单，施工较方便，但整体刚度较小，竖杆与上、下弦杆连接的节点处易开裂，故适用于荷载小、跨径较小的桥梁。

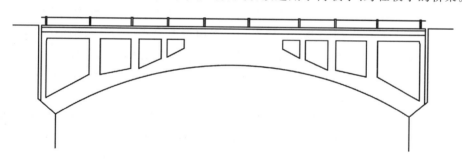

图 6-22　竖（腹）杆式

③ 桁肋式

桁肋式拱桥（见图 6-23）实质上为普通型上承式拱桥，仅是将主拱圈改为桁架结构。桁肋自重轻，吊装方便，适宜于无支架施工。但由于桁架在拱脚处固结，由基础变位、温度变化和混凝土收缩徐变引起的附加内力较大，拱脚上弦杆易开裂。

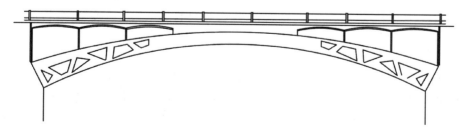

图 6-23　桁肋式

④ 组合式

桁式组合拱与前面三种桁架拱的主要区别在于上弦杆断点位置不同。普通桁架拱的上弦杆简支于墩(台)上,上弦杆在墩(台)之间没有断缝(即断点),而桁式组合拱上弦杆却在墩(台)顶部至拱顶之间适当位置断开,形成一条断缝(即断点),从断点至墩(台)顶部形成一个悬臂桁架[与墩(台)固结],跨间两断点之间为一普通桁架拱,全桥下弦杆保持连续,如图 6-24 所示。桁式组合拱常用于 100 m 以上的特大型预应力混凝土拱桥,设断缝对减小由日照温差引起的附加内力有好处。

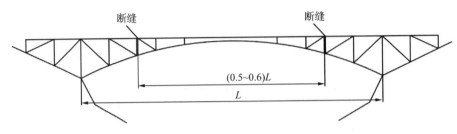

图 6-24　组合式

2) 结构特点

作为主要承重结构的桁架拱片在施工期间单独受力,在竣工后与桥面板共同受力。其中下弦杆为拱形,上弦杆一般与桥道结构组合成一整体而共同工作。在跨中部分,因上、下弦杆很靠近而做成实腹段。桁架拱在荷载作用下具有水平推力,使跨中实腹段在恒载作用下弯矩减小,主要承受轴向压力,在活载作用下承受弯矩,成为偏心受压构件,即具有拱的受力特点。同时,由于它相当于把普通型上承式拱的传载构件(拱上结构)与拱肋连成整体,拱与拱上结构共同受力,相当于加大了拱圈高度,各杆件又主要承受轴力,因此又具有桁架的受力特点。由于桁架拱兼备了桁架和拱式结构的有利因素,因此能充分发挥材料的受力性能。

由于桁架拱外部通常采用两铰结构,因此基础位移、温度变化等产生的附加内力较小,适用于软弱地基。钢筋混凝土普通桁架拱的应用范围以 20～50 m 的中等跨径为宜。

3) 结构构造

① 桁架拱片

从结构布置来看,上弦杆和实腹段构成桁架拱片的上边缘,上弦杆轴线平行于桥面,考虑到桥面板参与受力,上弦杆和实腹段轴线应是包括桥面板在内的截面重心的连线。下弦杆相当于桁架拱的拱肋。桁架拱为有推力体系,腹杆内力与桁架拱下弦杆轴线有关,下弦杆的轴线可以采用圆弧线、二次抛物线和悬链线等。通常,结构自重压力线越接近下弦轴线,腹杆内力越小。

a. 桁架段

桁架拱片中下弦杆为主要受压构件,应有足够的截面面积,下弦杆多用矩形截面,其高度可为净跨径的 1/100～1/80。桁架拱片宽度取 25～50 cm,可以是等截面,也可以是变截面。上弦杆的截面形式与桥面板构造有关。当采用空心板时,上、下弦可采用矩形截面;当采用微弯板时,则需采用凸形(边肋为 L 形)截面。腹杆常用矩形截面,高度一般为下弦杆高度的 1/2～2/3,对受压腹杆宜用工字形截面。

b. 实腹段

实腹段长度与拱底曲线有关。陡拱时,实腹段则短;坦拱时,实腹段则长。在确定其长度时还应考虑实腹段与桁架段之间强度与刚度的差别、外观上的协调,以及要便于施工的要求。通常,实腹段长度取计算跨径的 0.3～0.5 倍。实腹段跨中截面高度(包括桥面板在内)与跨径、矢跨比、拱片数(或间距)等有关,初拟时可取为净跨径的 1/50～1/40。

c. 节间大小

桁架拱片的节间大小与上弦杆的局部受力有关。节间大,节点就少,结构简化,但上弦杆需增大截面和自重,所以节间长度一般不大于计算跨径的 1/12～1/8。对于斜杆式桁架拱,还应使其与上弦杆的夹角为 30°～50°,以避免产生过大的内力和变形,这就要求节间长度自端部向拱顶递减。

d. 节点

桁架拱片杆件的节点是一个很重要的部位,其构造和形式随拱跨大小、腹杆布置方式等不同而有所不同。节点应保证足够的强度并符合构造要求。桁架拱片各杆件的轴线应于节点处相交,以免产生附加弯矩;相邻杆件外缘交角应以圆弧或曲线过渡,过渡段内不得出现锐角与直角,避免应力集中。

e. 片数及间距

桁架拱片的片数及间距与桥宽、跨径、荷载、材料、施工以及桥面板构造有关。一般来说,片数越多,材料越多,桥面板跨径越小。反之,桁片用材减少,桥面板跨径增大。在跨径较大时,使用的拱片片数少较为经济,不仅外形美观,而且可减少预制安装工程量,但需考虑桥面板的跨越能力。采用微弯板桥面时,双车道可使用 3～4 片拱片;采用空心板桥面时,则可使用 2～3 片拱片。

f. 矢跨比

与一般拱桥相同,矢跨比也是桁架拱片需要确定的重要因素。桁架拱片的矢跨比应从桥址情况、桥下净空、桥面高程、构造形式、受力与施工诸方面综合考虑确定。当矢跨比小时,立面外形轻巧美观,腹杆较短,刚度大,吊装重量轻,节省材料。但矢跨比越小,水平推力就越大,造成墩台的负担增大。当矢跨比大时,则情况相反。一般其净矢跨比在 1/10～1/6 之间选用。

② 横向联系

为把桁架拱片连成整体,使之共同受力,并保证其横向稳定,需在桁架拱片之间设置横向联系。根据设置部位不同,横向联系分为横系梁、横拉杆、横隔板和剪刀撑等。

横系梁和横拉杆分别设置在上、下弦杆节点处,拱顶实腹段每隔 3～5 m 也应设置横系梁。横拉杆常用矩形截面,高度与上弦杆根部(翼缘)相同,宽为 12～20 cm。横系梁也用矩形截面,高度同下弦杆,并不小于其长度的 1/15,宽 12～20 cm。横隔板一般设在实腹段与桁架部分连接处及跨中,它在高度方向直抵桥面板,与横系梁同厚度。横桥向的剪刀撑一般设在 1/4 跨径附近的上、下节点之间及跨径端部,剪刀撑杆件常用边长为 10～18 cm 的正方形截面。

③ 桥面

桁架拱桥桥面板既承受局部荷载,又与桁架拱片形成整体共同受力。桥面的结构形式很多,有横向微弯板、纵向微弯板和预应力混凝土空心板等。

④ 桁架拱片与墩台的连接

桁架拱片与墩台的连接形式包括上、下弦杆与墩(台)的连接和多孔桁架拱桥桥跨之间的连接。连接构造随上、下部结构的形式,施工方法,美观要求等而异。下弦杆与墩(台)的连接一般是在墩(台)帽上预留深 10 cm 左右(或与肋高相同)的槽孔,插入下弦杆并封以砂浆。在跨径较大时,由于墩(台)位移等原因,往往造成支承面局部承压,引起反力偏心和结构内力变化,故宜采用较完善的铰接。桁架拱片上部在墩台处的连接及多跨拱间的连接形式分为悬臂式(见图 6-25a、b)、过梁式(见图 6-25c、d)和伸入式(见图 6-25e、f)三种,一般以受力明确的过梁式为好。桁架拱上部与桥台的连接形式分为过梁式和伸入式两种。

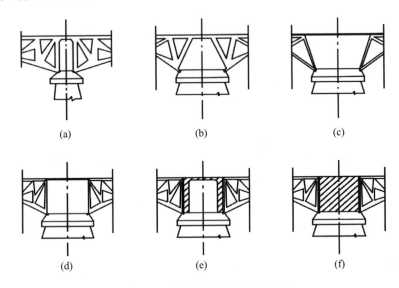

(a)　　　　　　　　(b)　　　　　　　　(c)

(d)　　　　　　　　(e)　　　　　　　　(f)

图 6-25　桁架拱片与墩台的连接形式

(2)刚架拱桥

刚架拱桥的上部结构由刚架拱片、横向联系和桥面等部分组成(见图 6-26)。

拱片是刚架拱桥的主要承重结构,一般由跨中实腹段的主梁、空腹段的次梁、主拱腿(主斜撑)、次拱腿(次斜撑)等构成,与桥面板一起形成刚架拱的主拱片。主梁和主拱腿的交接处称为主节点,次梁和次拱腿的交接处称为次节点。节点构造一般均按固结设计。

主梁和主拱腿构成的拱形结构的几何形状是否合理,对全桥结构的受力有显著影响,其设计原则是在恒载作用下弯矩最小。主梁和次梁的梁肋上缘线一般与桥面纵向平行,主梁下边缘线一般采用二次抛物线、圆弧线或悬链线,使主梁成为变截面构件。主拱腿可根据跨径大小和施工方法等的不同设计成等截面直杆或微曲杆,有时为了美观,也可采用与主梁同一曲线的弧形杆,但需注意其受压稳定性。

横向联系的作用是将刚架拱片连成整体共同受力,并保证其横向稳定。

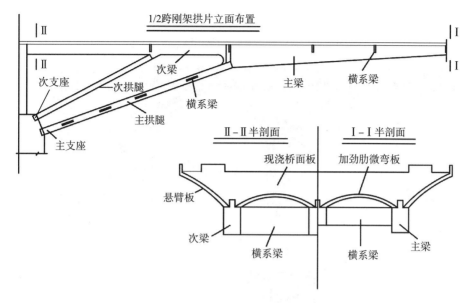

图 6-26　刚架拱桥的主要组成部分

刚架拱片可以采用现浇或预制安装的方法施工,应根据运输条件和安装能力具体确定,目前多采用预制安装方法。为了减轻吊装重量,可将主梁和次梁、斜撑等分别预制,用现浇混凝土接头进行连接。当跨径较大时,次梁还可分段预制。

刚架拱桥属于有推力的高次超静定结构,具有构件少、重量轻、整体性好、刚度大、施工简便、造价低、造型美观等优点,可在软土地基上修建,被广泛用于跨径为 25～70 m 的桥梁。

3. 拱上建筑构造

拱上建筑是拱桥的一部分,按照采用的构造方式不同,拱上建筑可分为实腹式和空腹式两种。

(1)实腹式拱上建筑

实腹式拱上建筑构造简单,施工方便,填料数量较多,恒载较重,所以一般用于小跨径的拱桥。实腹式拱上建筑由拱腹填料、侧墙、护拱、变形缝、防水层、泄水管以及桥面系组成(见图 6-27)。

拱腹填料分为填充式和砌筑式两种。填充式拱腹填料应尽量做到就地取材,通常采用透水性好、土侧压力小的砾石、碎石、粗砂或卵石类黏土等材料,分层夯实,还可采用其他轻质材料,如炉渣与黏土的混合物、陶粒混凝土等,以减小拱上建筑质量,使其适用于地质条件较差的地区。砌筑式拱腹填料是在散粒料不易取得时采用的一种干砌圬工方式。侧墙用以围护拱腹上的散粒填料,设置在拱圈两侧,通常采用浆砌块、片石,若有特殊的美观要求,可用料石镶面。对于混凝土或钢筋混凝土板拱也可用钢筋混凝土护壁式侧墙。这种侧墙可以与主拱浇筑为一体。侧墙一般要求承受填料土侧压力和车辆作用下的土侧压力,故按挡土墙进行设计。对于浆砌圬工侧墙,顶面厚度一般为50～70 cm,向下逐渐增厚,墙脚厚度取用该处墙高的 0.4 倍。护拱设于拱脚段,以便加强拱脚段的拱圈,同时便于在多孔拱桥上设置防水层和泄水管,通常采用浆砌块、片石结构。

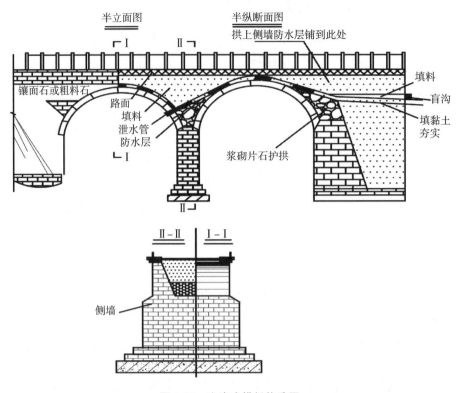

图 6-27　实腹式拱桥构造图

（2）空腹式拱上建筑

大、中跨径的拱桥，特别是当矢高较大时，应以空腹式拱上建筑为宜。空腹式拱上建筑除具有与实腹式拱上建筑相同的构造外，还具有腹孔和腹孔墩。

根据腹孔构造的不同，空腹式拱上建筑可分为拱式拱上建筑和梁式拱上建筑。

1）拱式拱上建筑

拱式拱上建筑构造简单，外形美观，但质量较大，一般用于圬工拱桥，如图 6-28 所示。腹孔的形式和跨径的选择要既能减小拱上建筑的质量，又不致因荷载过分集中于腹孔墩处对主拱圈受力状况造成不利影响，同时还要使拱桥外形协调美观。

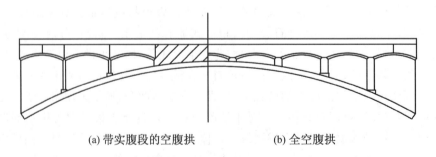

(a) 带实腹段的空腹拱　　　　　(b) 全空腹拱

图 6-28　拱式拱上建筑

腹拱圈一般采用矢跨比为 1/5～1/2 的弧线板式结构，或矢跨比为 1/12～1/10 的微弯。腹拱圈的厚度与它的构造形式有关，当跨径小于 4 m 时，石板拱为30 cm，混凝土板拱为 15 cm,微弯板为 14 cm(其中预制 6 cm,现浇 8 cm);当跨径大于 4 m 时,腹拱圈厚度则可按板拱厚度经验公式拟定或参考已成桥的资料确定。腹拱的拱腹填料与实腹拱相同。

紧靠桥墩(台)的第一个腹拱,目前常用的有两种做法:一种是将腹拱的拱脚直接支承在墩(台)上(见图 6-29a、b);另一种是跨越桥墩,使桥墩两侧的腹拱圈相连(见图 6-29c)。由于拱圈受力后变形较大,而墩台变形较小,容易造成第一个腹拱因拱脚变位而开裂,因此靠近墩台的第一个腹拱应做成三铰拱。

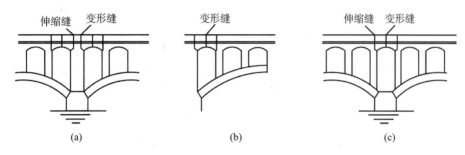

图 6-29　桥墩上腹拱的布置方式

2) 梁式腹孔拱上建筑

梁式腹孔拱上建筑可减小拱上建筑质量,减小拱轴系数(使拱上建筑的恒载分布接近于均布荷载),改善拱圈在施工过程中的受力状况,以获得更好的经济效果。其腹孔的布置与上述拱式拱上建筑的腹拱布置要求基本相同。

梁式腹孔有简支腹孔、连续腹孔和框架腹孔等多种形式。

① 简支腹孔(纵铺桥道板梁)(见图 6-30a、b)

简支腹孔由底梁(座)、立柱、盖梁和纵向简支桥道板(梁)组成。简支腹孔的结构体系简单,基本上不存在拱与拱上结构的联合作用,受力明确,是大跨径拱桥拱上建筑主要采用的形式。

带实腹段的简支腹孔的布置范围及实腹段的构造与拱式腹拱相同(见图 6-30a)。由于拱顶段上面全部被覆盖,空腹、实腹段拱上荷载差异较大。目前,大跨径拱桥的梁式拱上建筑一般都取消拱顶实腹段,而采用全空腹式的拱上建筑(见图 6-30b)。

全空腹式腹孔数宜采用奇数,避免拱顶设有立柱,使拱顶受力不利。通常先确定两拱脚的立柱位置,然后将其间距除以某个奇数后,即可确定各立柱的位置和腹孔跨径。若得出的腹孔跨径不恰当,可调整孔数以满足受力需要。

② 连续腹孔(横铺桥道板梁)(见图 6-30c)

连续腹孔由立柱、纵梁、实腹段垫墙及桥道板组成。先在拱上立柱上设置连续纵梁,然后再在纵梁和拱顶段垫墙上铺设横向桥道板,形成拱上传载结构,这种形式主要用于肋拱桥。其特点是桥面板横铺,拱顶上只有一个板厚(含垫墙)及桥面铺装厚,建筑高度很小,适合于建筑高度受限制的拱桥。

③ 框架腹孔(见图 6-30d)

框架腹孔在横桥向根据需要设置多片拱形板,各片通过横系梁形成整体。

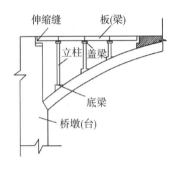

(a) 带实腹段的简支腹孔

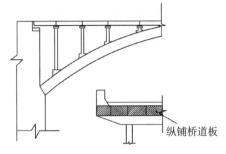

(b) 全空腹式的简支腹孔

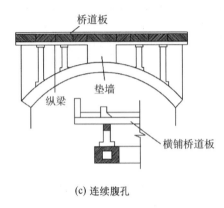

(c) 连续腹孔

(d) 框架腹孔

图 6-30　梁式拱上建筑

腹孔墩可分为横墙式和排架式两种。

1) 横墙式(见图 6-31a)

这种腹孔墩采用横墙式墩身,一般用圬工材料砌筑或混凝土现浇而成,施工简便。为了便于维修、减小质量,腹孔墩可在横向设置一个或几个孔。横墙式腹孔墩虽然自重较大,但节省钢材,多用于砖、石拱桥中。腹孔墩用浆砌片、块石砌筑时,厚度不宜小于 0.6 m;用混凝土砌筑时,一般应大于腹拱圈厚度。底梁能使横墙传下来的压力较均匀地分布到主拱圈全宽上,其每边尺寸较横墙宽 5 cm,高度则以使较矮一侧为 5~10 cm 的原则来确定。底梁常采用素混凝土结构。墩帽宽度宜大出墙宽 5 cm,也采用素混凝土结构。

2) 排架式(见图 6-31b)

排架式腹孔墩是由立柱和盖梁组成的钢筋混凝土排架结构。为了使立柱传递给主拱圈的压力不至于过分集中,通常在立柱下面设置底梁。立柱和盖梁常采用矩形截面。截面尺寸及钢筋配置除了应满足结构受力的要求外,还应考虑与拱桥的外形及构造相协调。腹孔墩的侧面一般做成竖直的,以方便施工。

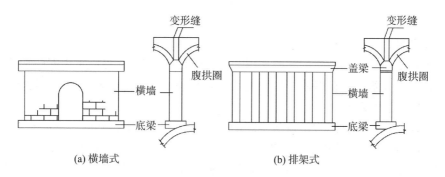

图 6-31 腹孔墩的构造形式

对于拱上结构与主拱连接成整体的钢筋混凝土空腹式拱桥,在活载或温度变化等因素的作用下将引起拱上结构变形,在腹孔墩中产生附加弯矩,从而导致节点附近产生裂缝。为了使拱上结构不参与主拱受力,可以在腹孔墩的上、下端设铰,使它成为仅受轴向压力的受力构件,以改善拱上建筑腹孔墩的受力情况。由力学知识可知,当腹孔墩的截面尺寸相同时,高度较大的腹孔墩的相对刚度比矮腹孔墩的小,因此附

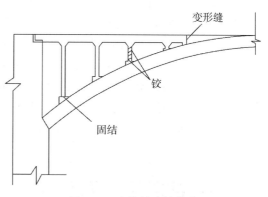

图 6-32 立柱的连接方式

加内力的影响也较小。为了简化构造和方便施工,一般高立柱仍可采用固结形式,而只在靠近拱顶处的 1~2 根矮立柱的上、下端设铰(见图 6-32)。

4. 其他细部构造

(1) 拱上填料、桥面及人行道

拱上建筑中的填料,可以扩大车辆荷载作用的面积,还可以减小车辆荷载对拱圈的冲击力,但也增加了拱桥的恒载质量。无论是实腹拱,还是空腹拱(除无拱上填料的轻型拱桥),在拱顶截面上缘以上都做了拱腹填充处理。填充后,通常还需设置一层填料,即拱顶填料,在该填料以上才是桥面铺装(见图 6-33)。在主拱圈及腹拱圈的拱顶处,填料厚度(包括路面厚度)均不宜小于 30 cm,根据《公路桥涵设计通用规范》(JTG D60—2015)的规定,当拱上填料厚度(包括桥面铺装厚度)大于或等于 50 cm 时,设计计算中不计汽车荷载的冲击力。

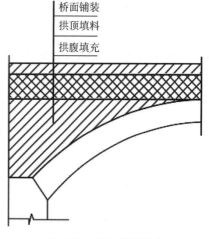

图 6-33 拱上填料图式

在地基条件很差的情况下,为了进一步减小拱上建筑质量,可减小拱上填料厚度,甚至可以不要拱上填料,而直接在拱顶截面上缘以上铺筑混凝土桥面,此时应计入汽车

荷载的冲击力。

（2）伸缩缝与变形缝

由于拱上建筑与主拱圈的共同作用，一方面拱上建筑能够提高主拱圈的承载能力，另一方面拱上建筑对主拱圈的变形又起约束作用，在主拱圈和拱上建筑内均产生附加内力，使结构受力复杂。

为了使结构的计算图式尽量与实际的受力情况相符合，避免拱上建筑的不规则开裂，以保证结构的安全使用和耐久性，除在设计计算上应做充分的考虑外，还需在构造上采取必要的措施，通常是在相对变形（位移或转角）较大的位置设置伸缩缝，而在相对变形较小处设置变形缝。

对于小跨径实腹拱桥，伸缩缝设在两拱脚的上方（见图6-34a），并在横桥方向贯通全宽和侧墙的全高至人行道。伸缩缝多做成直线形，以使桥构造简单，施工方便。对于拱式空腹拱桥（见图6-34b），通常将紧靠墩（台）的第一个腹拱做成三铰拱，并在紧靠墩（台）的拱铰上方设置伸缩缝，且应贯通全桥宽，而在其余两拱铰上方设置变形缝。在大跨径拱桥中，还应将靠拱顶的腹拱做成两铰或三铰拱，并在拱铰上方也设置变形缝，以使拱上建筑更好地适应主拱的变形。对于梁式腹孔，通常是在桥台和墩顶立柱处设置标准伸缩缝，而在其余立柱处采用桥面连续。

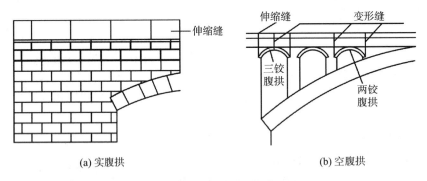

(a) 实腹拱　　　　　　　　　　(b) 空腹拱

图 6-34　拱桥伸缩缝及变形缝的布置

伸缩缝宽2～3 cm，其缝内填料可用锯末屑与沥青按1∶1的比例制成预制板，在施工时将预制板嵌入，并在上缘设置能活动而不透水的覆盖层，也可采用沥青砂等其他材料填塞伸缩缝。

变形缝不留缝宽，其缝可干砌、用油毛毡隔开或用低强度等级的砂浆砌筑。

（3）排水与防水层

对于拱桥，不仅要求将桥面雨水及时排除，而且要求将透过桥面铺装渗入拱腹内的雨水及时排除。桥面雨水的排除，除了在桥梁设置纵坡和桥面设置横坡外，一般还沿桥面两侧缘石边缘设置泄水管（见图6-35）。通过桥面铺装渗入拱腹内的雨水，应由防水层汇集于预埋在拱腹内的泄水管排出，防水层和泄水管的设置方式与上部结构的形式有关。

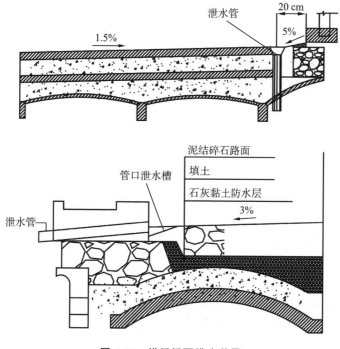

图 6-35　拱桥桥面排水装置

　　实腹式拱桥防水层应沿拱背护拱、侧墙铺设。如果是单孔,可以不设拱腹泄水管,积水沿防水层流至两个桥台后面的盲沟,然后沿盲沟排出路堤。如果是多孔拱桥,可在跨径 1/4 处设泄水管(见图 6-36)。对于空腹拱桥,防水层应沿腹拱上方与主拱圈跨中实腹段的拱背设置,泄水管也宜布置在 1/4 跨径处(见图 6-37)。对于跨线桥、城市桥或其他特殊桥梁,需设置全封闭式排水系统。

　　防水层在全桥范围内不宜断开,在通过伸缩缝或变形缝处应妥善处理,使其既能防水又可以适应变形。

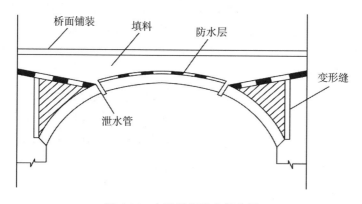

图 6-36　多孔拱桥泄水管布置

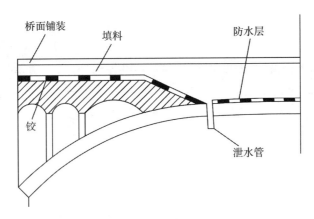

图 6-37　空腹拱桥泄水管布置

（4）拱桥中铰的设置

拱桥中需要设置铰的情况有以下四种：

① 按两铰拱或三铰拱设计的主拱圈。

② 按构造要求需要采用两铰拱或三铰拱的腹拱圈。

③ 需设置铰的矮小腹孔墩，即将铰设置在墩上端与顶梁以及下端与底梁的连接处。

④ 在施工过程中，为消除或减小主拱圈的部分附加内力，以及对主拱圈内力做适当调整时，需要在拱脚处设置临时铰。

前面三种情况设置的是永久性拱铰，故对拱铰的要求较高，拱铰构造较复杂，需经常养护，费用较高。最后一种情况设置的是临时性拱铰，一般待施工结束时将其封固，故其构造较简单，但必须可靠。

常用的拱铰形式有弧形铰、铅垫铰、平铰、不完全铰和钢铰。

1）弧形铰（见图 6-38）

弧形铰由两个具有不同半径弧形表面的块件组成，一个为凹面（半径为 R_2），一个为凸面（半径为 R_1）。R_2 与 R_1 的比值常在 1.2～1.5 之间。铰的宽度应等于构件的宽度，沿拱轴线的长度取为拱厚的 1.15～1.20 倍。铰的接触面应精加工，以保证紧密结合。由于其构造复杂，加工难度大，故主要用于主拱圈的拱铰。弧形铰一般用钢筋混凝土、混凝土或石料等制成。

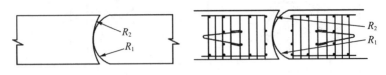

图 6-38　弧形铰

2）铅垫铰（见图 6-39）

铅垫铰利用铅的塑性变形达到支承面的自由转动，从而实现铰的功能。铅垫铰主要用于中小跨径的板拱或肋拱。此外，铅垫铰也可用作临时铰。铅垫铰一般由厚度为 1.5～2.0 cm 的铅垫板外包以锌、铜薄片（厚 1.0～2.0 cm）构成。垫板宽度为拱圈厚度的 1/4～3/4，在主拱圈的全部宽度上分段设置。

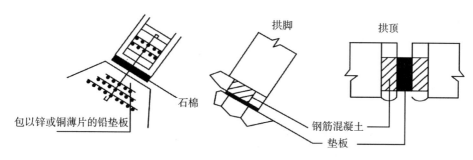

图 6-39　铅垫铰

3）平铰（见图 6-40）

平铰就是构件两端面（平面）直接抵承，其接缝可铺一层低强度等级砂浆，也可垫衬油毛毡或直接干砌，一般用在空腹式的腹拱圈上。

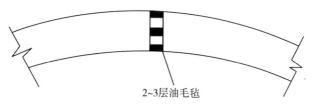

图 6-40　平铰

4）不完全铰

不完全铰多用在小跨径或轻型的拱圈以及空腹式拱桥的腹孔墩柱上，其构造是将拱截面突然减小（一般为全截面的 $1/3\sim$ $2/5$），以保证该截面的转动功能。在施工时拱圈不断开，使用时又能起铰的作用。由于拱截面突然变小而使其应力增大，导致容易开裂，故必须配以斜钢筋。

5）钢铰（见图 6-41）

钢铰通常做成理想铰。钢铰除用于少数有铰钢拱桥的永久性铰结构外，更多的是用作施工需要的临时铰。

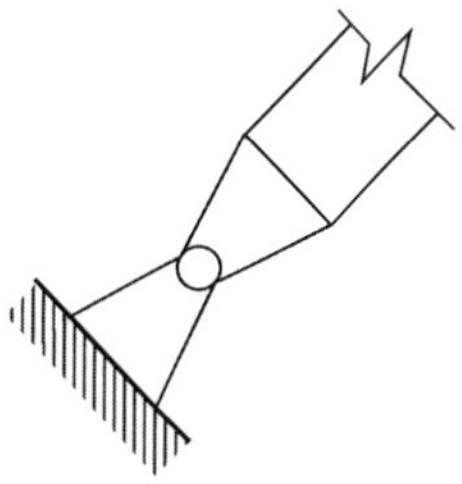

图 6-41　钢铰

6.2.2　中、下承式钢筋混凝土拱桥的构造

1. 概述

中承式钢筋混凝土拱桥的行车道位于拱肋的中部，桥面系（行车道、人行道、栏杆等）一部分用吊杆悬挂在拱肋下，一部分用刚架立柱支承在拱肋上，如图 6-42 所示。

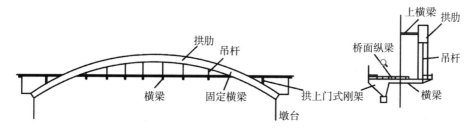

图 6-42　中承式钢筋混凝土拱桥的总体布置

下承式钢筋混凝土拱桥的桥跨结构由拱肋、横向联系和悬吊结构三部分组成,如图 6-43 所示。由于车辆在两片拱肋之间行驶,因此需要用吊杆将纵、横梁系统悬挂在拱肋下,在纵、横梁系统上支承车道板,组成桥面系(行车道、人行道、栏杆等)。桥面系和这些传力构件统称为悬吊结构。

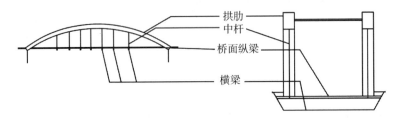

图 6-43   下承式钢筋混凝土拱桥的总体布置

从图 6-42、图 6-43 中可以看出,中、下承式拱桥保持了上承式拱桥的基本力学特性,可以充分发挥拱圈混凝土材料的抗压性能。更重要的一点是,当桥梁的建筑高度受到严格限制时,若采用上承式拱桥有困难或矢跨比过小,可采用中、下承式拱桥以满足桥下净空要求;在不等跨的多孔连续拱桥中,为了平衡左、右桥墩的水平推力,将较大跨径一孔的矢跨比加大,做成中承式拱桥,可以减小大跨的水平推力;在平坦地形的河流上,采用中、下承式拱桥可以降低桥面高度,有利于改善桥梁两端引道的纵面线形,减少引道的工程量;有时为了满足当地景观和美学的需要,特别是多孔连续的中、下承式拱桥,以其波浪形起伏、构件轻巧给人以美感。

2.中、下承式拱桥的基本组成和构造

(1)拱肋

中、下承式拱桥的主要承重构件是两个分离式的拱肋,组成拱肋的材料可以是钢筋混凝土、钢管混凝土、劲性骨架混凝土或纯钢材,两片拱肋一般在两个相互平行的平面内。有时也可使两拱肋平面内倾,使之在水平面上的投影呈"X"形(即提篮式拱,如图 6-44 所示)以提高拱肋的横向稳定性和承载力。

中、下承式拱桥由于行车道布置在两拱肋之间,因此,在相同桥面净宽的条件下,拱肋的间距比上承式拱桥的大。中、下承式拱桥的拱肋一般采用无铰拱形式,以保证其刚度。其恒载分布比较均匀,因此拱轴线形可采用二次抛物线,也可采用悬链线。钢筋混凝土拱肋的

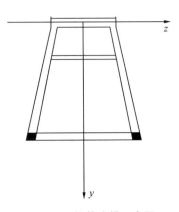

图 6-44   提篮式拱示意图

截面形状根据跨径的大小、荷载等级和结构的总体尺寸,可以选用矩形、工字形、箱形或管形(即构成钢管混凝土拱肋)。截面沿拱轴的变化规律可以为等截面或变截面。有时为了增强肋拱的横向刚度和稳定性,可将拱脚段的肋宽增大。其截面尺寸的拟定及配筋与上承式肋拱一样。

矩形截面的拱肋施工简单,一般用于中、小跨径的拱桥,拱肋的高度为跨径的 $1/70\sim1/40$,肋宽为肋高的 $0.5\sim1.0$ 倍;工字形和箱形截面常用于大跨径的拱桥。拱顶

肋高 h_d 的拟定采用下列经验公式。

① 当跨径 $l_0 \leqslant 100$ m 时，

$$h_d = \frac{1}{100}l_0 + \Delta \tag{6-2}$$

式中：Δ——常数，取 $0.6 \sim 1.0$ m，跨径大时选用上限。

② 当跨径 100 m $< l_0 \leqslant 300$ m 时，

$$h_d = \frac{1}{100}l_0 + \alpha\Delta \tag{6-3}$$

式中：α——高度修正系数，取值范围为 $0.6 \sim 1.0$；

Δ——常数，取 $2.0 \sim 2.5$ m。

（2）横向联结系

为了保证两片拱肋的横向刚度和稳定性以承受作用在拱肋、桥面及吊杆上的横向水平力，一般须在两片分离的拱肋间设置横向联系。横向联系可做成横撑、对角撑或空格式构造等形式（见图 6-45），横撑的宽度不应小于其长度的 1/15。横向联系的设置往往受桥面净空高度的限制，横向联系构件只容许设置在桥面净空高度范围之外的拱段（对于中承式拱肋，还可以设置在桥面系以下的肋段），有时为了满足规定的桥面净空高度要求，不得不加大拱肋矢高来设置横向构件。有时为了满足桥面净空要求和改善桥上的视野而取消行车道以上的横向构件，做成敞口式拱桥。

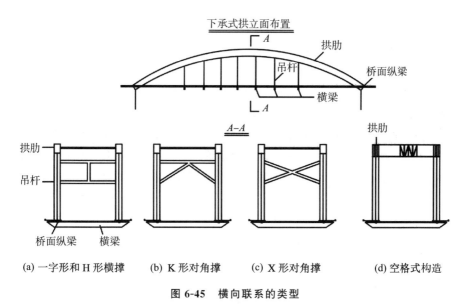

图 6-45　横向联系的类型

无横向风撑的中、下承式拱桥（见图 6-46）主要依靠以下几个主要因素来保证横向稳定性：

① 拱脚具有牢靠的刚性固结。

② 对于中承式拱桥，要加强在桥面以下至拱脚区段的拱肋间固结横梁的刚度，并设置 K 形撑或 X 形对角撑。

③ 对于下承式拱桥，可采用半框架式的结构，即采用刚性吊杆并与整体式桥面结

构或刚度较大的横梁固结,如图 6-46a 所示,给拱肋提供足够刚度的侧向弹性支承,以承受拱肋上的横向水平力。

④ 加大拱肋的宽度,使其本身具有足够的横向刚度和稳定性。

⑤ 柔性吊杆的非保向力作用如图 6-46b 所示。对于中、下承式双肋拱桥,当拱肋侧倾时,柔性吊杆会对其产生水平恢复力,有抑制拱肋倾斜的作用,这种恢复力称为非保向力,有提高拱肋横向稳定性的作用。

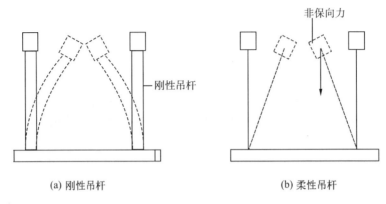

(a) 刚性吊杆　　　　　　　　　　(b) 柔性吊杆

图 6-46　无横向风撑的拱桥断面

(3)悬吊结构

悬吊结构包括吊杆和桥面系等,吊杆将纵梁和横梁系统悬挂在拱肋下,桥面荷载通过吊杆和桥面系将作用力传递到拱肋上。

1)吊杆

桥面系悬挂在吊杆上,受拉吊杆根据其构造分为刚性吊杆和柔性吊杆两类。

刚性吊杆是用钢筋混凝土或预应力混凝土制作而成的。刚性吊杆可以增强拱肋的横向刚度,但用钢量较大,施工程序多,工艺复杂。采用刚性吊杆时,吊杆两端的钢筋应扣牢在拱肋与横梁中。刚性吊杆一般设计为矩形,它除了承担轴向拉力外,还须抵抗上下节点处的局部弯曲。为了减小刚性吊杆承受的弯矩,其顺桥向截面尺寸应设计得小一些;为了增强拱肋面外的稳定性,其横桥向截面尺寸应该设计得大一些。

柔性吊杆一般用冷轧粗钢筋、高强钢丝或钢绞线等高强钢材制作。高强钢丝束做的吊杆通常采用镦头锚,而粗钢筋做的吊杆则采用轧丝锚与拱肋、横梁相连。

为了提高钢索的耐久性,必须防止钢索锈蚀,为此要求防护层有足够的强度、韧性、抗老化性和附着性,确保其在使用周期内防护层不开裂或不脱落。钢索的防护方法很多,主要有缠包法和套管法等。目前钢索主要采用 PE 热挤索套防护工艺,直接在工厂制成成品索,简单可靠且较经济。

中、下承式拱桥的吊杆长度相差较大,接近拱脚处的短吊杆设计应特别注意。一方面,吊杆较短时,其线刚度较大,相应地,它比长吊杆承担更大的活载及活载冲击力,因此短吊杆内的应力及应力变幅均较大,需适当增大短吊杆的截面面积。另一方面,在温度变化的作用下,短吊杆下端随桥面一起产生水平位移,若设计处理不当,短吊杆的上、下两个锚点偏离垂直线,形成很大的折角,会使吊杆护套破损,钢丝受力不匀,钢丝腐蚀断裂,为避免出现这种情况,可将短吊杆两端设计成铰接,或采取适当的措施减小短吊杆的水平位移(如设置伸缩缝、改变局部构造等)。

吊杆的间距一般根据构造要求和经济美观等因素确定。吊杆的间距即为行车道纵梁的跨长。间距大时,吊杆的数目减少,但纵、横梁的用料增多;反之,吊杆的数目增多,纵、横梁的用料减少。一般,吊杆的间距为 4~10 m,且取等间距。

2) 横梁

中承式拱桥的桥面横梁可以分为固定横梁、普通横梁和刚架横梁三类。根据横梁间距的不同,横梁高度可取拱肋间距(横梁跨径)的 $1/15 \sim 1/10$,为满足搁置和连接桥面板的需要,横梁上缘宽度不宜小于 60 cm。桥面系与拱肋相交处的横梁一般与拱肋刚性联结,其截面尺寸与刚度比其他横梁大,通常称之为固定横梁;通过吊杆悬挂在拱肋下面的横梁称为普通横梁;通过立柱支承在拱肋之上的横梁称为刚架横梁。

固定横梁由于其位置特殊,它既要传递垂直荷载和水平横向荷载,有时又要传递纵向制动力以及从拱肋和桥面传来的弯矩、扭矩和剪力,因此必须与拱肋刚性联结,且其外形须与拱肋和桥面系相适应,因为在此处,主拱占据了一定宽度的桥面,为了保证人行道宽度不在此处紧缩,故固定横梁一般比普通横梁长。固定横梁常用的截面形式有工字形、不对称工字形和三角形等。

普通横梁的构造如图 6-47 所示,其截面形式常用的有土字形、矩形和工字形。

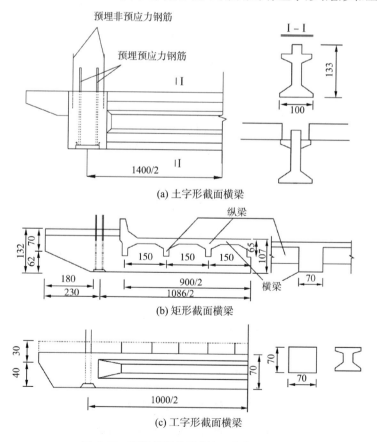

(a) 土字形截面横梁

(b) 矩形截面横梁

(c) 工字形截面横梁

图 6-47 普通横梁构造图(尺寸单位:mm)

大型横梁也可以采用箱形截面,其尺寸取决于横梁的跨径(拱肋中距)和承担桥面荷载的长度(吊杆间距),一般为钢筋混凝土构件,跨径较大时,也可以采用预应力混凝土构件或钢构件。图 6-48 所示为下承式拱桥的横梁处横断面构造图。

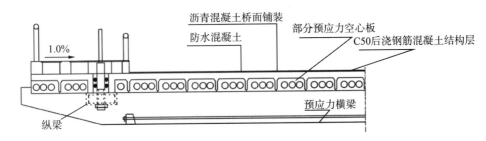

图 6-48 下承式拱桥的横梁处横断面构造图

3）纵梁(见图 6-49)

由于横梁的间距一般在 4～10 m 之间,因此纵梁多采用 T 形、Ⅱ 形小梁且设计成简支梁结构或连续梁结构,或直接在横梁上满铺空心板、实心板。

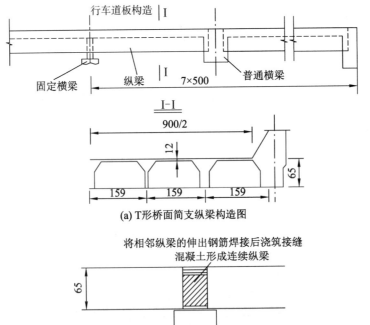

(a) T形桥面简支纵梁构造图

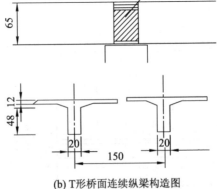

(b) T形桥面连续纵梁构造图

图 6-49 纵梁构造图(尺寸单位:mm)

4）行车道系

行车道系由纵、横梁和车道板组成。在车道板上铺桥面铺装,安设人行道和栏杆等。桥面板有时可与纵梁连成整体,形成 T 梁或 H 梁,也可在预制的纵梁上现浇桥面板形成组合梁。另外,还可以通过在横梁上密铺预制空心板或实心板来取代桥面板和纵梁两者的作用。桥面板一般为普通钢筋混凝土结构,也可采用预应力或部分预应力结构。

为减小横梁和横向联系的跨径,通常将人行道布置在吊杆的外侧。为确保安全,须在吊杆位于行车道一侧的桥面上设置防撞栏杆,以避免吊杆遭到车辆碰撞而破坏,导致桥面垮塌的严重事故。

在布置行车道时,必须注意在适当位置设横向断缝,以避免由于拱肋变形而导致桥面被拉坏。在中承式拱桥中,行车道系与拱肋交会处,行车道系总是支承在固定横梁(该横梁还起横撑的作用)上而与拱肋连接在一起。如果在行车道不设断缝,拱肋在外力(包括拱肋和桥面之间温度变化的影响)作用下发生变形,行车道系将受到附加拉伸,行车道的防水层和混凝土可能被拉裂,从而影响桥梁的耐久性。

行车道的断缝可设于跨径中部,也可设于跨径边上。

6.3 拱桥的内力计算

6.3.1 结构自重作用下拱桥的内力计算

当采用结构自重压力线作拱轴线而不考虑拱圈变形的影响时,拱圈各截面的结构自重内力均只有轴向压力,即拱圈处于纯压状态。实际上拱圈在结构自重作用下会产生弹性压缩,致使拱轴长度缩短。由于无铰拱是超静定结构,因此它会在拱中产生附加内力。但是,在设计中为了方便计算,往往将结构自重内力分为两部分,即不考虑弹性压缩影响的内力与仅由弹性压缩引起的内力。将两者相加,便得到结构自重作用下拱圈各截面的总内力。

1. 不考虑弹性压缩影响的内力

（1）实腹拱

如前所述,实腹式悬链线拱(见图 6-50)的拱轴线与结构重力压力线完全吻合,因此在结构自重作用下,拱圈任何截面上都只存在轴向压力。此时,拱可作为纯压拱进行内力计算。

设拱轴线即为结构重力压力线,故在结构自重作用下,拱顶截面的弯矩 $M_d = 0$,由于对称性,剪力 $Q_d = 0$,于是,拱顶截面仅有结构重力推力 H_g。对拱脚截面取矩,则有

$$H_g = \frac{\sum M_j}{f} \tag{6-4}$$

式中：$\sum M_j$ ——半拱结构重力对拱脚截面的弯矩；

H_g——拱的结构重力水平推力（不考虑弹性压缩）；

f——拱的计算矢高。

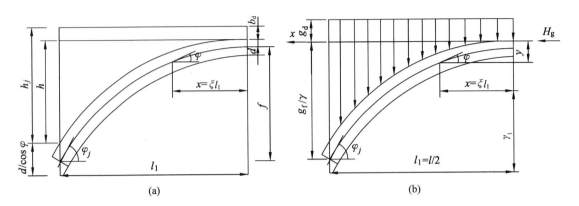

图 6-50　悬链线拱轴计算图式

对任意截面取矩，可得

$$y_1 = \frac{M_x}{H_g} \tag{6-5}$$

式中：M_x——任意截面以右的全部结构重力对该截面的弯矩值；

　　　y_1——以拱顶为坐标原点，拱轴上任意点的坐标。

式（6-5）即为求算结构重力压力线的基本方程。将式（6-5）两边对 x 两次求导数得

$$\frac{\mathrm{d}^2 y_1}{\mathrm{d}x^2} = \frac{1}{H_g}\frac{\mathrm{d}^2 M_x}{\mathrm{d}x^2} = \frac{g_x}{H_g} \tag{6-6}$$

式（6-6）为求算结构重力压力线的基本微分方程式。为了得到拱轴线（即结构重力压力线）的一般方程，必须知道结构重力的分布规律。任意点的结构重力集度 g_x 可以表示为

$$g_x = g_d + \gamma y_1 \tag{6-7}$$

式中：g_d——拱顶处结构重力集度；

　　　γ——拱上材料单位体积重量。

由式（6-7）得

$$g_j = g_d + \gamma f = m g_d \tag{6-8}$$

式中：g_j——拱脚处结构重力集度；

　　　m——拱轴系数，或称拱轴曲线系数。

$$m = \frac{g_j}{g_d} \tag{6-9}$$

由式（6-8）得

$$\gamma = (m-1)\frac{g_d}{f} \tag{6-10}$$

将式（6-10）代入式（6-7）可得

$$g_x = g_d + (m-1)\frac{g_d}{f}y_1 = g_d\left[1 + (m-1)\frac{y_1}{f}\right] \tag{6-11}$$

再将式(6-11)代入基本微分方程(6-6),并引入参数 $x=\xi l_1, \mathrm{d}x=l_1\mathrm{d}\xi$,可得

$$\frac{\mathrm{d}^2 y_1}{\mathrm{d}\xi^2}=\frac{l_1^2}{H_\mathrm{g}}g_\mathrm{d}\left[1+(m-1)\frac{y_1}{f}\right]$$

令

$$k^2=\frac{l_1^2 g_\mathrm{d}}{H_\mathrm{g}f}(m-1) \tag{6-12}$$

可得结构自重水平推力为

$$H_\mathrm{g}=\frac{(m-1)}{4k^2}\frac{l^2 g_\mathrm{d}}{f}=k_\mathrm{g}\frac{g_\mathrm{d}l^2}{f} \tag{6-13}$$

其中,

$$k_\mathrm{g}=\frac{m-1}{4k^2} \tag{6-14}$$

在结构自重作用下,拱脚的竖向反力为半拱的结构自重质量,即

$$V_\mathrm{g}=\int_0^{l_1}g_x\mathrm{d}x=\int_0^1 g_x l_1\mathrm{d}\xi \tag{6-15}$$

式中:V_g——结构自重质量。

将式(6-12)、式(6-13)代入式(6-15)积分得

$$V_\mathrm{g}=\frac{\sqrt{m^2-1}}{2\left[\ln(m+\sqrt{m^2-1})\right]}g_\mathrm{d}l=k_\mathrm{g}'g_\mathrm{d}l \tag{6-16}$$

其中,

$$k_\mathrm{g}'=\frac{\sqrt{m^2-1}}{2\left[\ln(m+\sqrt{m^2-1})\right]} \tag{6-17}$$

系数 k_g' 可从《公路桥涵设计手册:拱桥》中查得。

因为结构自重弯矩和剪力均为 0,所以拱圈各截面的轴向力 N 按下式计算:

$$N=\frac{H_\mathrm{g}}{\cos\varphi} \tag{6-18}$$

（2）空腹拱

由于空腹式悬链线无铰拱的拱轴线与结构自重压力线有偏离,因此拱顶、拱脚和 1/4 点都有结构自重弯矩。在设计中,为了方便计算,空腹无铰拱桥的结构自重内力分为两部分,即先不考虑偏离的影响,将拱轴线视为与结构自重压力线完全吻合,然后再考虑偏离的影响,计算由偏离引起的结构自重内力。两者叠加,即为空腹式无铰拱不考虑弹性压缩时的结构自重内力。

不考虑偏离的影响时,空腹拱的结构自重内力亦按纯压拱计算。此时,拱的结构自重推力 H_g 和拱脚竖向反力 V_g 可直接由静力平衡条件写出,即

$$H_\mathrm{g}=\frac{\sum M_\mathrm{j}}{f_\mathrm{h}} \tag{6-19}$$

$$V_\mathrm{g}=\sum P(半拱结构自重) \tag{6-20}$$

因为此时拱中的弯矩和剪力均为 0,所以轴力可由下式计算:

$$N = \frac{H_g}{\cos \varphi} \tag{6-21}$$

在设计中小跨径的空腹式拱桥时,可偏安全地不考虑偏离弯矩的影响。一般大跨径空腹式拱桥的结构自重压力线与拱轴线的偏离程度比中小跨径空腹式拱桥的大。结构自重偏离弯矩是一种可供利用的有利因素,此时应当计入偏离弯矩的影响。

2. 仅由弹性压缩引起的内力

在结构自重轴力作用下,拱圈的弹性压缩表现为轴长度的缩短。拱圈的这种变形会在拱中产生相应的内力。取悬臂曲梁为基本结构,弹性压缩会使拱轴在跨径方向缩短 Δl。由于实际结构中拱顶并没有相对水平变位,因此在弹性中心必有一个水平拉力 S(见图 6-51),使拱顶的相对水平变位为 0。

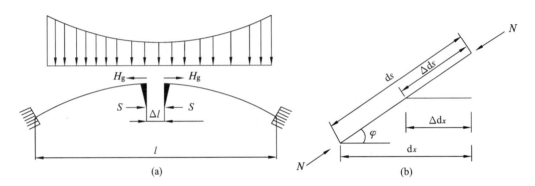

图 6-51 拱圈弹性压缩

$$S\delta'_{22} - \Delta l = 0 \tag{6-22}$$

$$S = \frac{\Delta l}{\delta'_{22}} \tag{6-23}$$

从拱中取出一微段 ds(见图 6-51b),则 $dx = ds \cdot \cos \varphi$ 在轴向力 N 的作用下缩短 Δds。

其水平分量为 $\Delta dx = \Delta ds \cdot \cos \varphi$,则整个拱轴缩短的水平分量为

$$\Delta l = \int_0^l \Delta ds \cdot \cos \varphi = \int_s \frac{N ds}{EA} \cos \varphi \tag{6-24}$$

将式(6-22)代入式(6-24)得

$$\Delta l = \int_0^l \frac{H_g dx}{EA \cdot \cos \varphi} = H_g \int_0^l \frac{dx}{EA \cdot \cos \varphi} \tag{6-25}$$

单位水平作用力在弹性中心产生的水平位移(考虑轴向力影响)为

$$\delta'_{22} = \int_s \frac{\overline{M}_2^2 ds}{EI} + \int_s \frac{\overline{N}_2^2 ds}{EA} = \int_s \frac{y^2 ds}{EI} + \int_s \frac{\cos^2 \varphi ds}{EA} = (1 + \mu) \int_s \frac{y^2 ds}{EI} \tag{6-26}$$

式中:

$$\mu = \frac{\displaystyle\int_s \frac{\cos^2 \varphi ds}{EA}}{\displaystyle\int_s \frac{y^2 ds}{EI}} \tag{6-27}$$

将式(6-24)、式(6-25)代入式(6-22)得

$$S = H_g \frac{1}{1+\mu} \cdot \frac{\int_0^l \dfrac{\mathrm{d}x}{EA\cos\varphi}}{\int_s \dfrac{y^2\,\mathrm{d}s}{EI}} = H_g \cdot \frac{\mu_1}{1+\mu} \qquad (6\text{-}28)$$

式中：

$$\mu_1 = \frac{\int_0^l \dfrac{\mathrm{d}x}{EA\cos\varphi}}{\int_s \dfrac{y^2\,\mathrm{d}s}{EI}} \qquad (6\text{-}29)$$

为了便于制表计算，对于等截面拱，可将式(6-27)、式(6-29)的分子项改写为

$$\int_s \frac{\cos^2\varphi\,\mathrm{d}s}{EA} = \frac{l}{EA}\int_0^l \cos\varphi\,\frac{\mathrm{d}x}{l} = \frac{l}{EA}\int_0^1 \frac{\mathrm{d}\xi}{\sqrt{1+\eta^2 Sh^2 k\xi}} = \frac{l}{EvA} \qquad (6\text{-}30)$$

$$\int_0^l \frac{\mathrm{d}x}{EA\cos\varphi} = \frac{l}{EA}\int_0^l \frac{1}{\cos\varphi}\cdot\frac{\mathrm{d}x}{l} = \frac{l}{EA}\int_0^1 \sqrt{1+\eta^2 Sh^2 k\xi}\,\mathrm{d}\xi = \frac{l}{Ev_1 A} \qquad (6\text{-}31)$$

于是

$$\mu = \frac{1}{EvA\displaystyle\int_s \dfrac{y^2\,\mathrm{d}s}{EI}} \qquad (6\text{-}32)$$

$$\mu_1 = \frac{1}{Ev_1 A\displaystyle\int_s \dfrac{y^2\,\mathrm{d}s}{EI}} \qquad (6\text{-}33)$$

3.结构自重作用下拱圈各截面的总内力

在拱桥计算中，拱中内力的符号采用下述规定：中弯矩以使拱圈下缘受拉为正，拱中剪力以绕脱离体逆时针旋转为正，轴向力则以使拱圈受压为正。图 6-52 中 M、N、Q 均为正。当不考虑空腹拱结构自重压力线偏离拱轴线的影响时，拱圈各截面的结构自重内力为：不考虑弹性压缩的结构自重内力[仅有按式(6-18)计算的轴向力 N]加上弹性压缩产生的内力(见图 6-52)。

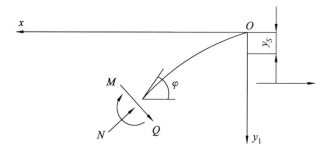

图 6-52 弹性压缩产生的内力

轴向力：
$$N = \frac{H_g}{\cos\varphi} - \frac{\mu_1}{1+\mu}H_g\cos\varphi \qquad (6\text{-}34)$$

弯矩：
$$M = \frac{\mu_1}{1+\mu}H_g(y_s - y_1) \qquad (6\text{-}35)$$

剪力：
$$Q = \mp \frac{\mu_1}{1+\mu} H_g \sin \varphi \qquad (6\text{-}36)$$

式中："−"适用于左半拱；"+"适用于右半拱。

从以上各式可见，考虑了结构自重弹性压缩后，拱中便有结构自重弯矩和剪力。这说明，不论是空腹式拱还是实腹式拱，考虑弹性压缩后的结构自重压力线都无法与拱轴线重合。计入偏离的影响后，各截面的结构自重内力为

$$N = \frac{H_g}{\cos \varphi} + \Delta X_2 \cos \varphi - \frac{\mu_1}{1+\mu}(H_g + \Delta X_2)\cos \varphi$$

$$M = \frac{\mu_1}{1+\mu}(H_g + \Delta X_2)(y_s - y_1) + \Delta M \qquad (6\text{-}37)$$

$$Q = \mp \frac{\mu_1}{1+\mu}(H_g + \Delta X_2)\sin \varphi \pm \Delta X_2 \sin \varphi$$

6.3.2 汽车和人群荷载的内力计算

汽车和人群荷载的内力计算仍分两步进行：先计算不考虑弹性压缩影响的汽车和人群荷载内力，再计入弹性压缩影响下的汽车和人群荷载内力。

1. 不考虑弹性压缩影响的汽车和人群荷载内力

超静定无铰拱桥汽车荷载内力计算的方法：先绘制赘余力影响线，然后用叠加的方法求得内力影响线，最后根据内力影响线按最不利情况布载，求得最不利内力值。

（1）赘余力影响线

1）为了便于编制影响线表，在绘制拱中内力影响线时，常采用简支曲梁为基本结构（见图 6-53a）。根据结构力学知识和弹性中心的特性，可求出单位荷载 $P=1$ 在图示位置时结构的赘余力 X_1、X_2、X_3。

2）绘制赘余力影响线。

为了绘制赘余力影响线，一般将拱圈沿跨径方向分成 48（或 24）等份，相邻两分点的水平距离为 $\Delta l = l/48$（或 $l/24$）。当 $P=1$ 从图 6-53a 中的左拱脚向右拱脚以 Δl 步长移动时，即可利用结构力学知识计算出 P 在各个分点上 X_1、X_2、X_3 的影响线竖标值。三个赘余力影响线的图形如图 6-53b～e 所示。

（2）弯矩影响线

有了赘余力影响线之后，拱中任意截面的内力影响线均可利用静力平衡条件建立计算公式，通过图 6-53 拱中赘余力影响线求得。

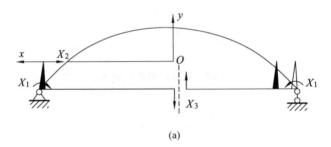

(a)

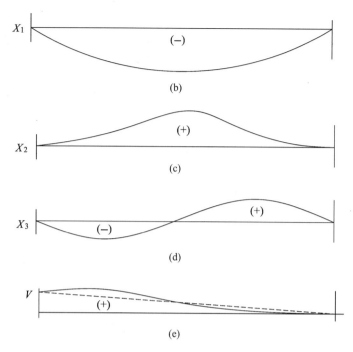

图 6-53 拱中赘余力影响线

1）任意截面的弯矩影响线

由图 6-54 可得，任意截面 i 的弯矩为

$$左半拱 \qquad M = M_0 - H_{1y} + X_{3x} + X_1$$
$$右半拱 \qquad M = M_0 - H_{1y} - X_{3x} + X_1 \tag{6-38}$$

式中：M_0——相应简支梁弯矩。

现以拱顶弯矩 M_d 影响线为例，说明利用已知影响线相叠加求解未知影响线的方法。因拱顶截面 $x = 0$，故 $X_{3x} = 0$。拱顶截面弯矩 M_d 为

$$M_d = M_0 - H_1 y + X_1$$

由 $\sum X = 0$ 可知，拱中任意截面的水平推力 $H_1 = X_2$，因此，H_1 的影响线与赘余力 X_2 的影响线是完全一致的。H_1 影响线的图形如图 6-54c 所示。

先绘出简支梁影响线 M_0，再减去 X_1 影响线，得到 $M_0 - X_1$ 影响线（见图 6-54b 中竖线部分）。在图 6-54 中，以水平线为基线绘出 $M_0 - X_1$ 影响线（见图 6-54c 中竖线部分），在此图上再与 $H_1 y$ 影响线相叠加，图中有竖线部分即为拱顶弯矩影响线。再以水平线为基线绘制 M_d 影响线，如图 6-54d 所示。

同理可得，拱中任意截面 i 的弯矩影响线 M_i（见图 6-54d，e）。

2）任意截面的轴向力 N 和剪力 Q 影响线

因截面 i 的轴向力 N 及剪力 Q 影响线在截面处均有突变（见图 6-54f，g），故当集中荷载作用在 i 截面的左、右两边时，轴向力 N 及剪力 Q 均有较大的差异，不便于编制等代荷载，一般也不利用 N 和 Q 的影响线计算其内力。通常先算出该截面的水平力 H_1 和拱脚的竖向反力 V，再分别按式（6-39）、式（6-40）计算轴力 N 和剪力 Q。

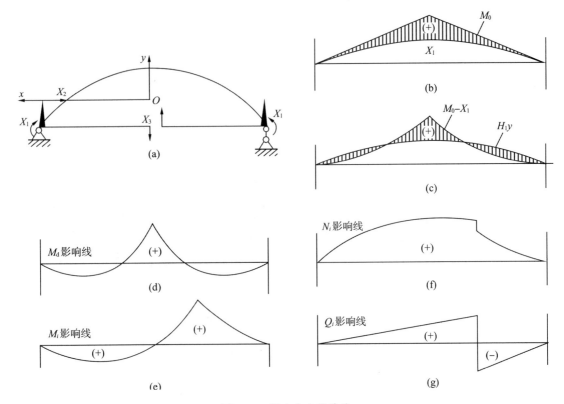

图 6-54　拱中内力影响线

$$\left. \begin{array}{ll} 拱顶 & N=H_1 \\ 拱脚 & N=H_1\cos\varphi_j+V\cos\varphi_j \\ 其他截面 & N\approx H_1/\cos\varphi_j \end{array} \right\} \quad (6\text{-}39)$$

$$\left. \begin{array}{ll} 拱顶:剪力数值很小,一般不计算 \\ 拱脚 & Q=H_1\sin\varphi_j-V\cos\varphi_j \\ 其他截面:剪力数值很小,一般不计算 \end{array} \right\} \quad (6\text{-}40)$$

拱脚竖向反力 V 的影响线按以下方法求得:

$$将 X 移至两支点后,由 \sum Y=0 得 \left\{ \begin{array}{ll} 左拱脚 & V=V_0-X_3 \\ 右拱脚 & V=V_0+X_3 \end{array} \right. \quad (6\text{-}41)$$

式中:V_0——简支梁的反力影响线。

由于两条影响线叠加而成的竖向反力影响线 V 具有图 6-54e 的形式(图中为左拱脚的竖向反力影响线),显而易见,拱脚竖向反力 V 影响线的总面积 $\omega=l/2$。

现以拱脚截面为例,说明计算拱中最大汽车荷载内力的方法。

【例 6.1】　等截面悬链线无铰拱,$l=50$ m,$f_d=10$ m,$m=2.24$,计算荷载为公路—Ⅱ级车道荷载,求左拱脚最大正弯矩及相应的轴向力。

【解】　公路—Ⅱ级车道荷载的均布荷载 q 为 7.9 kN/m,集中荷载 P 为 270 kN。

图 6-55 为左拱脚的弯矩 M_j 影响线、水平力 H_l 影响线和竖向反力 V 影响线。求拱脚的最大正弯矩时,应将均布荷载满布在弯矩影响线的正面积部分,将集中荷载布置于弯矩影响线的最大正值处。

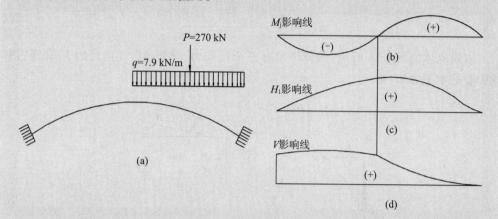

图 6-55　左拱脚内力影响线

(1) 根据 $m=2.24$,$f_d/l=1/5$,查表可得拱脚处水平倾角的正弦及余弦分别为 $\sin\varphi_j=0.68284$,$\cos\varphi_j=0.73057$。

(2) 根据 $m=2.24$,$f_d/l=1/5$,查表可得 M_{max} 的影响线面积为 $\omega_M=0.01905l^2$,$\omega_H=0.09067l^2/f_d$,$\omega_V=0.16622l$。

(3) 根据 $m=2.24$,$f_d/l=1/5$,查表可得 M_j 影响线最大峰值为 $0.05227l$,相应 H_l 影响线的取值为 $0.19771l/f_d$,相应 V 影响线的取值为 0.29307。

(4) 拱脚 M_{max} 为

$$M_{max}=7.9\times0.01905\times50^2+270\times0.05227\times50\approx1081.88 \text{ kN·m}$$

相应的水平力为

$$H_l=7.9\times0.09067\times\frac{50^2}{10}+270\times0.19771\times\frac{50}{10}\approx445.98 \text{ kN}$$

相应的竖向反力为

$$V=7.9\times0.16622\times50+270\times0.29307\approx144.79 \text{ kN}$$

由此可得相应的轴向力为

$$N=H_l\cos\varphi_j+V\sin\varphi_j=445.98\times0.73057+144.79\times0.068284=424.69 \text{ kN}$$

本题求解过程一并得到拱脚相应的支反力,若只求内力,可查表得 M_j 影响线最大取值位置相应的 N 影响线的取值为 0.92232;查表得 $\omega_N=0.44469l$,则拱脚最大弯矩相应的轴向力为

$$N=7.9\times0.44469\times50+270\times0.92232=424.68 \text{ kN}$$

由以上求解过程可以看出,利用相关计算用表来计算拱桥可变作用内力是很方便的。人群荷载是一种均布荷载,它的内力计算步骤与汽车荷载相同。

在计算桥梁下部结构时,常以最大水平力控制设计,此时应在 H_l 影响线上按最不利情况加载,计算 H_{max} 及相应的弯矩 M 和竖向反力 V。

2. 弹性压缩影响下的汽车和人群荷载内力

汽车、人群荷载弹性压缩与结构自重弹性压缩相似,它考虑由汽车和人群荷载产生的轴向力对变位的影响,亦在弹性中心产生赘余水平力 ΔH(拉力)。由典型方程得

$$\Delta H = \frac{\Delta l}{\delta'_{22}} = \frac{\int_s \dfrac{N\,\mathrm{d}s}{EA}\cos\varphi}{\delta'_{22}} \tag{6-42}$$

取脱离体如图 6-56 所示,拱脚作用有三个已知力:弯矩 M、竖向反力 V 和通过弹性中心的水平力 H_1。

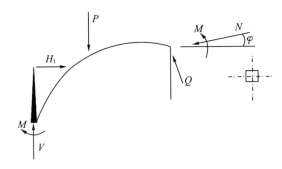

图 6-56　汽车荷载弹性压缩引起的内力

将各力投影到水平方向上得

$$N = \frac{H_1 - Q\sin\varphi}{\cos\varphi} = \frac{H_1}{\cos\varphi}\left(1 - \frac{Q}{H_1}\sin\varphi\right) \tag{6-43}$$

在式(6-43)中,第二项的数值常比第一项小很多,近似地略去第二项,则得

$$N = \frac{H_1}{\cos\varphi}$$

于是

$$\Delta l = \int_s \frac{N\,\mathrm{d}s}{EA}\cos\varphi = H_1 \int_l \frac{\mathrm{d}x}{EA\cos\varphi}$$

将上式代入式(6-42),并引入规定正负号后得

$$\Delta H = -\frac{H_1 \displaystyle\int_l \frac{\mathrm{d}x}{EA\cos\varphi}}{\delta'_{22}} = -\frac{H_1 \displaystyle\int_l \frac{\mathrm{d}x}{EA\cos\varphi}}{(1+\mu)\displaystyle\int_s \frac{y_2\,\mathrm{d}s}{EI}} = -H_1 \frac{\mu_1}{1+\mu} \tag{6-44}$$

考虑弹性压缩后的汽车、人群荷载作用下的推力(总推力)为

$$H = H_1 + \Delta H = H_1 - H_1 \frac{\mu_1}{1+\mu} = H_1 \frac{1+\mu-\mu_1}{1+\mu} \tag{6-45}$$

考虑到 $\Delta\mu = \mu_1 - \mu$ 比 μ_1 小得多,式(6-45)可简化为

$$H = H_1 \frac{1+\mu-\mu_1}{1+\mu} = H_1 \frac{1-\Delta\mu}{1+\mu_1-\Delta\mu} \approx \frac{H_1}{1+\mu_1} \tag{6-46}$$

汽车、人群荷载弹性压缩引起的内力为

弯矩:
$$\Delta M = -\Delta H \cdot y = \frac{\mu_1}{1+\mu}H_1 \cdot y \tag{6-47}$$

轴向力：
$$\Delta N = \Delta H \cos \varphi = -\frac{\mu_1}{1+\mu} H_1 \cos \varphi \qquad (6\text{-}48)$$

剪力：
$$\Delta Q = \pm \Delta H \sin \varphi = \mp \frac{\mu_1}{1+\mu} H_1 \sin \varphi \qquad (6\text{-}49)$$

将不考虑弹性压缩的汽车和人群荷载内力与考虑弹性压缩的汽车和人群荷载内力叠加起来,即得到汽车和人群荷载作用下的总内力。

本 章 小 结

1. 拱桥的受力性能:两端支承除了产生竖向反力外,还产生水平推力。这个水平推力,使拱体的弯矩大为减小,拱截面主要承受轴向压力,主拱圈是以受压为主的压弯构件。

2. 拱桥总体布置的主要内容包括:拟定结构体系及结构形式;确定桥梁的长度及分孔、设计高程和矢跨比、不等跨连续拱桥的处理、拱轴线的选择等。

3. 上承式拱桥可分为两大类:一类是普通型上承式拱桥,这类拱桥由主拱(圈)、拱上传载构件、桥面系等组成,主拱(圈)是主要承重结构;另一类是整体型上承式拱桥,这类拱桥由主拱片(指由拱圈与拱上传载构件组成的整体结构)和桥面系组成,主拱片是主要承重结构。

4. 当采用结构自重压力线作拱轴线而不考虑拱圈变形的影响时,拱圈各截面的结构自重内力均只有轴向压力,即拱圈处于纯压状态。

5. 在拱桥设计中,为了方便计算,往往将结构自重内力分为两部分,即不考虑弹性压缩影响的内力与仅由弹性压缩引起的内力。将两者相加,便得到结构自重作用下拱圈各截面的总内力。

6. 汽车和人群荷载的内力计算分两步进行:先计算不考虑弹性压缩影响的汽车和人群荷载内力,再计入弹性压缩影响下的汽车和人群荷载内力。

思 考 题

1. 主拱圈的截面形式有哪几种? 它们分别由什么材料构成?

2. 桁架拱桥由哪几个主要部分组成?

3. 上承式拱桥一般在哪些部位设置伸缩缝或变形缝? 为什么?

4. 净矢高、计算矢高和矢跨比是如何定义的?

5. 当多孔连续拱桥必须采用不等跨径时,可以采用哪些措施来平衡推力?

6. 拱桥设计中常用的拱轴线有哪些? 它们各有什么受力特点?

7. 中承式拱桥和下承式拱桥的短吊杆设计应特别注意哪些问题?

8. 连续梁拱组合式桥梁有哪些基本力学特征?

9. 如何验算中、下承式拱桥拱肋的稳定性?

10. 等截面悬链线无铰拱,$l=60$ m,$f_h=12$ m,$m=2.3$,计算荷载为公路—Ⅰ级车道荷载,求左拱脚最大正弯矩及相应的轴向力。

桥梁故事

赵州桥

赵州桥(Zhaozhou Bridge)(见图 6-57),又称安济桥,俗称大石桥,建于公元 595—605 年,是中国河北省石家庄市赵县境内一座跨洨河的石拱桥,由隋朝匠师李春建造。

【建桥原因】 在隋朝,赵县的名字是"赵州",是古时候南北交通的必经之地,北至如今的河北省涿州,南至东都洛阳。然而这样重要的交通枢纽,却被洨河隔断。尤其是到了降雨季节,洪水频发,严重影响南北通行。因为已经严重到了影响生计,所以当时的朝廷大官李春临危受命,负责赵州桥的设计和施工。

【桥型特点】 赵州桥改变了我国古代造桥半圆拱形的传统,采用了新潮的坦拱式结构。赵州桥把桥面变得更加平坦,垂直度更低了。赵州桥主孔净跨径 37.02 米,而拱高只有 7.23 米,拱高和跨径比为 1:5。这样就实现了低桥面和大跨径的双重功效,更利于马车通行,而且节约了用料,降低了成本,让施工更便捷。

赵州桥也开启了敞肩桥梁的先河。所谓敞肩,就是在大拱的两端设计小拱。其中一小拱跨径 3.8 米,另一拱 2.8 米。这种设计不仅使赵州桥更加美观,还使其符合结构力学理论,提高了桥梁的承载力和稳定性。

【基础结构】 赵州桥 1400 年屹立不倒,还有一个很大的原因是桥梁地基非常合理。李春选择了洨河两岸最平直的地方建桥,这里的地层由河水冲积而成,表面是粗砂层,下面是细石、粗石、细砂和黏土层。

李春为了减小桥台的垂直移位,在桥台边打入许多木桩;为了减小桥台的水平移动,又延伸了桥台的后座;为了保护桥台和桥基,还在沿河一侧设立了一道金刚墙;为了防止水流对桥基产生侵蚀,将金刚墙和桥台连成一体,增加了桥台的稳定性。

宋代杜德源在《安济桥》中称赵州桥为"驾石飞梁尽一虹,苍龙惊蛰背磨空"。赵州桥的设计,体现了我国古代工匠的创新精神以及精益求精的工匠精神。1991 年,赵州桥被美国土木工程师协会选定为世界第 12 处"国际土木工程历史古迹",是华夏民族的伟大工程。

图 6-57 赵州桥

第7章　钢梁桥

本章主要介绍钢板梁桥和钢桁梁桥的发展概况、结构形式、构造和结构设计计算等内容。

7.1 钢板梁桥

　　钢板梁桥是一种常见的钢桥形式,是指由钢板或型钢等通过焊接、螺栓或铆钉等连接而成的工字形或箱形截面的实腹式钢梁作为主要承重结构的桥梁。通常情况下,箱形截面的钢板梁桥称为钢箱梁桥,工字形截面的钢板梁桥称为钢板梁桥。钢板梁桥是中小跨径桥梁最常用的钢桥形式,同时也可作为构成其他形式钢桥构件的一部分。钢板梁桥的构造原理和设计方法是钢桥的最基本部分,也是其他形式钢桥设计的基础,因此可以说钢板梁桥是钢桥形式中最重要的组成部分。

　　简支钢板梁桥具有构造简单、自重轻、强度高、工厂化生产程度高以及施工方便等优点,早在 20 世纪 50 年代便在德国、日本等国家得到了较为广泛的运用。1948 年,德国的工程师利用一座被炸毁的旧悬索桥的桥墩建成了一座三跨连续的板梁桥,跨径为132.13 m＋184.45 m＋120.73 m,成为轰动当时桥梁界的壮举。该桥的主梁截面是由两块很宽的上、下翼缘板及两块腹板构成的箱形截面,并在上翼缘上铺设沥青以作桥面使用。该桥中间跨的跨中截面梁高为跨径的 1/56,梁高较小,而在中间墩的上方梁高增大为 8 m,截面变化情况比较明显。1956 年,德国的工程人员在贝尔格莱德建造了Save 桥,该桥的跨径为 75 m＋261 m＋75 m,其截面形式为双主梁截面,并在两个板梁上方设置了钢桥面板。我国由于钢材产量的限制,在 20 世纪 90 年代以前钢材主要应用于铁路桥梁,应用于公路桥梁的极少。20 世纪 90 年代以后,随着经济的发展和钢材产量的提升,钢材才越来越多地被应用于公路桥梁。对于钢板梁桥,目前我国较多地将其应用于城市高架桥、立交桥等特殊情况,在其他中小跨径桥梁中应用得并不是很广泛。

7.1.1 钢板梁桥的结构形式

1. 钢板梁桥的组成

　　钢板梁桥的上部结构主要由主梁、联结系和桥面系组成,如图 7-1 所示,主梁是钢板梁桥的主要骨架,用于支撑整个上部结构,承担由桥面系和联结系传递来的荷载并将其传递给支座。联结系包括横向联结系和纵向联结系。横向联结系有实腹式梁和空腹式桁架两种形式,前者称为横梁,后者称为横联。横向联结系的作用是把各个主梁连接成整体,起到荷载横向分布、防止主梁侧向失稳的作用。纵向联结系通常采用桁架式结构,其作用主要是加强桥梁的整体稳定性,并与横梁共同承担横向力和扭矩的作用。桥面系主要是为了提供桥梁的行车部分,把桥面荷载传递给主梁和横梁。

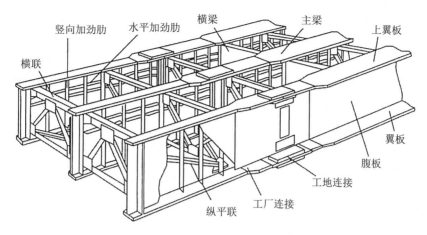

图 7-1　钢板梁桥的上部结构示意图

　　钢板梁桥的主梁通常可采用工字钢、H 型钢、焊接工形梁等结构形式,如图 7-2 所示;主梁与主梁之间采用横梁和纵梁相连以形成整体受力结构。主要受力结构的主梁和横梁在平面上形成格子形状的梁格,因此钢板梁桥也被称为格子梁桥。工字钢和 H 型钢通常是由工厂轧制做成等截面的形式,其与焊接钢梁相比具有构造简单、造价低廉等优点。但是采用工字钢和 H 型钢作为钢板梁桥的主梁,截面尺寸往往受到工厂轧制能力的限制,跨越能力较小,通常不超过 20 m。为了提高钢板梁桥的跨越能力,可在上、下翼缘板增加盖板,盖板通常采用焊接形式与型钢连接,如图 7-2d,e 所示。此法虽然能在一定程度上增大钢板梁桥的跨径,但是相关规范对于采用加盖板来增加上翼缘厚度这一方法做出了一些限制,如《公路钢结构桥梁设计规范》(JTG D64—2015)中要求,普通焊接板梁应尽量用三块钢板焊接而成,除非当板厚不能用其他方法解决时才采用外贴翼缘钢板的形式,外贴翼缘板宜用一块钢板。焊接工字形梁是由上、下翼缘和腹板焊接而成的,具有结构灵活、构造简单、工地连接方便、单个构件质量轻等优点,适用跨径可以达到 60 m,是中小跨径钢梁桥中最经济和使用最多的结构形式。由于焊接工形梁的抗扭刚度和横向抗弯刚度较小,《公路钢结构桥梁设计规范》(JTG D64—2015)中要求应采取相关措施以防止板梁在制作、运输、安装架设过程中出现过大变形和丧失稳定,在运营阶段的板梁端部支承处也应阻止梁端部截面扭转。

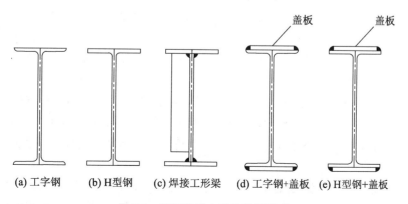

图 7-2　钢板梁桥主梁的截面形式

随着预应力混凝土桥面板的应用、厚钢板质量的提高以及焊接技术的发展，近年来出现了新的主梁结构形式，即在加大主梁间距的同时减少主梁的根数，例如，对于两车道或者三车道的桥梁，仅采用 2～3 根主梁。图 7-3 所示为双主梁钢板梁桥，桥宽为11.2 m。这种钢板梁桥的构造简单，大大减少了工厂钢结构制造的工作量，同时可以达到提高桥梁施工架设速度和降低桥梁建设成本的目的。

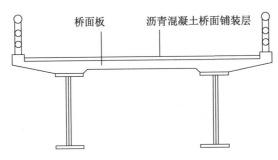

图 7-3　双主梁钢板梁桥示意图

钢板梁由于横向抗弯及抗扭惯性矩很小，在面内弯矩、扭矩及水平力的作用下容易发生弯扭失稳。因此，一般情况下，钢板梁单根主梁不能单独承担水平力和扭矩，主梁与主梁间必须连接在一起共同受力。在上下横撑处两主梁之间的平面内设置交叉杆与上梁的上部翼缘组成的水平桁架，称为上面水平纵向联结系，简称上平纵联，下面的水平桁架称为下平纵联。纵向联结系的主要作用是：① 承担横向水平力，并将全桥横向水平力可靠地传给支座；② 防止主梁下翼缘的侧向变形和横向振动；③ 与主梁及横向联结系构成空间桁架抵抗水平荷载和扭矩作用；④ 桥梁安装架设时主梁的定位。纵向联结系承受的荷载较小，通常采用角钢和 T 型钢等型钢制作，通过节点板与主梁连接。

上承式板梁桥在两主梁之间设有上下横撑和斜撑。上下横撑、斜撑与主梁的加劲肋和一部分腹板组成一个横向平面结构，称为横向联结系，简称横联，位于中间者称为中横联，位于主梁两端者称为端横联。横向联结系的主要作用是：① 防止主梁侧倾失稳；② 起到分配荷载的作用，使得各主梁受力均匀，防止主梁间相对变形过大导致桥面板受力不均匀；③ 与主梁及纵向联结系构成空间桁架抵抗水平荷载；④ 桥梁安装架设时主梁的定位；⑤ 抵抗桥梁的扭矩，将扭矩和水平力传递到支座；⑥ 在桥面板端部起到横向支撑的作用。对于①～③而言，横向联结系设置在跨间位置较为有效；对于⑤和⑥而言，横向联结系设置在支承处较为有效。不论横向联结系设置在何处，都应尽量保证其与梁的翼缘直接相连。关于桥面系部分将在钢板梁桥分类中做相关介绍。

2. 钢板梁桥的分类

根据桥面板形式，钢板梁桥可以分为钢筋混凝土桥面板钢板梁桥和钢桥面板钢板梁桥。钢桥面由顶板和焊接于顶板上的纵向及横向加劲肋组成，其具有自重轻、极限承载能力大、桥面建筑高度小等优点，是大跨径钢桥和建筑高度受到限制时最常采用的结构形式。

根据桥面板的位置，钢板梁桥可以分为上承式钢板梁桥和下承式钢板梁桥两种。上承式钢板梁桥构造简单、省钢材，可整孔运送、整孔架设，常用于小跨径的钢板梁桥。与上承式钢板梁桥相比,下承式钢板梁桥增加了桥面系,制造费料、费工,且由于桥宽比较大,无法整孔运送,增加了装运与架桥的工作量,适用于线路高程不宜提高且桥下又要求一定净空及建筑高度受限的情况。

根据结构体系,钢板梁桥可以分为简支钢板梁桥、连续钢板梁桥和悬臂钢板梁桥3 种,如图 7-4 所示。

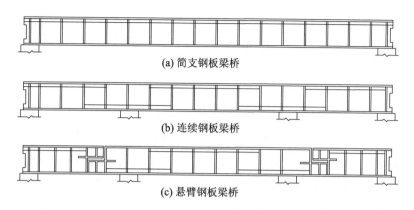

(a) 简支钢板梁桥

(b) 连续钢板梁桥

(c) 悬臂钢板梁桥

图 7-4　钢板梁桥结构体系

简支钢板梁桥是最简单的结构形式,经济跨径一般在 40 m 以下,当跨径较大时多采用连续钢板梁桥的结构形式。连续钢板梁桥的经济跨径可以达到 60 m。与简支钢板梁桥相比,连续钢板梁桥具有伸缩缝少、噪声小、行车平稳、挠度小、截面经济等优点,目前有逐渐取代简支钢板梁桥的趋势。但是连续钢板梁桥对地基不均匀沉降较为敏感,软土地基的连续钢板梁桥的附加弯矩较大。悬臂钢板梁桥是静定结构,弯矩与连续梁桥比较接近,截面比简支梁桥经济,当地基产生不均匀沉降时不会产生附加弯矩,但是其伸缩缝较多,悬臂挠度较大,线形存在折角现象,对行车不利,且牛腿结构受力较为复杂,容易引起疲劳破坏,现已很少采用。

此外,根据桥面板参与主梁受力的情况,钢板梁桥还可分为结合梁桥和非结合梁桥。结合梁桥的桥面板参与主梁共同受力,钢板梁与桥面板结合后由组合截面承受外荷载;非结合梁桥的桥面板不参与主梁共同受力,外荷载由钢板梁单独承担。对于钢筋混凝土桥面板结合梁桥,桥面板与钢板梁之间用剪力连接键连接。结合梁桥这一构造的实质是,剪力连接键使钢筋混凝土板与钢梁在竖向荷载的作用下共同受弯,钢梁的上翼缘或上弦杆所需的承压面积可大大减小,这样充分发挥了混凝土和钢材的受力特性。同时,钢筋混凝土与钢梁结合成一个整体,其截面刚度大,可以减少钢材用量,即与同跨径非结合梁桥相比用钢量较少。结合梁桥在活载作用下比全钢梁桥噪声小,在人口密集的城市中采用较合理。结合梁桥由于具有上述优点,因而在公路桥梁中得到了广泛的应用。

结合梁桥适用于承受正弯矩的简支体系,这样沿跨径全长的钢梁混凝土板均承受压力,但在有正、负弯矩区的连续梁或悬臂梁等桥梁体系中,也可以采用结合梁这一结构形式,只不过在负弯矩区应采用一定的结构形式加以处理。

由于钢筋混凝土板参与钢梁上翼缘受压,可以大大减小钢梁上翼缘的截面面积,因

此,除了工字钢做成的小跨径梁(见图 7-5a)外,一般钢梁的截面都做成不对称的形式,上翼缘常常只设置一个翼缘板,如图 7-5b 所示,使上翼缘的截面面积比下翼缘的小很多。焊接结合梁上翼缘由尽可能小的钢板组成,下翼缘通常采用很厚的翼缘板,如图 7-5c 所示。

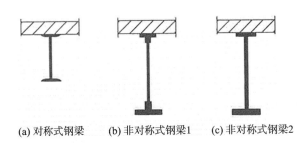

(a) 对称式钢梁　　(b) 非对称式钢梁1　　(c) 非对称式钢梁2

图 7-5　钢梁组合截面形式

采用钢梁与混凝土板共同受力的结构形式可以减小所采用的钢梁的高度,一般情况下可以比同跨径普通钢梁的梁高小 15%～25%。

为了保证钢筋混凝土板与钢梁能够较好地连接在一起共同受力,形成结合梁的形式,必须设置可靠的剪力连接键来传递弯曲变形中的错动剪力。剪力连接键可用刚性钢支撑和突出的柔性钢筋做成,如图 7-6 所示。

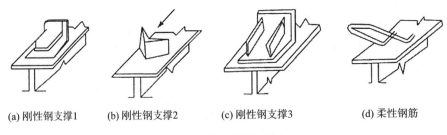

(a) 刚性钢支撑1　　(b) 刚性钢支撑2　　(c) 刚性钢支撑3　　(d) 柔性钢筋

图 7-6　剪力传递的形式

刚性钢支撑连接在钢梁上翼缘上,并伸入混凝土板中以阻止板对梁的剪切、滑移。刚性钢支撑通常由短型钢做成并铆接或焊接在钢梁上,如图 7-7 所示。为了增强角钢的支撑刚度,角钢的刚性钢支撑通常采用焊上斜板或刚性肋壁的加劲方式,这种结构安全可靠,是我国常采用的形式之一。

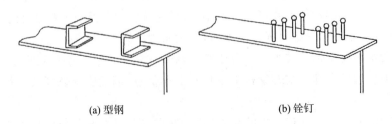

(a) 型钢　　　　　　　　　　　　(b) 铨钉

图 7-7　刚性钢支撑

突出的柔性钢筋的剪力连接键如图 7-6d 所示,这种形式的剪力连接键由斜向伸进板的混凝土中的环形钢筋构成,其重要作用是防止混凝土板向上脱开,构造简单且比刚性钢支撑的柔性大。因此,它的最大承载力往往由允许最大错动量来控制,其值可由试验公式计算确定,目前这种形式已很少采用。

虽然非结合钢板梁桥不考虑钢梁与混凝土桥面板的共同作用,允许钢板梁与混凝土桥面板之间有微小的相对滑动,但是,如果钢板梁与混凝土桥面板之间没有任何连接,在车轮冲击、车辆加速与制动、地震等作用下,桥面板有可能产生过大的滑移,导致钢梁的磨耗和腐蚀。因此,非结合钢板梁桥需要限制桥面板的过大滑移。同时,钢梁翼板与桥面板的密贴和相对固定,对翼板的局部稳定和钢板梁的侧倾稳定很有利。图 7-8 是钢梁与混凝土桥面板的典型连接形式。图 7-8a 所示为将钢筋焊接于钢梁顶面,钢筋 45°弯起且伸入混凝土面板内的长度不小于 150 mm,钢筋间距不大于 1 m。图 7-8b 是采用焊接钢板的连接形式,钢板的宽度通常为 50 mm。

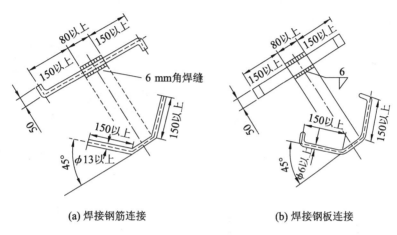

(a) 焊接钢筋连接　　　　　　　　(b) 焊接钢板连接

图 7-8　钢梁与混凝土桥面板的连接形式(尺寸单位:mm)

7.1.2　钢板梁桥的构造与布置

1. 主梁连接构造

(1) 主梁翼缘板构造要求

主梁翼缘板的构造设计必须综合考虑翼缘板的局部稳定(见图 7-9)和主梁的弯扭屈曲(见图 7-10),确保钢梁在制作、运输、安装和运营等各种工作状态下不出现翼板的局部失稳和主梁的弯扭失稳。《公路钢结构桥梁设计规范》(JTG D64—2015)规定焊接板梁受压翼缘的伸出肢宽度不宜大于 40 cm,也不应大于其厚度的 $12\sqrt{345/f_y}$ 倍,受拉翼缘的伸出肢宽度不应大于其厚度的 $16\sqrt{345/f_y}$ 倍。此外,翼板的面外惯性矩应满足下式的要求:

$$0.1 \leqslant \frac{I_{yc}}{I_{yt}} \leqslant 10 \tag{7-1}$$

式中:I_{yc}——受压翼缘对竖轴的惯性矩;

　　　I_{yc}——受拉翼缘对竖轴的惯性矩。

当结构采用外贴翼缘钢板(盖板)时,为保证盖板传力的可靠性,应保证有一层盖板覆盖板梁的全长。板梁上、下翼缘的非全长盖板截断点的位置应伸出理论截断点以外。

在计算焊缝长度时,延伸部分板件的焊缝长度按板截面强度的50%计算。为了保证焊缝质量能够满足要求,焊接板束的侧面角焊缝应尽量采用自动焊或者半自动焊,且较宽板件与较窄板件边缘之间的距离不能小于50 mm。相互叠合的翼缘板的侧面角焊缝应采用相等尺寸的焊缝。外侧受压翼缘盖板厚度不宜小于内侧翼板宽度的1/24,也不宜大于内侧翼板厚度的1.5倍。外侧受拉翼缘盖板厚度不宜小于内侧翼板宽度的1/32。外侧盖板的长度不应小于$(2H+1)$m,其中H为梁高。为保证板件截面的平缓过渡,应将板端沿板宽方向做成不大于1:2的斜角。在外层盖板中断后,应将板端沿板宽度方向加工成不陡于1:4的斜边,厚度方向加工成不陡于1:8的斜坡,末端宽度不宜小于20 mm,厚度为$(h_{焊脚}+2)$mm,如图7-11所示。

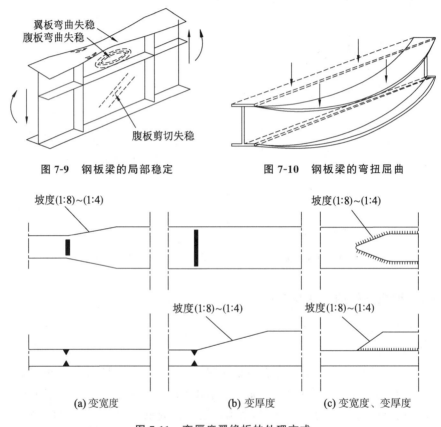

图7-9 钢板梁的局部稳定　　　　图7-10 钢板梁的弯扭屈曲

(a) 变宽度　　　　(b) 变厚度　　　　(c) 变宽度、变厚度

图7-11 变厚度翼缘板的处理方式

注:受压翼缘坡度可采用1:4;受拉翼缘坡度可采用1:8。

翼缘板应该有足够的宽度,以确保钢板梁不至于产生整体弯扭失稳。当跨径不大(<60 m)且有足够的横向连接时,翼板的宽度一般为250~650 mm,跨径大者可以取较大值。当采用高强度螺栓连接时,考虑到螺栓布置的需要,翼板的宽度一般不小于350 mm。考虑到应尽量减小焊接变形,翼板的宽度不宜太宽,一般$b=(0.2～0.45)h<600$ mm(h为梁高)。从弯扭屈曲角度考虑,受压翼缘的宽度可以比受拉翼缘稍宽一些。

翼缘板与腹板之间采用焊接的方式连接,《公路钢结构桥梁设计规范》(JTG D64—

2015)对焊缝做了如下要求：

① 翼缘板与腹板的连接应采用角焊缝，腹板两侧焊缝厚度之和应大于腹板的厚度，此外翼缘板与腹板的连接也可以采用全焊透焊缝。

② 板梁翼缘的拼接焊缝与腹板的拼接焊缝之间的距离不宜小于 10δ（δ 为腹板厚度），且拼接的位置不应布置在应力最大的部位。

板梁翼缘板在支承处的应力状态比较复杂，为保证此处翼缘板的稳定，应在支承处及外力集中处设置成对的横向加劲肋，即设置支承加劲肋。支承加劲肋应尽量延伸到翼缘板的外边缘，在支承处应磨光并与下翼缘焊连，在外力集中处，支承加劲肋应与上翼缘焊连（焊接梁除外）。支承加劲肋按照压杆进行设计，对于由两块板或角钢组成的加劲肋，承压截面为加劲肋及填板的截面加每侧由加劲肋中轴算起不大于 12 倍板厚的腹板截面，如图 7-12a 所示；对于由 4 块板或角钢组成的加劲肋，承压截面为 4 块加劲肋及填板截面所包围的腹板面积（铆接梁仅为加劲角钢和填板）另加不大于 24 倍板厚的腹板截面，如图 7-12b～d 所示。验算过程中构件长度 l 应取加劲肋长度的 1/2，同时应验算伸出肢与贴紧翼缘部分的支承压力。

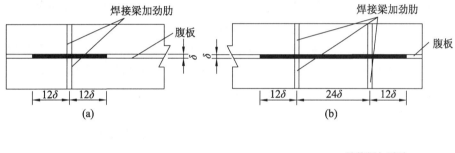

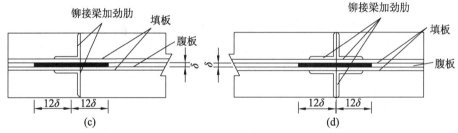

图 7-12　加劲肋按压杆设计计算的承压截面

对于端加劲肋，其设计应符合《公路钢结构桥梁设计规范》（JTG D64—2015）中的以下要求：

① 端加劲肋伸出的宽度应为厚度的 12.5 倍。

② 在对端加劲肋受压状态的检算中，加劲肋与腹板为焊接连接构造的情况下，取腹板厚度的 24 倍的范围作为由腹板和端加劲肋组成的立柱的有效截面积，如图 7-13 所示。在验算中构建的长度 l 应取加劲肋长度的 1/2。

③ 对于线支承的情况，由于梁的伸缩导致线支承的中心与端加劲肋的中心可能存在不一致的情况，一般跨径在 35 m 以下的梁其伸缩量较小，此时考虑到翼缘板、底板的刚度对应力分布的影响，以及端加劲肋与下翼缘接触部分采用 K 形焊接（完全熔透焊）

使之相互密贴,因此可取与下翼缘相接触部分的端加劲肋外边缘间的宽度 b 和它的厚度的乘积作为线支承的有效承压面积。

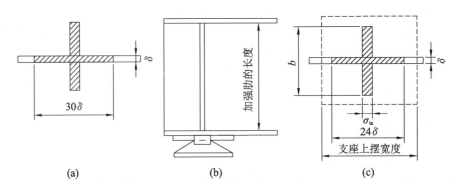

图 7-13　端加劲肋构造要求

（2）主梁腹板构造要求

在弯矩和剪力的作用下,腹板同时存在弯曲正应力和剪应力,此时腹板需满足强度和稳定的要求。此外,腹板还应满足一定的刚度要求,以避免在荷载作用下发生过度压曲,从而引起腹板-翼板连接处及其附近区域的疲劳。

为提高腹板的稳定临界应力,可采取增加板厚和设置加劲肋两种方法,其中设置加劲肋方法的效果更加显著,这是减小腹板厚度、减轻钢重的最有效途径,也是钢桥设计中最为常用的方法。在焊接板梁中设置加劲肋时应满足《公路钢结构桥梁设计规范》（JTG D64—2015）中的下列要求：

① 与腹板对接焊缝平行的加劲肋,应设在距对接焊缝不小于 10δ 或者不小于100 mm 的位置。

② 与腹板对接焊缝相交的加劲肋,加劲肋及其焊缝应连续通过腹板焊缝。

③ 纵向加劲肋与横向加劲肋相交时,横向加劲肋宜连续通过。

④ 横向加劲肋与梁的翼缘板焊接时,应将加劲肋切出不大于 5 倍腹板厚度的斜角。

⑤ 纵向加劲肋与横向加劲肋的相交处,宜焊连或栓连。

横向加劲肋除设置在主梁支承处及外力集中处的支承加劲肋外,还有一类是中间横向加劲肋,其主要作用是防止腹板剪切失稳,如图 7-14 所示。

设置横向加劲肋和纵向加劲肋的腹板,在正应力和剪应力的作用下,有可能出现两种失稳模态。当加劲肋的刚度相对腹板厚度较小时,失稳状态下随同腹板的面外变形加劲肋产生弯曲,加劲肋起到增加腹板面外刚度的作用。当加劲肋的刚度相对腹板厚度足够大时,加劲肋可以约束腹板的面外变形,在失稳的状态下,腹板在加劲肋处不出现面外变形,加劲肋对腹板起到支持作用,失稳模态在加劲肋处形成节线。

图 7-14c~e 为中间横向加劲肋的标准设置方式,可以在腹板的一侧或者两侧设置。中间横向加劲肋的间距,与腹板的正应力、剪应力、宽厚比的大小,有无纵向加劲肋及其层数有关。

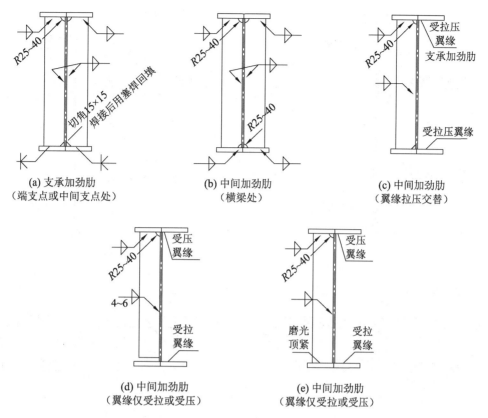

图 7-14 典型横向加劲肋的结构形式与连接(尺寸单位:mm)

横向加劲肋应该具有足够的刚度,当板梁达到极限承载状态时,其应能够成为腹板屈曲变形波的波节,否则腹板承载能力必须折减。

为了防止腹板在弯曲压应力的作用下弯压失稳,可在设置横向加劲肋的同时设置纵向加劲肋。纵向加劲肋可与横向加劲肋设置在腹板的同一侧,也可设置在不同侧,如图 7-15a,b 所示。纵向加劲肋与横向加劲肋不在腹板的同一侧时,加劲肋可以做得较长,以便于进行自动焊接;如果与横向加劲肋设置在同一侧,则应该在其前后各空出70 mm左右的间隙,如图 7-15c 所示。纵向加劲肋需与横向加劲肋连接时,可选择用角焊缝连接,且横向加劲肋应较纵向加劲肋宽 10 mm 以上,如图 7-15d 所示。

纵向加劲肋与腹板宜用角焊缝连接,在与横向加劲肋交叉处宜留不小于 30 mm 的间隙,但是当考虑纵向加劲肋与腹板共同承担轴向力时,纵向加劲肋应连续通过,承受压力时也可焊接于横向加劲肋。

纵向加劲肋刚度根据腹板的稳定条件有两种确定方法:一种是要求腹板的失稳荷载大于翼板的屈服荷载,要求纵向加劲肋有足够的刚度,当腹板达到极限承载状态时,它应能成为腹板屈曲变形波的波节,以腹板加劲肋围成的局部失稳荷载作为腹板失稳判别标准;另一种是当腹板达到极限承载状态时,不要求加劲肋成为腹板屈曲变形波的波节,以腹板整体失稳荷载作为腹板失稳判别标准,加劲肋刚度换算为腹板的抗弯刚度计算。

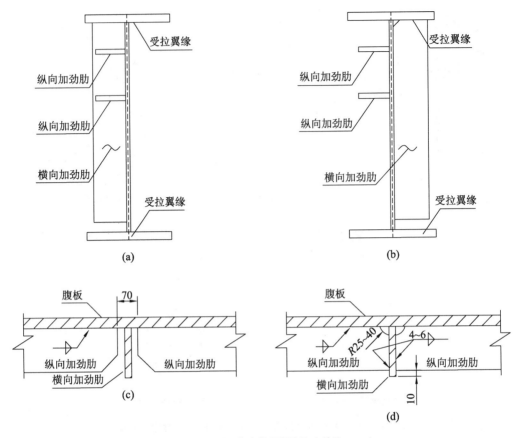

图 7-15　纵向加劲肋的设置(尺寸单位:mm)

2. 联结系连接构造

(1)纵向联结系连接构造

《公路钢结构桥梁设计规范》(JTG D64—2015)中提出翼缘的上下平面内宜设纵向联结系,以承受水平荷载和偏心荷载等产生的扭矩作用。纵向联结系通常通过采用节点板的结构形式实现与主梁间的连接。节点板位于纵向联结系平面,焊接于腹板。平联杆件通常是在工地拼装时与主梁连接,采用高强螺栓连接于节点板上。

图 7-16 为纵向联结系的连接构造示意图。图 7-16a 表示出了平联杆件与节点板在竖直平面内的相对关系,为便于安装,通常将平联设置于节点板的上侧。此外,纵向联结系、横向联结系和腹板形心应尽可能交于一点,不出现偏心,如图 7-16b,d,e 所示。但是无偏心时有可能导致节点板的尺寸过大,为了减小节点板的尺寸,有时不得不做成偏心的结构形式,如图 7-16c 所示。

图 7-17 为纵向联结系连接与主梁纵向加劲肋的关系。当节点板与纵向加劲肋在同一平面或很接近(距离 100 mm 以下)时,通常将纵向加劲肋断开。节点板距离纵向加劲肋较远(距离 100 mm 以上)时,可以平行设置。图 7-18 为纵向联结系连接与主梁横向加劲肋的关系,通常主梁腹板横向加劲肋连续通过。

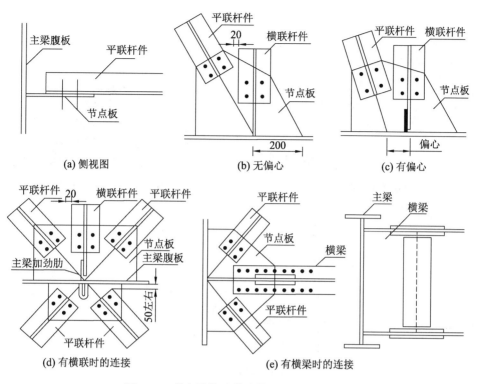

(a) 侧视图　　　　(b) 无偏心　　　　(c) 有偏心

(d) 有横联时的连接　　　　(e) 有横梁时的连接

图 7-16　纵向联结系的连接(尺寸单位:mm)

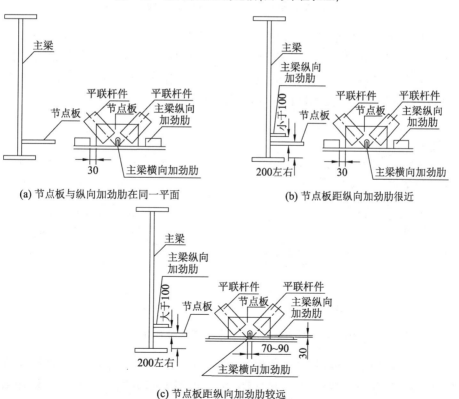

(a) 节点板与纵向加劲肋在同一平面　　　　(b) 节点板距纵向加劲肋很近

(c) 节点板距纵向加劲肋较远

图 7-17　纵向联结系连接与主梁纵向加劲肋的关系(尺寸单位:mm)

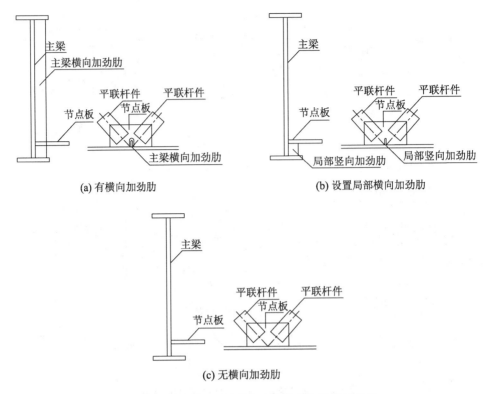

(a) 有横向加劲肋　　　　　　　　(b) 设置局部横向加劲肋

(c) 无横向加劲肋

图 7-18　纵向联结系连接与主梁横向加劲肋的关系

纵向联结系杆件相互交叉时,交叉处一般做成相互连接的结构形式。图 7-19a 为角钢或 T 型钢的突出肢位于同一侧,将其中一根杆件在连接处截断,借助拼接板将相互交叉的杆件连接在一起。图 7-19b 为角钢或 T 型钢的突出肢位于异侧,在杆件相互交叉处设置填板,使用螺栓连接在一起,杆件连续通过。

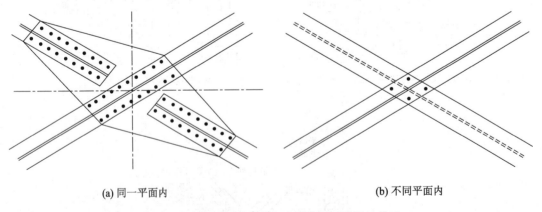

(a) 同一平面内　　　　　　　　　　(b) 不同平面内

图 7-19　纵向联结系连接与主梁横向加劲肋的关系

与腹板焊接的节点板,其另一边焊接于加劲肋上,节点板切去一块,这样使节点板边缘的焊缝至加劲肋与腹板相连的焊缝保持一定的距离,如图 7-20 所示。斜杆端头的连接焊缝至节点板边缘的焊缝也应保持一定的距离。为了减小应力集中,节点板应做成圆弧形,并在焊接结束后用砂轮或风铲对焊缝表面进行加工,使表面平顺。

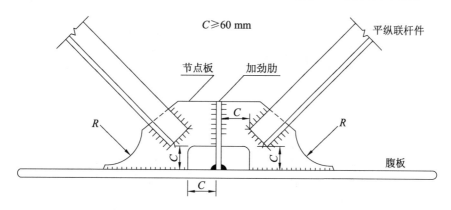

图 7-20 纵向联结系与主梁的连接

（2）横向联结系连接构造

横向联结系的连接方式取决于横梁与主梁的相对位置。当横梁与主梁顶面同高时腹板的连接形式如图 7-21 所示,横梁可与主梁横向加劲肋搭接（见图 7-21a～e）、与主梁横向加劲肋对接（见图 7-21f）、与主梁横向加劲肋焊接（见图 7-21g）和连续通过主梁（见图 7-21h）等。图 7-21a 和图 7-21b 所示的结构形式仅传递剪力,其余结构形式既可传递剪力也可传递弯矩。

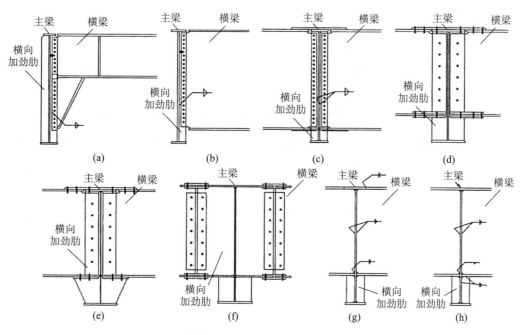

图 7-21 横梁与主梁顶面同高时腹板的连接形式

图 7-22 为横梁上翼缘与主梁的连接形式,其中,图 7-22a 为连接板焊接于主梁上翼缘,图 7-22b 为螺栓搭接于主梁上翼缘。

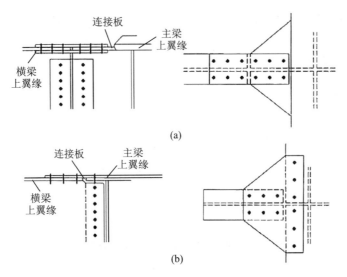

图 7-22　横梁与主梁上翼缘的连接形式

图 7-23 为主梁间有高差或上翼缘倾斜时横梁缘与主梁的连接形式。其中,图 7-23a 为采用楔形填板的连接形式,图 7-23b 为在连接处将横梁翼缘板弯折的连接形式,图 7-23c 为将主梁翼板做成倾斜的连接形式。

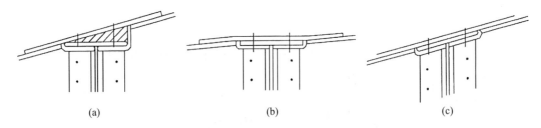

图 7-23　主梁间有高差或上翼缘倾斜时横梁缘与主梁的连接形式

图 7-24 为横梁与主梁顶面不同高时腹板的连接形式。其中,图 7-24a 只传递剪力,图 7-24b,c 既传递剪力也传递弯矩。

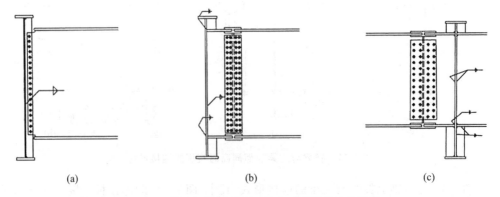

图 7-24　横梁与主梁顶面不同高时腹板的连接形式

图 7-25 为横联上弦与主梁的连接形式。其中,图 7-25a 为纵向加劲肋在节点板内

的情况，图 7-25b 为纵向加劲肋离开节点板 60 mm 以上的情况，图 7-25c 为左侧没有纵向加劲肋的情况，图 7-25d 为 T 型钢有偏心的情况。

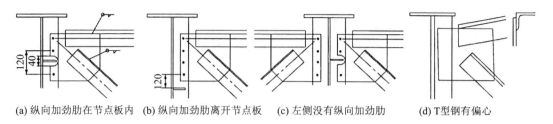

(a) 纵向加劲肋在节点板内　(b) 纵向加劲肋离开节点板　(c) 左侧没有纵向加劲肋　(d) T 型钢有偏心

图 7-25　横联上弦与主梁的连接形式 (尺寸单位 : mm)

图 7-26 为横联下弦与主梁的连接形式。其中，图 7-26a 为角钢有偏心的情况，图 7-26b 为 T 型钢有偏心的情况，图 7-26c 为 T 型钢无偏心的情况，图 7-26d 为角钢无偏心的情况，图 7-26e 为主梁有高差的情况。

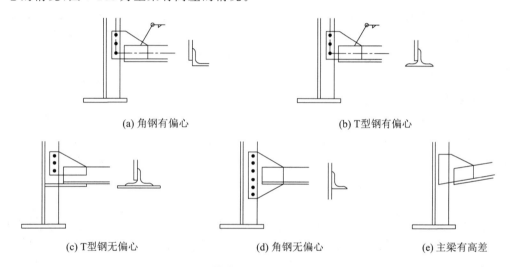

(a) 角钢有偏心　　　　　　　　　　　(b) T 型钢有偏心

(c) T 型钢无偏心　　　　　(d) 角钢无偏心　　　　　(e) 主梁有高差

图 7-26　横联下弦与主梁的连接形式

平纵联杆件端部的节点板可与上翼缘焊连，如图 7-27 所示，但不应与受拉的下翼缘焊连，这是受拉翼缘的疲劳强度受焊接影响较大的缘故。通常，平纵联斜杆端的节点板与腹板焊连，而横撑则焊在加劲肋上，以免降低翼缘的疲劳强度，如图 7-27b 所示。

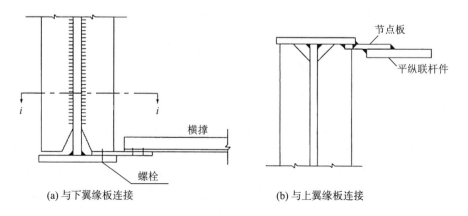

(a) 与下翼缘板连接　　　　　　　　　(b) 与上翼缘板连接

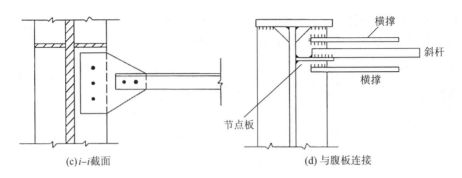

(c) $i-i$ 截面　　　　　　　　　　　　　(d) 与腹板连接

图 7-27　横梁联结系与主梁的连接形式

3. 钢板梁桥的布置

(1) 主梁截面布置

横截面布置的主要目的是确定主梁的根数与间距。主梁的根数与间距直接影响主梁的受力大小和截面尺寸,同时影响桥面板的跨径和受力状态。当桥面板支撑于主梁上时,主梁的间距决定桥面板的跨径,主梁的横向布置还会影响桥面板的受力情况。当汽车荷载多位于主梁之间时,桥面板内产生的弯矩较大,当汽车荷载主要集中在主梁中心附近时,桥面板弯矩减小,但剪力增大。如果主梁间距过大,往往需要设置内纵梁或较密的横隔板来减小桥面板的跨径。

图 7-28 是钢筋混凝土桥面板钢板梁桥常用的设计横断面布置示例。主梁间距一般在 2.0～3.5 m,桥面板的悬臂长度在 1 m 以内。采用这样的主梁间距可以保证钢筋混凝土桥面板的跨中板厚控制在 26 mm 以内,桥面板悬臂根部板厚控制在 36 mm 以内,且可以利用桥面板梗肋的高度与跨中板厚度相协调。

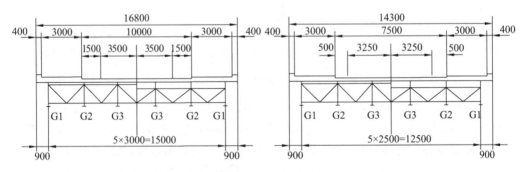

图 7-28　钢筋混凝土桥面板钢板梁桥常用的设计横断面布置示例(尺寸单位:mm)

对于钢桥面板的钢板梁桥,因钢桥面板的自重较轻,跨越能力较大,特别是采用闭口加劲肋时,正交异性钢桥面板的跨径可以达到 4～6 m,如果适当设置纵肋和横肋,横梁就有可能成为钢桥面板的主要支撑结构。因此,此时钢板梁桥的主梁间距设置较为灵活,甚至仅设置 2 根主梁。

在主梁截面设计中可根据弯矩的大小来调整主梁截面以达到节省钢材的目的。调整主梁截面的方法有改变梁高、板厚和翼缘板宽度。增加梁高是增大截面抗弯惯性矩的最有效方法,在大中跨径混凝土桥梁中应用广泛。但是对于钢板梁桥,由于其跨径不大(通常小于 60 m),且变梁高的钢板梁的制作、运输和安装非常麻烦,特别是在顶推法施工时要求采用等梁高,因此,钢板梁桥很少采用变梁高的设计,而是采用改变翼缘板板厚和宽度的方法。

从减轻梁重的角度,截面变化的数量多更好,但是加工制作工作量大,而且对接焊缝多,对主梁受力不利。因此,截面变化的数量和位置的确定应该综合考虑主梁的弯矩变化大小、加工制作工作量和连接位置的受力等。当跨径较大、截面弯矩变化大时,截面变化的数量可以多一些。但是从加工制作的角度,同一截面的最小长度不宜太短。

从受力的角度,钢板梁桥翼缘板截面变化数量和位置可根据设计荷载的分布确定。从加工制作的角度,截面变化位置应该尽可能设置在工地连接位置,不同板厚的翼缘板高强度螺栓连接采用填板调整,如图 7-29 所示。

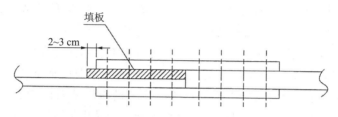

图 7-29　翼缘板高强度螺栓连接填板

（2）纵向联结系布置

梁式上部构造应在其弦杆或翼缘的上下平面内设纵向联结系。但跨径较小的上承式梁桥,可不设下弦(或下翼缘)平面内的纵向联结系。跨径 25 m 以下并且具有强大横向联结系的直桥可以省略下层纵向联结系。钢梁与钢筋混凝土板组成的组合梁,如在安装时没有特殊要求,可不设行车系平面内的纵向联结系。

纵向联结系有利于防止板梁桥施工时的失稳、抵抗横向力及扭矩的作用,因此必须保证其有足够的强度和刚度。对于直线桥,由于其扭矩一般较小,纵向联结系主要由刚度控制设计;对于曲线梁桥,由于其扭矩较大,纵向联结系的间距要求设置得小一些,此时横向联结系的间距也应适当减小。常用的纵向联结系布置形式如图 7-30 所示。

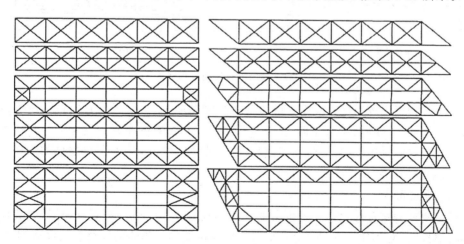

图 7-30　纵向联结系的布置形式

为了使横向荷载能够平顺地传递到支座,原则上工字形钢板梁桥应设置上下层纵向联结系,但是当上承式钢板梁桥的桥面板与主梁固结,并且可以抵抗主梁的侧倾弯扭失稳时,可以省略上层纵向联结系而只设置下层纵向联结系。当纵向联结系与主梁共同作用时,也可不考虑各构件不在同一高度的偏心影响。纵向联结系应该能够承受水平荷载和偏心荷载等产生的扭矩作用,且纵向联结系杆件应考虑自身重力引起的弯矩,该弯矩按跨径等于杆件长度的简支梁计算。

(3)横向联结系布置

横向联结系的结构形式及数量主要根据桥梁的整体横向刚度和主梁的侧向失稳要求设计,为了确保桥梁结构的整体受力和板梁具有良好的横向分布,钢板梁桥应设置横向联结系且中间横向联结系间距不宜大于受压翼缘宽度的30倍。从荷载横向分配的角度来看,通常可以设置两道端横梁和在跨中附近设置1~3道中横梁,当桥梁的跨径和宽度特别大时,可设置5根中横梁。横梁设置过多不会明显提高桥梁的横向刚度,但是为防止主梁侧向失稳,横向联结系的数量又不宜太少。因此,横梁的间距一般不大于6 m。横向联结系应尽量与梁的上下翼缘连接。若横向联结系焊于竖向加劲肋,则各加劲肋应与梁的受压翼缘焊连。同时,支承处必须设置端横梁以阻止梁端截面扭转。

横联要求具有足够的刚度,通常可以采用实腹式结构形式,如图7-31a所示。对于为防止主梁侧向失稳而布置的横梁,因其仅对主梁的侧向变形起到支承约束作用,故也可采用刚度相对小一些的桁架式横向联结系,如图7-31b所示。当在同一桥梁中采用多种不同结构形式的横向联结系时,构件种类多且构造复杂,制造与架设均较麻烦。因此,在实际应用中,横梁多采用单一的结构形式。

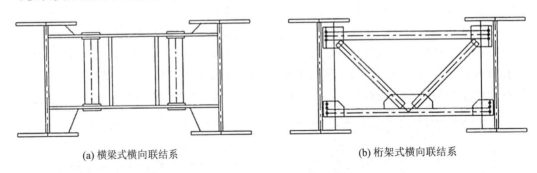

(a) 横梁式横向联结系　　　　　　　　　　　(b) 桁架式横向联结系

图7-31　横向联结系的结构形式

下承式钢板梁桥的横梁应设置肱板与腹板加劲肋连接,肱板的自由边长度不得超过板厚的60倍。横向联结系的位置应与竖向加劲肋位置的布置一起考虑。在桥梁架设及后期的养护过程中,常需将梁端顶起,故梁端需设置顶梁。如果端横联的下横撑作顶梁用,则端横联的下横撑应适当加强。

(4)支点布置

桥梁支座的布置形式主要与桥梁的结构形式有关。一般在布置支座时,既要便于传递支座反力,又要使支座能充分适应梁体的自由变形。具体的注意事项包括:上部结构是空间结构时,支座应能同时适应桥梁顺桥向和横桥向的变形;支座必须保证能够可靠地传递垂直和水平反力;支座应使由梁体变形所产生的纵向位移,横向位移和纵、横向转角尽可能不受约束;固定支座宜设置在具有较大的支座反力处;在同一桥墩上的几个支座应具有相近的转动刚度;支座应具有一定的刚性,以便将荷载较均匀地分布于支承垫石上;连续梁可能发生支座沉陷时,应考虑支座高度调整的可能性。

在支座安装前应对支座的安装位置进行测量检验,支座安装平面应和支座的滑动平面或滚动平面平行,且平行度的偏差不宜超过 2‰。除此之外,还应对活动支座顶、底板的相对位置进行检查。支座安装后,滚动和滑动平面应保持水平,与理论平面斜度相比不大于 2‰。支座上下板中心应对中,其偏差不应大于 2‰。为保证支座安装平整,一般应在支座底面与支承垫石顶面之间捣筑 20~50 mm 厚的干硬性无收缩混凝土砂浆垫层。

在使用年限内应定期对支座进行养护,养护工作包括:钢件的表面油漆、辊轴及摇轴转动部分定期擦洗并涂抹润滑油、滑动支座不锈钢表面的擦洗及检查支座的锚栓等。只有定期养护才能保证支座处于正常工作状态。对于不易养护的支座,必须四面用防护罩保护。

此外,为了便于后期维修和更换支座,工形钢板梁桥应该设置支承千斤顶的临时支点加强结构,常用的临时支点布置形式如图 7-32 所示。

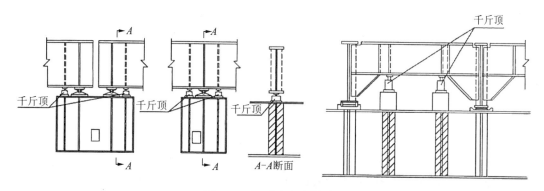

图 7-32　临时支点布置形式

7.1.3　设计计算

1. 主梁截面设计

(1) 主梁梁高设计

主梁要求有足够的强度和刚度,通常主梁以截面应力控制设计的用钢量比以刚度控制设计的用钢量要省,为了有效地发挥钢材的作用和节省钢材,主梁应该尽可能地使用以截面应力控制设计的方式。尤其是我国相关公路钢桥设计规范规定的挠度要求较高(与钢筋混凝土桥梁相同),刚度难以满足要求,设计时必须充分地注意这一点。如图 7-33 所示,假设主梁以截面应力控制设计,截面应力控制设计的最大拉应力和压应力分别为 σ_{tm} 和 σ_{cm},腹板高为 h,腹板厚为 t,受压翼缘面积为 A_c,受拉翼缘面积为 A_t。

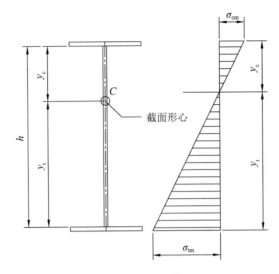

截面形心

图 7-33　钢板梁截面

在理想设计状态下,截面惯性矩 I 为

$$I = A_c y_c^2 + \frac{1}{3} y_c^3 t + \frac{1}{3} y_t^3 t + A_t y_t^2 \tag{7-2}$$

式中： $y_c = \dfrac{\sigma_{cm}}{\sigma_{cm} + \sigma_{ttm}} h$;

$\quad\quad y_t = \dfrac{\sigma_{tm}}{\sigma_{cm} + \sigma_{tm}} h$ 。

$$\delta = \frac{y_t - y_c}{2} = \frac{\sigma_{tm} - \sigma_{cm}}{\sigma_{cm} + \sigma_{tm}} \cdot \frac{h}{2}$$

$$A_t y_t + h t \delta - A_c y_c = 0$$

如果截面设计弯矩为 M ,根据截面内力与外力平衡原理可以得到

$$A_c \sigma_{cm} y_c + \frac{\sigma_{cm}}{2} y_c \cdot \frac{2}{3} y_c + \frac{\sigma_{tm}}{2} y_t \cdot \frac{2}{3} y_t + A_t \sigma_{tm} y_t = M \tag{7-3}$$

因此可近似求得翼缘板所需要的面积,即

$$A_c = \frac{M}{\sigma_{cm} h} - \frac{2\sigma_{cm} - \sigma_{tm}}{\sigma_{cm}} \cdot \frac{ht}{6}$$

$$A_t = \frac{M}{\sigma_{tm} h} - \frac{2\sigma_{tm} - \sigma_{cm}}{\sigma_{tm}} \cdot \frac{ht}{6} \tag{7-4}$$

将式(7-4)代入主梁全截面面积计算公式 $A = A_c + A_t + ht$,可以得到钢梁截面面积 A 与腹板高 h 的函数关系,即

$$A = \frac{M}{\sigma_{cm} h} - \frac{2\sigma_{cm} - \sigma_{tm}}{\sigma_{cm}} \cdot \frac{ht}{6} + \frac{M}{\sigma_{tm} h} - \frac{2\sigma_{tm} - \sigma_{cm}}{\sigma_{tm}} \cdot \frac{ht}{6} + ht \tag{7-5}$$

令 $dA/dh = 0$,就可求得最小截面面积相应的腹板高(称为经济腹板高度) h ,即

$$h = M \sqrt[3]{\frac{3\frac{h}{t}}{\sigma_{tm} + \sigma_{cm}}} \tag{7-6}$$

式中：h/t——腹板高厚比的限制值，可以根据腹板加劲肋的数量和腹板的抗剪能力确定。

以上是根据截面应力控制设计得到的最佳梁高。但实际上主梁还必须满足刚度的要求，即主梁的活载挠度 f 必须满足相关规范的要求。

影响主梁高度的因素较多，通常钢板梁的梁高 h 为 $L/25\sim L/12$（L 为跨径）。活载越大，要求的梁高越高，跨径越大，梁高与跨径之比 h/L 可以小一些。

当腹板的高度确定后，腹板的厚度可以根据主梁的剪力大小和腹板高厚比 h/t 的限制值确定。其中，h/t 主要由腹板的局部稳定控制，采用不同的加劲肋设计时，腹板高厚比的限制值也不相同。对于 Q345 钢材，腹板不设加劲肋时，$h/t\leqslant 60$；腹板设置横向加劲肋，但不设纵向加劲肋时，$h/t\leqslant 140$；腹板设置横向加劲肋，而且设置一段纵向加劲肋时，$h/t\leqslant 240$；当 $h/t>240$ 时，需要设置多段纵向加劲肋。

对于钢板梁桥，腹板剪应力一般较小，腹板厚度多数由稳定控制设计，采用加劲肋设计可以有效地减小腹板厚度，当跨径小于 40 m 时，腹板厚度一般为 $9\sim 12$ mm。

（2）翼缘板设计

当主梁腹板高度 h_w 和厚度 t_w 确定后，受拉和受压翼缘板的最小截面面积 A_t 和 A_c，可以由设计弯矩 M 以及主梁的最大控制设计拉应力 σ_t 和压应力 σ_c，通过下式求得：

$$A_c=\frac{M}{\sigma_c h}-\frac{(2\sigma_c-\sigma_t)ht}{6\sigma_c}$$
$$A_t=\frac{M}{\sigma_t h}-\frac{(2\sigma_t-\sigma_c)ht}{6\sigma_t}$$

(7-7)

翼板宽度 b_f 和厚度 t_f 的确定，必须综合考虑翼板的局部稳定和主梁的弯扭屈曲，确保钢梁在制作、运输、安装和运营等各种工作状态下不出现翼板的局部失稳和主梁的弯扭失稳。

根据板的稳定理论，受压板件欧拉应力为

$$\sigma_{xcr}=\frac{\chi^k\pi^2 E}{12(1-\nu^2)}\left(\frac{t}{b}\right)^2$$

(7-8)

式中：E——弹性模量；

　　　ν——泊松比；

　　　b——受压板件的宽度；

　　　t——受压板件的厚度；

　　　k——稳定系数；

　　　χ——约束系数。

由 $\sigma_{xcr}\geqslant f_y$（$f_y$ 为钢板的屈服强度）可以得到由稳定控制设计的宽厚比 b/t 为

$$\frac{b}{t}\leqslant\sqrt{\frac{\chi^k\pi^2 E}{12(1-\nu^2)f_y}}$$

(7-9)

对于工形截面翼板的局部稳定分析，可以将其近似假设为由腹板和横向加劲肋支承的三边简支板一边自由的板件，当横向加劲肋间距远远大于翼板宽度时，稳定系数近似为 $k=0.425$；工形钢板梁桥约束系数为 $\chi=1.0\sim 1.2$。假设 $f_y=345$ MPa（Q345），

$\chi = 1.1, k = 0.425$，代入式(7-9)可以得到 $b/t \leqslant 16.0$，如果取稳定安全系数为 1.7，则要求 $b/t \leqslant 12.3$。

（3）腹板设计

受弯实腹式构件腹板的剪应力 τ 应满足下式的规定：

$$\gamma_0 \tau \leqslant f_{vd} \tag{7-10}$$

闭口截面腹板剪应力可按剪力流理论计算，开口截面腹板弯曲剪应力可按下式计算：

$$\tau = \frac{VS}{I t_w} \tag{7-11}$$

未设置加劲肋处在集中荷载作用下腹板的局部应力应满足下式要求：

$$\gamma_0 \sigma_z = \gamma_0 \frac{F}{t_w l_z} \leqslant f_d \tag{7-12}$$

其中，分布长度 $l_z = a + 2h_y$。

平面内受弯实腹式构件腹板在正应力 σ_x 和剪应力 τ 的共同作用下，应满足下式规定：

$$\gamma_0 \sqrt{\left(\frac{\sigma_x}{f_d}\right)^2 + \left(\frac{\tau}{f_{vd}}\right)^2} \leqslant 1 \tag{7-13}$$

2. 加劲肋计算

钢板梁在支承处及外力集中处应设置成对的横向加劲肋。支承加劲肋直接承受支座反力的作用，不仅需要验算支座垫板处腹板和加劲肋的直接承压应力，还必须计算腹板和加劲肋中的竖向应力。在支座反力的作用下，腹板和加劲肋中竖向应力的实际大小和分布非常复杂，通常要用空间有限元方法才能求得令人较为满意的结果。为了简化计算，对于跨径不大的钢板梁桥，支承加劲肋可以近似简化为等效压杆。翼缘板支承加劲肋可按不均匀受压构件计算，其应力应满足《公路钢结构桥梁设计规范》(JTG D64—2015)的要求：

$$\gamma_0 \cdot \frac{R_v}{A_s + B_{eb} t_w} \leqslant f_{ed} \tag{7-14}$$

$$\gamma_0 \cdot \frac{2R_v}{A_s + B_{ev} t_w} \leqslant f_d \tag{7-15}$$

式中：R_v——支座反力设计值；

A_s——支承加劲肋面积之和；

t_w——腹板厚度；

B_{eb}——腹板局部承压有效计算宽度，$B_{eb} = B + 2(t_f + t_b)$；

B——上支座宽度；

t_f——下翼板厚度；

t_b——支座垫板厚度；

B_{ev}——腹板有效宽度，如图 7-34 所示，$B_{ev} = (n_s - 1)b_s + 24t_w (b_s < 24t_w)$，$B_{ev} = 24n_s t_w (b_s \geqslant 24t_w)$；

n_s——支承加劲肋对数；

b_s——支承加劲肋间距。

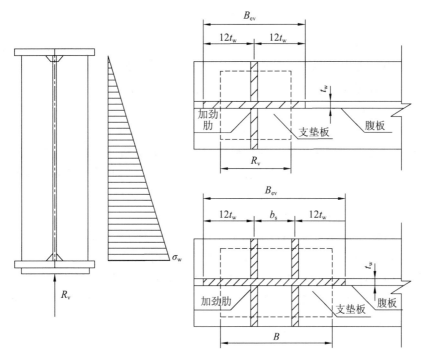

图 7-34　支承加劲肋的腹板有效计算宽度

《公路钢结构桥梁设计规范》(JTG D64—2015)对腹板横向加劲肋的间距做了相应规定,要求腹板横向加劲肋的间距 a 不得大于腹板高度 h_w 的 1.5 倍,并应满足如下要求。

(1) 不设置纵向加劲肋

$$\left(\frac{h_w}{100t_w}\right)^4\left\{\left(\frac{\sigma}{345}\right)^2+\left[\frac{\tau}{77+58\left(\frac{h_w}{a}\right)^2}\right]^2\right\}\leqslant 1 \quad \left(\frac{a}{h_w}>1\right) \tag{7-16}$$

$$\left(\frac{h_w}{100t_w}\right)^4\left\{\left(\frac{\sigma}{345}\right)^2+\left[\frac{\tau}{58+77\left(\frac{h_w}{a}\right)^2}\right]^2\right\}\leqslant 1 \quad \left(\frac{a}{h_w}\leqslant 1\right) \tag{7-17}$$

(2) 设置一道纵向加劲肋

$$\left(\frac{h_w}{100t_w}\right)^4\left\{\left(\frac{\sigma}{900}\right)^2+\left[\frac{\tau}{120+58\left(\frac{h_w}{a}\right)^2}\right]^2\right\}\leqslant 1 \quad \left(\frac{a}{h_w}>0.8\right) \tag{7-18}$$

$$\left(\frac{h_w}{100t_w}\right)^4\left\{\left(\frac{\sigma}{900}\right)^2+\left[\frac{\tau}{90+77\left(\frac{h_w}{a}\right)^2}\right]^2\right\}\leqslant 1 \quad \left(\frac{a}{h_w}\leqslant 0.8\right) \tag{7-19}$$

(3) 设置两道纵向加劲肋

$$\left(\frac{h_w}{100t_w}\right)^4\left\{\left(\frac{\sigma}{3000}\right)^2+\left[\frac{\tau}{187+58\left(\frac{h_w}{a}\right)^2}\right]^2\right\}\leqslant 1 \quad \left(\frac{a}{h_w}>0.64\right) \tag{7-20}$$

$$\left(\frac{h_{\mathrm{w}}}{100t_{\mathrm{w}}}\right)^4\left\{\left(\frac{\sigma}{3000}\right)^2+\left[\frac{\tau}{140+77\left(\frac{h_{\mathrm{w}}}{a}\right)^2}\right]^2\right\}\leqslant 1 \quad \left(\frac{a}{h_{\mathrm{w}}}\leqslant 0.64\right) \tag{7-21}$$

式中：t_{w}——腹板厚度；

σ——作用基本组合下的受压翼缘处腹板正应力，MPa；

τ——作用基本组合下的腹板剪应力，MPa。

3. 联结系设计计算

横向联结系设计计算的一般方法如下：

① 根据跨径和主梁布置初步拟定横向联结系的数量和位置；

② 根据格子刚度 $Z=10\sim20$ 设定横向联结系需要的结构形式和最小断面尺寸；

③ 采用桥梁空间计算或平面简化计算分析横梁（横联）的内力；

④ 验算截面应力和构件的刚度。

横向联结系一般与主梁腹板相连，为了使得横梁（横联）传力可靠，横梁（横联）高度不宜过小，通常为主梁高度的 3/4 以上，不得已时不得小于主梁高度的 1/2。横梁主要是保证桥梁的整体刚度，由刚度控制设计，所以横梁应力一般不大。

对于如图 7-35 所示的桁架式结构，桥梁空间分析时，其抗弯惯性矩刚度可以采用式（7-22）的换算公式计算：

$$I_{\mathrm{s}}=\frac{4h^2A_1}{9}\times\frac{1}{1+\dfrac{A_1}{3A_2\cos\theta}} \tag{7-22}$$

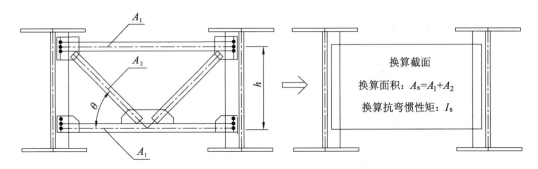

图 7-35　桁架式横联的整体计算模型

横向联结系除了验算结构整体受力外，还应该验算在水平荷载作用下的强度和稳定性。对于支承处横联，杆件内力可以近似采用如图 7-36 所示的计算模型，杆件内力由表 7-1 求得。

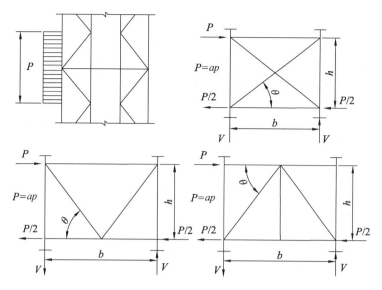

图 7-36　水平荷载作用下横联的计算模型

表 7-1　杆件内力

结构形式	V 形桁架	倒 V 形桁架	X 形桁架
上弦杆	$N_u = -P/2$	$N_u = -P$	$N_u = -P/2$
斜杆	$N_D = \pm(P/2)\sec\theta$	$N_D = \pm(P/2)\sec\theta$	$N_D = \pm(P/4)\sec\theta$
下弦杆	$N_u = \pm P$	$N_u = \pm P/2$	$N_u = \pm P/4$
竖向力	$V = (P/2)(h/b)$	$V = (P/2)(h/b)$	$V = (P/2)(h/b)$

　　纵向联结系的精确计算较为困难,工程设计中,通常可以近似地将其简化为由主梁翼缘和纵向联结系构成的桁架进行计算。对于图 7-37 所示的结构,桁架杆 ab 的内力计算如下。

三角形纵联:

$$N_{ab} = \pm \frac{\omega(l-a)\eta}{2}\sec\alpha \tag{7-23}$$

X 形纵联:

$$N_{ab} = \pm \frac{\omega(l-a)\eta}{4}\sec\alpha \tag{7-24}$$

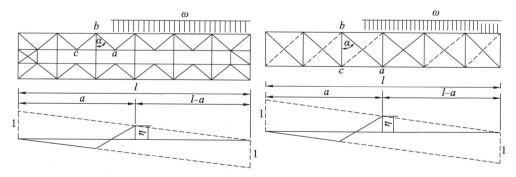

图 7-37　纵向联结系的计算简图

4. 主梁连接设计计算

（1）焊接连接

主梁焊接主要有翼缘板、腹板的接长，翼缘与腹板的焊接，加劲肋与腹板和翼缘的焊接。翼缘板、腹板的接长应该采用全熔透焊，坡口根据板厚确定。连接板梁的翼缘与腹板之间的焊缝应能抵抗由弯曲和直接作用于翼缘的垂直荷载共同作用所产生的剪力。为了改善连接的受力，腹板和翼缘板的接长位置应该错开，工厂连接一般要求错开100 mm 以上，如图7-38a 所示；工地连接时由于需要设置过焊孔，最好错开200 mm 以上，如图7-38b 所示。翼板与腹板一般采用角焊缝连接，焊缝应该连续，与加劲肋交叉处，加劲肋需要开过焊孔。角焊缝应该对称布置，焊脚高度根据计算确定，一般为6～9 mm。焊缝的计算可参考第3 章焊缝连接相关计算内容。

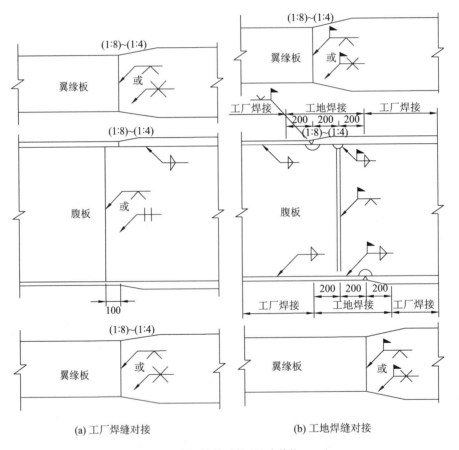

(a) 工厂焊缝对接 　　　　　　　(b) 工地焊缝对接

图 7-38　主梁焊缝对接(尺寸单位：mm)

（2）高强螺栓连接

钢板梁桥主梁是较为典型的弯剪受力构件，通常采用高强度螺栓工地连接。主梁连接处在弯矩 M 的作用下，弯矩可以近似地分解为作用于翼缘的一对力偶 $M_f = N_f h$ 和作用于腹板的弯矩 M_w，翼缘板主要承受轴力 N_f。由于翼缘板承担的剪力较小，剪力 Q 主要由腹板承担，为简化计算，工程设计中通常假设主梁剪力全部由腹板承担。同时，腹板还要承受腹板所分配到的部分弯矩 M_w。因此，主梁连接的设计计算可以分解为翼缘板的连接计算和腹板的连接计算。

如图 7-39 所示,腹板高为 h_w,腹板厚为 t_w,受压翼缘面积 $A_{fc}=b_{fc}t_{fc}$,受拉翼缘面积 $A_{ft}=b_{ft}t_{ft}$,截面惯性矩 I 为

$$I=I_f+I_w$$
$$I_f\approx A_{fc}y_{wc}^2+A_{ft}y_{wt}^2 \tag{7-25}$$
$$I_w=\frac{1}{3}y_{wc}^3t_w+\frac{1}{3}y_{wt}^3t_w$$

则翼缘板的力偶 M_f 和作用在腹板的弯矩 M_w 可以表达为

$$M_f=\frac{I_f}{I}M$$
$$M_w=\frac{I_w}{I}M \tag{7-26}$$

翼缘板承受的轴力 N_f 为

$$N_f=\frac{M_f}{h_w+\dfrac{t_{fc}+t_{ft}}{2}}\approx\frac{M_f}{h_w} \tag{7-27}$$

假设主梁截面最大拉应力和压应力分别为 σ_{uc} 和 σ_{ut},主梁截面能够承担的最大弯矩 M_m 为

$$M_m=\min\left(\frac{I}{y_{wc}+t_{fc}}\sigma_{uc},\frac{I}{y_{wt}+t_{ft}}\sigma_{ut}\right) \tag{7-28}$$

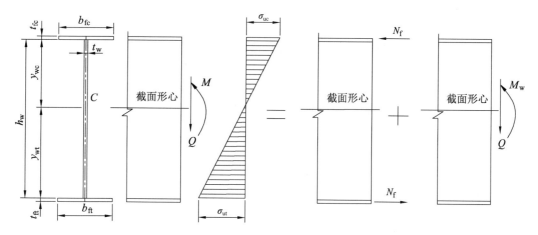

图 7-39　上梁翼缘板连接和腹板连接的荷载分摊

采用全强设计时,将式(7-28)求得的最大弯矩 M_m 代入式(7-26)和式(7-27)可以求得腹板的弯矩 M_w 和翼缘板承受的轴力 N_f。

主梁翼缘板采用摩擦型高强度螺栓连接,翼缘板连接设计包括螺栓数量计算、螺栓的布置和拼接板板厚与尺寸的设计。选择高强度螺栓的布置形式时,应在满足受力要求的情况下,尽可能布置得紧凑,减小拼接板的尺寸。通常,在翼缘板外侧采用一块拼接板,其与翼缘板同宽;在腹板侧采用两块拼接板,其两边缘与翼缘板同宽。

接头一侧的翼缘板高强度螺栓最少数量 m 由下式计算:

$$m \geqslant \frac{N_{\mathrm{f}}}{N_{\mathrm{v}}^{\mathrm{b}}} \tag{7-29}$$

式中：$N_{\mathrm{v}}^{\mathrm{b}}$——单个螺栓的抗剪承载力设计值。

主梁腹板通常采用摩擦型高强螺栓连接，腹板连接设计包括螺栓数量计算、螺栓的布置和拼接板板厚与尺寸的设计。图 7-40 为腹板常用的高强度螺栓连接的螺栓布置形式：当受弯拼接板与受剪拼接板分开设置时，腹板为分离式腹板；当拼接板不分受弯与受剪时，腹板为一体式腹板。

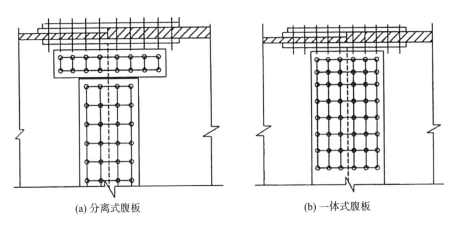

(a) 分离式腹板   (b) 一体式腹板

图 7-40　腹板高强度螺栓连接

分离式腹板连接的设计基本思想：假设腹板的弯矩完全由靠近翼缘板的弯矩拼接板承担，剪力由中间部分的剪力拼接板承担。腹板的弯矩由弯矩拼接板的力偶 $M_{\mathrm{wm}} = N_{\mathrm{wm}} h_{\mathrm{wm}}$ 承担。弯矩拼接板的合力 N_{wm} 可由下式求得：

$$N_{\mathrm{wm}} = \frac{M_{\mathrm{wm}}}{h_{\mathrm{wm}}} \tag{7-30}$$

1/2 弯矩拼接板的高强度螺栓最少数量 m_{m} 由下式计算：

$$m_{\mathrm{m}} \geqslant \frac{N_{\mathrm{wm}}}{N_{\mathrm{v}}^{\mathrm{b}}} \tag{7-31}$$

腹板剪力假设由剪力拼接板的高强度螺栓平均分摊，1/2 剪力拼接板需要的高强度螺栓最少数量 m_{s} 为

$$m_{\mathrm{s}} \geqslant \frac{Q}{N_{\mathrm{v}}^{\mathrm{b}}} \tag{7-32}$$

当腹板弯矩采用全强设计时，要求弯矩拼接板对中性轴的抗弯惯性矩 I_{m} 大于腹板抗弯惯性矩 I_{w}。当腹板剪力采用全强设计时，要求剪力拼接板的厚度 t_{ss} 满足下式要求：

$$t_{\mathrm{ss}} \geqslant \frac{t_{\mathrm{w}} h_{\mathrm{w}}}{2 h_{\mathrm{ss}}} \tag{7-33}$$

式中：t_{w}——腹板的厚度；

　　　h_{w}——腹板的高度；

　　　h_{ss}——剪力拼接板的高度。

剪力拼接板的宽度根据螺栓的列数由构造确定,在满足施工误差调整和板边最小边距要求的同时,尽可能减小拼接板尺寸。

对于拼接板最外缘的单根高强度螺栓,还要验算剪力和弯矩产生的合力 N_b,必须满足单根高强度螺栓承载力的要求:

$$N_b = \sqrt{N_{bx}^2 + N_{by}^2} \leqslant N_v^b \tag{7-34}$$

式中:N_{by}——剪力产生的单根螺栓竖向剪力;

N_{bx}——弯矩产生的单根螺栓水平剪力,由下式计算:

$$N_{by} = \frac{Q}{m_s}; N_{bx} = \max\left(M_w \frac{y_1}{\sum y_i^2}, M_w \frac{y_n}{\sum y_i^2}\right) \tag{7-35}$$

其中,求和号是指对腹板 1/2 拼接板的螺栓数量求和。

采用一体式腹板连接时,如图 7-40b 所示,假设腹板剪力由拼接板的高强度螺栓平均分摊,弯矩产生的单根螺栓水平剪力与螺栓至中和轴的距离成正比,即

$$N_{bx1} = N_{bxm}\frac{y_1}{y_m}, \cdots, N_{bxi} = N_{bxm}\frac{y_i}{y_m}, \cdots, N_{bxm} = N_{bxm}\frac{y_m}{y_m} \tag{7-36}$$

根据螺栓水平剪力产生的抵抗力矩必须大于等于腹板弯矩 M_w 的原理有

$$\sum_i N_{bxi} y_i \geqslant M_w \tag{7-37}$$

将式(7-36)代入式(7-37)可以求得弯矩产生的最外缘单根螺栓水平剪力 N_{bx}[见式(7-35)]。螺栓分摊的竖向剪力计算方法也与式(7-35)相同。

与分离式腹板连接一样,一体式腹板连接最外缘螺栓的最大剪力合力必须满足式(7-34)的要求。

对于腹板拼接板的宽度,根据螺栓的列数由构造确定,在满足翼缘板螺栓施工最小间距要求的同时,拼接板的高度尽可能高一些。拼接板的厚度可以根据拼接板的抗弯惯性矩和抗剪面积与腹板相同的原则确定。当拼接板对称布置时,

$$t_{ss} \geqslant \frac{t_w}{2}\left(\frac{h_w}{h_{ss}}\right)^3 \tag{7-38}$$

且

$$t_{ss} \geqslant \frac{t_w h_w}{2h_{ss}} \tag{7-39}$$

实际上,由于 $h_{ss} \leqslant h_w$,式(7-38)满足要求时,式(7-39)自然满足要求。

【例 7.1】　已知某单线铁路桥为全焊上承式板梁桥,计算跨径为 18 m,桥跨结构恒载 $P_1 = 18$ kN/m,桥面重 $P_2 = 10$ kN/m。结构材料为 Q345q。试计算恒载作用下1/8、1/4、3/8 和 1/2 跨处的弯矩和剪力。

【解】　1/8、1/4、3/8 和 1/2 跨处的内力影响线如图 7-41 所示。由 $P_1 = 18$ kN/m,$P_2 = 10$ kN/m 可得每片主梁所受恒载为

$$P = \frac{1}{2}(P_1 + P_2) = \frac{1}{2}(18+10) = 14 \text{ kN/m}$$

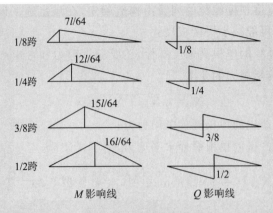

图 7-41　内力影响线

1/8 跨径处弯矩为

$$M_{1/8}=14\times\frac{1}{2}\times18\times18\times\frac{7}{64}=248.06\ \text{kN}\cdot\text{m}$$

剪力为

$$F_{1/8}=14\times\frac{1}{2}\left(18\times\frac{7}{8}\times\frac{7}{8}-18\times\frac{1}{8}\times\frac{1}{8}\right)=94.5\ \text{kN}$$

1/4 跨径处弯矩为

$$M_{1/4}=14\times\frac{1}{2}\times18\times18\times\frac{12}{64}=425.25\ \text{kN}\cdot\text{m}$$

剪力为

$$F_{1/4}=14\times\frac{1}{2}\left(18\times\frac{6}{8}\times\frac{6}{8}-18\times\frac{2}{8}\times\frac{2}{8}\right)=63\ \text{kN}$$

3/8 跨径处弯矩为

$$M_{3/8}=14\times\frac{1}{2}\times18\times18\times\frac{15}{64}=531.56\ \text{kN}\cdot\text{m}$$

剪力为

$$F_{3/8}=14\times\frac{1}{2}\left(18\times\frac{5}{8}\times\frac{5}{8}-18\times\frac{3}{8}\times\frac{3}{8}\right)=31.5\ \text{kN}$$

1/2 跨径处弯矩为

$$M_{1/2}=14\times\frac{1}{2}\times18\times18\times\frac{16}{64}=567\ \text{kN}\cdot\text{m}$$

剪力为

$$F_{1/2}=0$$

【例 7.2】　某计算跨径为 16 m 的简支钢板梁桥,其截面尺寸如图 7-42a 所示,上、下纵向联结系两相邻节点间距为 2 m,钢材采用 Q235 钢。主梁跨中截面的计算弯矩 $M_{中}=1657.62\ \text{kN}\cdot\text{m}$,计算剪力 $V_{中}=88.62\ \text{kN}$,支座截面计算剪力 $V_0=$

369.48 kN。考虑剪力滞效应及局部稳定影响后主梁的有效截面及其尺寸如图 7-42b 所示。试验算主梁强度是否满足要求。

【解】　主梁有效截面中和轴距离受压翼缘边缘的距离为

$$y_1 = \frac{324 \times 18 \times 9 + 1250 \times 12 \times (625 + 18) + 400 \times 18 \times (1286 - 9)}{324 \times 18 + 1250 \times 12 + 400 \times 18} \approx 673.94 \text{ mm}$$

有效截面中和轴毛截面惯性矩为

$$I = 324 \times 18 \times (673.94 - 9)^2 + \frac{1}{12} \times 12 \times 1250^3 + 12 \times 1250 \times (673.94 - 625 - 18)^2 +$$

$$400 \times 18 \times (1286 - 9 - 673.94)^2 \approx 7.16 \times 10^9 \text{ mm}^4$$

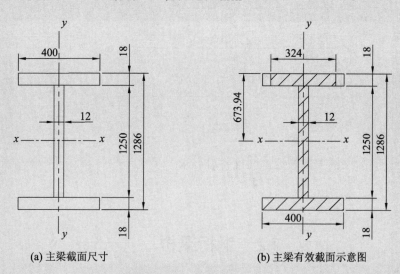

(a) 主梁截面尺寸　　　　　　　　　　　(b) 主梁有效截面示意图

图 7-42　主梁截面及有效截面(尺寸单位:mm)

有效截面中和轴以上部分面积对中和轴的面积矩为

$$S = 324 \times 18 \times (673.94 - 9) + \frac{673.94 - 18}{2} \times 12 \times (673.94 - 18) \approx 6.46 \times 10^6 \text{ mm}^3$$

有效截面受压翼缘与腹板交界处以下部分对中和轴的面积矩为

$$S_1 = 324 \times 18 \times (673.94 - 9) \approx 3.88 \times 10^6 \text{ mm}^3$$

(1) 抗弯强度验算

取简支钢板梁的跨中截面为验算截面,则有

$$\sigma = \frac{M_x}{W_{x,\text{ef}}} = \frac{M_{\text{中}}}{I} y_1 = \frac{1657.62 \times 10^6 \times 673.94}{7.16 \times 10^9} \approx 156.02 \text{ MPa}$$

厚度为 18 mm 的 Q235 钢板 $f_d = 180$ MPa,因此抗弯强度满足要求。

(2) 主梁截面剪应力验算

取简支钢板梁的支点截面为验算截面,腹板厚度为 $t_w = 12$ mm,则

$$\tau = \frac{V_0 S}{I t_w} = \frac{369.48 \times 10^3 \times 6.46 \times 10^6}{7.16 \times 10^9 \times 12} \approx 27.78 \text{ MPa}$$

厚度为 12 mm 的 Q235 钢板 $f_{vd} = 110$ MPa,因此剪切强度满足要求。

（3）主梁截面折算应力验算

对于简支钢板梁可取 1/4 跨处截面作为验算截面且取该截面最大剪力 $V_{1/4}$ 和相应的弯矩 $M_{1/4}$ 来进行计算，则

$$M_{1/4}=M_{中}\left(1-\frac{4x^2}{l^2}\right)=M_{中}\left[1-4\left(\frac{l/4^2}{l}\right)\right]=1657.62\times\left(1-\frac{1}{4}\right)\approx1243.22 \text{ kN}\cdot\text{m}$$

$$V_{1/4}=\frac{1}{2}(V_0+V_{中})=\frac{1}{2}(369.48+88.62)=229.05 \text{ kN}$$

截面受压翼缘与腹板交界处的应力为

$$\sigma=\frac{M_x}{W_{x,\text{eff}}}=\frac{M_{1/4}}{I}y=\frac{1243.22\times10^6}{7.16\times10^9}\times(673.94-18)=113.89 \text{ MPa}$$

$$\tau=\frac{V_{1/4}S_1}{It_w}=\frac{229.05\times10^3\times3.88\times10^6}{7.16\times10^9\times12}=10.34 \text{ MPa}$$

厚度为 12 mm 的 Q235 钢板 $f_d=190$ MPa，$f_{vd}=110$ MPa，则

$$\sqrt{\left(\frac{\sigma}{f_d}\right)^2+\left(\frac{\tau}{f_{vd}}\right)^2}=\sqrt{\left(\frac{113.89}{190}\right)^2+\left(\frac{10.34}{110}\right)^2}=0.60\leqslant1.0$$

满足要求。

综上所述，该简支钢板梁的强度符合要求。

7.2 钢桁梁桥

7.2.1 结构形式

1. 发展概况

在早期的桥梁工程中，工程师开始尝试使用由受拉和受压金属杆件系统组成的桁架结构来跨越江河。1840 年，美国在巴尔的摩到俄亥俄的铁路线上，建成了一批全铁铆接铁路简支桁梁桥。19 世纪中叶以后，锻铁和初级钢材的出现，逐步改变了铁路桥的面貌，并将大跨径桁梁桥向多跨多腹杆体系桁梁桥发展推进。例如，1857 年德国工程师建成的 6 跨 181 m 的维拉斯河桥和 1876 年建成的 4 跨 103.57 m 的莱茵河桥均为多腹杆体系桁梁桥的代表。早期的桁梁桥中，另一种受人关注的体系是悬臂桁梁桥，为避免软土地基不利沉降的影响，静定的悬臂桁梁桥是当时工程师的良好选择。例如，1864 年建成于德国哈斯夫尔特市的美因河桥，是世界上第一座带有挂孔的悬臂桁梁桥；1918 年历经两次磨难终于建成的加拿大魁北克桥，其跨径创纪录地达到 548.78 m，并一直保持至今。从 20 世纪 50 年代开始，由于第二次世界大战的结束，世界进入了相对和平的建设发展时期。20 世纪 70 年代之后，世界各国陆续进入了以计算机和信息技术为标志的现代土木工程新时代，桥梁工程也进入了现代桥梁工程的新纪元。预应力混凝土技术的采用、现代悬臂架设技术的发明以及斜拉桥的重新崛起成为战后桥梁

发展史上的三个最伟大的创新成就。随着现代基础施工技术的提高,工程师开始大量修建变截面连续桁梁桥,如日本的大岛大桥、天门大桥等。

我国在 1840 年鸦片战争失败后开始沦为半殖民地半封建国家,饱受列强的入侵与掠夺,交通建设不发达,铁路建设落后,这段时期的大部分钢桥都由外国建造,例如上海外白渡桥、广州海珠桥、天津开启桥等。20 世纪初,我国开始引进西方近代桥梁技术,自主建设了一系列铁路桥梁,特别是由我国现代桥梁工程的先驱茅以升先生主持建设的钱塘江公铁两用大桥。钱塘江大桥是我国第一座自行承担设计和施工的大桥,也是当时施工条件最复杂、建设过程最为艰险的桥梁。新中国成立后,百废待兴,桥梁工程也得到了蓬勃发展。1957 年 10 月,举世闻名的武汉长江大桥建成通车。该桥为公铁两用桥,是新中国桥梁工程技术发展史上的一座里程碑。1968 年我国又建成了南京长江大桥,这是由我国工程师独立主持设计和施工的第二座公铁两用长江大桥。南京长江大桥正桥有 10 孔,总长 1576 m,包括 1 孔 128 m 的简支桁梁和 3 联 3 孔各 160 m 的连续桁梁。其主桁腹杆为菱形交叉体系,钢材采用我国自主研发的 16 锰低合金桥梁钢,主桁连接采用铆接的形式。南京长江大桥的建成是我国完全自主建设长江大桥的一座里程碑。改革开放后,我国于 1993 年建成跨越长江的第三座双层公铁两用特大桥——九江长江大桥,该桥正桥为 3×162 m $+ 3 \times 162$ m $+ (180$ m $+ 216$ m $+ 180$ m$) + 2 \times 126$ m 四联三角式连续钢桁梁,为我国当时跨径最大的铁路钢桥。至此,九江长江大桥、武汉长江大桥和南京长江大桥集中标志着我国大跨径钢桁梁桥建设的非凡成就,也为今后钢桁梁桥的建设和发展打下了坚实的基础。钢桁梁桥发展过程中一些具有代表性的钢桁梁桥见表 7-2。

表 7-2　最有代表性的钢桁梁桥

序号	桥名	最大跨径/m	建成时间/年
1	魁北克桥	549	1918
2	霍拉桥	457	1943
3	武汉长江大桥	128	1957
4	新奥尔良桥	480	1958
5	奥斯托利亚桥	376	1966
6	南京长江大桥	160	1968
7	北镇黄河公路桥	112	1972
8	日本大阪港大桥	510	1974
9	密西西比桥	446	1984
10	九江长江大桥	216	1993

2. 桁梁桥的组成

(1) 主桁的结构组成

钢板梁桥及结合梁桥的用钢量随着跨径的增大而增大,在跨径较大时使用钢桁梁结构体系桥梁更为经济。钢桁梁桥使用钢桁架组成的空间结构作为主梁的截面形式,其具有自重小、刚度大、用钢量少、制作简便、运输和施工方便等特点。桁梁桥由主桁、

联结系、桥面系及桥面组成,下承式桁梁桥的主要结构组成如图7-43所示。

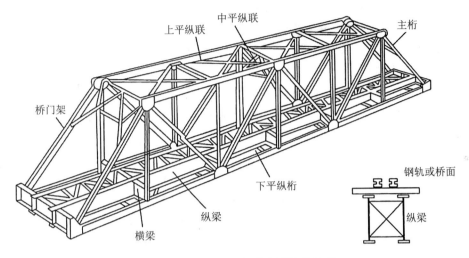

图 7-43　下承式桁架桥的主要结构组成

1）主桁架

主桁架是钢桁梁桥的主要承重结构,它由上弦杆、下弦杆和腹杆(两弦杆之间的斜杆、竖杆)组成,其主要作用是承受竖向荷载并将荷载可靠地传递给支座。主桁各杆件之间通过节点板连接形成节点,其中有斜杆交汇的节点由于其受力、构造比较复杂,节点板尺寸往往较大,因此通常称其为大节点。而仅有竖杆及上、下弦杆交汇的节点受力、构造简单,节点板尺寸也较小,通常称其为小节点。由结构力学知识可知,对于大节点,由于其左右弦杆的内力不相等,截面也不同,因此通常在节点中或节点旁将弦杆断开;对于小节点,由于其左右弦杆的内力相等,截面也相同,因此弦杆在小节点处不必断开。由于杆件交汇处节点具有一定的刚性,因此当主桁架受弯时,杆件将引起端部弯矩,由此会产生较大的二次应力,在设计中需加以注意。两节点之间的距离为节间,节间的长度一般为钢桁梁桥面系横梁的间距及纵梁的跨径。

2）联结系

联结系分为纵向联结系和横向联结系两种,其作用是将主桁架连接成一个能够承受横向荷载并具有较好稳定性的空间结构。

为使主桁架形成空间稳定的受力结构,必须在上、下弦杆平面内设置水平桁架把两片或多片桁架连接成空间受力结构,在上、下弦杆平面内设置的桁架统称为纵向联结系。其中,位于主桁上弦杆平面内的纵向联结系为上部水平纵向联结系,简称为上平纵联;位于主桁下弦杆平面内的纵向联结系为下部水平纵向联结系,简称为下平纵联。平纵联的主要作用是承受作用于桥跨结构上的横向水平荷载,此外,平纵联还可以作为横向支撑弦杆以减小弦杆平面以外的自由长度。

横向联结系设在桥跨结构的横向平面内,主要作用是增大桁梁桥的抗扭刚度,提高横断面的稳定性,确保各片主桁架共同受力。其中,位于主梁端部的横向联结系称为端横联(在下承式桁梁桥中为桥门架),位于主梁中部的横向联结系称为中横联。桥门架设在主桁架端斜杆平面内;中横联设在主桁架竖杆平面内,主桁架没有竖杆时,可设在主桁架中间斜杆平面内。

　　3）桥面系

　　桥面系是指纵梁、横梁以及它们之间的联结系统。桥面传来的荷载先作用于纵梁之上，再由纵梁传递给横梁，然后由横梁传至主桁架节点并最终传递给基础。

　　4）桥面

　　桥面是直接与车辆荷载接触的部分，保证桥面车辆及行人的行走。

　　（2）主桁架的几何图式及截面类型

　　1）主桁架的几何图式

　　主桁架是钢桁梁桥的重要组成部分，其形式的合理选择对桁梁桥的设计质量起着非常重要的作用。在拟定主桁架的形式时，应根据桥位的具体情况（如地形地貌、水文地质条件、气象条件等），选择一个较为经济合理的方案，使之在满足桥上行车及桥下净空要求的同时满足经济要求。

　　根据腹杆几何图形的不同，主桁架常见的几何图式主要分为三角式、斜杆式、K 形桁架、再分式、双重腹杆式 5 种基本类型，如图 7-44 所示。

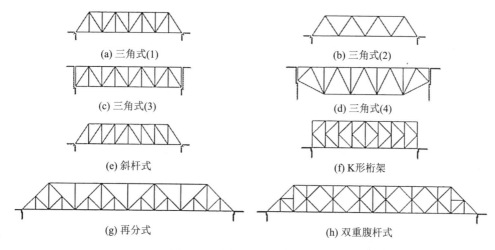

　　（a）三角式(1)　　　　　　　　　　（b）三角式(2)

　　（c）三角式(3)　　　　　　　　　　（d）三角式(4)

　　（e）斜杆式　　　　　　　　　　　　（f）K形桁架

　　（g）再分式　　　　　　　　　　　　（h）双重腹杆式

图 7-44　主桁架的主要几何图式

　　① 三角式

　　三角式桁架又称华伦式桁架，它是目前世界上应用最广的一种桁架式样，适用于大、中、小各种跨径。与其他类型的桁架相比，其主要优点是：斜杆呈等腰三角形布置，弦杆的规格和有斜杆交汇的大节点的个数较少；受压斜杆数量较少；支撑横梁的竖杆只承受局部荷载，内力很小且截面相同。为配合桥道纵梁的布置，当节间不大时，可去掉竖杆形成不带竖杆的纯三角形体系；而当节间过大时，为了把横梁上的竖向荷载传递到主桁上弦杆和斜杆交汇的节点上，常采用带竖杆的三角形体系。现代桁梁桥均采用整体式钢桥面，对原来的纵横梁桥面体系进行了彻底改造，已基本采用不带竖杆的纯三角形体系。

　　根据主桁梁上下弦杆之间是否平行，三角式桁架可分为曲弦桁架和平弦桁架两类。对于大跨径的下承式桁架桥，为了节约钢材，国内外过去将桁高做成随弯矩变化的形式，此时的上弦杆为折线形，使弦杆的截面设计更为合理。从理论上说，此种形式的桁

架桥要节省钢材 3% 左右,但是由于其腹杆长度多变,带来了诸如节点构造复杂、工厂制造困难、施工架设不便等一系列问题,因此现代钢桁梁桥摒弃了这种曲弦形式,均采用平行弦杆这一结构形式。

② 斜杆式

相邻斜杆互相平行的桁架叫作斜杆式桁架。与三角式桁架相比,斜杆式桁架具有以下特点:弦杆规格较多;竖杆不仅规格多,而且内力大;所有节点均为有斜杆交汇的大节点,而且结构中不存在小节点。斜杆式桁架的构造及用钢量均逊色于三角式桁架,因此目前已很少采用这种桁式。

③ K 形桁架

当斜杆与腹杆构成 K 字形时称之为 K 形桁架,如图 7-44f 所示。与三角式及斜杆式桁架相比,其主桁架同一节间的剪力由两根斜杆承担,因此其斜杆截面较小。但是这种桁架的杆件规格品种较多,节点多,节间较短,纵、横梁的件数和连接较多,用于中小跨径钢桁梁桥时构造比较复杂,在大跨径钢桁梁桥上偶尔采用。但由于 K 形桁架具有杆件短小、轻便的优点,故适用于装拆式桥梁的架设。

④ 再分式及双重腹杆式

如果需要减小斜杆及腹杆的长度,可采用再分式腹杆体系,如图 7-44g 所示。再分式腹杆体系使腹杆和节点数增多,但是各组再分式腹杆体系只在局部范围的荷载作用下受较小的内力,其截面规格常常较小,故当桁架跨径和高度较大导致主要腹杆较长及截面较大时,采用再分式腹杆体系要比加密主要腹杆更加节省钢材。

双重腹杆式桁架又可以称为米字形桁架,如图 7-44h 所示。由于其斜杆只承受节间剪力的一半,杆件短、截面小,如果用于大跨径梁,则受压斜杆短,对压屈稳定有利。由于其斜杆截面小,故在节点板上的连接栓钉数也少,有助于解决大跨径桁架节点板尺寸过大与钢板供货尺寸之间的矛盾。

我国中等跨径钢桁梁标准设计的节间长度为 8 m,由于国内条件的限制,在特大跨径三角形腹杆体系桁梁中采用 8 m 节间长度难以满足高度要求(由于斜杆与竖直线之间的交角宜大于 30°,使得桁高难以超过 14 m)。当跨径超过 160 m 时,14 m 的桁高由于太小使得其经济性难以满足要求,且桁梁桥的竖向刚度也难以满足要求。为了适应桥梁厂现有的设备条件,节间长度仍取 8 m,但为了使斜杆保持一定的倾角,采用图 7-44g 和图 7-44h 所示的再分式体系和米字形体系。众所周知的武汉长江大桥和南京长江大桥均为采用米字形腹杆体系的连续桁梁桥。

随着生产设备的改进以及钢厂生产的钢材的板件长度的增加,目前已经设计建造了节间长度大于 8 m 的钢桁梁桥,如 2000 年建成的芜湖长江大桥,其连续钢桁梁(最大跨径 144 m)采用了无竖杆的三角形桁架体系,节间长度为 12 m,桁高为 14.02 m。

2) 主桁的截面类型

桁梁桥的杆件截面分为单壁式截面和双壁式截面两种。单壁式截面只用于次要或内力较小的杆件上,截面尺寸较小。桥梁的主桁为重型桁架,截面尺寸较大,因此一般采用双壁式截面形式。相邻双壁式截面的两竖肢通过两块平行的节点板相连接,与单壁式截面相比,双壁式截面的节点板可以做得很大,在节点板上可以布置更多的螺栓,同时可以保证在桁架平面外具有较大的刚性。双壁式截面主要分为 H 形截面和箱形截面两种形式,如图 7-45 所示。

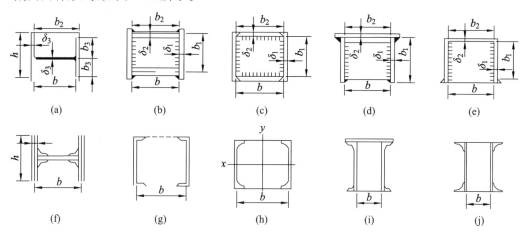

图 7-45　横梁杆件截面形式

H 形截面由两块竖板(也称翼板)和一块横板(也称腹板)组成,翼板和腹板通过焊接连接。这种截面的优点为:构造简单易于组装;焊接过程中采用的焊缝为组合焊缝(由对接焊缝和角焊缝组合而成),不用开坡口易于使用自动电焊机施焊,焊接变形易于控制和修整;便于工厂施锚等。H 形截面不仅制造简便,工地安装也较箱形截面方便,因此在我国桁梁桥的设计建造中得到了广泛的应用。H 形截面也具有一定的缺点,其对 x 轴的回转半径要小于对 y 轴的回转半径,即截面绕 x 轴的刚度较小,因此只适用于内力和长度不太大的压杆,当内力和长度较大时用压杆较不经济。

箱形截面由两块竖板和两块平板焊接而成。箱形截面对 x 轴和 y 轴都具有较大的回转刚度,因此在承受纵向压力方面要优于 H 形截面,且板厚也可略低于 H 形截面。箱形截面通常用于内力较大和长度较大的压杆及拉压杆件,因此为保证竖板和水平板的局部稳定性,增强组合杆件的整体性,保证截面具有一定的抵抗弯扭变形的能力,需在杆件内设置横隔板,设置间距不超过 3 m。为防止箱形截面内壁在运营期间发生锈蚀,端隔板必须密封焊接。虽然箱形截面在力学性能上要优于 H 形截面,但是箱形截面在工厂制造时的组装、焊接、矫正焊接变形、安装等均费时费力,因此其一般运用于 H 形截面不能满足要求的个别杆件。

箱形截面也可由两块竖板和两块平板加角钢铆接形成,但是随着近年来焊接技术的提高,铆接杆件已很少采用,这样可以节省较多的组合铆钉且使杆件更轻。

对于主桁上下平面的纵向联结系、横向联结系杆件,《公路钢结构桥梁设计规范》(JTG D64—2015)中要求其截面采用 I 形、L 形或 T 形的形式。

3. 钢桁梁桥的分类

按照桥面相对于主桁架的位置,桁架桥可分为上承式桁架桥、中承式桁架桥和双层桁架桥三类;按照施加于主桁梁上荷载的性质,桁架桥可分为铁路桁梁桥和公路桁梁桥两类;按照钢桁梁桥的结构特点,桁架桥可分为简支桁梁桥、连续桁梁桥和悬臂桁梁桥三类。本章主要对按照桁梁桥的结构特点划分的三类钢桁梁桥做简要介绍。

(1)简支桁梁桥

简支桁梁桥是钢桁梁桥中的最基本的形式,其由主桁架、联结系、制动撑架,桥面

系、桥面和支座等组成。其桥面荷载通过桥面传递给纵梁,由纵梁传递给横梁,再由横梁传递给主桁节点,然后通过主桁的受力传递给支座,最后通过支座传递给墩台及基础。简支桁梁桥因其受力明确、结构高度低、自重轻以及施工周期短等优点,在铁路桥梁建设中得到了广泛的应用。

(2)连续桁梁桥

连续桁梁桥为两跨及两跨以上的连续桁梁桥,对于跨径在 $100\sim200$ m 之间的多孔桥,采用连续桁梁桥的形式较为合理。由于相同荷载作用下连续梁的最大弯矩要小于同等跨径的简支梁,因此采用连续梁可比采用简支梁节省 $8.8\%\sim10\%$ 的钢材。此外,与简支桁梁桥相比,连续桁梁桥还具有以下优点:

① 在荷载作用下,连续梁在支点处产生负弯矩而在跨中产生正弯矩,较简支梁内力分布更为均匀,因此可以减小桁高,增大桥下净空;

② 连续桁梁桥竖曲线较为匀顺连续,车辆荷载的冲击作用小,有利于车辆高速行驶;

③ 连续桁梁桥在施工过程中可以采用悬臂法架设钢架或者采用纵向拖拉及顶推方法安装就位。另外,由于连续桁梁桥为非静定结构,施工过程中可以通过调整支座高程来调整杆件内力,使其内力分布更趋合理。

与简支桁梁桥一样,连续桁梁桥最简单的几何图式为平行弦桁式,在连续桁梁桥的设计中也较常采用,图 7-46a 所示的武汉长江大桥即采用这种形式,这是因为连续梁中存在正负弯矩高峰,采用平行弦桁架有利于连续梁中的内力分布,同时也使得构造和安装更为方便。但是由于连续梁中间支点处的内力变化较大,从经济角度出发,常采取在支点处将桁架加高的方式,即采用曲线弦桁式或加设第三弦,达到使弦杆内力变化更为均匀的目的。曲线弦桁式中杆件长度变化较多(见图 7-46b),制造和施工均较复杂,因此较好的方法是采用第三弦的形式,即在下弦设第三弦杆(见图 7-46c),南京长江大桥即采用了这种形式。近代钢桁梁桥设计为了满足美观及制造标准化的要求,以及在施工过程中方便架桥机在上弦行走,常将钢桁梁桥做成平行弦的形式。

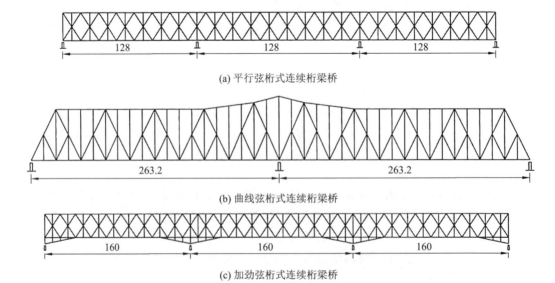

(a) 平行弦桁式连续桁梁桥

(b) 曲线弦桁式连续桁梁桥

(c) 加劲弦桁式连续桁梁桥

图 7-46 连续桁梁桥的几种形式(尺寸单位:m)

（3）悬臂桁梁桥

悬臂桁梁桥由锚跨、伸臂或悬挂跨组成，其中悬挂跨和两端伸臂组成的部分叫组合跨，如图 7-47 所示。悬臂桁梁桥与连续桁梁桥具有许多相似的优点，比如说临孔荷载可以减小跨中弯矩，可以节省 8%～10% 的钢材等。但是悬臂桁梁桥也具有一些缺点，比如说挂孔与悬臂的连接处的较大转角对行车不利，在组合跨中设置的铰构造复杂、养护维修困难等。

悬臂桁梁的类型与连续桁梁类似，有平行弦桁架和阶梯形桁架两种形式。阶梯形桁架的外形与弯矩图相符合，且桁架制作方便，比平行弦桁架要好，如图 7-48 所示。

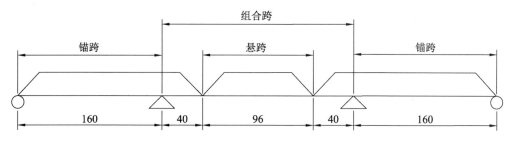

图 7-47　悬臂桁梁桥（尺寸单位：m）

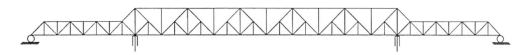

图 7-48　梯形桁梁桥

大跨径的悬臂桁梁桥往往要增大悬臂支点处的桁高以承受较大的负弯矩。对于上承式悬臂梁桥，一般仅增大下弦支点处的桁高，做成凹形的外形，跨中部分仍采用平行弦的形式，如图 7-49a 所示。对于下承式悬臂桁梁桥，只要把支点处的上弦做成凹形的外形以增大桁高，如图 7-49b 所示。当悬臂过长时需同时在上下弦的支点处采用凹形加高的形式，最为著名的是加拿大的魁北克桥，该桥于 1917 年建成，悬挂跨径为 195.2 m，组合跨达 549 m，悬臂长达 176.9 m，该桥在施工、吊装悬挂梁时曾发生两次重大事故，因此对于长悬臂桁梁桥，在施工过程中应特别注意。

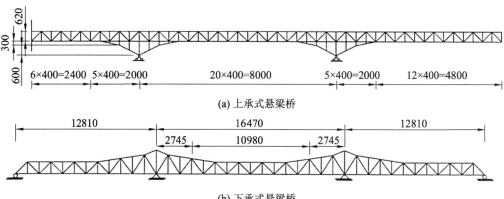

（a）上承式悬梁桥

（b）下承式悬梁桥

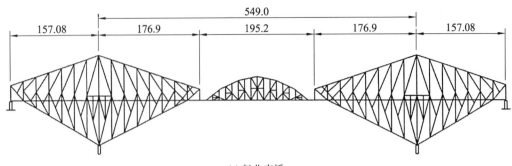

(c) 魁北克桥

图7-49 大跨径悬臂桁梁桥(尺寸单位:m)

7.2.2 构造与布置

1. 主桁节点构造

主桁杆件交汇于主桁节点,同时纵、横联杆件及横梁通过节点实现与主桁连接。主桁节点连接位于主桁、纵联、横联三个正交平面内的杆件,把各杆件组成一个完整的桁架,因此节点构造一般比较复杂。目前常见的节点形式有外贴式节点、整体式节点和内插式节点,如图7-50所示。

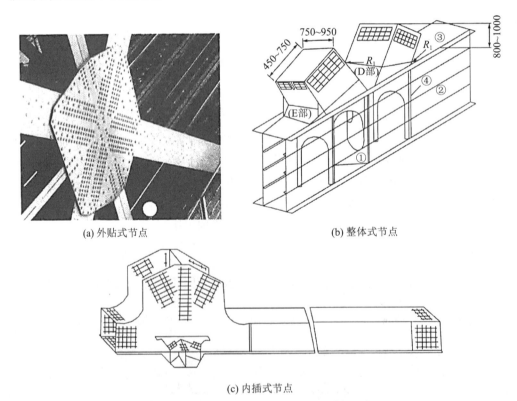

(a) 外贴式节点

(b) 整体式节点

(c) 内插式节点

图7-50 常见的节点形式

外贴式节点的杆件全部采用焊接连接,通过在杆件两侧放置节点板并采用铆钉或高强螺栓使节点板与杆件紧密地贴合在一起以实现杆件之间的连接。由于弦杆截面尺寸一般较小,其可以连续不断地通过节点,这类节点构造简单、拼装方便,应用范围较广,铁路钢桥的标准设计均采用这种方式。随着焊接技术的不断提高,栓-焊桁梁和全焊桁梁也逐步在采用,栓-焊桁梁在铁路桥梁中已有各种不同跨径的标准设计,其节点构造基本上与铆接桁梁结构形式相同,不同之处在于其杆件采用焊接杆件,节点处多采用外贴式节点板,且常采用高强螺栓把各杆件连接起来。

内插式节点是先将弦杆在节点范围内的腹板切除,把节点板插到弦杆腹板的位置(与弦杆腹板平齐),并采用连接盖板实现节点板与弦杆的连接,此时节点板起到了弦杆腹板的作用,轴向力产生的正应力通过对接焊缝传递。对于重型桁梁的大节点,采用内插式要比外贴式节省钢材,但是内插式节点板的制造要比外贴式节点板困难。当前,国外多把节点板预先在工厂用坡口焊缝和弦杆的腹板焊成整体,在两块节点板中间插入腹杆,并用螺栓把两者连接起来。斜杆和另一端弦杆仍采用高强螺栓连接,连接时仅用拼装板连接,大跨径桁梁可考虑采用。

整体式节点在节点处进行各连接杆件的拼接,其施工方便、受力较好,应用前景广阔。整体式节点的节点板与相邻的弦杆竖板预先在工厂焊接成整体,相邻弦杆在工地用高强度螺栓在节点范围外拼接,桁架的斜杆、竖杆在节点范围内拼接。这样一方面可以减少工地的预拼工作量及高强度螺栓的用量,另一方面由于弦杆的整体密封性好,对后期的防腐较为有利。整体式节点也有一定的缺点,一方面工厂的焊接工作量大,制孔工件大,使工厂的加工成本有所增加,另一方面厚板节点板在焊接时产生的不可矫正的残余变形会使插入式斜杆、竖杆在现场拼装时高强度螺栓夹紧困难。

除此之外还有全焊节点构造,但是全焊节点由于工地焊缝太多,焊接变形不易控制,目前应用还不够广泛。

2. 联结系构造

联结系有纵向联结系和横向联结系两种。纵、横向联结系与主桁一起形成空间稳定的桥跨结构,可承受纵、横向荷载。

(1) 纵向联结系

为了使桁架形成空间稳定结构,并能承受水平荷载(横向风力、车辆摇摆力等),必须在两桁架间设置纵向桁架,即纵向联结系。《公路钢结构桥梁设计规范》(JTG D64—2015)指出,钢桁梁应设置上、下平面纵向联结系,当桥面系置于纵、横梁体系上时,平面内可不设置纵向联结系。纵向联结系由主桁架弦杆及水平腹杆组成。纵联杆件内力不是很大,因此截面尺寸较小,设计时常常根据刚度要求进行选择。在选择其腹杆体系的图式时,应确保杆件不过长,以保证杆件有较大的刚度。纵向联结系的腹杆体系很多,有三角式体系、菱形体系、交叉式体系和 K 形体系等,如图 7-51 所示。

图 7-51a 为有横撑的三角式腹杆体系,在横向风力作用下这种形式的弦杆变形并不均匀,弦杆受到弯曲且自由长度较大,但构造简单,一般只适用于小跨径桥梁。图 7-51b 为菱形体系,虽然是几何可变体系,但是由于腹杆位于强劲的弦杆之间,不需增加附加杆件。它的斜杆中点固定在刚度较大的横向联结系之上,自由长度变为原来的一半,在竖向荷载作用下,弦杆变形时因横撑和斜杆及弦杆的长度变化不均匀,弦杆因而产生弯曲。由于三角式及菱形腹杆体系具有较多的缺点,《公路钢结构桥梁设计规

范》(JTG D64—2015)中提出纵向联结系不宜采用三角式或菱形桁架。图7-51c为交叉式体系,由于和弦杆联结的节点相同,这种体系中的弦杆变形均匀,不会产生弯曲,我国铁路桁梁桥标准设计图均采用这种形式。图7-51d为K形体系,在竖向荷载作用下该体系弦杆变形所引起的腹杆附加内力很小,使弦杆变形均匀,同时自由长度较小,适用于宽桥。

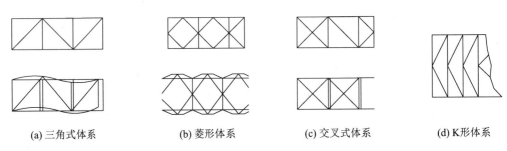

(a) 三角式体系　　　(b) 菱形体系　　　(c) 交叉式体系　　　(d) K形体系

图7-51　常用纵向联结系的腹杆体系

（2）横向联结系及桥门架

为保证桁梁桥的整体性,增大抗扭刚度,除端横向联结系（桥门架）外,至少应每隔两个节间设置一个中间横向联结系。对于上承式桁架,应在桁架两端及跨间设横向联结系;对于下承式桁架,应在桁架两端设置桥门架,跨间设门架式横向联结系,横向联结系间距不宜超过两个节间。横向联结系可做成交叉式、三角式、菱形等体系。图7-52a为上承式桁梁桥的横向联结系的形式,主要按斜杆交角30°～50°的范围来选用不同的形式。对于下承式桁梁桥,为了满足行车净空要求,横向联结系应设置在行车净空以上,如图7-52b所示。

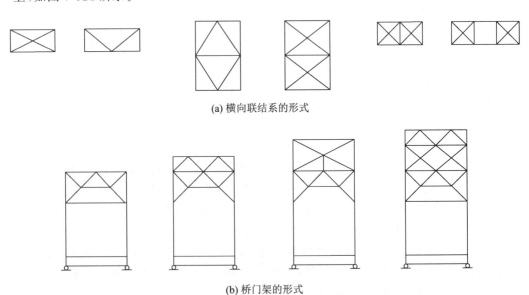

(a) 横向联结系的形式

(b) 桥门架的形式

图7-52　横向联结系及桥门架形式

桥门架通常采用与横向联结系相同的形式。为使上平联所受的风力有效地经由桥门架直接传给支座，下承式桁梁桥的桥门架一般设置在端斜杆平面内。联结系杆件多采用单壁式截面。

（3）制动联结系

钢桁梁桥较多地运用于铁路，列车在桥上行驶时因变速所引起的制动力或牵引力经由钢轨和桥枕传给纵梁，再由纵梁传给横梁，此时横梁将在纵向水平力的作用下产生较大的水平挠曲，不利于结构的安全稳定。为了减小横梁受到的水平弯矩的作用，使纵向水平力能够直接传递给主桁节点并通过主桁弦杆传递给固定支座，需在主桁上设置制动联结系。制动联结系宜设在跨中，如有纵梁断开，则设置在纵梁断开点与桥梁支点中间，因为该处横梁在弦杆变形时不发生弯曲，其相邻节间的纵梁与纵向联结系斜杆的纵向相对位移也较小，在该处设置制动联结系，可以减少制动联结系参与桥面系与弦杆的共同作用。

制动联结系构造较简单，在纵横梁交点及纵向联结系斜杆交点间加设 4 根短斜杆即可形成制动联结系。对于公路钢桥，考虑到车辆在桥上制动的纵向力比起列车的制动纵向力要小得多，一般不需设置制动联结系。

3. 桥面系构造

桥面系由桥面板和桥面系梁组成。桥面板直接承受可变作用，而桥面系梁具有把桥面板上的荷载传给主梁的作用。桥面系梁格一般由纵梁、横梁及纵梁之间的联结系组成，主要应用在铁路钢桁梁中。

纵、横梁的连接在建筑高度容许范围内常采用重叠式，如图 7-53 所示。将纵梁直接搁放在横梁上连续通过，纵梁借牛腿钢板和角钢在支承处用铆钉或高强螺栓结合，如图 7-54a 所示。为了防止纵梁倾倒并能抵抗横向力作用，可以在横梁支承处设置可以纵向移动而不能发生横向位移的槽形弧面支座，如图 7-54b 所示，或用系杆把两片纵梁连

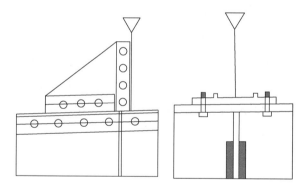

图 7-53　桥面系纵、横梁布置

成整体，然后与横梁连接。纵、横梁连接处能将纵梁传来的支反力直接传入横梁腹板内，为保证横梁的局部稳定，必须在横梁两侧布置承力加劲肋和填板。

当建筑高度受到限制时，需把纵梁与横梁等高布置，即使纵梁与横梁上翼缘具有相同的高程，此时纵梁也不能连续通过，需在横梁处截断。当纵梁与横梁杆件的截面高度相同时，为了保证纵梁仍为连续梁的形式，可使纵梁上、下翼缘通过横梁的鱼形板连接，以传递支承弯矩并避免使用拉力铆钉，如图 7-54a 所示。纵梁腹板用角钢与横梁腹板相连，以传递支反力。纵梁的腹板和翼缘在横梁交汇处切成斜口让横梁翼缘通过。当纵、横梁杆件截面高度不同时，上翼缘仍用鱼形板连接，下翼缘用刚劲的牛腿加高后用鱼形板连接，如图 7-54b 所示。

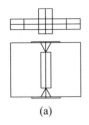 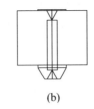

| (a) | (b) | (c) | (d) |

图 7-54 纵、横梁连接

横梁与主梁的联结方式有 3 种,如图 7-55 所示。当纵、横梁截面等高时,一般将横梁下翼缘与主桁下弦中心平齐,如图 7-55a 所示。如果纵、横梁截面不等高,应使纵梁下翼缘与主桁下弦中心平齐,使主桁下平纵联的斜撑得以从纵梁下方通过,由于此时横梁下翼缘降至下弦中心平面以下,故下平纵联的水平节点板要被横梁腹板隔开,如图 7-55b 所示。当连接角钢上排不下计算所需的连接螺栓时,可在横梁的端部加接肱板,以加长连接角钢,如图 7-55c 所示。

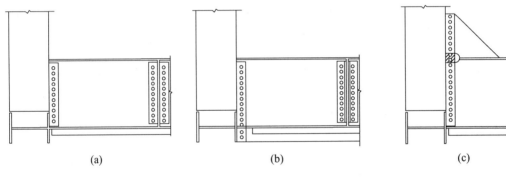

| (a) | (b) | (c) |

图 7-55 横梁与主梁的 3 种联结方式

钢桥面系与钢筋混凝土桥面系构造不同,其用平钢板作为盖板,下面焊有纵向和横向的加劲肋,盖板上铺设铺装层,如图 7-56 所示。由纵、横肋与钢板组成的正交异性板具有自重轻、易与主梁结合共同受力、极限承载力大等优点,是目前国内外应用较广泛的桥面之一。

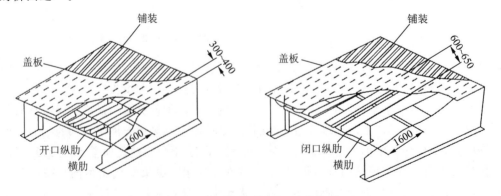

图 7-56 钢桥面板构造图(尺寸单位:mm)

此外,由于钢桁梁桥的空间整体作用,当主桁弦杆在竖向荷载的作用下产生变形时,桥面系也会同时发生变形,此时纵梁会受到水平力的作用,从而横梁上也会产生一定的水平弯矩。此项附加力随主桁跨径的增大而增大,为保证桁梁桥结构的安全,《铁路桥梁钢结构设计规范》(TB 10091—2017)中规定:对于跨径大于 80 m 的简支桁梁,应设置纵梁断缝。一般纵梁断缝设置在跨中的一个节间内。纵梁的活动端通过一对特制的支座支承于短伸臂上。纵梁活动端可以纵向滑动,也可转动。为了避免行车时纵梁活动端上下跳动,特设一块铰板把纵梁活动端连到短伸臂上。在安装架设钢梁时,活动纵梁与短伸臂应临时连成一个整体。另外,为了减小恒载引起的上述附加力,架设过程中可先用临时螺栓将纵梁、横梁试拼在一起,等到全部荷载作用在桥上之后,再用扩孔器调整螺栓孔的大小并用螺栓拧紧。

纵梁与横梁一般均为板梁。当跨径小于 6 m 时,纵梁也可用大号工字钢做成。纵、横梁的截面构造按板梁桥尺寸确定,由于公路可变作用小,纵梁常采用工字形钢梁,其高跨比一般取 1/12~1/8。跨径较大时,用铆接或焊接的方式制作成板梁,高跨比为 1/10~1/7。横梁的截面刚度在大多数情况下比纵梁大,当主桁架间距和节间长度较大时,采用桁架式横梁较经济。

4. 桥面布置

(1) 主桁杆件布置

1) 桁高的布置

桁架高度主要根据用钢量、刚度和容许建筑高度 3 个因素来确定,对于下承式桁梁桥还应满足桥下净空的要求。

主桁架高度受到弦杆、腹杆与桁高之间关系的影响。当桁高取值较大时,弦杆受力减小,从而弦杆的截面面积减小,弦杆的用钢量减少,但此时腹杆较长,腹杆的用钢量将增加;反之,当桁高取值较小时,弦杆的用钢量将增加,而腹杆的用钢量将减少。从理论上看,当总的弦杆用钢量与腹杆用钢量相等时,桁架的用钢量最省。对于一定跨径的桁梁桥,可按主桁用钢量最省这一条件来确定主桁的高度,这个高度通常称为经济桁高。根据以往的设计经验,对于单线铁路下承式简支桁架桥而言,其经济桁高为跨长的 1/10~1/5;对于双线铁路桥而言,其经济桁高可增大 20% 左右。此外,由于公路桥的设计荷载要小于铁路桥的设计荷载,所以其经济桁高要略小于铁路桥的经济桁高。

为了使桁架桥的竖向变形满足设计要求,必须保证其具有合适的竖向刚度。设计中一般把主桁挠度作为竖向刚度的衡量指标,挠度过大,梁端转角也过大,使得行车的平顺性和乘客的舒适度受到影响,同时,节点的刚度次应力和活载动力作用也增大,对结构安全产生不利影响。主梁高度易对桁梁桥的刚度产生较大影响,因此拟定主桁高度时,应对其挠度进行初步验算。根据过去的统计资料,并考虑到经济梁高的要求,简支桁梁桥的梁高可参考表 7-3 中所列的高跨比的范围选用。

表 7-3　简支桁梁桥高跨比选用范围

桥型	铁路桥		公路桥	
	平行弦桁架	多边形弦桁架	平行弦桁架	多边形弦桁架
下承式	$\dfrac{1}{7}l$	$\left(\dfrac{1}{6.5}\sim\dfrac{1}{5}\right)l$	$\left(\dfrac{1}{10}\sim\dfrac{1}{7}\right)l$	$\left(\dfrac{1}{8}\sim\dfrac{1}{5.5}\right)l$
上承式	$\left(\dfrac{1}{8}\sim\dfrac{1}{7}\right)l$		$\left(\dfrac{1}{10}\sim\dfrac{1}{8}\right)l$	

2）主桁节间长度的布置

主桁架的节间长度直接影响主桁架斜腹杆的倾角和桥道梁跨径的大小。节间长，则腹杆数量较少，纵梁跨径大，纵梁用钢较多，而横梁的用钢量减少；节间短，则腹杆数量较多，纵梁跨径小，横梁数量增多，横梁的用钢量增加。纵梁占桥道梁用钢量的比值较大，因此要求纵梁跨径（节间长度）不宜过大。

设计中可以通过适当压缩主桁节间长度和加大纵梁跨径来解决主桁节间长度与纵梁跨径之间的矛盾。但是对于大跨径桥梁而言，过多地增大纵梁跨径，势必导致桥道梁自重的增加，从而增加主桁架的自重。在这种情况下，必须从腹杆体系或主桁体系上来解决这一问题。例如，可以采用再分式腹杆体系或劲性梁来代替主桁弦杆，允许横梁连接在节点范围以内。我国大跨径的武汉长江大桥、南京长江大桥、枝江长江大桥等均采用再分式米字形腹杆体系来解决节间长度与纵梁跨径之间的矛盾。

对于中、小跨径的桁架而言，上承式桁架的节间长度一般取3～6 m，下承式桁架的节间长度一般取6～10 m，对于跨径较大的下承式桁架，其节间长度可达12～15 m。此外，由于公路桁梁桥桥面较轻，适当增大纵梁跨径对桥面总重量的影响不大，因此可适当增大公路桥的节间长度。

日本学者小崛为雄、吉田博曾对平行弦桁架桥进行了反复的试算设计，得出的结论是：在有效桁宽、跨径已知的条件下，若采用表7-4列出的节间数与桁高的最佳组合，则用钢量最少。实践中较为经济的节间长度为6～8 m，标准设计取8 m，我国的多座桁梁桥在确定节间长度时，考虑到桥梁厂设备条件的限制，节间长度均取为8 m或16 m（8 m的2倍），桁高通常确定为11 m。

表 7-4　节间数与桁高的最佳组合

桁架节间距/m	跨径 l/m	最佳节间数	最佳桁高 h/m	l/h
6	50	7	7.0	7.1
6	60	7	9.5	6.3
6	70	7	10.5	6.7
6	80	8	13.0	6.2
6	90	9	15.0	6.0
6	100	10	16.0	6.3
9	60	6	12.0	5.0
9	80	8	14.5	5.5
9	100	10	17.0	5.9

3）斜杆倾角的布置

斜杆倾角的大小取决于桁高与节间长度的比值，其直接影响腹杆的用钢量和节间构造。桁架的剪力靠斜杆承受，倾角的大小也会影响腹杆内力的大小。倾角过小，则腹杆数较少，但腹杆长度会增大且此时腹杆的内力很大；倾角过大，虽然腹杆的内力较小，但此时腹杆的数量较多。从构造角度出发，过小或过大的倾角均使得斜杆难以伸入节点的中心位置，导致节点板过高或过长，降低节点板的面外刚度。因此，在有竖杆的桁架桥中，其合理倾角为50°左右；在无竖杆的桁架桥中，其合理倾角为60°左右。

4）主桁中心距的布置

钢桁梁桥的主桁中心距与桁架桥的横向刚度和稳定性有关。主桁中心距过小会导致钢桁梁的横向刚度不足,列车过桥时易引起桥跨结构剧烈的横向振动,影响旅客的舒适度甚至导致灾难的发生。目前我国主要根据钢桁桥的横向刚度控制其主桁间距,同时对特殊类型桥梁必须进行桥梁结构动力分析。此外,对于下承式钢桁梁桥,其主桁中心距还应满足桥梁建筑界限的要求。对于单线铁路桥而言,其桥面上的净空宽度为4.88 m,考虑到主桁构件的宽度,其主桁中心距不大于5.5 m。

我国对于单线铁路简支钢桁梁桥共有 3 组标准设计图式,6 种跨径,如图 7-57 所示。第一组为上承式钢桁梁,三种跨径分别为 48 m、64 m 和 80 m,如图 7-57a 所示。其主桁几何图式均为带竖杆的三角形腹杆体系,主桁高度和节间长度均为 8 m,主桁中心距为 4 m。

第二组为下承式钢桁梁,其跨径与第一组上承式钢桁梁的跨径相同,分别为 48 m、64 m 和 80 m,如图 7-57b 所示。其主桁几何图式也均为带竖杆的三角形腹杆体系,主桁高度为 11 m,节间长度为 8 m,主桁中心距为 5.75 m。

第三组也是下承式钢桁梁,其跨径有 96 m、112 m 和 128 m 三种,如图 7-57c 所示。由于其跨径较大,主桁几何图式采用了米字形腹杆体系,主桁高度为 16 m,节间长度为 8 m,主桁中心距也为 5.75 m。

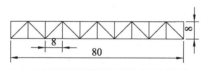

(a) 上承式钢桁梁标准设计的主桁几何图式

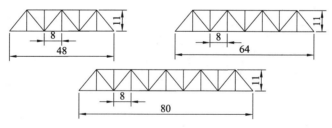

(b) 下承式钢桁梁标准设计的主桁几何图式（三角形腹杆体系）

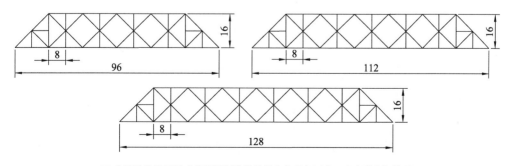

(c) 大跨径铁路下承式钢桁梁标准设计的主桁几何图式（米字形腹杆体系）

图 7-57　单线铁路主桁几何图式(尺寸单位:mm)

5）主桁杆件的刚度要求

在决定桁架杆件截面尺寸时，必须注意使杆件的长细比不超过规范的规定，过分柔细的杆件在搬运和拼装时容易弯曲，当桥上通过活载时将产生很大的振动，《公路钢结构桥梁设计规范》(JTG D64—2015)对于杆件最大长细比的要求如表 7-5 所示。

表 7-5　杆件最大长细比

类别	杆件	长细比
主桁架	受压弦杆 受压或受压-拉腹杆	100
	仅受拉力的弦杆	130
	仅受拉力的腹杆	180
联结系构件	纵向联结系、支点处横向联结系和制动联结系的受压或受压-拉构件	130
	中间横向联结系的受压或受压-拉构件	150
	各种联结系的受拉构件	200

为了保证组合杆件各肢翼的共同作用和保证它有足够的刚度，以便在运输、工地安装和使用时不致歪曲，它的各肢翼用缀件联结在一起。缀件有缀条（采用角钢）和缀板（采用钢板）两种，一般设置在分肢翼缘两侧平面内，其作用是将各分肢连接成一个整体，达到使其共同受力的目的，并承受绕虚轴弯曲时产生的剪力。缀条、缀板和隔板联结，它们在压杆中的布置应按计算确定，在拉杆中的布置要符合构造要求。缀条常采用简单的三角式和斜撑式，如图 7-58 所示，一般可用尺寸不小于 45 mm×45 mm×5 mm 的角钢或厚度不小于 6 mm 的扁钢做成。缀条尺寸一般按构造要求确定。

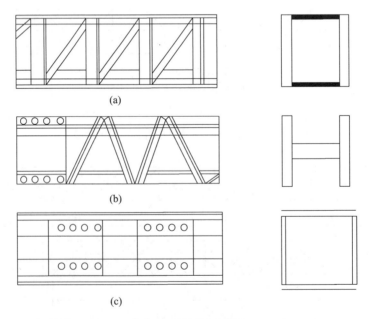

(a)

(b)

(c)

图 7-58　缀条形式

（2）桥跨布置

连续梁桥通常做成两跨或三跨的形式，极少超过三跨，因为三跨以上的连续梁桥温差位移过大，常常导致伸缩缝构造过于复杂。两跨连续梁应布置成等跨形式，三跨连续梁一般做成不等跨形式，跨径比例常采用 7：8：7，这样可以使正、负弯矩大致相等，在用料的经济性上也较等跨径有利，九江长江大桥即采用这种形式，如图 7-59 所示。但是对于那些两联以上的长桥，出于美观的角度考虑常采用等跨布置的形式，我国的武汉长江大桥和南京长江大桥均采用等跨布置的形式。

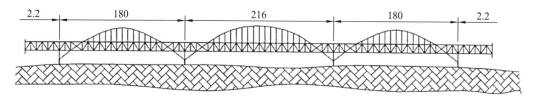

图 7-59　九江长江大桥的桥跨布置(尺寸单位：m)

连续桁梁桥的竖向刚度要大于简支桁梁桥，在设计时为节省用料，其梁高可略小于简支桁梁桥。对于下承式连续桁梁，其梁高通常为跨长的 1/8～1/7，上承式钢桁梁的宽跨比及高跨比应通过结构整体稳定分析确定。我国设计的连续桁梁桥的主桁节间长度一般采用 8 m。但是对于大跨径的连续桁梁桥，由于其杆件截面较大，若仍采用 8 m 的节间长度，则由节点刚性产生的次内力较大，不利于结构安全，因此一般采用 8 m 以上的节间长度。如图 7-47 所示的双线铁路连续桁梁桥，主桁为三角形桁架梁形式，桁高 15 m，节间长度为 9.5 m。

在悬臂桁梁桥中，铰的布置尤为重要。当悬臂桁梁桥的跨数为奇数时，铰的位置宜布置成对称的形式，而当跨数为偶数时，铰的位置的布置比较困难，因此在设计中一般采用奇数跨的悬臂桁梁桥。铰的位置决定了其伸臂的长度，而伸臂长度与用钢量及竖向刚度有关。一般伸臂长度与锚跨之比为 1/4～1/3。为了使悬臂桁梁桥的弦杆内力分布较为均匀，即正、负弯矩处的弦杆内力值接近，且节省用钢量，组合跨一般比锚跨要大，组合跨与锚跨之比以 1.1～1.4 为宜。当然，在具体拟定时还应综合考虑地形、地质、水文、通航等条件。当伸臂过长时，应在锚跨的端支座处设置拉力支座，以承担负的支反力。

悬臂桁梁桥的桁高可与连续桁梁桥类似，对于锚跨梁和悬跨梁的跨中部分，其桁高可略低于简支梁，为其跨长的 1/7～1/6.5。由于悬臂桁梁桥的竖向刚度常由伸臂端的挠度控制，因此其在支点处的桁高要大于跨中的桁高，不宜小于 $(1.2～1.5)h$，一般取为臂长的 2/3 左右。对于小跨径的悬臂桁梁桥，为了制造和安装的方便，其主桁可以考虑采用平行弦的形式，但这样会增大用钢量，一般很少采用。

主桁架的横向间距取决于横向刚度和稳定性，对于下承式桁梁桥，在满足桥下净空的要求后，还应保证横向刚度，其主桁间距一般不宜小于 $(1/20～1/17)L$；对于上承式桁梁桥，其主桁间距不宜小于 $(1/16～1/14)L$。

7.2.3 设计计算

1. 桁架杆件尺寸设计

（1）主桁杆件截面设计

主桁杆件的外廓尺寸对桁梁的技术经济指标有重要影响，因此拟定主桁杆件外廓尺寸时，应考虑以下因素：

① 外廓尺寸拟定过小，杆件的刚度较小，如果此时用作压杆，则总体稳定性较差；外廓尺寸拟定过大，虽然总体稳定性得到一定的改善，但由于分肢板较薄，局部稳定性较差。因此，在尺寸拟定时应综合考虑。

② 为使各杆件在节点处能用节点板相连，要求同一主桁中各杆件的宽度（两节点板内壁间距）必须一致。标准设计中跨径相近的主桁，其杆件应采用相同的宽度，以便于工厂成批生产制造，同时使得不同跨径间尺寸完全相同的杆件可以互换使用。

③ 上、下弦杆在各节间的高度应尽可能保持一致。杆件高度过小，杆端在节点板上的连接螺栓的纵向行数少，横向列数增多，此时必然要加大节点板的尺寸；杆件高度过大，则主桁节点刚性次应力较大，影响结构安全。《公路钢结构桥梁设计规范》（JTG D64—2015）规定：当非整体节点简支桁梁的主桁杆件截面高度与节点中心距之比大于1/10，连续梁支点附近的杆件及整体节点钢桁梁杆件的主桁杆件截面高度与节点中心距之比大于1/15时，应计算其节点刚性的影响。

④ 拟定H形截面的宽度与高度时，应保证自动电焊机小车能够在竖板形成的槽形空间内行车，同时还应考虑节点铆钉或螺栓连接时所需的工作宽度。

⑤ 主桁受拉杆件的拼接无论在节点内还是节点外进行，其净截面面积应较被拼接部分的净截面面积大10%，且主桁受压杆件拼接板的计算截面积不得小于被拼接部分的计算截面积。

受弯构件的腹板的最小厚度还应满足《公路钢结构桥梁设计规范》（JTG D64—2015）中的规定，如表7-6所示。

表7-6 腹板最小厚度

构造形式	钢材品种		备注
	Q235	Q345	
不设横向加劲肋及纵向加劲肋时	$\dfrac{\eta h_w}{70}$	$\dfrac{\eta h_w}{60}$	
仅设横向加劲肋，但不设纵向加劲肋时	$\dfrac{\eta h_w}{160}$	$\dfrac{\eta h_w}{140}$	
设横向加劲肋和一道纵向加劲肋时	$\dfrac{\eta h_w}{280}$	$\dfrac{\eta h_w}{240}$	纵向加劲肋位于受压翼缘 $0.2h_w$ 附近
设横向加劲肋和两道纵向加劲肋时	$\dfrac{\eta h_w}{310}$	$\dfrac{\eta h_w}{310}$	纵向加劲肋位于受压翼缘 $0.14h_w$ 和 $0.36h_w$ 附近

（2）主桁杆件各截面分肢尺寸设计

杆件分肢板厚度的确定应满足以下要求：

　　① 过薄的钢板在制造、运输、安装过程中容易产生变形，且在桥梁服役期间易受到锈蚀的影响，因此规范对结构各部分截面的最小尺寸也有要求。《铁路桥梁钢结构设计规范》（TB 10091—2017）规定的构件各部分截面最小容许尺寸如表 7-7 所示。主桁杆件板厚不得小于 10 mm；由于挂杆受力比较复杂，其应力分布很不均匀，翼板厚度不得小于 12 mm；板梁腹板较高，焊接时产生的焊接变形不易控制，因此当跨径超过 16 m 时，其厚度不得小于 12 mm。

表 7-7　结构各杆件截面的最小容许尺寸

构件		最小厚度或尺寸/mm
钢板	挂杆翼板跨径≥16 m 焊接板梁的腹板	12
	填板	4
	其他	10
联结系角钢肢厚度		10
纵梁与横梁及横梁与主桁的连接角钢		100×100×12

　　② H 形截面杆杆端节点部位，只有翼缘板与节点板连接在一起，腹板的应力靠翼缘板间接地传递给节点板，在节点附近，其应力低于整个截面应力，材料利用率较低，因此杆件截面应尽量集中在翼板。但如果腹板与翼板厚度相差过大，易导致腹板的临界应力远低于翼板的临界应力，腹板和翼板不能很好地共同工作。《铁路桥梁钢结构设计规范》（TB 10091—2017）对腹板和翼板的厚度的规定如下：焊接杆件翼板厚 $\delta \geqslant$ 24 mm 时，腹板厚 $\geqslant 0.58\delta$；焊接杆件翼板厚 $\delta <$ 24 mm 时，腹板厚 $\geqslant 0.68\delta$；铆接杆件翼板厚 δ 在任何情况下，腹板厚 $\geqslant 0.4\delta$。同时，规范还规定在主桁中不宜采用由缀板组合的焊接杆件。

　　③ 焊接杆件的最大板厚应考虑工厂的生产制造条件。铆接杆件的板束总厚度应考虑铆钉的容许握距。

　　④ 压杆中的钢板应该有足够的稳定性，避免杆件的部分板件发生翘曲而丧失局部稳定。受压杆件中的单板或板束的宽度 b 与其厚度 δ 应满足相关规范中的要求，以保证压杆在丧失总体稳定之前不至于出现局部失稳现象。《铁路桥梁钢结构设计规范》（TB 10091—2017）对压杆板束宽度与厚度的最大比值做了相应的规定，如表 7-8 所示，表中 λ 为杆件长细比。

表 7-8　组合压杆板板束宽度与厚度最大比值

序号	板件类型	钢材牌号							
		Q235q		Q345q、Q370q		Q420q		Q500q	
		λ	b/δ	λ	b/δ	λ	b/δ	λ	b/δ
1	H 形截面中的腹板	＜60	34	＜50	30	＜45	28	＜40	26
		≥60	$0.4\lambda+10$	≥50	$0.4\lambda+10$	≥45	$0.4\lambda+10$	≥40	$0.4\lambda+10$

续表

序号	板件类型		钢材牌号							
			Q235q		Q345q、Q370q		Q420q		Q500q	
			λ	b/δ	λ	b/δ	λ	b/δ	λ	b/δ
2	箱形截面中无加劲肋的两边支承板件		<60	33	<50	30	<45	28	<40	26
			$\geqslant60$	$0.3\lambda+15$	$\geqslant50$	$0.3\lambda+15$	$\geqslant45$	$0.3\lambda+14.5$	$\geqslant40$	$0.3\lambda+14$
3	H形或T形无加劲肋的伸出肢	铆接杆		$\leqslant12$				$\leqslant10$		
		焊接杆	<60	13.5	<50	12	<45	11	<40	10
			$\geqslant60$	$0.15\lambda+4.5$	$\geqslant50$	$0.14\lambda+5$	$\geqslant45$	$0.14\lambda+4.7$	$\geqslant40$	$0.14\lambda+4.5$
4	铆接杆角钢伸出肢	受轴向力的主要杆件		$\leqslant12$				$\leqslant12$		
		支撑及次要杆件		$\leqslant16$				$\leqslant16$		
5	箱形截面中 n 等份线附近各设一条加劲肋的两边支承板		<60	$28n$	<50	$24n$	<45	$22n$	<40	$20n$
			$\geqslant60$	$(0.3\lambda+10)n$	$\geqslant50$	$(0.3\lambda+9)n$	$\geqslant45$	$(0.3\lambda+8.5)n$	$\geqslant40$	$(0.3\lambda+8)n$

（3）节点设计

节点设计时,不仅要满足受力方面的要求,同时也要考虑制造、安装和养护的需要,具体要求如下。

1）受力方面的要求

① 各构件截面重心线应尽量在节点处交于一点,避免节点偏心的附加应力,如有偏心,应计算偏心影响;杆端连接螺栓群的合力线也应尽量与构件的截面重心线重合。以上要求对于联结系构件较难做到,由于其节点偏心与连接偏心对结构的影响不大,一般可不予考虑。

② 主桁杆件所需的连接螺栓个数应按杆件的承载力计算。联结系杆件内力受活载影响不大,其所需连接螺栓个数,可按杆件内力计算。

③ 整体节点钢桁梁及连续梁支点附近的杆件高长比大于 1/15 时,应计算其节点刚性的影响,同时应验算强度和稳定性。

④ 杆件在节点中心中断时,单靠节点板来连接弦杆,多半强度不够,一般均需添设弦杆拼接板。

⑤ 所有杆件应尽量向节点中心靠拢,连接螺栓应布置紧凑,这样可使节点板平面尺寸小些,也有利于降低节点刚性次应力和增大节点板在面外的刚度。

⑥ 为了加强节点板在面外的刚度、屈曲稳定和抗撞击能力,必要时需在节点板的自由地段设置加劲角钢或隔板。用缀条连接的组合杆件,端缀板应尽量伸入节点板。

2）制造、安装和养护方面的要求

① 节点板的尺寸与外形应尽量做到小巧、简单,并避免出现曲线边。

② 标准设计的节点板,螺栓位置必须按机器样板的固定栓线网格布置。

③ 同一杆件两端的螺栓排列应尽量要求一致,以减少部件的类型和便于安装时

互换。

④ 节点板与杆件的接触面必须保证全部密贴,避免因产生缝隙使水渗入或进入污垢腐蚀栓(钉),影响结构的承载能力。

⑤ 在支撑处,节点板宜低于桁梁下弦 $10\sim15$ mm,下缘应磨光并与支承垫板顶紧,保证支承反力能够均匀地传给节点板,从而能通过节点板再传递给桁架。

⑥ 立柱与上弦杆的连接要考虑拼装吊机在上弦工作时的荷载,端节点的构造要考虑悬臂拼装和连续拖拉多孔钢桁梁时,相邻两孔钢桁梁之间临时连接杆件的设置。

⑦ 考虑到受拉构件的破坏发生在净截面处,且受压构件节点板可能产生局部偏心,受力比较复杂,因此主拼接板的总净截面面积应较被拼接杆件的截面面积大 10%。

《公路钢结构桥梁设计规范》(JTG D64—2015)中指出,对于受压斜腹杆作用下的节点板,其不设加劲肋的自由边长度 b_g 与厚度 t 之比不应大于 $50\sqrt{345/f_y}$ (f_y 为节点板的屈服强度)。节点板自由边长度如图 7-60 所示。

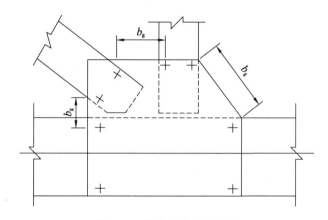

图 7-60　节点板自由边长度

（4）预拱度设计

对横梁挠度的限制可以改善线路的运行质量,但挠度限制过严会给壁梁设计带来困难,同时也会使高强度钢材的使用受到限制。如果在限制挠度的同时,把桁梁做成预先向上拱的曲线,则可使车辆过桥时线路转折角小,线路平顺,旅客舒适。预拱度的设置应满足以下要求:

① 桥纵轴线应避免下垂的视线效果;

② 桥面刚度不影响排水系统的顺畅;

③ 桥面板刚度应与钢板上铺装刚度相适应;

④ 计算预拱度时,要考虑连接的剪切变形和滑移。起拱应做成光滑平顺曲线;对于中小跨径桥梁起拱值可按照结构自重和 1/2 静活载所产生的竖向挠度考虑,对大跨径和超大跨径桥梁只按结构自重考虑;如桥面在竖曲线上,预拱度应与竖曲线纵坡一致。

$$f=f_q+\frac{1}{2}f_p \qquad\qquad (7\text{-}40)$$

式中：f_q——恒载产生的跨中挠度值;

f_p——静活载产生的跨中挠度值。

显然,在钢桁梁架设后,恒载预拱度与恒载产生的挠度相抵消,则钢梁在无活载和满跨活载时跨中的挠度均为 $f_p/2$,但前者是上拱,后者是下挠。

预拱度可以做成圆弧形。在铁路的下承式栓焊梁标准设计中,为了简化制造和安装工作,并照顾到不同跨径桁梁桥需设的理论预拱度,设计时让下弦杆和腹杆的长度保持不变,而只让上弦杆的理论长度每两个节长 $2d$ 伸长 2Δ,如图7-61所示。

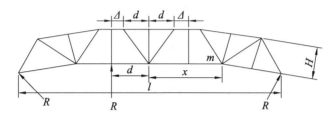

图 7-61 刚桁梁桥预拱度

由图中几何关系可知:

$$\frac{R}{d} = \frac{R+H}{d+\Delta} \tag{7-41}$$

故

$$R = \frac{d \cdot H}{\Delta} \tag{7-42}$$

在确定曲线半径 R 后,不同桁架桥跨中的实设预拱度 f 可根据下式求得:

$$f = \frac{l^2}{8R} \tag{7-43}$$

下弦任一节点 m 的预拱度为

$$f_m = f - (R - \sqrt{R^2 - x^2}) \tag{7-44}$$

以上计算值由上弦杆节点板第一排螺栓孔的起线至竖杆中线的距离较未设预拱度时增大 Δ 来达到。

此外,对于与横梁、横联或者横撑构成闭合框架的挂杆或者立柱,应计算其当横梁承受竖向设计荷载时所产生的轴向力和弯矩,使其满足规范的要求;对于作为桥门架腿杆的主桁斜杆或者竖杆,将桥门架视作下端固定的框架,计算桥门架受横向力时产生的轴向力和弯矩,且将风力作用在桥门架斜腿内产生的轴向力的水平分力计入下弦杆杆力之内。

2. 常用计算方法

(1) 空间桁架的计算方法

桁梁桥是由主桁架、平纵联、横联和桥面系组成的空间结构。随着计算机的普及和有限元技术的发展,目前桁梁桥的计算技术发展趋势是利用电子计算机进行结构的空间计算,以促进结构的合理化,使主桁架、中间横联和上、下平纵联都能得到比较合理的设计。采用有限元通用程序进行空间桁架的结构分析时,常将空间桁架内各杆件轴线形成的几何图形作为该桁架的计算图式,并假定各节点为固结,按实际支座情况加上边界条件。利用通用程序不仅能计算空间桁架结构,而且能计算薄板结构和梁、薄板的混合结构。

对构造复杂的桁架结构,宜采用更精细的平面或空间计算模型进行内力或应力分析。空间桁架的结构分析主要分为两类:第一类是把桁架作为空间杆(梁)系结构,按结构矩阵分析的方法进行;第二类是把空间桁架转换成具有等价板厚的薄壁闭口截面梁,按弯曲扭转理论进行。

1) 空间杆(梁)系结构的计算

空间结构的桁梁桥具有主桁架以及上下平联产生的 4 个平面,在外界荷载作用下,横联容易发生弹性变形,同时产生的剪切变形会引起结构错动,因此在桁架桥的空间结构分析计算中,需引入横联弹性变形的解。

2) 换算薄壁箱形截面法

具有闭合截面的桁梁在进行受力分析时可以简化成薄壁箱梁模型进行分析计算,简化的主要特点如下:

① 薄壁箱梁模型的箱壁由原桁梁的腹杆系统组成,其只承受剪应力,不承受截面的法向应力,而且它的抗剪刚度要小于实体板结构。

② 在桁梁的水平横向挠曲扭转中,桥门架端为弹性支撑。将箱梁的挠曲扭转理论进行引申,即可得到桁梁桥的弯曲扭转理论,从而可以进一步分析桁梁桥的强度、刚度以及稳定性,还可以对桁梁桥进行动力分析。

(2) 平面桁架的计算方法

该方法是桁梁桥的一种简化的计算方法,先将空间桁架拆分成不同的结构分别进行计算,再考虑节点和空间结构作用的影响。

首先,将空间桁架分成若干个平面,按纵梁、横梁、主桁架、上下平联、横向联结系等结构分别进行计算。将平面桁架内各杆件轴线形成的几何图形作为该桁架的计算图式,并假定各节点为铰接,如图 7-62 所示。各平面结构只承受作用于该平面结构内的荷载,并按照结构力学的平面铰接桁架的计算方法进行计算分析。当杆件同属于两个平面时,先将它在各个平面内的内力求出,然后将计算出的内力叠加作为它的计算内力。

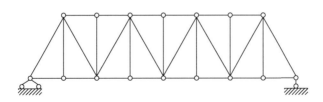

图 7-62　平面铰接桁架计算图式

其次,采用近似方法计算在第一步中没有考虑的节点刚性和结构空间作用的影响。在设计杆件截面尺寸时,根据杆件影响大小的不同有区别地考虑截面的设计。一般把第一步按铰接平面结构计算出的应力称为主要应力,把第二步中考虑节点刚性和结构空间作用影响算出的应力称为次要应力。

在简化计算中将桁架刚性节点假设为铰接是为了方便计算,实际结构在荷载作用

下,桁架的变形受到节点约束会产生附加弯矩,该附加弯矩的大小与交汇杆件的刚度大小有关。对于空间桁架结构,在荷载作用下的相互影响应予以考虑,如主桁架弦杆变形对平联内力的影响等。本节主要介绍桁梁桥的简化计算方法。

3. 桁架的简化计算

(1) 恒载的假定

自重的计算比较困难,因此常采用一些近似的方法,即先给出一个自重的估算值,然后根据此估算值进行桁梁杆件的截面设计,再根据设计出的截面计算出桁梁桥的实际自重,并且要求实际自重与估算的自重较为接近,否则就要按照实际的自重重新计算杆件内力并进行截面设计。钢桥自重的计算主要有以下两种方法。

1) 根据已有设计资料估算桁梁自重

如果设计中采用的活载等级、钢材的强度与原设计不同,则主桁和联结系自重 P_1 可近似地按其与活载强度成正比而与材料强度成反比的方法推算。

桥面自重 P_2 可根据经验恒载和实际活载初步求出杆件截面积,将所求出的杆件截面积乘以钢材的重量和建筑系数 $\varphi_{梁}$($\varphi_{梁}=1.1\sim1.25$),便可得到纵梁和横梁每米的重量(加上桥面板及铺装层的重量)。

每片桁架的总恒载(单位为 kN/m)为(当为两片桁架时)

$$P = \frac{1}{2}(P_1 + P_2) \tag{7-45}$$

2) 用理论公式计算桁架自重

如果设计的桁架没有现成的资料可参考,则可以采用理论公式求得其自重。任一杆件的理论截面积可通过杆件内力与材料强度的比值求得,并将单位长度桁架内各杆件的重量作为桁架单位长度的重量,即桁架的自重。简支、悬臂及连续桁梁的自重均可由此法进行计算。

(2) 活载所产生的内力

对于空间桁架的内力计算,可根据各杆件影响线的面积求得桁架在恒载及活载作用下各杆件的内力,同时还应考虑车辆的冲击作用、空间桁架的整体作用、节点刚性对杆件内力的影响。

1) 影响线面积计算

桁架各杆件的内力影响线在结构力学中有详细的介绍,本节仅列举下承式桁架内力影响线面积计算公式。

① 上、下弦杆内力影响线(见图 7-63a)

影响线面积:

$$\Omega_{弦} = \frac{1}{2} \cdot \frac{l_1 \cdot l_2}{l} \cdot \frac{l}{H} = \frac{1}{2} \cdot \frac{l_1 \cdot l_2}{H} \tag{7-46}$$

② 斜杆内力(包括端斜杆内力)影响线(见图 7-63b)

影响线面积:

$$\Omega_{斜} = \frac{1}{2} \cdot \frac{mnd}{n-1} \cdot \frac{m}{n \cdot \sin\theta} = \frac{1}{2} \cdot \frac{m^2 d}{n-1} \cdot \frac{1}{\sin\theta} \tag{7-47}$$

$$\Omega'_{斜} = -\frac{1}{2}\left(nd - \frac{mnd}{n-1}\right) \cdot \frac{n-m-1}{n\sin\theta} = -\frac{1}{2} \cdot \frac{(n-m-1)^2}{n-1} \cdot \frac{d}{\sin\theta} \tag{7-48}$$

式中：θ——斜杆与弦杆间夹角；

d——节间长度；

n——全跨节间总数。

③ 竖杆内力影响线（见图 7-63c）

影响线面积：

$$\Omega_{\text{竖}} = \frac{1}{2} \cdot 1 \cdot 2d = d \tag{7-49}$$

④ 支点反力影响线（见图 7-63d）

影响线面积：

$$\Omega_{\text{支}} = \frac{1}{2} \cdot 1 \cdot l = \frac{l}{2} \tag{7-50}$$

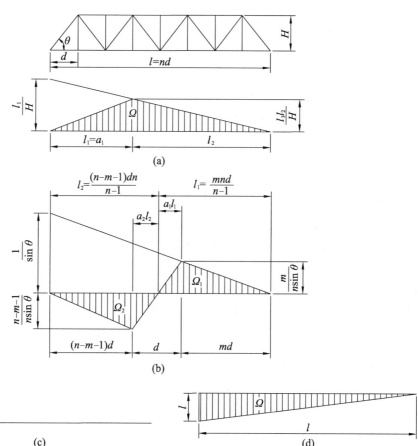

图 7-63　横梁内力影响线

2）横向分布系数及冲击系数

对于两片桁架的桁梁桥，在偏载最不利的情况下，可按杠杆原理计算车辆及人群荷载的横向分布系数 m_c 和 $m_人$，考虑车辆活载对桥梁的冲击作用，计算杆件内力时应乘以一个大于1的冲击影响系数 $1+\mu$，其值可按规范采用。

钢桥、钢筋混凝土及预应力混凝土桥、圬工拱桥等上部结构和钢支座、板式橡胶支座、盆式橡胶支座及钢筋混凝土柱式墩台，应按相关公式计算冲击作用。

3）荷载作用下的主桁架杆件内力

恒载所产生的内力：

$$N_g = g \sum \Omega \tag{7-51}$$

式中：g——均布荷载强度（每片主桁）；

$\sum \Omega$——杆件内力影响线面积的代数和。

活载所产生的内力（例如荷载组合Ⅰ时）：

$$N_p = (1+\mu)m_c k\Omega + m_人 g_人 \Omega \tag{7-52}$$

式中：μ——活载冲击系数；

k——均布荷载；

m_c——汽车横向分布系数；

Ω——杆件内力影响线中面积最大者；

$m_人$——人群横向分布系数；

$g_人$——人群荷载强度。

杆件内力：

$$N = N_g + N_p \tag{7-53}$$

4）空间桁架整体作用对竖杆内力的影响

由横梁、主桁架竖杆和横向联结系组成的框架，在竖向荷载的作用下，竖杆的下端将产生力矩，竖杆受拉并受挠曲，应按拉-弯杆件设计，如图7-64所示。横向框架作用所产生的竖杆下端的弯矩可近似地按下式计算：

$$M = \frac{2I_竖}{I_横} \cdot \frac{a(B-a)}{l_竖} \cdot N \tag{7-54}$$

式中：$I_竖$——竖杆的毛截面惯性矩；

$I_横$——横梁的毛截面惯性矩；

B——主桁中心距；

a——主桁与纵梁的中心距；

$l_竖$——竖杆在主桁平面外的自由长度，可取横联节点至横梁的中心距；

N——每片纵梁作用于横梁的竖向反力。

5）节点刚性产生的二次内力

当荷载作用时，由于节点刚性，杆件在节点处不能自由转动，因此便产生了弯矩。对个别杆件而言，由附加弯矩产生的二次应力甚至要大于主应力，因此由节点刚性产生的二次弯矩不容忽视。对二次应力的计算可采用手算的方法，但需对计算模型进行简化，即忽略桁架的水平位移和竖向位移，为了获得精确的计算结果也可以采用机算的方法。

二次应力随荷载的增加呈非线性变化，因此在变化的动荷载的作用下，二次应力加快材料的疲劳，常常会引起材料的脆性破坏。因此，为了减小二次应力，除了设计时尽可能减少节点数（避免采用再分式）、减小杆件宽度、节点尽量紧凑以外，还应在施工设计和架设阶段，在杆件中设置与二次应力相反的预加力，达到抵消或减小二次应力的目的。

《公路钢结构桥梁设计规范》（JTG D64—2015）指出，构件节点可假定为铰接进行计算，但当需考虑由节点刚性产生的次应力时，由该节点刚性产生的次力矩应乘以 0.8，与轴向力一并进行承载能力极限状态的强度检算。

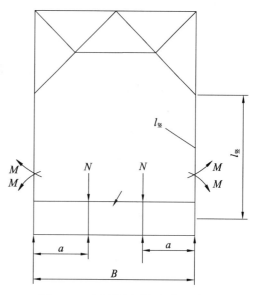

图 7-64　空间作用对竖杆的影响线

（3）联结系计算

桥梁除承受竖向荷载外，还要承受风力、列车的摇摆力和离心力等横向力的作用。纵向联结系是主要承受这些横向力作用的结构。计算纵向联结系杆件的内力时，可以将简支桁梁桥的纵向联结系当作水平放置的简支铰接桁架计算。同理，在连续或悬臂桁梁中，纵向联结系也可当作连续或悬臂桁架计算。图 7-65 为下承式简支桁梁桥的纵向联结系的计算简图。

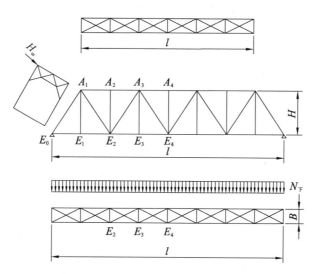

图 7-65　下承式简支桁梁桥纵向联结系计算简图

1）横向力的计算

栏杆上每米风压力：

$$W_1 = K_1 h_1 W \tag{7-55}$$

桥面系上每米风压力：

$$W_2 = h_2 W \tag{7-56}$$

主桁架上每米风压力：

$$W_3 = K_3 h_3 W \tag{7-57}$$

式中：W——风压力计算强度；

h_1——栏杆高度；

h_2——高出桁架弦杆部分的桥面系高度；

h_3——主桁架的高度；

K_1——栏杆的迎风面积系数；

K_3——主桁架的迎风面积系数。

当上、下弦杆处设有纵向联结系时，下纵联上的风力强度为

$$W_下 = W_1 + W_2 + 0.5W_3 \tag{7-58}$$

上纵联上的风力强度为

$$W_上 = 0.5W_3 \tag{7-59}$$

根据以上公式即可计算出横向风力强度，然后根据主桁架内力计算公式按铰接桁架计算出斜杆和弦杆的内力。在下承式桥梁中，若仅设置行车系平面内的纵向联结系，则所有水平荷载均由其承担。

2）桥门架的内力计算

对于下承式桁梁桥，端横联一般布置在端斜杆平面内，称为桥门架。其上平纵联承受的横向力由两端的桥门架传至下弦端节点，使端斜杆和下弦杆产生附加内力，通常把这一效应称为桥门架效应。

计算时把上平联当作简支桁架，其跨径等于上弦两端点之间的距离 l，在均布的横向荷载 $W_上$（即上平联承受的风力强度）的作用下，其支座反力 $H_w = \frac{1}{2} l W_上$，即作用在桥门架上的水平力，如图 7-66 所示。

桥门架的计算图式是刚架，主桁架端斜杆（腿杆）下端可假定为嵌固在下弦端节点上。在水平力 H_w 的作用下，刚架产生水平位移，如图 7-66a 所示。刚架腿杆的反弯点位置可由下式求得：

$$l_0 = \frac{c + 2l}{2c + l} \cdot \frac{c}{2} \tag{7-60}$$

式中：l——可近似地取端斜杆的理论长度；

c——未布置横向联结系的端斜杆长度，如图 7-66a 所示。

确定端斜杆的反弯点位置后，可取桥门架在反弯点以上的部分作为分离体来考虑，如图 7-66c 所示。在水平力 H_w 的作用下，两端斜杆的反弯点处将产生水平反力和数值相等而方向相反的竖直反力 V。对任一反弯点取矩即可求得竖直反力，计算式为

$$V = \frac{H_w(l - l_0)}{B} \tag{7-61}$$

当端斜杆产生这一轴向力时，在下弦杆端节点将产生两个附加内力与它平衡，如图 7-66d 所示。两个附加内力分别为支座承受的竖直力 N 和由下弦杆承受的纵向水平力

H'_w，其中下弦杆增加的附加力 H'_w 的值为

$$H'_w = V\cos\theta \qquad (7\text{-}62)$$

此外，在水平力 H_w 的作用下，端斜杆将承受附加弯矩，其值如图 7-66b 所示。

对于桥门架内斜杆（楣杆），由于其内力很小，常按刚度 λ 控制进行设计。其内力可根据结构力学相关公式求解。《铁路桥梁钢结构设计规范》（TB 10091—2017）规定，对于主桁挂杆和立柱，应考虑横梁承受竖向荷载时，作为刚架腿杆所承受的轴力和弯矩，并检算其在轴力和弯矩共同作用下的疲劳强度。但当桥门架与横梁不在同一平面内时，横梁在竖向荷载作用下发生的挠曲对桥门架的影响不大，此时一般不考虑此项的影响。

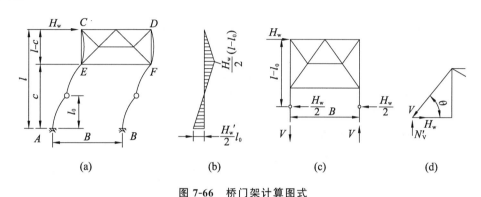

图 7-66　桥门架计算图式

（4）空间桁架整体作用附加内力计算

对于纵向联结系杆件，除了主力外，还有由杆件自重、弦杆变形及杆件偏心连接引起的附加力。

1）杆件自重的影响

对于自重引起的荷载的计算，等同于对均布荷载作用下的跨径为 l 的简支梁的内力的计算，其计算跨径为杆件在水平投影上的长度。由自重引起的弯矩为

$$m_g = \frac{gl^2}{8}\,(g \text{ 为杆件的自重}) \qquad (7\text{-}63)$$

2）杆件为偏心连接

杆件对节点板偏心 e 的附加弯矩：

$$m_e = Ne \qquad (7\text{-}64)$$

由上两项引起的附加应力与轴向杆力 N 所引起的主应力相加后得：

$$\sigma = \frac{N}{F} + \frac{m_g + m_e}{W} \qquad (7\text{-}65)$$

式中：N——杆件轴力；

　F——杆件截面面积。

3）弦杆变形产生的附加内力

由于弦杆与平纵联腹杆的共同作用，弦杆在竖向荷载作用下产生变形时，平纵联腹杆会产生相当大的内力，在设计时需予以考虑。交叉式斜杆由于弦杆变形而产生的内力，可近似而偏于安全地用下面的公式确定。如图 7-67 所示，当节长为 S 的弦杆拉伸

ΔS 时,长度为 d 的平纵联斜杆相应地拉伸 Δd,近似地:

$$\Delta d = \Delta S \cdot \cos \alpha \tag{7-66}$$

根据胡克定律,斜杆截面的平均应力为

$$\sigma_{\mathrm{d}} = \frac{E \Delta d}{d} = \frac{E \Delta S \cdot \cos \alpha}{d} \tag{7-67}$$

将 $d = \dfrac{S}{\cos \alpha}$ 代入式(7-67),并考虑到在竖向荷载作用下弦杆截面平均应力 $\sigma_{\mathrm{s}} = \dfrac{E \Delta S}{S}$,于是得

$$\sigma_{\mathrm{d}} = \sigma_{\mathrm{s}} \cdot \cos^2 \alpha \tag{7-68}$$

以 N_{d} 表示斜杆内力,N_{s} 表示弦杆内力。注意到 $\sigma_{\mathrm{d}} = N_{\mathrm{d}}/A_{\mathrm{d}}$,$\sigma_{\mathrm{s}} = N_{\mathrm{s}}/A_{\mathrm{s}}$,则上式可以写成:

$$N_{\mathrm{d}} = N_{\mathrm{s}} \frac{A_{\mathrm{d}}}{A_{\mathrm{s}}} \cos^2 \alpha \tag{7-69}$$

式中:A_{d}——纵联斜杆的毛截面面积;

$\qquad A_{\mathrm{s}}$——弦杆的毛截面面积。

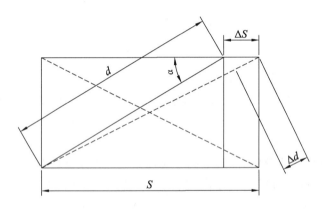

图 7-67　弦杆变形

《铁路桥梁钢结构设计规范》(TB 10091—2017)则采用了更为精确的计算公式,其计算公式为

$$N_{\mathrm{d}} = \frac{N_{\mathrm{s}}}{A_{\mathrm{s}}} \cdot \frac{A_{\mathrm{d}} \cos^2 \alpha}{1 + \dfrac{A_{\mathrm{d}}}{A_{\mathrm{p}}} \sin^3 \alpha + \dfrac{A_{\mathrm{d}}}{A_{\mathrm{s}}} \cos^3 \alpha} \tag{7-70}$$

式中:A_{p}——纵向联结系中竖杆(撑杆)的毛截面面积。

实际式中分母 A_{d} 较弦杆截面积 A_{s} 小,$\cos^3 \alpha$ 值也较小,因此可将第三项略去,则有

$$N_{\mathrm{d}} = \frac{N_{\mathrm{s}}}{A_{\mathrm{s}}} \cdot \frac{A_{\mathrm{d}} \cos^2 \alpha}{1 + \dfrac{A_{\mathrm{d}}}{A_{\mathrm{p}}} \sin^3 \alpha} \tag{7-71}$$

或近似为

$$N_d = N_s \frac{A_d}{A_s} \cos^2 \alpha \qquad (7\text{-}72)$$

计算荷载组合时,可先算出恒载及恒载加活载作用下因弦杆变形所产生的斜杆内力,若用脚手架安装钢梁,而在脚手架拆离桥跨后才拧紧纵向联结系节点螺栓或打铆钉,则该恒载所引起的弦杆变形对平联斜杆内力的影响就不应计入。

（5）杆件截面验算

1）受轴向力的杆件

① 受拉杆件的强度和刚度验算

轴心受拉构件承载力应满足下式要求（高强度螺栓摩擦型连接处除外）：

$$\gamma_0 N_d \leqslant A_0 f_d \qquad (7\text{-}73)$$

式中：N_d——轴心拉力设计值；

A_0——净截面面积。

高强度螺栓摩擦型连接处承载力应满足下式要求：

$$\left(1 - 0.5 \frac{n_1}{n}\right) \gamma_0 N_d \leqslant A_0 f_d \qquad (7\text{-}74)$$

式中：n——在节点或拼接处,构件一端连接的高强度螺栓数目；

n_1——所计算截面（最外列螺栓处）上的高强度螺栓数目。

另外,对于桥梁结构中承受拉-拉循环应力或拉-压循环应力作用的构件都应进行疲劳验算,且在抗疲劳设计时,仅考虑可变荷载的作用。验算时涉及的三种疲劳荷载模型Ⅰ～Ⅲ可参照《公路钢结构桥梁设计规范》(JTG D64—2015)。

除强度验算外,杆件还应进行刚度验算。杆件应具有一定的刚度,以减小杆件自重引起的挠曲,以免在运输和安装过程中偶然碰撞发生弯曲。此外,如果杆件的刚度过大,在活载作用下也易发生较大的振动。设计中对于杆件刚度的控制一般通过限制杆件的长细比来实现。

② 受压杆件的强度和刚度验算

轴心受压构件的强度应满足下式要求：

$$\gamma_0 N_d \leqslant A_{\text{eff},c} f_d \qquad (7\text{-}75)$$

式中：N_d——最不利截面轴心压力设计值；

$A_{\text{eff},c}$——考虑局部稳定影响的有效截面面积。

此外,对于轴心受压构件还应考虑其稳定性,轴心受压构件的整体稳定应满足下式要求：

$$\gamma_0 \left(\frac{N_d}{\chi A_{\text{eff},c}} + \frac{N e_z}{W_{y,\text{eff}}} + \frac{N e_y}{W_{z,\text{eff}}}\right) \leqslant f_d \qquad (7\text{-}76)$$

式中：N_d——轴心压力设计值,当压力沿轴向变化时取构件中间 1/3 部分的最大值；

χ——轴心受压构件整体稳定折减系数；

$A_{\text{eff},c}$——考虑局部稳定影响的有效截面面积；

e_y——有效截面形心在 y 轴方向距离毛截面形心的偏心距；

e_z——有效截面形心在 z 轴方向距离毛截面形心的偏心距；

$W_{y,\text{eff}}$——考虑局部稳定影响的有效截面相对于 y 轴的截面模量；

$W_{z,\text{eff}}$——考虑局部稳定影响的有效截面相对于 z 轴的截面模量。

2）拉弯、压弯杆件

对于实腹式构件，其拉弯、压弯构件的强度应满足下式要求：

$$\gamma_0 \left(\frac{N_d}{N_{Rd}} + \frac{M_y + N_d e_z}{M_{Rd,y}} + \frac{M_z + N_d e_y}{M_{Rd,z}} \right) \leqslant 1 \tag{7-77}$$

$$N_{Rd} = A_{\text{eff}} f_d \tag{7-78}$$

$$M_{Rd,y} = W_{y,\text{eff}} f_d \tag{7-79}$$

$$M_{Rd,z} = W_{z,\text{eff}} f_d \tag{7-80}$$

式中：N_d——轴心力设计值；

M_y——绕 y 轴的弯矩设计值；

M_z——绕 z 轴的弯矩设计值；

A_{eff}——有效截面面积，其中受拉翼缘仅考虑剪力滞的影响，受压翼缘同时考虑剪力滞和局部稳定的影响；

$W_{y,\text{eff}}$——有效截面相对于 y 轴的截面模量，其中受拉翼缘仅考虑剪力滞的影响，受压翼缘同时考虑剪力滞和局部稳定的影响；

$W_{z,\text{eff}}$——有效截面相对于 z 轴的影响，其中受拉翼缘仅考虑剪力滞的影响，受压翼缘同时考虑剪力滞和局部稳定的影响。

此外，对于实腹式压弯构件，其整体稳定性还应满足《公路钢结构桥梁设计规范》（JTG D64—2015）中的相关规定：

① 压弯构件所受弯矩作用在一个对称轴平面内

$$\gamma_0 \left[\frac{N_d}{\chi_y N_{Rd}} + \beta_{m,y} \frac{M_y + N_d e_z}{M_{Rd,y} \left(1 - \dfrac{N_d}{N_{cr,y}} \right)} \right] \leqslant 1 \tag{7-81}$$

$$\gamma_0 \left[\frac{N_d}{\chi_z N_{Rd}} + \beta_{m,y} \frac{M_y + N_d e_z}{\chi_{LT,y} M_{Rd,y} \left(1 - \dfrac{N_d}{N_{cr,z}} \right)} \right] \leqslant 1 \tag{7-82}$$

式中：N_d——构件中间 $1/3$ 范围内的最大轴力设计值；

χ_y——轴心受压构件绕 y 轴弯曲失稳模态的整体稳定折减系数；

χ_z——轴心受压构件绕 z 轴弯曲失稳模态的整体稳定折减系数；

$\chi_{LT,y}$——$x-y$ 平面内的弯矩作用下，构件弯扭失稳模态的整体稳定折减系数；

$N_{cr,y}$——轴心受压构件绕 y 轴弯曲失稳模态的整体稳定欧拉荷载；

$N_{cr,z}$——轴心受压构件绕 z 轴弯曲失稳模态的整体稳定欧拉荷载；

$\beta_{m,y}$——相对 M_y 的等效弯矩系数，参照《公路钢结构桥梁设计规范》（JTG D64—2015）。

② 压弯构件所受弯矩作用在两个主平面内

$$\gamma_0 \left[\frac{N_d}{\chi_y N_{Rd}} + \beta_{m,y} \frac{M_y + N_d e_z}{M_{Rd,y} \left(1 - \dfrac{N_d}{N_{cr,y}} \right)} + \beta_{m,z} \frac{M_z + N_d e_y}{\chi_{LT,z} M_{Rd,z} \left(1 - \dfrac{N_d}{N_{cr,z}} \right)} \right] \leqslant 1 \tag{7-83}$$

$$\gamma_0 \left[\frac{N_d}{\chi_z N_{Rd}} + \beta_{m,y} \frac{M_y + N_d e_z}{\chi_{LT,y} M_{Rd,y} \left(1 - \dfrac{N_d}{N_{cr,y}} \right)} + \beta_{m,z} \frac{M_z + N_d e_y}{M_{Rd,z} \left(1 - \dfrac{N_d}{N_{cr,z}} \right)} \right] \leqslant 1 \tag{7-84}$$

式中：N_d——所计算构件中间 1/3 范围内的最大轴力设计值；

　　　M_y、M_z——所计算构件段范围内的最大弯矩设计值；

　　　$\chi_{\mathrm{LT},z}$——x-z 平面内的弯矩作用下，构件弯扭失稳模态的整体稳定折减系数；

　　　$\beta_{\mathrm{m},z}$——相对 M_z 的等效弯矩系数，参照《公路钢结构桥梁设计规范》。

（6）节点板强度验算

主桁架大节点位于几根杆件交汇的地方，腹杆与弦杆的内力是通过节点板来平衡的，因此节点板的应力状态比较复杂，同时存在压应力、拉应力和剪应力，且应力分布极不均匀。现在节点板的计算可以采用空间有限元方法进行，但是工作量较大。目前设计节点板常采用一种比较简单的近似方法：首先按照经验数据来确定节点板的厚度，然后根据螺栓的布置情况确定节点板的外形和尺寸，最后采用近似的验算公式进行验算。对于节点板的近似验算主要包括三个部分：① 验算主应力作用下节点中心处节点板竖向截面上的法向应力；② 验算主应力作用下弦杆与腹杆之间的节点板水平截面的剪应力；③ 验算节点板在与斜杠联结处的撕裂应力。

（7）结构稳定验算

1）桁架挠度验算

桥梁必须具有一定的竖向刚度，以确保行车的安全平稳。挠度是衡量钢梁竖向刚度的指标。简支桁梁的跨中挠度可用下式确定：

$$f_1 = \sum \frac{N_1 N_0 l}{EA} \tag{7-85}$$

式中：N_1——单位荷载作用在跨中时各杆件产生的内力；

　　　N_0——沿全跨有 10 kN/m 的均布荷载时，各杆件所产生的内力；

　　　l——桁架各杆件的长度；

　　　A——桁架各杆件的毛截面面积；

　　　E——钢材的弹性模量。

2）横向刚度验算

桥跨结构应具有必要的横向刚度，以防止在风力作用下产生较大的摆动。横向刚度与两片主桁的中心距有关，根据以往钢梁运营的经验，《铁路桥梁钢结构设计规范》（TB 10091—2017）要求对于下承式简支桁梁及连续桁梁的边跨，其宽度与跨径之比不宜小于 1/20，连续梁中跨的宽跨比不宜小于 1/25。

（8）算例

【例 7.3】　已知某单线铁路简支栓焊桁架桥，跨径 $l = 64$ m，主桁尺寸如图 7-68 所示。该桥的荷载集度取值如下：主桁 14.5 kN/m；联结系 2.8 kN/m；桥面系 6.8 kN/m；高强螺栓 0.5 kN/m；检查设备 1.0 kN/m。桥面重取 5 kN/m（每片桁架）。试计算主桁斜杆 A_5B_5 在恒载作用下产生的内力。

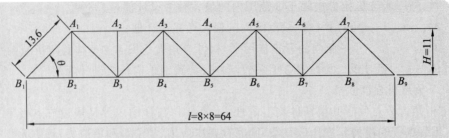

图 7-68 某简支横梁示意图(尺寸单位:m)

【解】 由题目所给资料可知,每片桁梁的自重集度为

$$P_1 = \frac{14.5 + 2.8 + 6.8 + 0.5 + 1.0}{2} = 12.8 \text{ kN/m}$$

由于桥面重 $P_2 = 5.0$ kN/m,所以每片桁梁承受的恒载集度为

$$P = P_1 + P_2 = 12.8 + 5.0 = 17.8 \text{ kN/m}$$

设计计算时可偏于安全地取恒载集度为 18 kN/m。

作出杆件 A_5B_5 的影响线,如图 7-69 所示。

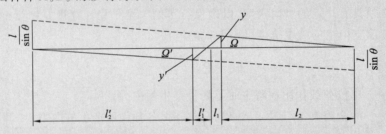

图 7-69 杆件 A_5B_5 的影响线

影响线的最大纵距为

$$y = \frac{m}{n \sin\theta} = \frac{m}{n} \cdot \frac{1}{\sin\theta} = \frac{3}{8} \times \frac{13.6}{11} \approx 0.464$$

$$y' = \frac{n - m - 1}{n \sin\theta} = \frac{8 - 3 - 1}{8} \times \frac{13.6}{11} \approx 0.618$$

影响线加载长度为

$$l_1 + l_2 = \frac{mnd}{n-1} = \frac{3 \times 8 \times 8}{8-1} \approx 27.43$$

$$l_1' + l_2' = nd - (l_1 + l_2) = 8 \times 8 - 27.43 = 36.57$$

影响线面积为

$$\Omega = \frac{1}{2}(l_1 + l_2)y = \frac{1}{2} \times 27.43 \times 0.464 \approx 6.36$$

$$\Omega' = -\frac{1}{2}(l_1' + l_2')y' = -\frac{1}{2} \times 36.57 \times 0.618 \approx -11.30$$

$$\sum\Omega = \Omega + \Omega' = 6.36 + (-11.30) = -4.94$$

因此恒载产生的内力为

$$N_p = P \sum \Omega = 18 \times (-4.94) = -88.92 \text{ kN}$$

本 章 小 结

1. 钢板梁桥的上部结构主要由主梁、联结系和桥面系组成。主梁是钢板梁桥的主要骨架,用于支撑整个上部结构,承担由桥面系和联结系传递的荷载并将其传递给支座。联结系包括横向联结系和纵向联结系。横向联结系是把各个主梁连接成整体,起到荷载横向分布、防止主梁侧向失稳的作用。纵向联结系是加强桥梁的整体稳定性,并与横梁共同承担横向力和扭矩的作用。桥面系主要是为了提供桥梁的行车部分,把桥面荷载传递给主梁和横梁。

2. 根据桥面板形式,钢板梁桥分为钢筋混凝土桥面板钢板梁桥和钢桥面板钢板梁桥;根据桥面板的位置,钢板梁桥分为上承式钢板梁桥和下承式钢板梁桥两种;根据结构体系,钢板梁桥分为简支钢板梁桥、连续钢板梁桥和悬臂钢板梁桥 3 种。

3. 钢桁梁桥使用钢桁架组成的空间结构作为主梁的截面形式,其具有自重小、刚度大、用钢量少、制作简便、运输施工方便等特点。

4. 桁梁桥由主桁架、联结系、桥面系和桥面组成。主桁架是钢桁梁桥的主要承重结构,由上弦杆、下弦杆和腹杆(两弦杆之间的斜杆、竖杆)组成,其主要作用是承受竖向荷载并将荷载可靠地传递给支座。联结系分为纵向联结系和横向联结系两种,其作用是将主桁架连接成一个能够承受横向荷载并具有较好稳定性的空间结构。桥面系指纵梁、横梁以及它们之间的联结系统。桥面传来的荷载先作用于纵梁之上,再由纵梁传递给横梁,然后由横梁传至主桁架节点并最终传递给基础。桥面是直接与车辆荷载接触的部分,保证桥面车辆的行驶及行人的行走。

5. 对于钢桁梁桥,按照桥面相对于主桁架的位置,桁架桥可分为上承式、中承式和双层桁架桥三类;按照施加于主桁梁上荷载的性质,桁架桥可分为铁路桁梁桥和公路桁梁桥两类;按照钢桁梁桥的结构特点,桁架桥可分为简支桁梁桥、连续桁梁桥和悬臂桁梁桥三类。

思 考 题

1. 试简述钢板梁桥的结构形式及各自的特点。

2. 钢板梁桥主梁截面布置时需要考虑哪些因素?

3. 简述主梁与横梁的连接方式及高差的处理办法。

4. 支点布置时需要考虑哪些因素?

5. 试简述加劲肋的分类及其作用。

6. 为保证主梁翼缘和腹板满足刚度及稳定性要求,设计时需考虑哪些因素?

7. 试简述纵、横向联系的构造及其作用。

8. 试简述主梁的连接形式及各自的特点。

9. 图7-70为翼缘板宽度变化的简支工字形钢板梁,改变梁尺寸后如图中 $A-A$ 所示。所用钢材为 Q345 钢,在截面变化处作用的弯矩 $M = 1300$ kN·m,剪力 $V = 750$ kN,试对钢板梁截面变化处进行截面应力验算。

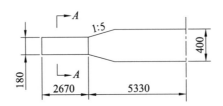

图7-70 翼缘宽度变化示意图(尺寸单位:mm)

10. 简述钢桁梁桥的基本组成及各组成部分的主要作用。

11. 简述钢桁梁桥常用的几何图式及其受力特点。

12. 简述钢桁梁主桁斜杆倾角大小的影响。

13. 简述钢桁梁桥几种联结系的构造及其基本作用。

14. 桁架梁多杆件连接到同一点时要注意什么?

15. 钢桁梁主桁高度和节间长度取值对其他杆件的影响有哪些?

16. 钢桁梁桥的结构验算需要验算哪些方面的内容?如何验算?

17. 为何要对钢桁梁桥的挠度进行限制?设置预拱度的目的是什么?

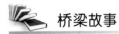 **桥梁故事**

魁北克大桥垮塌的启示

【事故概述】 魁北克大桥(见图7-71)横跨加拿大圣劳伦斯河,为钢桁架悬臂梁桥,迄今为止仍旧保持着世界第一的悬臂梁桥跨径纪录。但是大桥的建设过程充满了曲折。1907年8月29日,当时正值下午五点半,收工哨声响起,工人们正从桁架上向岸边走去,突然一声巨响,南端锚跨的下弦杆在重压下弯曲变形,荷载继续传递牵动了整个结构的南端部分,从而导致南端的整个锚跨及悬臂跨,以及部分完工的中间悬吊跨,共重19000多吨的钢材垮了下来。当时在桥上作业的86名工人或是被弯曲的钢筋压住,或是落水,共有75人罹难,仅有11人获救。事故后政府接手了施工工作,1913年,这座大桥的建设重新开始,新桥主要受压构件的截面积的设计比原来增大了一倍以上,然而悲剧再次发生:1916年9月,由于悬臂安装过程中一个锚固支撑构件断裂,桥梁中间段再次落入河中(见图7-72),导致13名工人丧生。

图 7-71 魁北克大桥

图 7-72 魁北克大桥中间段落入河中

【调查结论】 加拿大组成了皇家委员会调查事故原因,委员包括蒙特利尔的亨利·霍尔盖特、贝尔福德的约翰·克里和多伦多的约翰乔治·盖尔克里。调查发现:垮塌的直接原因是弦杆 A9L 和 A9R 屈曲,主要原因为:① 主桥墩锚臂附近的下弦杆设计不合理,发生失稳。② 杆件采用的容许应力水平太高。③ 严重低估了自重,且未能及时修正错误。④ 魁北克桥梁和铁路公司与凤凰桥梁公司的权责不明。⑤ 魁北克桥梁和铁路公司过于依赖个别有名气和有经验的桥梁工程师,导致对桥梁施工过程监管不力。⑥ 桥梁的施工规划、制造和架设工作都没有问题,钢材的质量也很好。桥梁结构设计不合理是根本性错误。⑦ 当时的工程师不了解钢压杆的专业知识,没能力设计如魁北克桥那样的大跨结构。

【事故启示】 事故是惨痛的,对于工程设计与施工人员来说,最应该重视的莫过于怎样减少甚至安全排除可能导致事故发生的客观与主观因素,即由于设计、施工和管理中存在的问题而造成事故的潜在隐患。

第 **8** 章　刚构桥、斜拉桥与悬索桥

　　本章主要介绍连续刚构桥及斜拉桥的基本布置(包括跨径布置与拉索布置)、结构形式及构造,悬索桥的总体布置(包括结构体系与纵横断面布置)以及具体构造,包括主缆、索塔、锚锭、加劲梁、吊索等。

8.1 刚构桥

8.1.1 概 述

桥跨结构(主梁)与墩台(支柱)整体相连的桥梁叫作刚构桥。由于两者之间是刚性连接,在竖向荷载的作用下,主梁端部会产生负弯矩,因而减少了跨中的正弯矩,跨中截面尺寸相应得以减小,故刚构桥主梁的高度一般比梁桥小。刚构桥通常适用于需要较大桥下净空和建筑高度受到限制的情况,如跨线桥、高架桥和栈桥等。

墩身刚度较小、主梁结构为连续梁的墩梁固结结构体系通常称为连续刚构桥。由于墩身刚度较小,结构的水平推力较小,这种桥的主梁结构更类似于连续梁结构。

刚构桥在竖向荷载的作用下,一般会产生水平推力。因此,在设计时必须保证有良好的地基条件,或用较深的基础和特殊的构造等措施来抵抗水平推力的作用。

刚构桥大多做成超静定结构形式,故在混凝土收缩、温度变化、墩台不均匀沉降和预应力等因素作用下,会产生附加内力(次内力)。另外,在施工过程中,当结构体系发生转换时,徐变也会引起附加内力。有时,这些附加内力在整个内力中可占相当大的比例。

与连续梁桥、简支梁桥等桥型相比,刚构桥具有造型美观、外形尺寸小、桥下净空大、桥下视野开阔、混凝土用量小等优点。近年来,随着预应力混凝土技术的发展、仿真计算技术的提高以及悬臂施工方法的广泛应用,刚构桥得到了进一步发展。

8.1.2 主要类型

刚构桥可以是单跨或多跨的。单跨刚构桥的支柱可以做成直柱式,通常称为门形刚架(见图 8-1a,b,c),也可以做成斜柱式,通常称为斜腿刚架(见图 8-1d,e)。

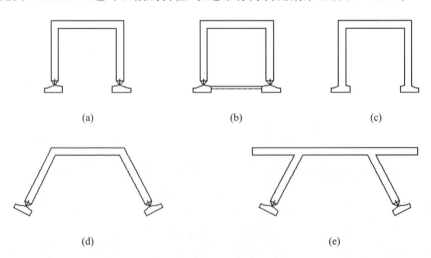

(a)　　　　　　　　　(b)　　　　　　　　　(c)

(d)　　　　　　　　　　　　　　　(e)

图 8-1 单跨刚构桥的类型

　　单跨刚构桥一般会产生较大的水平反力。为了抵抗水平反力,可用拉杆连接两根支柱的底端(见图 8-1b),或做成封闭刚架。前一种方法比较复杂,很少采用,后一种方法只适用于小跨径桥。门形刚架也可两端带有悬臂(见图 8-2b),这样不仅可以减小水平反力,改善基础的受力状态,而且较利于和路基连接,不过增加了主梁的长度。对于铁路桥,只能采用较短的悬臂,以免悬臂变形太大而增大活载对桥梁的冲击作用。

　　斜腿刚构桥造型轻巧美观,其压力线与拱桥相近,但施工较拱桥简单,所受弯矩比门形刚构桥要小。采用斜腿后,主梁跨径缩短了,但支承水平推力增大了,而且斜柱的长度也较大。当桥下净空要求为梯形时,采用斜腿刚架很有利,可用较小的主梁跨径跨越深谷或同其他线路立交(见图 8-2c)。

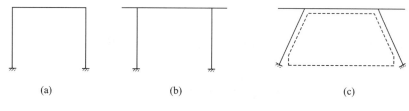

(a)　　　　　　　　　(b)　　　　　　　　　(c)

图 8-2　单跨刚构桥桥式

为减小斜腿肩部的负弯矩峰值,可将支柱做成 V 形墩形式,如图 8-3 所示。

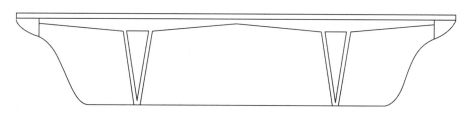

图 8-3　V 形墩身的刚构桥

　　为了减小跨中的正弯矩和挠度,并有利于采用悬臂法施工,刚构桥也可做成图 8-4 所示的形式,施工时可在端部压重。不过这种桥的刚度较差,斜杆要承受变化的拉力,仅在公路上有应用。

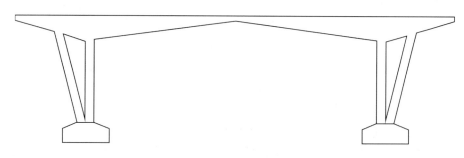

图 8-4　两端带斜拉杆的刚构桥

多跨刚构桥包括主梁连续式和非连续式两类。

　　对于连续式主梁的多跨刚构桥,如果在跨中采用预应力钢筋和现浇混凝土联合成整体,则成为连续梁-刚构体系,简称为连续刚构桥(见图 8-5)。中小跨径的连续式刚架

桥通常做成等跨,以便于施工。跨径较大时,为了减小边跨的弯矩,使之与中间跨相近,利于设计和构造,也可以使边跨的跨径小于中间跨。但是当边跨的跨径远小于中间跨时,可能导致主梁端支座承受很大的上拔力,需要进行特殊处理,通常是将边跨主梁截面改成实体,或增加平衡重,以使端支座获得正的反力(压力)。

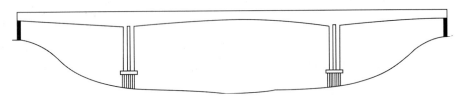

图 8-5 连续刚构桥

对于多跨刚构桥,当全长很长时宜设置伸缩缝,或者做成几座相互分离的连续式刚构架桥,如图 8-6 所示。

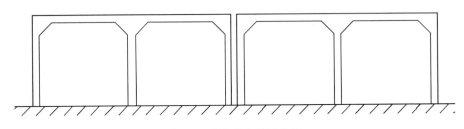

图 8-6 分离式多跨刚构桥

非连续式多跨刚构桥是在主梁跨中设铰或挂梁(见图 8-7),形成所谓带铰的 T 形刚构或带挂梁的 T 形刚构,这样有利于采用悬臂施工。如果做成静定结构(见图 8-7c),还能减小结构的次内力,简化主梁配筋,可用于地质条件较差的地方。

T 形刚构桥与门形或者斜腿刚构桥的受力特点不同,在竖向荷载作用下,T 形刚构不产生水平推力,为非推力体系。T 形刚构的两翼一般为对称的悬臂,承受负弯矩,因此预应力钢筋可布置在主梁截面的上部,构造、施工均较简单。这种刚构桥特别适合于采用双悬臂平衡施工。在自重荷载作用下,两边产生相等的弯矩,支柱仅受压力,柱底也只有竖直反力。支柱仅在活载作用下才产生弯矩,这样就可采用较小的截面尺寸和较少的钢筋用量。不过,采用悬臂施工时,主梁悬臂处的负弯矩是相当大的。对于非连续的主梁,其接缝的处理也很麻烦,尤其是当产生徐变后,桥梁变形使路面转折处不平顺,增大了车辆通过时的冲击作用,使接缝的处理和养护非常困难。就这一点而言,连续式主梁更具优势,但连续的跨数不宜太多。

主梁设剪力铰的 T 形刚构桥,当铰两侧的主梁变形不一致时,难以调整,易引起行车不平顺,而且当 T 形刚构两边的温度变化不同(如受单侧日照)时,易产生不均匀变形,引起较大的次内力,因此已较少采用。

刚构桥的支承分铰接(见图 8-7a)和固结(见图 8-7c)两种。铰接刚架的构造和施工都比较复杂,养护也比较费时。固结刚架的基础要承受固端弯矩,内力也比铰接刚架大很多,优点是其主梁弯矩可以减小。

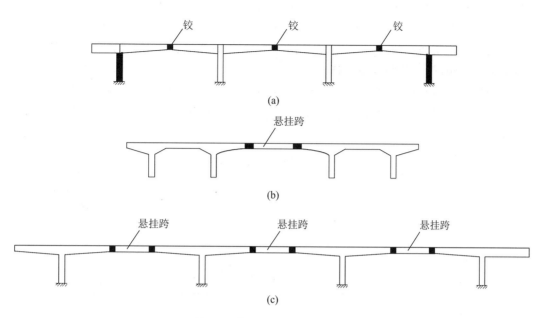

图 8-7　非连续式主梁的刚构桥

刚构桥可以全部采用钢筋混凝土或预应力混凝土,也可以采用预应力混凝土的主梁和普通钢筋混凝土的支柱。不过,随着悬臂施工技术的发展,绝大多数的刚构桥都采用预应力混凝土。目前,多跨连续刚构桥的发展很快,由于它具有不需要大型支座、线形匀称等一系列优点,因而它在技术经济方面,常胜于连续梁桥。

8.1.3　构造特点

1. 主梁构造

刚构桥的主梁截面形式与梁桥相同,可以做成如图 8-8 所示的各种形式。由于箱形截面能有效抵抗正、负弯矩,抗弯刚度大,也具有较大的抗扭刚度,而且整体性好,所以在大跨径的刚构桥中多采用箱形截面。

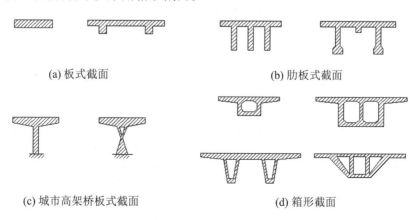

(a) 板式截面　　　　　　　　(b) 肋板式截面

(c) 城市高架桥板式截面　　　　(d) 箱形截面

图 8-8　刚构桥主梁截面形式

主梁截面沿纵桥向一般可做成等截面、等高变截面、变高度截面三种形式。有时也根据实际需要将主梁做成几种不同的截面形式,以适应主梁内力的变化和方便施工。

变高度主梁底部的线形可以是曲线形、折线形、曲线加直线形等,具体应根据主梁内力的分布情况,按等强度原则选定。

国外对公路和城市的预应力混凝土 T 形刚构桥进行过统计,其支点处梁高与跨径之比、支点处腹板总厚度与行车道板宽度之比,以及支点处腹板厚度与截面高度之比如表 8-1 所示。

表 8-1　主梁尺寸参考比例

跨径 L/m	支点处梁高与跨径之比 H/L	支点处腹板总厚度与行车道板宽度之比 $\sum \delta/B$	支点处腹板厚度与截面高度之比 δ/H
$\leqslant 100$	$1/22 \sim 1/14$	$1/19 \sim 1/13$	$1/20 \sim 1/15$
>100	$1/21 \sim 1/17$	$1/17 \sim 1/14$	$1/21 \sim 1/16$
>100(双向预应力)		$1/21 \sim 1/20$	$1/28 \sim 1/19$

2. 节点构造

刚构桥的节点是指主梁与立柱的连接,也称为隅节点。节点的刚度要求很高,以保证主梁和立柱的刚性连接。隅节点处梁的截面和立柱的截面承受很大的负弯矩,所以节点内缘混凝土承受很大的压应力,而外缘的拉应力则由钢筋承担。压应力和拉应力产生很大的斜截面应力,对隅节点产生劈裂作用,如图 8-9 所示。

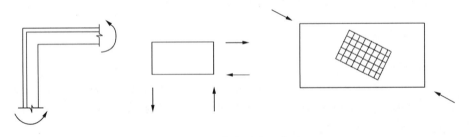

图 8-9　隅节点受力示意图

(1) 板式截面刚构桥的节点构造

对板式截面的刚构桥,一般在其节点处的内侧加梗腋,以改善内缘的受力,且可减少配筋,同时方便施工。节点外缘钢筋必须连续绕过隅角后方可锚固。

(2) 肋式截面刚构桥的节点构造

对于肋式截面刚构桥,其隅节点可以按图 8-10 所示的方法加设梗腋构造。其中,图 8-10a 仅在桥面板加设梗腋构造,图 8-10b 只在梁肋加设梗腋构造,图 8-10c 则在桥面板和梁肋都加设梗腋构造。

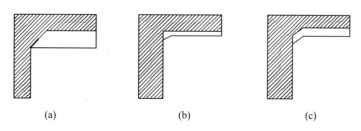

图 8-10　肋式截面刚构桥节点加设梗腋构造

（3）箱形截面刚构桥的节点构造

当刚构桥的主梁采用箱形截面时，其立柱一般也采用箱形截面，隅节点的构造如图 8-11 所示。其中，图 8-11a 仅在箱梁内设置斜隔板，图 8-11b 设有竖隔板和平隔板，图 8-11c 则设有竖隔板、平隔板和斜隔板。

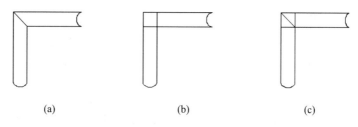

图 8-11　箱形截面刚构桥节点构造

图 8-11a 中设置斜隔板直接传力，对抵抗角压力最有效，施工方便，但钢筋布置不如图 8-11b 和图 8-11c 所示构造形式方便。图 8-11b 所示构造形式的竖隔板和平隔板间接传力，受力情况较差，但构造和施工都较简单。图 8-11c 所示构造形式的节点刚度大，主筋布置也较方便，但施工比较麻烦。

（4）斜腿刚构桥的节点构造

斜腿刚构桥中斜支腿与主梁相交的节点，根据主梁截面形式的不同，构造形式有两种，如图 8-12 所示。

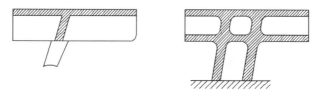

图 8-12　斜腿刚构桥节点构造

（5）连续刚构桥的节点构造

由于在实际设计中连续刚构桥多用于较大跨径的桥梁，其主梁大多采用箱形截面，因此其节点一般采用图 8-13 所示的构造形式。在箱梁内部设置横隔板，这样有利于加强墩梁之间的结合。

（6）节点钢筋构造

对普通钢筋混凝土刚构桥，要求必须有足够的连续钢筋绕过隅节点外缘（见图 8-14），

以防止外缘混凝土受拉产生裂缝。对于受力较大的节点,要求在主压应力方向设置受压钢筋,且在主拉应力方向设置防劈裂钢筋。如果是预应力混凝土刚构桥,则隅节点处的预应力筋应贯穿隅节点,并在隅角内交叉后锚固在梁和立柱端,且应在预应力筋锚头下面的局部设置箍筋或钢筋网,以承受局部拉应力。

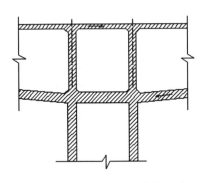

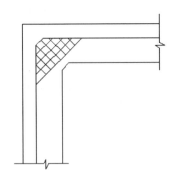

图 8-13　连续刚构桥的节点构造　　　　图 8-14　节点普通钢筋布置

3.墩柱构造

墩柱(支柱)有薄壁式和立柱式,立柱式又可分为多柱式和单柱式。多柱式的柱顶通常都用横梁相连,形成横向框架,以共同承受侧向作用力,当立柱较高时,还应在其中部加横撑。当桥梁很高时,为了增大其横向刚度,还可做成斜向立柱。支柱的横截面可以做成实体矩形、工字形或箱形等。对于单柱式,其截面要与主梁截面相配合,尽可能与主梁腹板布置一致,以利于传力。

高墩大跨径刚构桥的桥墩外形通常采用竖直单薄壁墩或者竖直双薄壁墩,而高度较低的中小跨径刚构桥,特别是城市立交桥和风景区的公路刚构桥,为了达到美观的要求,则通常采用 V 形、X 形或 Y 形桥墩。需要注意的是,刚构桥特别是斜腿刚构桥与其他桥型体系相比形态差异很大,一般来说斜腿刚架桥不宜与其他桥型匹配,否则会影响桥梁的整体美观。因此,在多孔桥中考虑刚构桥与其他桥型搭配使用时,一定要慎重。

8.2　斜拉桥

8.2.1　概　述

斜拉桥主梁一般采用混凝土结构、钢-混凝土组合结构或钢结构,索塔大都采用混凝土结构,斜拉索则采用高强材料(高强钢丝或钢绞线)制成,如图 8-15 所示。斜拉桥中荷载传递路径是:斜拉索的两端分别锚固在主梁和索塔上,将主梁的恒载和车辆荷载传递至索塔,再通过索塔传至地基。因而,主梁在斜拉索的多点弹性支承作用下,像多跨弹性支承的连续梁一样,使弯矩值得以大大地减小,这不但可以使主梁尺寸大大地减小(梁高一般为跨径的 1/200~1/50,甚至更小),而且由于结构自重显著减轻,既节省了结构材料,又能大幅度地增强桥梁的跨越能力。需要指出的是,斜拉索对主梁的多点弹性支承作用,只有在拉索始终处于拉紧状态时才能得到充分发挥。因此,在主梁承受荷载之前对斜拉索要进行预张拉。预张拉力可以给主梁一个初始支承力,以调整主梁初始内力,使主梁受力状况更趋均匀合理,并提高斜拉索的刚度。

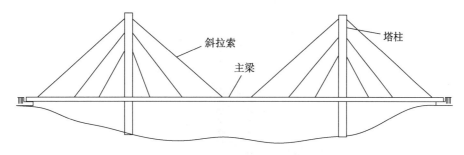

图 8-15　斜拉桥的组成

8.2.2　孔跨布局

1. 双塔三跨式

双塔三跨式是一种最常见的斜拉桥孔跨布置方式,如图 8-16 所示。由于双塔三跨式斜拉桥的主跨跨径较大,所以其一般适用于跨越较大的河流。

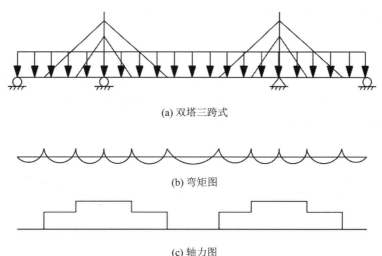

(a) 双塔三跨式

(b) 弯矩图

(c) 轴力图

图 8-16　双塔三跨式斜拉桥的恒载内力图

在这类桥型中,边跨与主跨的比例非常重要,为了在视觉上清楚地表现主跨,边、主跨之比应小于 0.5。从受力上看,边、主跨之比与斜拉桥的整体刚度、端锚索的应力变幅有着很大的关系。当主跨有活载时边跨梁端点的端锚索产生正轴力(拉力),而当边跨有活载时端锚索产生负轴力(拉力松减),由此引起较大应力幅而产生疲劳问题。边跨较小时,边跨主梁的刚度较大,边跨拉索较短,刚度也就相对较大,因而此时边跨对索塔的锚固作用就大,主跨的刚度也就相应提高。对于活载比重较小的公路和城市桥梁,合

理的边、主跨之比为 0.40～0.45，而对于活载比重大的铁路桥梁，边、主跨之比宜为0.20～0.25，同样道理，钢斜拉桥的边跨应比相同跨径混凝土斜拉桥的跨径小。

2. 独塔双跨式

独塔双跨式(见图 8-17)也是一种较常见的斜拉桥孔跨布置方式。由于独塔双跨式斜拉桥的主孔跨径一般比双塔三跨式斜拉桥的主孔跨径小，所以其适用于跨越中小河流和城市通道。

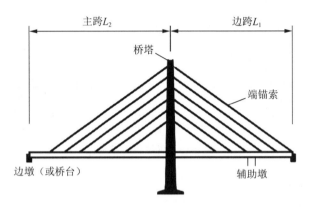

图 8-17 独塔双跨式斜拉桥

独塔双跨式斜拉桥的主跨跨径 L_2 与边跨跨径 L_1 之间的比例关系一般为 $L_1 =(0.5～0.8)L_2$，多数接近于 $L_1 = 0.66L_2$，两跨相等时，由于失去了边跨及辅助墩对主跨变形的有效约束作用，因而这种形式较少采用。

3. 三塔四跨式和多塔多跨式

三塔及以上的多塔多跨式斜拉桥(见图 8-18)刚度较低，根本原因是中间塔的塔顶区域没有端锚索有效地限制塔的水平变位，导致一侧主梁在活载作用下，中间塔和主梁的变形及内力过大，如图 8-18a 所示。在同等跨径、同等荷载条件下，双塔斜拉桥的中跨跨中挠度要比三塔斜拉桥的小许多，如图 8-18b 所示。

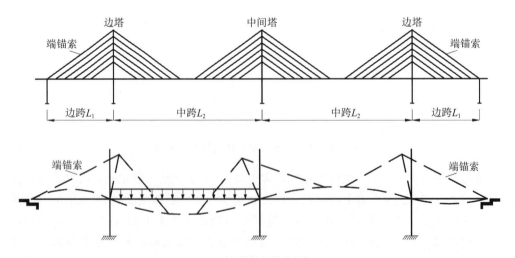

(a) 多塔斜拉桥的变位

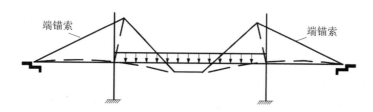

(b) 双塔斜拉桥的变位

图 8-18　三塔四跨式斜拉桥

由于斜拉桥的刚度主要靠塔提供,因而可采取以下几种措施来提高多塔斜拉桥的整体刚度:

① 主塔采用 A 形或倒 Y 形塔。主塔在顺桥向设计成 A 形或倒 Y 形,通过提高塔自身的刚度来提高斜拉桥体系的刚度。

② 中塔增设锚固斜缆。香港汀九大桥是一座具有高低塔的三塔斜索面斜拉桥,行车道由两个分离式桥面组成,中塔高 194 m。为了保证中塔的纵向稳定,在中塔塔顶增设两对钢索,分别锚固在两个边塔的桥面高度处;为了保证桥塔的横向稳定,每座塔柱在桥面上、下两侧各用一对斜撑分别与桥面下的横梁固结,构成闭合框架。

③ 交叉索体系。主跨跨中斜拉索交叉形成桁架系统,当不平衡活载作用在其中一主跨上,桥塔的侧向位移将使另一主跨主梁上挠,此时设在另一跨交叉锚固的斜拉索与边塔连接发生卸载,可有效降低主梁的上挠。

④ “大小伞”体系。“大小伞”体系的构思源自对交叉索体系的优化。交叉索区域主梁由边塔拉索和中塔拉索共同支撑,受力和构造相对复杂,鉴于边塔拉索提供的支撑刚度远大于中塔拉索,可将交叉索区域的中塔拉索去掉,降低中塔相应的高度,与此同时,加粗交叉索区域的边塔拉索和边塔尾索。由于边塔的塔高及拉索范围均大于中塔,因而称为“大小伞”斜拉桥体系。

8.2.3　拉索布置

1. 索面位置

索面位置一般有如图 8-19 所示的单索面、竖向双索面、斜向双索面 3 种类型。

(a) 单索面　　　　　　　　(b) 竖向双索面　　　　　　　　(c) 斜向双索面

图 8-19　索面位置

从力学角度来看,采用单索面时,拉索对抗扭不起作用。因此,主梁应采用抗扭刚度较大的截面。单索面的优点是桥面上视野开阔。采用双索面时,作用于桥梁上的扭

矩可由拉索的轴力来抵抗,主梁可采用较小抗扭刚度的截面。至于斜向双索面,它对桥面梁体抵抗风力扭振特别有利(斜向双索面限制了主梁的横向摆动)。倾斜的双索面应采用倒 Y 形、A 形或双子形索塔。

2. 索面形状

索面形状主要有如图 8-20 所示的辐射形、竖琴形和扇形 3 种类型,它们各自的特点如下:

① 辐射形布置的斜拉索沿主梁均匀分布,在索塔上则集中于塔顶一点。由于其斜拉索与水平面的平均交角较大,因而斜拉索的垂直分力对主梁的支承效果也大,与竖琴形布置相比,可节省 15%~20%的钢材,但塔顶上的锚固点构造过于复杂。

② 竖琴形布置中的斜拉索呈平行排列,在索数少时显得比较简洁,并可简化斜拉索与索塔的连接构造,塔上锚固点分散,对索塔的受力有利;缺点是斜拉索的倾角较小,索的总拉力大,故钢索用量较多。

③ 扇形布置的斜拉索是不相互平行的,它兼有上面两种布置方式的优点,故在实际工程中获得广泛应用。

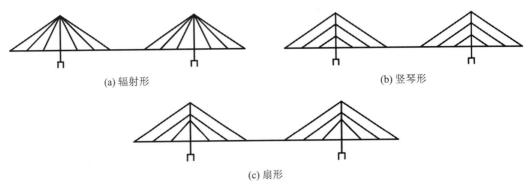

(a) 辐射形   (b) 竖琴形

(c) 扇形

图 8-20　索面形状

3. 索距的布置

索距的布置可以分为"稀索"与"密索",早期的斜拉桥都为"稀索"(超静定次数少),现代斜拉桥则多为"密索"(必须利用电子计算机计算)。密索的优点如下:

① 索距小,主梁弯矩小。

② 索力较小,锚固点构造简单。

③ 锚固点附近应力流变化小,补强范围小。

④ 利于悬臂架设。

⑤ 易于换索。

斜拉桥采用悬臂法架设时,索间距宜为 5~15 m,混凝土主梁因自重大,索距应密些,较大的索距适合于钢或钢-混凝土组合主梁。

8.2.4　主要结构体系

斜拉桥的结构体系有以下几种不同的划分方式:

① 按照塔、梁、墩相互结合方式,划分为漂浮体系、半漂浮体系、塔梁固结体系和刚

构体系。

　　② 按照主梁的连续方式,有连续体系和 T 构体系等。

　　③ 按照斜拉索的锚固方式,有自锚体系、部分地锚体系和地锚体系。

　　④ 按照塔的高度不同,有常规斜拉桥和矮塔部分斜拉桥体系。

　　现将几种主要的斜拉桥体系分别介绍如下。

　　1. 漂浮体系

　　漂浮体系斜拉桥(见图 8-21)的特点是塔墩固结、塔梁分离。主梁除两端有支承外,其余全部用拉索悬吊,属于一种在纵向可稍做浮动的多跨弹性支承连续梁。空间动力分析表明,斜拉索是不能对梁提供有效的横向支承的,为了抵抗由风力等引起的主梁的横向水平位移,一般应在塔柱和主梁之间设置一种用来限制侧向变位的板式或聚四氟乙烯盆式橡胶支座,简称为侧向限位支座,如图 8-22 所示。

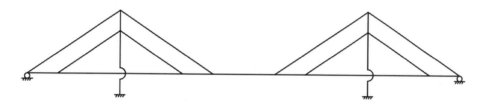

图 8-21　漂浮体系斜拉桥

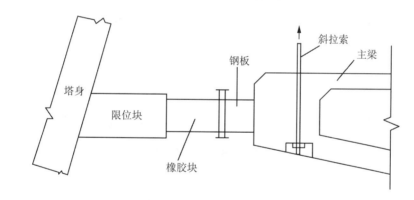

图 8-22　主梁侧向限位支座

　　该体系的主要优点是,主跨满载时,塔柱处的主梁截面无负弯矩峰值;由于主梁的刚度可以随塔柱的缩短而下降,所以温度、收缩和徐变次内力均较小。密索体系中主梁各截面的变形和内力的变化较平缓,受力较均匀;地震时允许全梁纵向摆荡,做长周期运动,从而吸震消能。目前,大跨斜拉桥(主跨 400 m 以上)多采用此种体系。

　　漂浮体系的缺点:当采用悬臂施工时,塔柱处主梁需临时固结,以抵抗施工过程中的不平衡弯矩和纵向剪力,由于施工不可能做到完全对称,成桥后解除临时固结时,主梁会发生纵向摆动,应予注意。

　　为了防止纵向飓风和地震荷载使漂浮体系斜拉桥产生过大的摆动,影响安全,十分有必要在斜拉桥塔上的梁底部位设置高阻尼的主梁水平弹性限位装置。

2.半漂浮体系

半漂浮体系斜拉桥(见图 8-23)的特点是塔墩固结,主梁在塔墩上设置竖向支承,成为具有多点弹性支承的三跨连续梁。这种结构体系的斜拉桥可以设一个固定支座、三个活动支座,也可以设四个活动支座,但一般均设活动支座,以避免因不对称约束而导致不均衡温度变位,水平位移将由斜拉索制约。

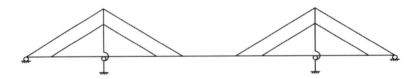

图 8-23　半漂浮体系斜拉桥

半漂浮体系若采用一般支座来处理则无明显优点,因为当两跨满载时,塔柱处主梁有负弯矩尖峰,温度、收缩、徐变次内力仍较大。若在墩顶设置一种可以用来调节高度的支座或弹簧支承来替代从塔柱中心悬吊下来的拉索(一般称为"零号索"),并在成桥时调整支座反力,以消除大部分收缩、徐变等的不利影响,这样就可以与漂浮体系相媲美,并且在经济和减小纵向漂移方面具有一定优势。

3.塔梁固结体系

塔梁固结体系斜拉桥(见图 8-24)的特点是将塔梁固结并支承在墩上。主梁的内力与挠度直接同主梁与索塔的弯曲刚度比有关。这种体系的主梁一般只在一个塔柱处设置固定支座,其余均为可以纵向活动的支座。

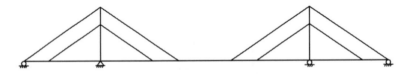

图 8-24　塔梁固结体系斜拉桥

这种体系的优点是显著地减小了主梁中央段承受的轴向拉力,并且索塔和主梁中的温度内力极小。缺点是中孔满载时,主梁在墩顶处的转角位移导致塔柱倾斜,使塔顶产生较大的水平位移,从而显著增大主梁的跨中挠度和边跨负弯矩;另外上部结构重量和活载反力都需由支座传给桥墩,需要设置较大吨位的支座,在大跨径斜拉桥中,这种支座甚至达到上万吨级,给支座的设计制造及日后的养护、更换均带来较大的困难。

4.刚构体系

刚构体系斜拉桥(见图 8-25)的特点是塔、梁、墩相互固结,形成跨径内具有多点弹性支承的刚构。这种体系的优点是既免除了大型支座,又能满足悬臂施工的稳定性要求;结构的整体刚度较好,主梁挠度也较小。缺点是主梁固结处负弯矩大,从而需要加大固结处附近的截面;另外为消除温度应力,应用于双塔斜拉桥时要求墩身具有一定的柔性,因此此体系常用于高墩场合,以避免出现过大的附加内力。除此之外,这种体系也比较适合于独塔斜拉桥。

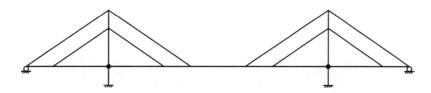

图 8-25　刚构体系斜拉桥

5. T 构体系

　　T 构体系斜拉桥与刚构体系斜拉桥的区别是主梁跨中区域无轴拉力。T 构体系的具体做法有两种：① 在斜拉桥主跨中央部分插入一小跨悬挂结构，如四川三台涪江桥（见图 8-26）；② 以剪力铰代替悬挂结构（见图 8-27），这种剪力铰的功能是只传递弯矩、剪力，不传递轴力。

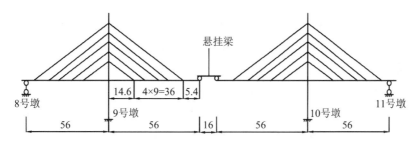

图 8-26　三台涪江桥（尺寸单位：m）

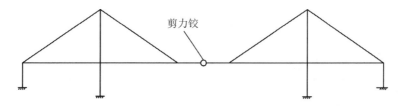

图 8-27　剪力铰

6. 部分地锚体系

　　一般来说，悬索桥的主缆多数是地锚体系，而斜拉桥的斜索多数是自锚体系。只有在主跨很大、边跨很小等特殊情况下，少数斜拉桥才采用部分地锚式的锚拉体系。

　　地锚式斜拉桥的实例如图 8-28（西班牙卢纳桥）和图 8-29（湖北郧阳汉江桥）所示。

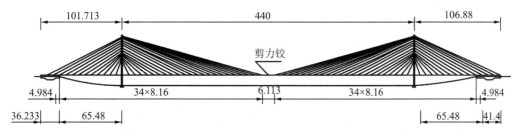

图 8-28　西班牙卢纳桥（尺寸单位：m）

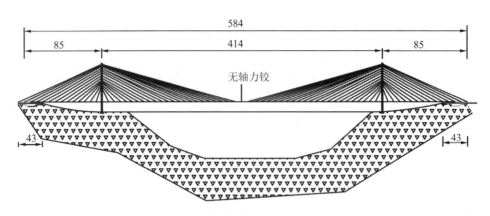

图 8-29　郧阳汉江桥(尺寸单位:m)

7. 矮塔部分斜拉桥体系

矮塔部分斜拉桥如图 8-30 所示。由力学知识可知,在截面相同的情况下,塔的抗水平变位刚度与塔高的三次方成反比,因而若塔高降低,则塔身刚度迅速提高。但塔高降低后拉索的水平倾角也将减小,拉索对主梁的支撑作用减弱,而水平压力增大,这相当于拉索对主梁施加了一个较大的体外预应力。矮塔部分斜拉桥由于拉索不能提供足够的支撑刚度,故要求主梁的刚度较大。因拉索只提供部分刚度,故被称为"部分斜拉桥"。其受力性能介于梁式桥和斜拉桥之间。

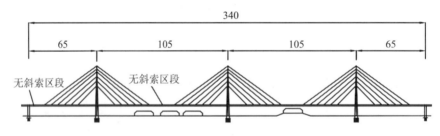

图 8-30　矮塔部分斜拉桥(尺寸单位:m)

矮塔部分斜拉桥具有以下特点:

① 塔较矮。常规斜拉桥的塔高与跨径之比为 $1/7 \sim 1/4$,而部分斜拉桥为 $1/12 \sim 1/8$。

② 梁的无索区较长,没有端锚索。

③ 边跨与主跨的比值较大,一般大于 0.5。

④ 梁高较大,高跨比为 $1/40 \sim 1/3$,甚至做成变高度梁。

⑤ 拉索对竖向恒活载的分担率小于 30%,受力以梁为主,索为辅。

⑥ 由于梁的刚度大,活载作用下斜拉索的应力变幅较小,按体外预应力索设计。

8. 千米级超大跨径斜拉桥结构新体系

斜拉桥要在超大跨径上得到应用,一些关键技术仍需解决,其中最主要的问题是索塔区主梁轴压力过大。随着跨径的不断增大,拉索水平分力不断累积,在索塔附近梁段形成巨大的轴压力,主梁抗压成为控制设计的因素,而主梁截面的过度增大会导致斜拉桥失去与悬索桥的竞争力。

下面介绍两种针对千米以上的超大跨径斜拉桥结构的新体系,即部分地锚斜拉桥和部分地锚交叉索斜拉桥。

（1）部分地锚斜拉桥

不同于自锚式斜拉桥全部主梁在恒载作用下受压,Niels J. Cimsing 教授提出的部分地锚斜拉桥方案如图 8-31 所示,主梁恒载轴力分布如图 8-32 所示。该方案通过增加地锚和改变施工顺序,使得跨中区段主梁受拉,主梁内压力显著减小,如图 8-33 所示。

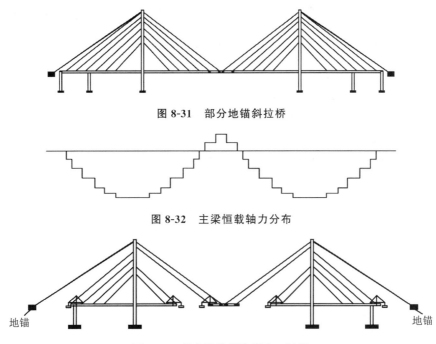

图 8-31　部分地锚斜拉桥

图 8-32　主梁恒载轴力分布

图 8-33　部分地锚斜拉桥施工过程

（2）部分地锚交叉索斜拉桥

部分地锚交叉索斜拉桥的主要特点是将长索交叉并锚固于地面,使长索不对主梁产生水平压力,如图 8-34 所示,主梁恒载轴力分布如图 8-35 所示。

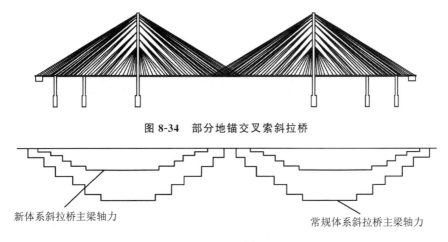

图 8-34　部分地锚交叉索斜拉桥

新体系斜拉桥主梁轴力　　　常规体系斜拉桥主梁轴力

图 8-35　主梁恒载轴力分布

交叉索对跨中区节段提供了双重支撑,但水平力相互平衡,如图 8-36 所示,因此其长索倾角可以适当地比自锚式斜拉桥的长索倾角小,从而可适当地降低索塔高度。

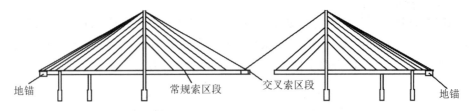

图 8-36　部分地锚交叉索斜拉桥跨中区段可实现"零轴力"架设

部分地锚交叉索斜拉桥与自锚式斜拉桥相比,主梁压力显著减小,从而节约大量主梁钢材。以主跨 1408 m、交叉索区长 320 m 的部分地锚交叉索斜拉桥为例,设计结果表明,主梁可节省钢材约 1/4,而地锚规模约为同跨径悬索桥的 28％。与同等跨径的常规斜拉桥方案相比,总造价可省 11％。

需要指出的是,若锚碇所建位置的地质情况不良或位于深水区,则不适合采用部分地锚斜拉桥体系。

8.3　悬索桥

8.3.1　概　述

悬索桥(也称吊桥)是一种古老的桥型,是用悬挂在塔架上的强大缆索作为主要承重结构的桥梁。现代悬索桥由主缆、索塔(包括基础)、锚碇、吊索、加劲梁、鞍座及桥面系等组成,如图 8-37 所示。其中,主缆、索塔和锚碇构成主要承重结构,被称为第一承重体系;悬索桥的梁主要起提供桥面、传递荷载及维持抗风稳定的作用,因而被称为加劲梁,不被称为主梁。

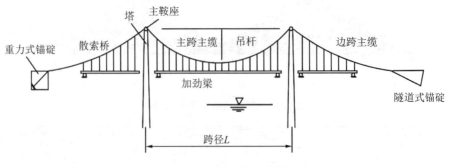

图 8-37　悬索桥构造示意

悬索桥的索塔通常采用混凝土、钢或钢-混凝土组合结构,主缆和吊索为钢丝束(或绳),加劲梁主跨一般采用钢结构,边跨可采用钢、混凝土或组合梁结构。在受力特点上,悬索桥以高强度钢丝作为主要承重材料,具有自重轻、柔度大、跨越能力强的特点,极限跨径可达 5000 m 左右。由于刚度较小,悬索桥通常采用抗风控制设计,应用于铁路桥时难度较大。

20 世纪 80 年代以来,随着亚洲经济的发展,悬索桥建设的重心逐渐从欧美转向亚洲。日本修建了一系列特大跨径的悬索桥,进入 90 年代,我国现代悬索桥得到了快速发展,先后建成了香港青马大桥、广东虎门大桥、江苏江阴长江大桥、厦门海沧大桥等一批各具特色的大跨径悬索桥。进入 21 世纪以来,随着我国交通事业的迅猛发展,我国特大桥建设进入黄金时期,相继建成了舟山西堆门大桥、湖南吉首矮寨大桥、江苏泰州长江大桥等具有世界先进水平的千米以上特大跨径悬索桥。这些悬索桥的成功修建,标志着我国悬索桥发展水平已经跻身于世界先进行列。

随着经济、技术、材料的发展,部分超大跨径桥梁的建设逐步提上议事日程,其中包括洲际跨海工程,如欧非两大洲之间的直布罗陀海峡、位于俄罗斯和美国之间的白令海峡等。我国在 21 世纪也将修建一些跨海工程,其中包括渤海湾海峡工程、琼州海峡工程等跨海通道工程,这些超级工程为悬索桥的发展提供了广阔的前景。

8.3.2 总体布置

1. 主要结构体系

(1) 按悬索桥加劲梁的支承构造分类

按照悬索桥加劲梁支承构造的不同,悬索桥可分为单跨两铰、三跨两铰和三跨连续悬索桥等三种常用形式,如图 8-38 所示。

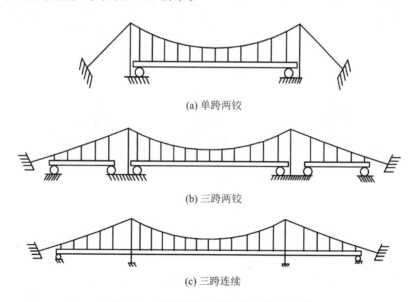

(a) 单跨两铰

(b) 三跨两铰

(c) 三跨连续

图 8-38 按支承构造划分的悬索桥形式

加劲梁在索塔区设铰的优点:首先,加劲梁可以不从塔柱之间直接通过,而支承在塔柱顺桥向两侧的短悬臂牛腿上,这样塔柱可以竖直布置(不倾斜),主缆和吊索的吊点在加劲梁的宽度范围内;其次,就施工而言,在索塔处相邻跨径的梁段无须连接,施工

简便。

加劲梁在索塔区设铰的缺点：相邻两跨梁端的相对转角和伸缩量以及跨中挠度均较大，特别是当中跨跨径很大时，在风荷载作用下会使加劲梁产生很大的横向水平变位。在这种情况下，对于公铁两用的桥梁，选用两跨连续加劲梁的方案比较合适，但它又带来了在索塔处加劲梁的支点负弯矩过大等不利影响。为了克服这个缺点，有的三跨连续悬索桥在索塔处不设常规的竖向支座，而设置特别的吊索，以减小加劲梁的负弯矩。

（2）按悬吊跨数分类

不同跨数悬索桥的结构形式如图 8-39 所示，可分为单跨悬索桥（见图 8-39a）、三跨悬索桥（见图 8-39b）和多跨悬索桥（见图 8-39c），其中单跨悬索桥和三跨悬索桥最为常见。

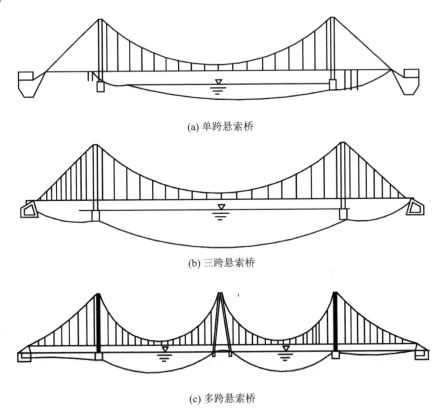

(a) 单跨悬索桥

(b) 三跨悬索桥

(c) 多跨悬索桥

图 8-39　悬吊跨数不同的悬索桥

1）单跨悬索桥

单跨悬索桥常用于边跨位于浅水区或岸上，或者道路的接线受到限制，使得平面曲线布置不得不进入大桥边跨的情况。就结构特性而言，单跨悬索桥由于边跨主缆的垂度较小，主缆长度相对较短，对中跨荷载变形控制较为有利。

2）三跨悬索桥

三跨悬索桥适用于边跨位于深水区，或边跨有通航要求的情形。三跨悬索桥柔畅的建筑外形更符合人们的审美。

如果一侧边跨用立柱支撑更经济,另一侧边跨需用吊索支撑,这就形成了不对称的两跨悬索桥,例如香港青马大桥。

3)多跨悬索桥

四跨及以上的悬索桥统称为多跨悬索桥,适合于超宽的水面中间有礁石等方便立中塔或锚碇的情形。

以三塔悬索桥为例,简要说明多跨悬索桥受力特点。

与双塔悬索桥相比,三塔悬索桥多了一个中塔和一个主跨,主缆对中塔塔顶的约束比边塔弱得多。当一个主跨满布活荷载,另一个主跨空载时:如果中塔刚度很大,则悬索桥整体刚度大,但中塔需承担活载引起的主缆水平力的主要份额,而空载跨主缆拉力增加不多,因而中塔两侧主缆缆力差值大;如果中塔刚度小,则中塔会产生一定的塔顶纵向位移,空载跨主缆拉力增加,因而中塔两侧主缆拉力差值变小,但中塔的挠曲使得加载跨竖向位移增大,导致悬索桥整体刚度变小。

因此,三塔悬索桥在结构行为上存在一对矛盾:要满足加劲梁的挠跨比,则要求中塔有较大的刚度,但这可能导致中塔顶主鞍两侧不平衡水平力过大,塔顶主缆鞍座的抗滑移安全性难以保证;反之中塔柔性,虽然可以满足鞍座的抗滑移安全性要求,但跨中挠度大。因此,多塔悬索桥的设计要点主要包括中间塔的刚度问题和主缆鞍座抗滑移问题两大方面。

(3)按主缆的锚固方式分类

按主缆锚固方式的不同,悬索桥可分为地锚式悬索桥和自锚式悬索桥。

1)地锚式悬索桥

绝大多数悬索桥都采用地锚式锚固主缆,即主缆通过重力式锚碇或者隧道式锚碇将荷载产生的拉力传至大地来达到全桥的受力平衡。这是大跨径悬索桥最佳的受力模式。

2)自锚式悬索桥

在较小跨径的悬索桥中,也有自锚式锚固主缆的形式,如图 8-40 所示。这种自锚式悬索桥的主缆在边跨两端将主缆直接锚固于加劲梁上,主缆的水平拉力由加劲梁提供轴压力自相平衡,不需要另外设置锚碇。这种桥式的加劲梁要先于主缆安装施工,因此加劲梁在施工中必须被临时支撑,可能对通航和泄洪产生影响。同时,在 $200\sim400$ m 的同等跨径条件下,自锚式悬索桥相对于其他体系桥梁(如斜拉桥、拱桥等),造价较高。为减小主缆对加劲梁产生的轴压力,取较大的垂跨比,取值范围为 $1/6\sim1/5$。

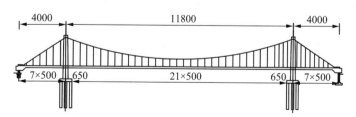

图 8-40 自锚式悬索桥的一般构造(尺寸单位:cm)

2. 悬索桥的纵、横断面布置

悬索桥的纵、横断面布置主要包括以下几项内容:

(1)边跨与主跨的跨径比

索塔把主桥划分为一个中跨和两个边跨,边跨与中跨的长度受经济因素、锚碇远近及锚固点高低等客观条件限制,边跨与中跨之比常采用 0.25～0.45。

(2)主缆的垂跨比

从总体受力角度出发,要求边跨和主跨的主缆恒载水平分力在塔顶处互相平衡,以减少塔柱所承受的弯矩,这要通过调整边跨与主跨主缆的垂跨比来保证。

垂跨比是指主缆在主跨的垂度与主孔跨径之比。垂跨比的大小一方面直接影响主缆的拉力,另一方面对悬索桥的整体刚度有一定的影响,垂跨比越小,刚度越大,但缆中拉力也越大。因此,在实桥设计中,应结合对刚度的要求和主缆的用钢量来选取合适的垂跨比,取值通常在 1/11～1/9 之间。

(3)加劲梁的尺寸

对大跨径悬索桥而言,悬索桥加劲梁的高度尺寸似乎不存在与跨径的固定比例关系。设计中主要根据抗风理论分析和风洞试验来验证所取的加劲梁外形、高度和宽度是否具备优良的抗风性能。通常桁式加劲梁的梁高为 6～14 m,箱形加劲梁的梁高为 2.5～4.5 m;加劲梁的宽度则由车道宽度及桥面构造布置等决定,一般不宜小于跨径的 1/600。

(4)纵坡

根据悬索桥的景观特点,悬索桥的纵坡取决于两岸的地形、航道净空、路面排水和加劲梁的最大挠度等因素。已建成的长大跨悬索桥的中跨纵坡多为 1%～1.5%。

8.3.3 基本构造

1. 主缆

(1)主缆截面的组成

主缆由镀锌高强度钢丝组成,钢丝直径大都在 5 mm 左右。每根主缆可以包含几千根乃至几万根钢丝,钢丝分成几十股乃至一百多股,每股内丝数大致相等,各股分别锚固,组成 1 根主缆。为了保护钢丝,并使主缆的外周长最小,需要将大缆钢丝压紧成一圆形截面,用软质钢丝加以缠绕捆扎,最后在其外部涂装防腐油漆。主缆防腐的另一方法是通过向密闭的主缆内输入干空气,以达到主缆防腐的目的。

(2)主缆截面面积 A

根据整体分析中所得到的 1 根主缆所受最大拉力 T,按下式可求得 1 根主缆的截面面积,即

$$A \geqslant \frac{T}{[\sigma_a]} \tag{8-1}$$

式中:$[\sigma_a]$——钢丝的容许拉应力。

(3)主缆直径 D

考虑到主缆中存在着一定的空隙率 α,一侧主缆的直径 D 可由下式计算确定:

$$A = \frac{\pi D_2}{4}(1-\alpha) \tag{8-2}$$

当直径超过 1 m 时，主缆往往会因弯曲而产生较大的二次应力，此时，应研究是否在一侧使用 2 根较细的缆索或者采用其他技术措施。

（4）钢丝束股数 n_1 的确定

首先选定钢丝的直径，并由式(8-1)得出的 A 计算得到 1 根主缆所含钢丝的总数 n，然后根据主缆的编制方法确定 1 根主缆应有多少钢丝束股数 n_1 和每根钢丝束股应含多少根钢丝 n_2，即 $n = n_1 \times n_2$。

1）空中编缆法（AS 法）

采用 AS 法时每根束股的直径大，每缆所含的束股数较少，为 30～90 束，但每根束股所含的丝数 n_2 可多达 300～500 根。由于其单根束股较大，锚固空间相对集中，故可减小锚固面积。

2）预制平行索股法（PPWS 法）

采用此法时要求每根束股都制作成正六边形，以减小主缆的空隙率。由每股总数通常取值为 61、91、127、169 等组成稳定的正六边形。每根主缆的束股数 n_1 可多达 100～300 束，故锚固空间也相对较大。因其采用工厂预制，故现场架索施工时间相对缩短，受气候的影响小，使成缆工效提高。

2. 索塔

（1）索塔塔身的基本形式

索塔主要是对主缆起支承作用，悬索桥上的车辆活载和恒载(包括桥面系、加劲梁、吊索、主缆及其附属结构)都将通过主缆传给塔身及其基础，同时在风和地震荷载作用下，对全桥结构的总体稳定提供安全保证。索塔塔柱下端一般固支在沉井基础或者群桩基础的承台上，索塔塔身主要有三种形式，即桁架式、刚构式、组合式，如图 8-41 所示。为了能使连续加劲梁从两塔间通过，不少悬索桥的索塔被设计成倾斜的形式。

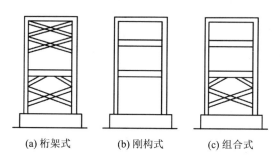

(a) 桁架式　　(b) 刚构式　　(c) 组合式

图 8-41　索塔塔身的基本形式

（2）索塔的类型

按照索塔塔身建造材料的不同，索塔可分为钢筋混凝土索塔、钢索塔和钢-混凝土组合索塔等，我国多采用钢筋混凝土索塔。

1）钢筋混凝土索塔

钢筋混凝土索塔具有建造和维修养护费用低、外形可塑造性强的特点。英国亨伯尔桥是第一座采用钢筋混凝土索塔的特大跨径悬索桥，我国建成的大跨径悬索桥也大

都采用了钢筋混凝土索塔。

钢筋混凝土索塔多采用刚构式,其塔柱截面一般选用箱形截面较合理,截面形式可以是 D 形或具有切角的矩形。钢筋混凝土索塔的各层横系梁一般为预应力混凝土空箱结构,通常采用滑模法或爬模法进行塔柱的施工。

2)钢索塔

钢索塔施工速度快、质量更容易保证、抗震性能好、耐久性好,但造价较高。钢索塔在欧美和日本应用较多,我国目前仅在泰州长江大桥和马鞍山长江大桥采用钢索塔。

早期钢索塔采用由钢板与角钢连接而成的多格室铆接结构。由于格室内净空较小和因室内油漆释放的气体易引起铅中毒,施工十分不便。自从栓接和焊接技术发展以后,钢索塔均改用了周边带有加劲肋条的大格室截面。对于塔柱节段之间的水平接缝处理,日本的做法是先将由工厂焊接制造的塔柱大节段运到索塔现场,再用大型浮吊架设就位,然后用高强度螺栓进行大节段之间的拼装。土耳其的博斯普鲁斯二桥采用了新颖的接缝方法:要求外板和竖直肋的端部接触面刨平到 100% 的平整度,以利于直接传递垂直轴压力;用 $\phi 60\ mm$ 的高强度螺杆作为拉杆来抵抗挠曲拉应力,用 M24 高强度螺栓来抵抗剪切力,如图 8-42 所示。

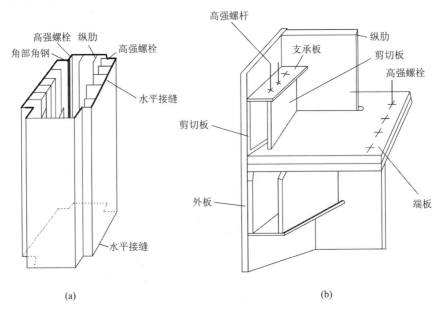

(a)   (b)

图 8-42 塔柱截面的水平接缝构造示意

3)钢-混凝土组合索塔

钢-混凝土组合索塔,有塔柱采用钢-混凝土混合形的,即上塔柱和横梁(剪力斜撑)采用钢结构,下塔柱采用混凝土结构;也有塔柱采用混凝土结构,横梁或剪刀撑采用钢结构的,如武汉阳逻长江大桥索塔。该类型索塔应处理好钢-混凝土之间结合面的构造,避免因两种不同材料的差异而出现裂缝。

3. 锚碇

(1)锚碇形式

悬索桥按主缆索股锚固形式的不同,可分为自锚式悬索桥和地锚式悬索桥。自锚式悬索桥不需要设置锚碇结构,而将主缆直接锚固在加劲梁梁体上,一般仅适用于中、小跨径悬索桥。地锚式悬索桥则将主缆索股锚于重力式锚碇、隧道式锚碇或岩锚锚碇上,如图 8-43 所示。

1）重力式锚碇

重力式锚碇(见图 8-43a)包括锚体(锚块、鞍部、缆索防护构造、散索鞍支承构造)和基础,为一庞大的混凝土结构,依靠其自重来平衡主缆的拉力。锚碇中预埋锚碇架,它由钢锚杆和支撑架构成。主缆束股通过锚头与锚杆连接,再由锚杆通过支撑架分散至整个混凝土锚体。

2）隧道式锚碇

隧道式锚碇(见图 8-43b)是先在两岸天然完整坚固的岩体中开凿隧道,将锚碇架置于其中后,用混凝土浇筑而成。其利用岩体强度对混凝土锚体形成嵌固作用,达到锚固主缆拉力的目的,因而锚碇混凝土用量比重力式锚碇大为节省,经济性更为显著。但由于隧道式锚碇一般应用在基岩外露的桥址处,国内外已建桥梁中采用这种锚碇形式的并不太多,而大量采用的是重力式锚碇。

3）岩锚锚碇

岩锚锚碇(见图 8-43c)的作用是利用高质量的岩体,将主缆拉力分散在单个岩孔中锚固,取消或减少锚塞体混凝土用量,可节约工程材料。但岩锚围岩的受力范围小、应力集中现象突出,对围岩强度要求高。

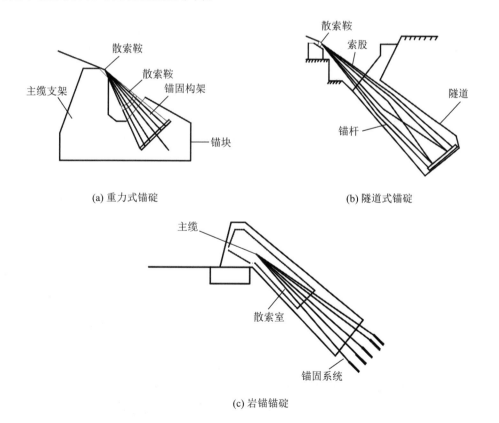

(a) 重力式锚碇

(b) 隧道式锚碇

(c) 岩锚锚碇

图 8-43　锚碇的主要形式

（2）主缆与锚碇的锚固构造

主缆通过散索鞍后，其截面便散开，变为呈喇叭形扩散的钢丝束股，束股的端部或端部锚头与锚块前表面的拉杆（锚杆）相连。

4．加劲梁

主跨加劲梁一般采用钢结构，其刚度对悬索桥的总体刚度贡献不大，而抗风稳定性是加劲梁设计中需要重点考虑的因素。由于抗风稳定性与加劲梁的抗扭刚度密切相关，因而加劲梁应设计成闭口截面，以提高抗风能力。梁的截面类型主要有桁架式、扁平钢箱式、板-桁结合式等。决定悬索桥加劲梁的结构类型与横截面外形方案时，一般须进行风洞试验来验证其颤振、涡振等抗风性能。

（1）钢桁加劲梁

国内外已建桥梁中的钢桁加劲梁横截面形式，按照车道位置的布置不同，主要有以下三种：

① 具有双层公路桥面的钢桁加劲梁横截面；

② 公铁两用双层桥面的钢桁加劲梁横截面；

③ 单层桥面的钢桁加劲梁横断面。

（2）钢箱加劲梁

1）钢箱加劲梁的横截面形式

钢箱加劲梁包括整体式钢箱加劲梁和分离式钢箱加劲梁。为了提高抗风性能，钢箱加劲梁可采取如下措施：① 在横截面两侧设置导风尖；② 在导风尖角的外侧增设抗风分流板；③用分离式钢箱梁，即在箱形梁中间设置一道纵向通风孔，供空气上下对流，同时减弱涡流，并在加劲梁每个吊杆处均用抗弯刚度较强的横梁将一对分离箱梁连接成整体，共同受力。

2）横隔板

常用的横隔板形式有肋式和实腹式。我国多采用实腹式横隔板，但应注意在实腹板上设置检修过人孔、通风换气孔和各种过桥管线孔。

横隔板顺桥向的间距是由桥面板的纵肋跨径要求决定的，但在吊索处一定要设置横隔板。当桥面板采用开口纵向加劲肋时，其初拟间距取 1.2～2.0 m；当桥面板采用闭口纵向加劲肋时，其初拟间距取 2.0～4.5 m。最后依据车辆轮载，对面板和加劲肋的局部承压稳定性进行计算分析。

横隔板的板厚除因锚箱局部受力及构造需要予以加厚外，通常取值为 8～10 mm。

3）纵向加劲肋

钢箱梁各板件均需用加劲肋加劲，其目的是防止局部失稳和提高局部刚度。纵向加劲肋的基本形式有开口式和闭口式两种。闭口式加劲肋具有较大的抗扭刚度，屈曲稳定性好，常用在箱梁的顶板和底板上。L形和倒 T 形开口加劲肋有时也用在箱梁的腹板和底板上。在箱梁两侧的伸臂上，一般采用开口式加劲肋。

理想闭口加劲肋的两纵肋之间间距 S 与钢盖板的厚度 t 有关，一般在 300 mm 左右，但等间距（$S=a$，a 为 U 肋上端水平距离）的受力及变形性能较理想。原联邦德国规范规定位于行车道部分的间距 $S \leqslant 28.5t$。考虑腐蚀和制造运输等因素，闭口肋的板厚通常取决于开口肋的板厚，可取 10～25 mm。

（3）板-桁结合加劲梁

板-桁结合加劲梁是将正交异性钢桥面板与桁架梁结合成整体，作为加劲梁共同工作。由于桥面板提高了加劲梁的抗扭刚度，因而可适当降低桁架高度，2007 年建成的美国塔科马新桥就采用了这种加劲梁，洞庭湖二桥也采用了这种加劲梁。

5．吊索

（1）吊索的形式

吊索是将加劲梁悬吊于主缆并将加劲梁的荷载（包括加劲梁一、二期恒载，车辆荷载及风荷载等）传递到主缆的构件，通常按等间距和等截面布置。其下端通过锚头与梁体两侧的吊点联结，上端通过索夹与主缆联结。立面布置上，有常规的垂直式吊索和英式斜置式吊索（很少采用）两种形式，如图 8-35 所示。迄今为止，国内外绝大部分悬索桥都采用垂直式吊索。斜置式吊索存在的主要缺点：① 中跨跨中斜置式吊索易因汽车荷载引起的变化应力而产生疲劳破坏；② 斜置式吊索因制作上难以避免的误差而易松弛，故目前较少应用。

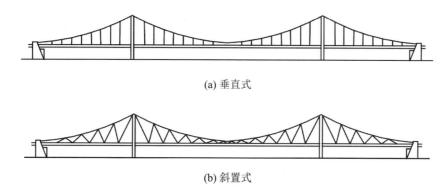

(a) 垂直式

(b) 斜置式

图 8-44　吊索的布置形式

（2）吊索的材料

1）钢丝绳索

钢丝绳索是由位于中央的一股钢丝绳作绳芯，再在其外围用 6 股由 7 丝或 19 丝或 37 丝扭绞组成的钢丝束股组成。束股的扭绞方向与每一束股中钢丝扭绞方向相反。

2）平行钢丝索

平行钢丝索是近年来在悬索桥中陆续采用的，其截面组成一般为几十根乃至百余根 $\phi 5 \sim \phi 7$ mm 镀锌钢丝，外加 PE 套管保护。每个索夹处的竖直吊索都包括 2 根平行钢丝索。

（3）吊索的索夹

1）吊索与索夹的连接方式

① 四股骑跨式

四股骑跨式的吊索是用 2 根两端带锚头的钢丝绳骑跨在索夹顶部的嵌索槽中，并使 4 个锚头在下端与加劲梁体连接，如图 8-45a 所示。将四股骑跨式的索夹按左右方向分为两半，再在索夹的上方用水平方向的高强度预应力杆将它们夹紧连在一起，使索夹依靠它与主缆之间的摩擦阻力将自己固定在主缆上。显然，四股骑跨式的吊索是不

宜采用平行钢丝索的。

② 双股销铰式

双股销铰式的吊索即用 2 根下端带锚头、上端带连接套筒的钢丝绳或平行钢丝索,将其上端用销铰与带耳板(吊板)的下索夹连接,下端用锚头或同样用销铰与加劲梁体连接,如图 8-45b 所示。双股销铰式的索夹是按上下方向分为两半,同样用高强度预应力杆从索夹的左右侧将它们夹紧连在一起。

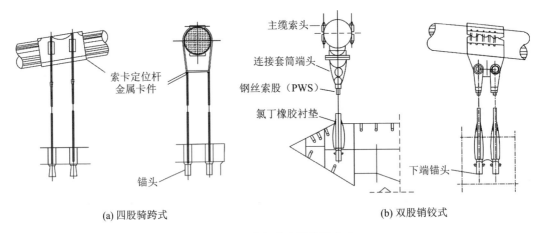

(a) 四股骑跨式　　　　　　　　　　　　　　　(b) 双股销铰式

图 8-45　吊索与索夹的连接方式

(4) 吊索与加劲梁的连接

通常把柔性吊索的钢丝绳或钢绞线的端头散开并伸入连接套筒内,然后浇入合金,使之与套筒联结成整体而形成锚头,吊索下端通过套筒与加劲梁的连接件连接。

(5) 中央扣

悬索桥在汽车荷载及风荷载的作用下,加劲梁和主缆在纵、横向都将发生位移,特别是在跨中区域,这种位移导致短吊索弯折受力明显,易造成疲劳破坏,因此在跨中设中央扣,来防止这种疲劳破坏。中央扣可分为柔性中央扣和刚性中央扣两种。

6. 鞍座

鞍座的作用是为主缆提供支撑,并平顺地改变线形方向。鞍座均布在主缆几何线形的转折处。

(1) 主索鞍座

主索鞍座置于塔顶用以支撑主缆,并将主缆所受到的竖向力传至主塔。主索鞍座主要由鞍槽、座体和底板三部分组成。鞍座常采用全铸钢或铸焊组合方式制造。其由于结构尺寸及质量较大,通常在纵向分成两节或三节铸造及施工吊装,但须在拼合后进行整体机械加工。

鞍槽在顺桥向呈圆弧状,半径为主缆直径的 8～12 倍,用来支撑主缆束股;鞍槽在横桥向呈台阶状,与主缆束股的圆形排列相适应,台阶宽度与束股尺寸接近。座体是鞍座传递竖向压力的主体,由一道或两道纵主腹板和多道横肋构成,上部与鞍槽连为一体,下部与底座板相连。底座板预先埋置在塔的顶面,起着均匀分布鞍座垂直压力的作用。为了满足悬索桥在施工过程中鞍座的预偏或复位滑移的需要,底板与座体之间需设滑动装置,如辊轴、四氟滑板,或采取其他减摩技术措施。成桥以后,塔主索鞍座便与塔顶固结,因此鞍座下辊轴直径的确定没有像确定一般桥梁支座的下辊轴直径那样严格。

(2)散索箍和散索鞍座

散索箍又称为展束套,它适用于主缆直径较小而又不需要转向支承的条件,能起到分散束股的作用,在整体上呈喇叭形,实际上为两半拼合的铸钢结构。

散索鞍座位于主缆支架顶面上,它对主缆起着支承、转向和分散束股的作用。为了适应主缆因受力及温度变化而产生的顺桥向移动,目前悬索桥中大多采用摇柱式散索鞍座。曾被使用的辐轴式鞍座,因辐轴易生锈而产生较大的摩擦阻力,故后来较少采用。鞍座制造可采用全铸钢和铸焊组合两种形式,后者即为一部分采用铸钢件,其他部分用厚钢板焊接。

7. 桥面及铺装

(1)传统的正交异性钢桥面及沥青铺装体系

1)正交异性钢桥面板构造

钢桥的桥面通常采用正交异性钢桥面板,由面板及焊接于其下的纵肋和横肋(横隔板)组成,由于纵、横两个垂直方向的加劲方式不同,使得钢桥面板纵、横向刚度也不同,因而称为“正交异性”。正交异性钢桥面板具有自重轻、承载力大等特点,是钢桥的主要桥面结构形式。正交异性钢桥面板的厚度通常为 14~18 mm。

加劲肋的作用主要是提高桥面板的刚度,以满足车辆荷载及承压稳定性的要求。按照纵向加劲肋的构造,正交异性钢桥面板可以划分为开口截面纵向肋钢桥面板和闭口截面纵向肋钢桥面板两种,如图 8-46 所示。

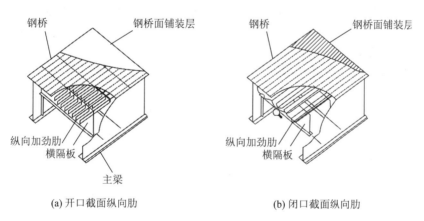

(a) 开口截面纵向肋　　　　　　　(b) 闭口截面纵向肋

图 8-46　正交异性钢桥面示意

2)钢桥面铺装构造

正交异性钢桥面铺装一般采用沥青混合料,包含防锈层、防水黏结层、沥青混凝土铺装层等,总厚度为 35~100 mm。

目前常用的钢桥面铺装材料主要包括热拌沥青混凝土或改性密级配沥青混凝土、浇筑式沥青混凝土、改性沥青 SMA、环氧沥青混凝土等。

3）传统沥青铺装正交异性钢桥面板存在的问题

传统沥青铺装正交异性钢桥面体系存在两种典型的病害问题,即钢桥面铺装层破损和正交异性钢桥面结构疲劳开裂。

钢桥面铺装层破损现象较为普遍,主要包括裂缝、车辙、脱层及推移、坑槽等病害形式。病害的主要原因是正交异性钢桥面的受力环境复杂。与国外相比,国内的钢桥面铺装层破损病害问题更加严重,这与我国重载交通比例大、南方气温高等特点有一定的关联性。

疲劳开裂是正交异性钢桥面的另一个棘手问题。国内外存在许多钢桥疲劳开裂的例子,其内因是钢材或焊接材料不可避免地存在细微裂纹,外因则是车轮荷载作用在薄的钢桥面上,局部变形大,反复应力循环(尤其是拉应力)导致疲劳损伤累积。

正交异性钢桥面中,疲劳裂纹易在以下几个位置出现:纵肋-面板连接位置、面板与纵肋角焊缝位置、纵肋-横肋连接位置、纵肋对接位置。

（2）新型钢板-UHPC组合桥面结构体系

造成铺装层频繁破损、钢桥面易疲劳开裂的根本原因是,钢面板经纵、横肋加劲后,虽然整体刚度得到了很大的提高,但由于不是连续加劲,面板的局部刚度低、变形大,而且沥青与钢板黏结困难。因而,解决上述难题的方法是在不增加自重的前提下,大幅提高桥面系刚度,同时避免沥青与钢板直接黏结。

1）钢板-UHPC轻型组合桥面结构构造

在钢桥面板上增设永久性的超高性能混凝土(ultra-high performance concrete,UHPC)层,UHPC层厚约50 mm,其内布置钢筋网,并通过栓钉等剪力连接件将超高性能混凝土结构层与钢桥连接,形成轻型组合桥面结构,然后在顶面铺筑沥青铺装层。

在钢桥面板上增设刚性UHPC层后,正交异性钢桥面的截面刚度提高30倍以上,钢桥面应力平均减小50%,大大延长了钢桥面的疲劳寿命;同时,将昂贵的钢桥面铺装转变为经济的混凝土桥面铺装,降低了巨额维修成本。

2）设计要点

试验表明:配筋UHPC层的抗裂强度可达40 MPa,完全能够承担实桥荷载作用下的拉应力,各层间联结牢固可靠。此外,由于各层结构均较薄,组合桥面的总质量与传统沥青钢桥面铺装层持平,因而不会影响旧桥改造中主桥结构的安全性。

钢板-UHPC组合桥面结构设计的关键:一是保证UHPC层具有足够的抗拉强度;二是保证层间的联结可靠。具体反映在以下构造特点上:

① 厚度:UHPC层厚35～50 mm,磨耗层厚10～40 mm,桥面层总厚45～90 mm。

② UHPC层:可采用130 MPa级,通过掺钢纤维、密布钢筋等措施提高其抗拉强度及韧性;浇筑UHPC层后,通过蒸汽养护消除收缩变形的影响。

③ UHPC层内钢筋:沿纵、横桥向布置钢筋网,其中横桥向钢筋布置在上层。钢筋的直径可为10～12 mm,布置间距宜为30～50 mm。

④ 钢板-UHPC层界面连接:可以通过采用栓钉、焊接钢筋网等方式连接钢面板与UHPC层。若采用栓钉,其直径一般可为13 mm,布置密度根据界面抗剪要求确定。栓钉布置应与加劲肋焊接位置错开。

⑤ 磨耗层-UHPC层连接:采用抛丸进行处理。

本章小结

1. 斜拉桥中荷载传递路径是：斜拉索的两端分别锚固在主梁和索塔上，将主梁的恒载和车辆荷载传递至索塔，再通过索塔传至地基。

2. 斜拉桥的结构体系，包括以下几种不同的划分方式：① 按照塔、梁、墩相互结合方式，划分为漂浮体系、半漂浮体系、塔梁固结体系和刚构体系；② 按照主梁的连续方式，有连续体系和 T 构体系等；③ 按照斜拉索的锚固方式，有自锚体系、部分地锚体系和地锚体系；④ 按照塔的高度不同，有常规斜拉桥和矮塔部分斜拉桥体系。

3. 现代悬索桥由主缆、索塔(包括基础)、锚碇、吊索、加劲梁、鞍座及桥面系等组成。悬索桥的索塔通常采用混凝土、钢或钢-混凝土组合结构，主索和吊索为钢丝束(或绳)，加劲梁主跨一般采用钢结构，边跨可采用钢、混凝土或组合梁结构。

4. 悬索桥按主缆索股锚固形式的不同，可分为自锚式悬索桥和地锚式悬索桥。自锚式悬索桥不需要设置锚碇结构，而将主缆直接锚固在加劲梁梁体上，一般仅适用于中小跨径悬索桥。地锚式悬索桥则将主缆索股锚于重力式锚碇、隧道式锚碇或岩锚锚碇上。

思考题

1. 刚构桥有哪些主要形式？它们各有何特点？

2. T 形刚构桥有哪些主要形式？它们各有何特点？

3. 不同截面刚构桥的节点构造有什么不同？

4. 斜拉桥由哪几个主要部分组成？各部分处于何种受力状态？

5. 索塔的基本类型有哪些？

6. 斜拉索面有哪几种布置形式？它们各有何特点？

7. 什么叫矮塔部分斜拉桥？它有什么特点？

8. 悬索桥由哪几个主要部分组成？各部分处于何种受力状态？

9. 按照静力的体系不同，悬索桥分为哪几种类型？

10. 悬索桥的垂跨比是指什么？

11. 悬索桥的锚碇有哪几种形式？它们各由哪几部分组成？

12. 如何保证悬索桥的抗风稳定性？

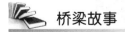 桥梁故事

矮寨特大悬索桥

矮寨特大悬索桥(见图 8-47)是跨越矮寨德夯大峡谷的一座特大型桥梁，主缆的孔跨布置为(242＋1176＋116) m，矢跨比为 1/9.6；索塔采用双柱门式框架、钢筋混凝土

空心方柱结构形式。全桥采用 71 对吊索,桥面系采用纵向工字梁与混凝土桥面板的结合形式。2013 年 11 月,习近平总书记在考察矮寨大桥时曾盛赞:"月亮不只外国的圆,这就是中国的圆月亮。"

【条件严酷】 矮寨地处云贵高原山脉断层处,山高坡陡,地势险峭,大桥需要跨越 1000 多米的大峡谷,桥面距离峡谷底部的高度达 355 m。仅在吉首岸索塔基坑附近发现的大小溶洞就有 18 个,其中最大的溶洞体积近 10000 m³……透过这些,我们可以清晰地看到建设者面临的地质情况之复杂。

承担矮寨大桥施工任务的湖南路桥集团曾被交通运输部授予"中国桥梁十大英雄团队"称号,此前曾先后承建了 7 座长江大桥,但项目先遣队初临矮寨时,面对诸多世界级难题,也是感到困难重重。先遣队 2007 年 9 月到达矮寨工地时,施工便道还没修好,队员们每天需要爬山 1 个多小时才能到达工地,食物、水等都需要用背篓背上去。正是靠着这种一不怕苦、二不怕累的精神,路桥人凭借着苦干与智慧,一步步稳步推进着这一世界级项目。

【技术创新】 通过不懈努力,矮寨大桥取得了新结构、新工艺、新装备、新材料等方面"四个世界首创",并为山区桥梁建设提供了可复制的解决方案。建设者们发明的"轨索滑移法"新工艺,突破传统工法局限,解决了山区主梁架设的难题,为世界贡献了悬索桥施工的"第四种方法"。其空前的施工难度和顶尖的建造技术,是中国乃至世界桥梁史上的一座丰碑。

为了不破坏德夯大峡谷鬼斧神工的自然之美,并让工程结构自身的力学美与环境完美融合、相映生辉,建设者们创造性地将桥塔直接设置于峡谷两岸山体之上,而桥面则选择在半山腰直接与两岸公路隧道相连接,在世界上首创了一种桥塔与桥面分离的新的桥梁结构体系,既避免了上百万立方米的山体开挖,又使得桥梁结构就像是自然生长在天际,与峡谷浑然天成。

图 8-47 矮寨特大悬索桥

第 9 章 桥梁支座

　　本章主要介绍桥梁支座的功能和布设原理,并重点介绍几种常用支座的构造形式,以及板式橡胶支座的设计过程。

桥梁工程

　　桥梁支座是连接桥梁上部结构和下部结构的重要结构部件,通常设置在桥跨结构和墩台之间,其作用包括:① 将上部结构承受的结构自重、汽车荷载等竖向作用有效地传递到下部结构,且保证在风荷载、地震作用等水平荷载作用下上部结构的安全;② 适应上部结构在荷载、温度以及混凝土收缩和徐变等作用下产生的转角和位移,使上部结构可自由变形而不产生额外的附加内力。

9.1　支座布设原理

　　桥梁支座按受力特性可分为固定支座和活动支座两种。如图9-1所示,固定支座既要固定上部结构在墩台上的位置并传递竖向力和水平力,又要保证上部结构发生挠曲时在支座处能够自由转动但不能发生水平向移动;活动支座只承担竖向力,在荷载作

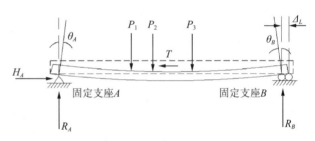

图 9-1　简支梁的静力图示

用下能够保证上部结构在支承处能够自由转动且水平向可移动。活动支座又可以分为单向活动支座和双向活动支座:单向活动支座只约束顺桥向或横桥向水平位移中的一个方向线位移;双向活动支座容许顺桥向和横桥向两个方向均发生线位移。

　　支座的布置应有利于墩台传递纵向水平力并有利于梁体的自由变形,根据桥梁的结构体系和桥宽,支座在纵、横桥向的布置应遵循以下原则:

　　① 按照静力图示,简支梁桥一端设置固定支座,另一端设置活动支座。铁路桥梁由于桥宽较小,支座横向变位很小,一般只需设置单向(纵向)活动支座,如图9-2a所示;公路桥梁由于桥面较宽,要考虑支座横桥向移动的可能性,即在固定墩上设置一个固定支座,相邻的支座设置为横向可动、纵向固定的单向活动支座,而在活动墩上设置一个纵向活动支座(与固定支座相对应),其余均设置双向活动支座,如图9-2b所示。

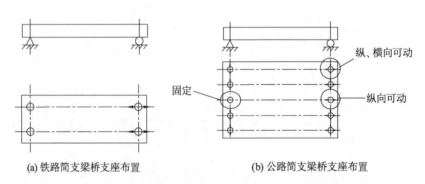

(a) 铁路简支梁桥支座布置　　　　　(b) 公路简支梁桥支座布置

图 9-2　简支梁桥支座布置

②　对于悬臂梁,一般将固定支座设置在不带悬臂的一端。

③　固定支座和活动支座的布置,应以有利于墩台传递纵向水平力为原则。对于多跨简支梁桥,相邻两跨简支梁的固定支座不宜布置在一个桥墩上;但若个别桥墩较高,为了减小水平力,可在其上布置相邻两跨的活动支座,如图 9-3a 所示。

④　对于坡桥,为使梁体在竖向荷载沿坡度方向分力的作用下受压,以便能抵消一部分竖向荷载产生的梁下缘拉力,宜将固定支座设置在标高低的墩台上,如图 9-3b 所示。当纵坡大于 1‰ 或横坡大于 2‰ 时,应使支座保持水平,通常在设置支座的梁底面增设局部的楔形构造。

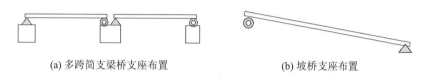

(a) 多跨简支梁桥支座布置　　　　　　　(b) 坡桥支座布置

图 9-3　多跨简支梁桥及坡桥支座布置

⑤　对于连续梁桥,为使全梁的纵向变形分散在梁的两端,宜将固定支座设置在中间支点上,如图 9-4a 所示。

⑥　对于曲线梁桥,支座的布置应使其能充分适应曲梁的纵、横向自由转动和移动的可能性,故通常在中间设单支点支座,仅在一联范围内的梁的端部(或桥台上)设置双支座,以承受扭矩。支点向曲线外侧偏离,可调整曲梁的扭矩分布,如图 9-4b 所示。

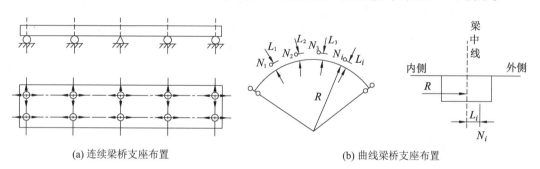

(a) 连续梁桥支座布置　　　　　　　(b) 曲线梁桥支座布置

图 9-4　连续梁桥及曲线梁桥支座布置

9.2　支座类型和构造

支座的类型较多,根据材料不同可分为简易垫层支座、钢支座和橡胶支座。在实际工程设计中,应具体根据桥梁上下部结构形式、支点反力及水平力设计值和支座处位移量等因素来选取支座的类型及规格。下面介绍几种常见的支座类型和构造。

9.2.1　简易垫层支座

对于跨径小于 10 m 的公路桥梁或跨径为 4～5 m 的铁路桥梁,可不设专门的支座

结构,通常采用高度 $h \geqslant 1$ cm 的几层油毛毡或石棉做成的简易支座。为了防止墩、台结构的前缘与上部结构相抵,通常将墩、台顶部前缘削成斜角,其内增设 $1 \sim 2$ 层钢筋网予以加强,如图 9-5 所示。这种简易垫层支座的构造形式简单,不区分固定、活动支座,但其摩擦阻力大,抗变形性能较差。

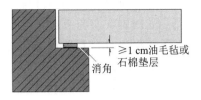

图 9-5　简易垫层支座

9.2.2　钢支座

钢支座靠钢部件的滚动、摇动和滑动来实现支座的位移和转动功能,常用的有弧形钢板支座和新型钢支座。弧形钢板支座常用于跨径为 $10 \sim 20$ m 的铁路桥梁,如图 9-6a 所示,其由上、下垫板组成,下垫板顶面切剥成圆柱体,固定支座需在上垫板上做齿槽(或销孔),在下垫板上焊以齿板(或销钉),以保证上、下垫板之间不发生相对水平位移。

新型钢支座主要有不锈钢或合金钢支座、滑板钢支座和球面支座。支座的转动部分采用钢制或黄铜制成的球冠形,在球冠的上、下分别设置聚四氟乙烯板以减小摩擦阻力,构成球型支座,如图 9-6b 所示为 QGZ 球型钢支座。铁路桥梁常采用钢支座,目前公路桥梁很少采用钢支座。

 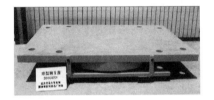

(a) 弧形钢板支座　　　　　　　　　(b) QGZ球型钢支座

图 9-6　钢支座

9.2.3　橡胶支座

橡胶支座主要依靠橡胶的变形来适应任意方向的变形,具有构造简单、加工方便、造价低廉、安装方便、使用性能良好的优点。橡胶的弹性还能削减上、下部结构所受的动力作用,对于结构的抗震十分有利,近年来受到广泛应用。橡胶支座一般包括板式橡胶支座、聚四氟乙烯滑板式橡胶支座、球冠圆板式橡胶支座和盆式橡胶支座。中小跨径的公路桥梁一般采用板式橡胶支座,大跨径连续梁桥一般采用盆式橡胶支座。

1. 板式橡胶支座

板式橡胶支座(见图 9-7)一般由薄钢片和橡胶片叠合而成,按形状可划分为矩形或者圆形两种,矩形橡胶支座常用于一般公路桥梁工程,对于弯、坡、斜、宽桥梁,宜选用圆形板式橡胶支座。板式橡胶支座的活动机理:利用橡胶的不均匀弹性压缩实现转角 θ;利用其剪切变形实现微量水平位移 Δ。

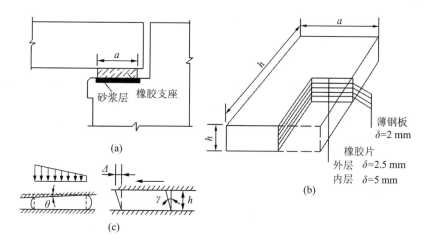

图 9-7　板式橡胶支座

目前我国生产的板式橡胶支座能够承受的竖向支撑反力为 100～10000 kN,适用于跨径小于 30 m 的中小跨径混凝土桥梁。可选用氯丁橡胶(-25～60 ℃)、天然橡胶(-35～60 ℃)和三元乙丙胶(-40～60 ℃)三种胶种,最高适宜温度为 60 ℃,最低达-40 ℃(三元乙丙胶种)。橡胶片的厚度为 5 mm,薄钢板的厚度为 2 mm,支座厚度可根据橡胶支座的剪切位移而采用不同层数组合而成,一般从 14 mm(两层钢板)开始,以 7 mm 为一个台阶递增。

安装橡胶支座时,应对上部结构底面及墩台顶面进行平整,保证支座水平安装,防止受力不均匀。为避免相对滑动,必要时可在墩台顶面先铺一层水泥砂浆层。当桥梁纵坡坡度不大于1‰时,板式橡胶支座可直接设置于墩台上,但应考虑纵坡影响所需要的厚度。当纵坡坡度大于1‰时,应采用预埋钢板(加楔形钢板)、混凝土垫块(带坡度的垫石)或其他措施将梁底调平,保证支座平置。板式橡胶支座的基本设计数据及其产品分类、技术要求、试验方法、检验规则等应符合《公路桥梁板式橡胶支座》(JT/T 4—2019)的规定。

板式橡胶支座一般不分固定支座和活动支座,这样能将水平力均匀地传递给各个支座且便于施工,如有必要设置固定支座,可采用不同厚度的橡胶支座来实现。

2. 聚四氟乙烯滑板式橡胶支座

聚四氟乙烯滑板式橡胶支座是板式橡胶支座的一种特殊形式,它是在普通板式橡胶支座上黏附一层聚四氟乙烯板(2～4 mm)而成的,梁底设不锈钢板。其工作原理是利用聚四氟乙烯板与梁底不锈钢板之间的低摩擦系数(通常 $\mu=0.06$)使得桥梁上部结构的水平位移不受限制。

聚四氟乙烯滑板式橡胶支座除了适用于较大跨径的简支梁桥、桥面连续的桥梁和连续梁桥外,还可作为连续梁桥顶推施工的滑块。

3. 球冠圆板式橡胶支座

球冠圆板式橡胶支座是一种改进后的圆形板式支座,在板式橡胶支座顶面用纯橡胶制成球形表面,球面中心橡胶的最大厚度为 4～10 mm。球冠圆板式橡胶支座具有传力均匀的特点,可明显改善或避免支座底面产生偏压、脱空等不良现象,适用于一般

桥梁以及各种布置复杂、纵横较大的立交桥及高架桥,其坡度适用范围为 3‰～5‰,也可根据不同坡度需要调整球面半径。

4. 盆式橡胶支座

当竖向力较大时应采用盆式橡胶支座,它由上下支座板、钢衬板、承压橡胶板、紧箍圈、不锈钢板以及聚四氟乙烯板等组成,如图 9-8a 所示。盆式橡胶支座的工作原理:利用不锈钢板和聚四氟乙烯板之间的相对滑移来适应桥梁的水平位移 Δ,利用橡胶板的压缩实现上部结构的转角 θ。

盆式橡胶支座按其使用性能可以分为固定支座(GD)、双向活动支座(SX)、单向活动支座(DX)、减震型固定支座(JZGD)和减震型单向活动支座(JZDX)5 种。与板式橡胶支座相比,盆式橡胶支座的橡胶处于有侧限受压状态,因此承载能力更高。我国目前生产的盆式橡胶支座竖向承载力为 1000～50000 kN;聚四氟乙烯板和不锈钢板间摩擦系数小,水平位移量变化范围大(±40～±250 mm),支座转动更灵活,容许转角为 40′,特别适宜在大跨径桥梁上使用,根据承载能力不同可选择不同规格的支座。

为了适应多向转动且转动量较大的情况,还可选择盆式球形支座,如图 9-8b 所示。其因具有承载能力高、转角大、受力均匀等优点,被广泛应用于大跨径桥梁及宽桥、曲线桥、斜桥等构造复杂的桥梁。由于球形支座不再使用橡胶承压,不存在橡胶老化和变硬等不良影响,因此特别适用于低温地区。

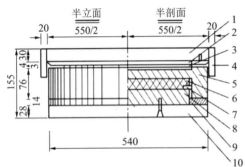

1—上支座板;2—不锈钢板;3—聚四氟乙烯板;
4—横向止移片;5—盆环;6—氯丁橡胶板;
7—密封圈;8—盆塞;9—氯丁橡胶防水;
10—下支座板。

(a) 盆式橡胶支座

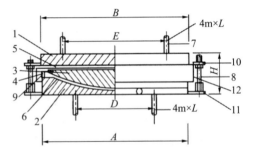

1—上支座板; 2—下支座板; 3—钢衬板;
4—钢挡圈;5—平面聚四氟乙烯板;6—球面聚四氟乙烯板;7—锚固螺栓;8—连接螺栓;
9—橡胶防尘条;10—上支座连接板;11—下支座连接板;12—防尘板。

(b) 盆式球形支座

图 9-8 盆式支座

9.2.4 特殊用途支座

1. 拉力支座

在连续梁桥、悬臂梁桥、斜桥、宽悬臂翼缘箱梁桥以及小半径曲线桥上,在某些会出现拉力的支点处必须设置拉力支座,以便抗拉且承受相应的转动和水平位移。球形支座、盆式和板式橡胶支座都能变更功能作为拉力支座,板式橡胶拉力支座适用于拉力较小的桥梁,对于拉力较大的桥梁,采用球形抗拉钢支座或盆式拉力支座更合适。

2. 抗震支座

地震地区的桥梁应使用具有抗震和减震功能的支座,能够抵抗地震力,承受反复荷载,防止落梁。减震、隔震支座通过尽可能地将结构或部件与可能引起破坏的地震地面运动分离开来,吸收地震能量,从而减小传递到上部结构的地震力和能量。目前国内主要的抗震支座类型有抗震球形钢支座、铅芯橡胶支座以及高阻尼橡胶支座等,其利用阻尼和摩擦耗能,使桥梁阻尼增大,消减地震力。

9.3　支座设计

9.3.1　支座受力

在进行桥梁支座设计时,首先必须求得每个支座上所承受的竖向力和水平力以及需适应的位移和转角。然后根据它们来选定支座各部尺寸并进行强度及稳定性等各项验算。

支座上的竖向力包括结构自重的反力、汽车活载的支点反力及其影响力。在计算汽车荷载支座反力时,应按最不利位置加载,并计入冲击影响力。对于水平力,正交直线桥梁上的支座一般仅需计入纵向水平力,斜桥和弯桥的支座还需要考虑由汽车荷载的离心力或其他原因如风力等产生的横向水平力。支座上的纵向水平力,包括由汽车荷载的制动力、风力、支座摩阻力或温度变化、支座变形引起的水平力,以及由桥梁纵坡产生的水平力。

9.3.2　板式橡胶支座的设计

本节以板式橡胶支座为例,详细介绍支座的设计过程。板式橡胶支座的设计包括确定支座平面尺寸、确定支座厚度、验算支座受压偏转情况以及验算支座的抗滑稳定性。

(1) 确定支座平面尺寸

橡胶支座的平面尺寸须由橡胶板本身的抗压强度、梁部或墩台顶混凝土的局部承压强度两方面因素来确定。根据橡胶支座和支承垫石混凝土的压应力不超过它们相应容许承压应力的要求,有效承压面积应符合下列规定:

$$A_e \geqslant \frac{R_{ck}}{\sigma_c} \tag{9-1}$$

式中: R_{ck} ——支座反力标准值,汽车荷载应计入冲击系数;

A_e ——支座有效承压面积(承压加劲钢板面积);

σ_c ——使用阶段支座平均压应力限值, $[\sigma_c]=10$ MPa;当支座形状系数 $S<7$ 时, $[\sigma_c]=8$ MPa。对于矩阵支座, $S=\dfrac{l_{oa}l_{ob}}{2t_1(l_{oa}+l_{ob})}$;对于圆形支座, $S=\dfrac{d_0}{4t_1}$ 。其中, l_{oa} 为矩形加劲钢板短边尺寸, l_{ob} 为矩形加劲钢板长边尺寸, d_0 为圆形加劲钢板直径, t_1 为支

座中间单层橡胶片厚度。

（2）确定支座厚度

板式橡胶支座的厚度 h 由橡胶片总厚度 t_e 和薄钢板总厚度组成。梁式桥的主梁由温度变化等因素在支座处产生的纵向水平位移 Δ 要通过全部橡胶片的剪切变形来实现。如图 9-9 所示，橡胶片的总厚度与梁体水平位移之间应满足下列关系：

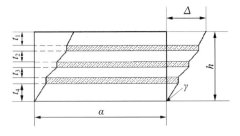

图 9-9　支座厚度的计算图示

$$\tan \gamma = \frac{\Delta}{t_e} \leqslant [\tan \gamma] \qquad (9\text{-}2)$$

式中：$[\tan \gamma]$——橡胶片的容许剪切角的正切值，对于角度为 $55°\sim60°$ 的氯丁橡胶，《公路钢筋混凝土及预应力混凝土桥涵设计规范》（JTG 3362—2018）规定，当不计汽车荷载制动力作用时采用 0.5，计入汽车荷载制动力时可采用 0.7。

由此，式(9-2)可以写成如下形式：

不计制动力时 $\qquad\qquad t_e \geqslant 2\Delta_l \qquad\qquad\qquad (9\text{-}3)$

计入制动力时 $\qquad\qquad t_e \geqslant 1.43\Delta_l \qquad\qquad\qquad (9\text{-}4)$

当板式橡胶支座在横桥向平行于墩台帽或盖梁顶横坡设置时，支座橡胶层的厚度应符合下列条件：

不计制动力时 $\qquad\qquad t_e \geqslant 2\sqrt{\Delta_l^2 + \Delta_t^2} \qquad\qquad (9\text{-}5)$

计入制动力时 $\qquad\qquad t_e \geqslant 1.43\sqrt{\Delta_l^2 + \Delta_t^2} \qquad\qquad (9\text{-}6)$

式中：Δ_l——由上部结构温度变化、混凝土收缩和徐变等作用标准值引起的支座剪切变形和纵向力标准值（计入制动力标准值）产生的支座剪切变形，以及支座直接设置于不大于 1% 纵坡的梁底面下，在支座顶面由支座反力设计值顺纵坡方向分力产生的剪切变形之和，$\Delta_l = \Delta_g + \Delta_p$；

Δ_g——上部结构在结构自重作用下由温度变化等因素引起作用于一个支座上的水平位移；

Δ_p——由汽车荷载制动力引起作用于一个支座上的水平位移，$\Delta_p = \dfrac{F_{bk}t_e}{G_e ab}$；

F_{bk}——作用于一个支座上的汽车荷载制动力；

G_e——橡胶的剪切模量，取 1.0 MPa；

Δ_t——支座在横桥向平行于不大于 2% 的墩台帽或盖梁顶横坡上设置，由支座反力设计值平行于横坡方向分力产生的剪切变形。

从保证受压稳定的角度考虑，支座橡胶层的厚度还应符合下列条件：

矩形支座 $\qquad\qquad\qquad \dfrac{a}{10} \leqslant t_e \leqslant \dfrac{a}{5} \qquad\qquad\qquad (9\text{-}7)$

圆形支座 $\qquad\qquad\qquad \dfrac{d}{10} \leqslant t_e \leqslant \dfrac{d}{5} \qquad\qquad\qquad (9\text{-}8)$

式中：a——矩形支座短边尺寸；

d——圆形支座直径。

确定了橡胶片总厚度 t_e，再加上金属加劲薄板的总厚度即为板式橡胶支座的厚度。

（3）验算支座受压偏转情况

主梁受荷载作用发生挠度变形时，梁端将产生转角 θ，如图 9-10 所示，支座会受到一个偏心竖向力的作用，表面将产生不均匀的压缩变形，梁端一侧的压缩变形量为 δ_1，梁体一侧的压缩变形量为 δ_2，其平均压缩变形量为 $\delta_{c,m}$。为了确保支座偏转时橡胶与梁底不发生脱空而出现局部承压现象，设计需满足下列条件：

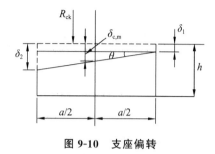

图 9-10　支座偏转

$$\delta_1 \geqslant 0 \qquad (9\text{-}9)$$

即

$$\delta_{c,m} = \frac{R_{ck}t_e}{A_e E_e} + \frac{R_{ck}t_e}{A_e E_b} \qquad (9\text{-}10)$$

$$\theta \cdot \frac{l_a}{2} \leqslant \delta_{c,m} \leqslant 0.07 t_e \qquad (9\text{-}11)$$

式中：E_e——支座抗压弹性模量，按 $E = 5.4GS^2$ 计算，其中 G 为支座抗剪弹性模量，一般取值为 1.0 MPa，S 为支座形状系数，同式(9-1)；

E_b——橡胶弹性体体积模量，为 2000 MPa；

θ——由上部结构挠曲在支座顶面引起的倾角，以及支座直接设置于不大于 1% 纵坡的梁底面下，在支座顶面引起的纵坡坡度，rad。

板式橡胶支座加劲钢板应符合下列规定，且其最小厚度不应小于 2 mm：

$$t_s \geqslant \frac{K_p R_{ck}(t_{es,u} + t_{es,l})}{A_e \sigma_s} \qquad (9\text{-}12)$$

式中：t_s——支座加劲钢板厚度；

K_p——应力校正系数，取 1.3；

$t_{es,u}$——一块加劲钢板上橡胶层厚度；

$t_{es,l}$——一块加劲钢板下橡胶层厚度；

σ_s——加劲钢板轴向拉应力限值，可取钢材屈服强度的 0.65 倍。

加劲钢板与支座边缘的最小距离不应小于 5 mm，上、下保护层厚度不应小于 2.5 mm。

（4）验算支座的抗滑稳定性

橡胶支座在受到梁体传来的水平力后，应保证支座不滑动，即橡胶支座与梁底或墩台顶面之间要有足够大的摩擦阻力来抵抗水平力，则应满足以下条件：

不计入汽车制动力时

$$\mu R_{Gk} \geqslant 1.4 G_e A_g \frac{\Delta_l}{t_e} \qquad (9\text{-}13)$$

计入汽车制动力时

$$\mu R_{ck} \geqslant 1.4 G_e A_g \frac{\Delta_l}{t_e} + F_{bk} \qquad (9\text{-}14)$$

式中：R_{Gk}——由结构自重引起的支座反力标准值；

R_{ck}——结构自重标准值与0.5倍汽车荷载标准值（计入冲击系数）引起的支座反力；

μ——橡胶支座与混凝土表面的摩擦系数采用0.3，与钢板的摩擦系数采用0.2；

Δ_l——由上部结构温度变化、混凝土收缩和徐变等作用标准值引起的剪切变形和纵向力标准值引起的支座剪切变形，但不包括由汽车制动力引起的剪切变形；

F_{bk}——由汽车荷载引起的制动力标准值；

A_g——支座平面的毛面积。

【例9.1】 装配式钢筋混凝土简支五片式 T 形梁桥全长 19.96 m，计算跨径 $l=19.5$ m，支座处梁肋宽度为 18 cm，桥梁横断面及主梁尺寸如图 9-11 所示。汽车荷载为公路—Ⅱ级：车道均布荷载 $q_k=7.875$ kN/m，按计算跨径得集中荷载 $P_k=178.5$ kN。人群荷载为 3.0 kN/m²，计算温差为 36 ℃，安全设计等级取一级。边主梁在人群荷载作用下最大支点反力 $R_{0,r_k}=17.7$ kN，在车道集中荷载作用下最大支点反力 $R_{0,p_k}=110.7$ kN，在车道均布荷载作用下最大支点反力 $R_{0,q_k}=44.5$ kN，在恒载支点反力标准值 $R_{0,g_k}=157$ kN。边主梁跨中横向分布系数：车道荷载 $m_{c,q_c}=0.504$，人群荷载 $m_{c,r}=0.62$。假设梁的抗弯刚度 $B=0.19877\times10^7$ kN/m²，试确定支座的型号和规格。

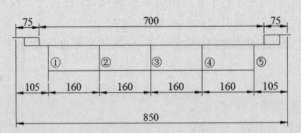

图 9-11　五片式 T 形梁桥

【解】 （1）确定支座平面尺寸

由于主梁肋宽为 18 cm，初步选定板式橡胶支座的平面尺寸为 $l_a=18$ cm，$l_b=20$ cm（顺桥向），则按构造要求确定矩形支座加劲钢板尺寸为 $l_{oa}=17$ cm，$l_{ob}=19$ cm。首先根据橡胶支座的压应力限值验算支座是否满足要求，支座压力标准值为

$$R_{ck}=R_{0,g}+R_{0,p_k}+R_{0,q_k}+R_{0,r_k}=157+110.7+44.5+17.7=329.9 \text{ kN}$$

那么支座应力为

$$\sigma=\frac{R_{ck}}{A_e}=\frac{329.9\times10^{-3}}{0.17\times0.19}=10.21 \text{ MPa}\approx[\sigma_c]=10 \text{ MPa}$$

满足规范要求。

（2）确定支座厚度

支座的厚度由橡胶层厚度和加劲钢板厚度两部分组成，应分别考虑计算。假设本算例中支座水平放置，且不考虑混凝土收缩与徐变的影响。温差 $\Delta t = 36$ ℃引起的温度变形由主梁两端均摊，则每一支座的水平位移 Δ_g 为

$$\Delta_g = \frac{1}{2}\alpha \cdot \Delta t \cdot l' = \frac{1}{2} \times 10^{-5} \times 36 \times (19.5 + 0.2) = 0.355 \text{ cm}$$

式中：l'——构件计算长度，$l' = l + l'_a$，如图 9-12 所示。

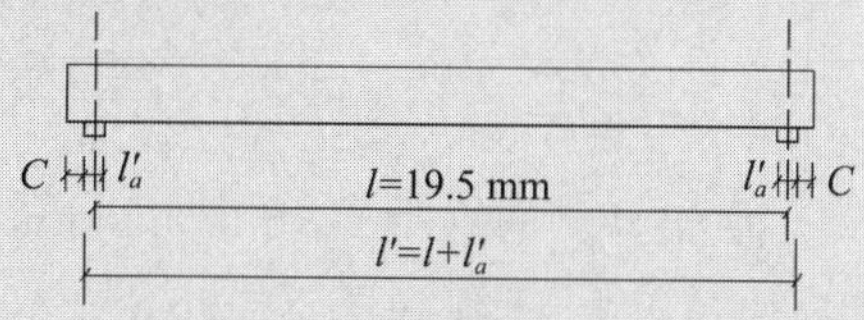

因此，不计制动力时，$\Delta_l = \Delta_g$，$t_e \geqslant 2\Delta_g = 2 \times 0.355 \text{ cm} = 0.71 \text{ cm}$。

为了计算制动力引起的水平位移

图 9-12　构件计算长度示意

$\Delta_{F_{bk}}$，首先要确定一个支座上的制动力标准值 F_{bk}。由于计算跨径为 19.5 m，因而纵向折减系数 ζ' 取 1.0；由于该桥桥面净宽为 7.0 m，按二车道设计，因而车道折减系数 ζ 取 1.0。车道荷载制动力按同向行驶时的车道荷载（不计冲击力）计算，故计算制动力时按一个车道计算。一个车道上由车道荷载产生的制动力为在加载长度上按车道荷载标准值计算的总重力的 10%，故本算例的制动力为

$$F'_{bk} = (q_k l + P_k) \times 10\% = (7.875 \times 19.5 + 178.5) \times 10\% = 33.21 \text{ kN}$$

由于 F'_{bk} 小于公路—Ⅱ级汽车荷载制动力最低限制 90 kN，故 F'_{bk} 取 90 kN 计算。由于本例中有 5 根 T 形梁，每根 T 形梁设置 2 个支座，共有 10 个支座，且假设桥墩为刚性墩，各支座抗推刚度相同，因此制动力可平均分配，一个支座的制动力为

$$F_{bk} = \frac{F'_{bk}}{10} = \frac{90}{10} = 9.0 \text{ kN}$$

因此，计入制动力时，橡胶厚度 t_e 满足

$$t_e \geqslant \frac{\Delta_g}{0.7 - \dfrac{F_{bk}}{G_e l_a l_b}} = \frac{0.355}{0.7 - \dfrac{9 \times 10^3}{1.0 \times 10^6 \times 0.2 \times 0.18}} = 0.789 \text{ cm}$$

此外，从保证受压稳定的角度考虑，矩形板式橡胶支座的橡胶厚度应满足

$$1.8 \text{ cm} = \frac{18}{10} = \frac{a}{10} \leqslant t_e \leqslant \frac{a}{5} = \frac{18}{5} = 3.6 \text{ cm}$$

由上述分析可知，橡胶层总厚度的最小值取 1.8 cm。由于定型产品中，对于平面尺寸为 18 cm×25 cm 的板式橡胶支座，橡胶层厚度只有 2 cm、2.5 cm、3 cm、3.5 cm 四种型号，因此 t_e 暂取 2 cm。

选择加劲钢板，《公路钢筋混凝土及预应力混凝土桥涵设计规范》规定单层加劲钢板厚度应按下式计算：

$$t_s = \frac{K_p R_{ck}(t_{es,u} + t_{es,l})}{A_e \sigma_s}$$

且单层加劲钢板厚度不小于 2 mm。在本例中：K_p 为应力校正系数，取 1.3；$A_e=17\times19=323\ cm^2$；$t_{es,u}$ 和 $t_{es,l}$ 分别为一块加劲钢板上、下橡胶层厚度，参照《桥梁附属构造与支座》中定型产品规格，中间橡胶层厚度均取 5 mm；σ_s 为加劲钢板轴向拉应力限值，取为钢材屈服强度的 0.65 倍，取钢材屈服强度为 340 MPa，因此，$\sigma_s=0.65\times340=221$ MPa；R_{ck} 为支座压力标准值，将上述各项代入 t_s 的计算公式得

$$t_s=\frac{1.3\times329.9\times10^3\times(5+5)}{323\times10^{-4}\times221\times10^6}\approx0.6\ mm$$

由于计算的 $t_s=0.6$ mm<2 mm，故 t_s 取 2 mm。按板式橡胶支座的构造规定，加劲板上、下保护层不应小于 2.5 mm，取 2.5 mm。中间橡胶层厚度有 5 mm、8 mm、11 mm 三种，取 5 mm。故可布置 4 层钢板，此时，橡胶层厚度 $t_e=2\times0.25+3\times5=20$ mm，与取用值一致。加劲板总厚度 $\sum t_s=4\times2=8$ mm，故支座高度 $h=20+8=28$ mm。

（3）验算支座受压偏转情况

支座的平均压缩变形 $\delta_{c,m}$ 为

$$\delta_{c,m}=\frac{R_{ck}t_e}{A_eE_e}+\frac{R_{ck}t_e}{A_eE_b}$$

式中：E_b——橡胶体积模量，取 2000 MPa；

E_e——支座抗压弹性模量，由下式可得

$$S=\frac{l_{oa}l_{ob}}{2t_1(l_{oa}+l_{ob})}=\frac{170\times190}{2\times5\times(170+190)}=8.97$$

$$E_e=5.4G_eS^2=5.4\times1.0\times8.97^2=434.49\ MPa$$

将上述各值代入 $\delta_{c,m}$ 计算式，得

$$\delta_{c,m}=\frac{329.90\times10^3\times20}{0.17\times0.19\times434.49\times10^6}+\frac{329.90\times10^3\times20}{0.17\times0.19\times2000\times10^6}=0.573\ mm$$

在恒载、车道荷载和人群荷载作用下，主梁挠曲在支座顶面引起的倾角应按结构力学方法计算，则有

恒载产生的转角

$$\theta_1=\frac{gl^3}{24B}=\frac{16.07\times19.5^3}{24\times0.19877\times10^7}=0.00250\ rad$$

车道均布荷载产生的转角

$$\theta_2=\frac{m_{c,q_c}q_kl^3}{24B}=\frac{0.504\times7.875\times19.5^3}{24\times0.19877\times10^7}=0.0006169\ rad$$

车道集中荷载产生的转角

$$\theta_3=\frac{m_{c,q_c}p_kl^2}{16B}=\frac{0.504\times178.5\times19.5^2}{16\times0.19877\times10^7}=0.001075\ rad$$

人群荷载产生的转角

$$\theta_4 = \frac{m_{c,r}P_{0r}l^3}{24B} = \frac{0.62\times3.0\times0.75\times19.5^3}{24\times0.19877\times10^7} = 0.00022 \text{ rad}$$

因此，转角 $\theta = \theta_1 + \theta_2 + \theta_3 + \theta_4 = 0.0044$ rad，$\frac{l_a'\theta}{2} = \frac{200}{2}\times0.0044 = 0.44$ mm，小于 $\delta_{c,m}$，支座不会落空。此外，为了限制竖向压缩变形，《公路钢筋混凝土及预应力混凝土桥涵设计规范》规定 $\delta_{c,m}$ 不得大于 $0.07\sum t$，由于 $0.07\sum t = 0.07\times20 = 1.4$ mm $> \delta_{c,m} = 0.573$ mm，故 $\delta_{c,m}$ 满足 $\frac{l_a'\theta}{2} \leqslant \delta_{c,m} \leqslant 0.07\sum t$ 条件，验算通过。

（4）验算支座的抗滑稳定性

为保证板式橡胶支座和墩台顶面或主梁底面不产生滑移，需对其抗滑稳定性进行验算，验算时应对无汽车荷载和有汽车荷载（支反力最小）两种情况分别进行验算。

仅有结构自重作用时，

$$\mu R_{0,g_k} = 0.3\times157 = 47.1 \text{ kN}$$

$$1.4G_eA_g\frac{\Delta_l}{t_e} = 1.4\times1.0\times10^3\times0.18\times0.20\times\frac{3.5}{20} = 8.82 \text{ kN}$$

可见，$\mu R_{0,g_k} > 1.4G_eA_g\frac{\Delta_l}{t_e}$，这说明在自重作用下支座不会滑动。

计入制动力时，

$$R_{ck} = R_{0,g_k} + (R_{0,q_k} + R_{0,p_k})\times0.5（相当于车道荷载最小反力）$$

$$= 157 + (44.5 + 110.7)\times0.5 = 234.6 \text{ kN}$$

因此

$$\mu R_{ck} = 0.3\times234.6 = 70.38 \text{ kN}$$

而 $1.4G_eA_g\frac{\Delta_l}{t_e} + F_{bk} = 1.4\times1.0\times10^3\times0.18\times0.20\times\frac{3.5}{20} + 9.0 = 17.82$ kN $<$ 70.38 kN，因此制动力作用下支座不会滑动。

本 章 小 结

1. 梁式桥设置支座的目的是将上部结构的支承反力（包括竖向力和水平力）安全地传递至桥墩、桥台，并保证上部结构在荷载作用下能够自由变形。

2. 梁式桥的支座按受力特性可分为固定支座和活动支座，两者的区别在于是否承受水平力。

3. 支座的布置应以有利于墩台传递纵向水平力为原则。简支梁桥一般一端采用固定支座，一端采用活动支座；连续梁桥一般每一联中的一个桥墩设固定支座。

4. 支座通常用钢、橡胶等材料来制造，主要类型有简易支座、弧形钢板支座和橡胶

支座。

5. 应根据桥梁结构的跨径、支点反力的大小、梁体的变形程度等因素来选取支座的类型。中小跨径公路桥一般采用板式橡胶支座;大跨径连续梁桥一般采用盆式橡胶支座;铁路桥采用钢支座。

6. 简易支座采用几层油毛毡或石棉制成,压实后的厚度不小于 1 cm,可用于跨径小于 10 m 的板梁桥。

7. 弧形钢支座由上、下垫板所组成,下垫板顶面切削成圆柱体。固定支座需在上垫板上做齿槽,在下垫板上焊以齿板,安装后使齿板嵌入齿槽,以保证上、下垫板之间不发生相对水平位移,适用于跨径 10~20 m 的板梁桥。

8. 盆式橡胶支座具有承载能力大、水平位移量大、转动灵活等优点,特别适宜在大跨径桥梁上使用。

9. 板式橡胶支座的设计包括确定支座平面尺寸、确定支座厚度、验算支座受压偏转情况以及验算支座的抗滑稳定性,以保证支座的安全使用以及梁体的自由变形。

1. 桥梁支座的功能是什么?

2. 桥梁支座基本的布置原则是什么?

3. 板式橡胶支座的活动机理是什么?

4. 某五梁式双车道简支梁桥,计算跨径为 19.5 m,梁肋宽 180 mm;上部结构恒载反力 160 kN,不计冲击力的汽车荷载最大反力为 128 kN(汽车荷载为公路—Ⅰ级),冲击系数为 0.3,人群荷载最大反力为 4.6 kN。汽车与人群荷载引起的最大跨中挠度为 17.4 mm。主梁计算温差为 35 ℃,试确定支座的平面尺寸和厚度。

桥梁故事

茅以升:中国现代桥梁之父

茅以升纪念馆坐落于润扬大桥公园内,馆内一角陈设着从茅老北京的家里原样搬来的书房,一张木桌,一把竹藤椅,一排满是专业书籍的书柜……这个书房曾是他晚年的精神乐园。茅以升,字唐臣,江苏镇江人,1896 年生。中学毕业后,茅以升考入唐山工业专门学校(现西南交通大学)土木系。1916 年毕业后,他被清华学堂公费保送赴美留学。1917 年,他获得康奈尔大学研究院专业硕士学位,1919 年获得美国加利基理工学院工学博士学位。其博士论文《框架结构的次应力》的科学创见,被称为"茅氏定律"。

谢绝了国外好几家公司的重金聘请,怀着"科学救国""工程救国"的志向,1919 年12 月,茅以升毅然回国。茅以升说:"回顾我的读书生活,这 14 年的努力,好比造桥,为我一生事业建造了坚实的桥墩。"回国后的茅以升目睹的是:中国的江河湖海上都是外国人造的桥。20 世纪 30 年代,茅以升任钱塘江大桥工程处处长,主持修建我国第一座

公路铁路兼用的现代化大桥——钱塘江大桥。卢沟桥事变后,日本帝国主义加快了侵略中国的步伐。钱塘江大桥竣工不到三个月,杭州沦陷。为阻止日军进攻,茅以升亲手点燃了导火索,炸毁了这座饱含自己心血的大桥。新中国成立后,茅以升任铁道技术研究所所长、铁道科学研究院院长等职。茅以升的足迹遍布大江南北,他的名字和新建的大桥一起留在祖国各地。1955 年至 1957 年,茅以升任武汉长江大桥技术顾问委员会主任委员,接受修建我国第一个跨越长江的大桥——武汉长江大桥的任务。这座大桥是铁路、公路两用的双层钢桁梁桥,大桥将京汉铁路和粤汉铁路衔接起来,成为我国贯穿南北的交通大动脉,并把武汉三镇联成一体,确保了我国南北地区铁路和公路网联成一体。

茅以升一生学桥、造桥、写桥。他在中外报刊发表文章 200 余篇,主持编写了《中国古桥技术史》及《中国桥梁——古代至今代》(有日文、英文、法文、德文、西班牙文五种文本),著有《钱塘江桥》《武汉长江大桥》《茅以升科普创作选集》(一、二)《茅以升文集》等。茅以升始终把入党作为自己毕生的理想和追求,并用党员标准要求自己,为桥梁科学技术进步作出了卓越的贡献。

第 10 章　桥梁墩台

　　本章主要介绍桥梁墩台的构造、主要类型和应用范围,重点阐述墩台计算中所使用的荷载效应组合及其计算特点。

桥梁墩(台)主要由墩(台)帽、墩(台)身和基础三部分组成。墩台是桥梁的重要结构,它的主要作用是承受上部结构传来的荷载,并将该荷载及其本身的自重传给地基。桥墩指多跨(两跨以上)桥梁的中间支承结构物,支撑相邻的两孔桥跨,居于桥梁的中间部位,既要承受上部结构的荷载,也要承受流水压力、风力,以及可能出现的冰荷载,船只、排筏或漂浮物的撞击力;桥台一般居于全桥的两端,前端支撑桥跨,后端与路基相连,起着支撑台后路基填土并把桥跨与路基连接起来的作用,承受台背填土及填土上车辆荷载所产生的附加侧压力(见图10-1)。

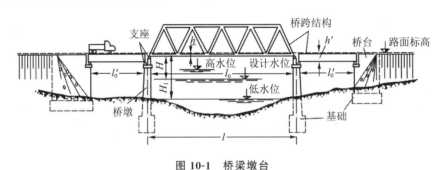

图 10-1 桥梁墩台

此外,桥梁墩台还要承受施工时的临时荷载,在某种情况下需进行临时加固和增强。因此,桥梁墩台应具有足够的强度、刚度和稳定性,而且地基的承载能力、沉降量,以及地基与基础之间的摩擦阻力也需满足相应要求,从而避免桥梁墩台在这些荷载作用下产生过大的水平位移、转动或者沉降。桥梁墩台的设计与结构受力、土质构造、地质条件、水文、流速,以及河床内的埋置深度等因素密切相关。

10.1 墩台的构造及分类

公路桥梁上常用的墩台形式总体上可以分为重力式墩台和轻型墩台两类。重力式墩台通常采用天然石材或片石混凝土砌筑而成,主要依靠自身重量来平衡外力而保持稳定,适用于地基良好的大、中型桥梁或流冰、漂浮物较多的河流中。轻型墩台所采用的建筑材料以钢筋混凝土和少筋混凝土为主,它的刚度较小,借助结构物的整体刚度和材料强度来承受外力,受力后允许在一定的范围内发生弹性变形。

10.1.1 桥 墩

1. 梁桥重力式桥墩

梁桥重力式桥墩的受力特点是主要靠自身的重力(包括桥跨结构的重力)来平衡外力,从而保证桥墩的强度和稳定。其优点是自身刚度大,具有较强的防撞能力,缺点是圬工数量大、自重大,要求地基的承载力较强,阻水面积也较大。梁桥重力式桥墩适用于荷载较大的大、中型桥梁,地基承载力较强、覆盖层较薄、基岩埋深较浅的地基上,以及流冰、漂浮物较多的河流中。在砂石料取材方便的地区,小桥也往往采用重力式桥墩。材料选用混凝土、浆砌块石或钢筋混凝土,采用天然石材或片石混凝土时宜配用钢筋混凝土悬臂式墩帽以减小墩身的长度和宽度。

梁桥重力式桥墩由墩帽、墩身和基础三部分组成。

(1) 墩帽

墩帽是桥墩顶部的传力部分,它通过支座直接承托上部结构,并将荷载传到墩身上,应力较集中。因此,墩帽的强度要求较高,一般采用 C20 以上的混凝土做成。另外,在一些桥面较宽、墩身较高的桥梁中,为了节省墩身及基础的圬工体积,常常利用挑出的悬臂或托盘来缩短墩身横向的长度。悬臂式或托盘式墩帽一般采用 C20 或 C25 钢筋混凝土。

墩帽的长度和宽度视上部结构的形式、尺寸和支座的布置等要求而定。平面尺寸需满足桥跨结构支座布置的需要,并设有 50～100 mm 檐口。支座边缘到墩身边缘的距离应满足规范规定的最小距离要求(见表 10-1)。墩帽的厚度,对大跨径的重力式桥墩一般不小于0.4 m,对中小跨梁桥也不应小于 0.3 m。墩帽的尺寸拟定如下。

1) 顺桥向墩帽最小宽度 b

① 单排支座

当墩上仅有一排支座时(如连续梁桥),如图 10-2 所示,b 可由下式计算:

$$b = a + 2c_1 + 2c_2 \tag{10-1}$$

② 双排支座

当墩上有双排支座时,如图 10-3 所示,b 可由下式计算:

$$b \geqslant f + \frac{a}{2} + \frac{a'}{2} + 2c_1 + 2c_2 \tag{10-2}$$

式中:f——相邻两跨支座间的中心距,按下式确定,

$$f = e_0 + e_1 + e_1' \geqslant \frac{a}{2} + \frac{a'}{2} \tag{10-3}$$

式中:e_0——伸缩缝宽,中小跨径桥梁为 2～5 cm,大跨径桥梁由温度变化及施工放样、安装构件可能出现的误差等决定,温度变化引起的变位为

$$e_0 = l \times \Delta t \times \alpha \tag{10-4}$$

式中:l——桥跨计算长度(因桥梁的分孔、联长、固定支座与活动支座的布置不同而不同);

　　Δt——温度变化幅度值;

　　α——材料的线膨胀系数,钢筋混凝土构造物为 1×10^{-5};

　　e_1、e_1'——桥跨结构过支座中心线的长度;

　　a、a'——桥跨结构支座垫石的顺桥向宽度;

　　c_1——顺桥向支座边缘至墩身边缘的最小距离,见表 10-1;

　　c_2——檐口宽度,5～10 cm。

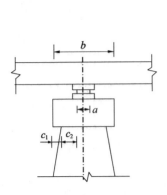

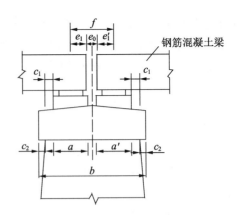

图 10-2　单排支座墩帽尺寸　　　　　图 10-3　双排支座墩帽尺寸

表 10-1　支座边缘到墩(台)身边缘的最小距离　　　　单位：m

桥的类型	桥向		
	顺桥向	横桥向	
		圆弧形端头(自支座边角量起)	矩形端头
大桥	0.25	0.25	0.40
中桥	0.20	0.20	0.30
小桥	0.15	0.15	0.20

注：① 采用钢筋混凝土悬臂式墩台帽时，上述最小距离为支座至墩台帽边缘的距离。
　　② 跨径 100 m 及以上的桥梁应按实际情况决定。

③ 不等高梁双排支座

对于不等高梁双排支座，左边(低梁端)宽度应按单排支座墩宽进行设计，而右边(高梁端)宽度应按桥台台帽的宽度进行设计(见图 10-4)。

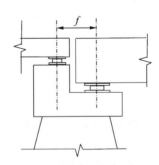

图 10-4　不等高梁桥墩帽尺寸

2) 横桥向墩帽最小宽度 B

① 多片主梁

对于多片主梁，如图 10-5 所示，横桥向的墩帽宽度 B 由下式确定：

$$B = B_1 + a_1 + 2c_1 + 2c_2 \tag{10-5}$$

式中：B_1——桥跨结构两外侧主梁中心距；

a_1——支座底板横向宽度。

② 箱型梁

对于箱型梁,如图 10-6 所示,横桥向的墩帽宽度由下式确定:

$$B = B_1 + a_1 + 2c_1 + 2c_2 \tag{10-6}$$

式中:B_1——两边支座中心距。

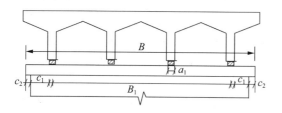

图 10-5　多片主梁墩帽横桥向尺寸

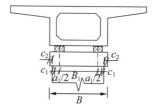

图 10-6　箱型梁墩帽横桥向尺寸

(2)墩身

墩身是桥墩的主体,通常由块石、浆砌片石、混凝土或钢筋混凝土等材料建成。桥墩墩身的顶宽,对小跨径桥不宜小于 80 cm,对中等跨径桥不宜小于 100 cm,对大跨径桥视上部结构类型而定。重力式桥墩侧面坡度一般采用 20∶1～30∶1(竖∶横),小跨径桥的桥墩也可采用直坡。重力式桥墩的截面形式有圆形、圆端形、尖端形、矩形等数种。圆形截面墩不受水流流向条件的限制,便于水流和漂浮物通过,但其不便纵、横向分别处理,增大了阻水面积,不宜石砌,适用于流向不稳或水流与桥法向夹角大于 15°的情况;矩形截面墩节省圬工、模板简单、易施工,但是对水流阻力特别大,易遭冲刷,适用于无水、近水、靠近岸边水流流速小的岸墩,或者高架墩、山区跨谷桥桥墩和旱桥桥墩;圆端形截面墩能使水流顺畅地通过桥孔从而减小冲刷和流水压力,兼具圆形、矩形截面墩的优点。

流冰对桥墩的危害主要表现为大面积流冰对桥墩的撞击、大面积流冰堆积现象,以及流冰对桥墩的磨损。对此,在中等跨径以上流冰河道(冰厚大于 0.5 m,流水速度 1 m/s 左右)及有大量漂浮物的河道,应在迎水方向设置破冰棱体。航运繁忙的河道中,船只可能因突发原因航行失控,或因能见度低与桥墩相撞。因此,桥墩在设计时不但要考虑其应具有一定抵抗船舶冲击荷载的能力,还要考虑采用缓冲装置和保护系统,改变船只冲击荷载的方向或减少船只对桥墩的冲击荷载,不使其受到破坏。

(3)基础

基础是介于墩身与地基之间的传力结构。天然地基上一般采用刚性扩大基础,其平面尺寸较墩身底截面尺寸略大,每边放大 0.25～0.75 m。为了保持美观和结构不受碰损,基础顶面应设置在最低水位以下不少于 0.5 m 处,基底埋深应在天然地面或河床底面以下不少于 1 m 处,如有冲刷,基底埋深应在设计洪水位冲刷线以下不少于 1 m 处。

2.拱桥重力式桥墩

拱桥重力式桥墩同样由墩帽、墩身和基础三部分组成。从抵御恒载水平力的能力来划分,拱桥桥墩可以分为普通墩(见图 10-7a,b)和单向推力墩(见图 10-7c)。普通墩

除承担相邻两跨的竖向反力外,一般不承担恒载水平推力,且当相邻两孔不相同时,只承受经过抵消后尚余的不平衡力。单向推力墩又称制动墩,当一侧桥孔被毁坏时,能承受单向的恒载水平力,以保证另一侧的拱桥不会坍塌。

与梁桥不同,拱桥是一种有推力的结构,拱圈传给桥墩的力,除了有垂直力外,还有较大的水平推力。梁桥桥墩的顶面要设置传力支座,且支座距顶面边缘保持一定的距离,而拱桥桥墩则在其顶面的边缘设置呈倾斜面的拱座,直接承受由拱圈传来的压力。若桥墩两侧孔径相等,则拱座均设置在桥墩顶部的起拱线标高上(见图 10-7d);若桥墩两侧的孔径不等、恒载水平推力不平衡,则拱座被设置在不同的起拱线标高上(见图 10-7e),此时桥墩墩身可在推力小的一侧变坡或者增大边坡,以减小不平衡推力引起的基底反力偏心距。

拱桥重力式桥墩的优点是承载能力强、能就地取材、节约钢材;缺点是圬工体积大、自重大。因此,这类桥墩适用于地基较好、冲刷不大、覆盖层不厚的情况。

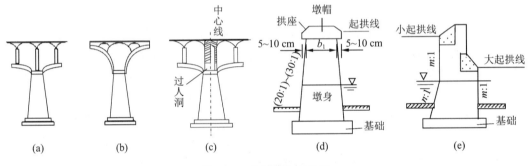

图 10-7 拱桥重力式桥墩

3. 梁桥轻型桥墩

梁桥轻型桥墩有空心墩、钢筋混凝土薄壁墩、柱式桥墩、钻孔桩柱式桥墩、柔性排架桩墩和框架式桥墩。

(1)空心墩

在一些高大的桥墩中,为了减小圬工体积,节省模板和支架,减轻自重,减少软弱地基的负荷,通常将墩身内部做成空腔体,这种空心墩外形类似重力式桥墩,实际是中空的薄壁墩。空心墩可采用钢筋混凝土现浇或为预应力混凝土拼装结构,空心墩截面的形式多样,可做成圆心空心截面、圆端形空心截面、双圆孔空心截面、圆端形中间设隔板和矩形空心截面等(见图 10-8)。空心墩宜用于高桥墩,不宜用于流速大并夹有大量泥沙的河流和可能有船舶、冰、漂浮物撞击的河流中。

空心墩在构造尺寸上应符合下列规定:① 墩身最小壁厚,对于钢筋混凝土不宜小于 30 cm,对于混凝土不宜小于 50 cm;② 墩身内应设横隔板或纵、横隔板,以加强墩壁的抗撞能力;③ 墩帽下需有一定高度的实体段以传递墩帽的压力,墩顶实体段以下应设置带门的进入洞或相应的检查设备;④ 墩身周围应设置适当的通风孔或泄水孔,孔的直径不小于 20 cm,用以调节壁内外温差和平衡水的压力。

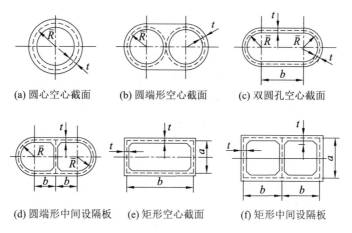

(a) 圆心空心截面　　　(b) 圆端形空心截面　　　(c) 双圆孔空心截面

(d) 圆端形中间设隔板　　　(e) 矩形空心截面　　　(f) 矩形中间设隔板

图 10-8　空心墩截面

（2）钢筋混凝土薄壁墩

钢筋混凝土薄壁墩采用钢筋混凝土做成，其施工简便、外形美观、过水性良好，因而被广泛应用于中小跨径桥梁上。由于它结构轻巧，相比重力式桥墩可节省 70％左右的圬工体积，因此其宜用于地基土软弱地区，高度一般不大于 7 m，但与空心墩一样不宜用于流速大并夹有大量泥沙的河流和可能有船舶、冰、漂浮物撞击的河流中。其缺点是须耗费用于立模的木料和一定数量的钢筋。

（3）柱式桥墩

柱式桥墩是由分离的两根或多根立柱所组成的。它具有线条简洁、外形美观、圬工体积小、施工方便、重量较轻、相对刚度较大、可与桩基配合使用的优点，是目前公路桥梁中广泛采用的桥墩型式，特别适用于桥梁宽度较大的城市桥梁和立交桥。但是由于柱间空间小，容易阻滞漂浮物，因而柱式桥墩多在水深不大的浅基础或高桩承台上采用，应避免在深水、深基础及漂浮物多、有木筏的河道上采用。柱式桥墩一般由基础之上的承台、柱式墩身和盖梁组成。双车道桥常用的桥墩形式有单柱式、双柱式、哑铃式和混合双柱式四种（见图 10-9）。单柱式桥墩适用于水流急弯、流向不定处的桥梁，水流与桥轴斜交角大于 15°的桥梁或城市弯桥中间墩和天桥中；双柱式桥墩适用于水流与桥轴斜交角小于 15°的桥梁，仅有小漂浮物的桥梁或城市宽桥中；哑铃式桥墩是为防止大型漂浮物卡在柱中间，在双柱间加隔墙（40～60 cm）的桥墩；混合双柱式桥墩是在墩身

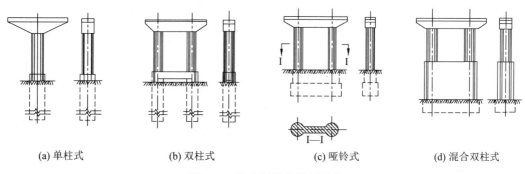

(a) 单柱式　　　(b) 双柱式　　　(c) 哑铃式　　　(d) 混合双柱式

图 10-9　柱式桥墩的常用形式

n

较高时,采用下部实体、上部双柱形式结构的桥墩。

(4)钻孔桩柱式桥墩

钻孔桩柱式桥墩由钻孔灌注桩、柱与钢筋混凝土墩帽组成,柱与桩直接相连。当墩身桩的高度大于1.5倍的桩距时,通常在桩柱之间布置横系梁,以增大墩身的侧向刚度。钻孔桩柱式桥墩适用于多种场合和各种地质条件,通过增大桩径、桩长或用多排桩加建承台等措施,也能适用于更复杂的软弱地质条件以及较大的跨径和较高的桥墩。

(5)柔性排架桩墩

柔性排架桩墩由单排或双排的钢筋混凝土桩与钢筋混凝土盖梁连接而成(见图10-10)。其利用构造措施,将上部结构传来的水平力(车辆制动力、温度影响力等)传给各柔性墩台或相邻刚性墩台,以减小单个柔性墩所受到的水平力,从而达到减小桩墩截面面积的目的。其优点是用料省、修建简便、施工速度快;主要缺点是用钢量大、使用高度和承载能力受到一定限制。因此,它只适合在低浅宽滩河流、通航要求低和流速不大的水网地区河流上修建小跨径桥梁时采用。

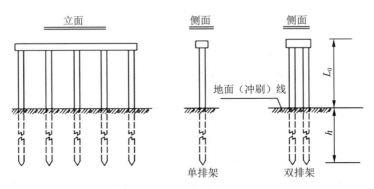

图 10-10　柔性排架桩墩

柔性墩一般布设在两端具有刚性较大的桥台的多跨桥中,同时,全桥除一个中墩上设置活动支座外,其余墩台均采用固定支座。由于柔性墩在布置上只设一个活动支座,当桥梁孔数较多且桥较长时,柔性墩固定支座的墩顶位移量过大而处于不利状态,活动支座的活动量大,刚性桥台的支座所受的水平力也大,因此,多跨长桥采用柔性墩时宜分成若干联(见图10-11)。

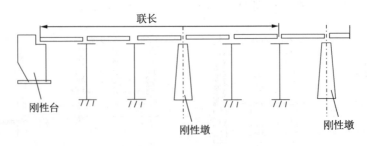

图 10-11　多跨柔性墩的布置

(6)框架式桥墩

框架式桥墩采用钢筋混凝土或预应力混凝土等压挠和挠曲构件组成平面框架代替

墩身支承上部结构,必要时可做成双层或多层框架。如铁路桥采用的钢塔架墩,常与明桥面钢梁配合使用,具有全桥轻巧、对地基要求低、墩高适应范围大等特点。在城市、公路桥上常采用 X 形、Y 形、V 形等框架式桥墩,其外形优美,结构新颖。这类桥墩有减小上部结构计算跨径的优点,但其结构受力较为复杂,在设计中应予以注意。

4. 拱桥轻型桥墩

拱桥轻型桥墩按构造形式不同,主要分为桩柱式桥墩和单向推力墩。

(1) 桩柱式桥墩

拱桥桥墩上所用的轻型桥墩,一般为配合钻孔灌注桩基础的桩柱式桥墩。从外形上看,它与梁桥上的桩柱式桥墩非常相似(见图 10-12)。两者的主要差别在于梁桥在墩帽上设置支座,而拱桥在墩顶部分设置拱座。当拱桥跨径在 10 m 左右时,常采用 2 根直径为 1 m 的钻孔灌注桩;当拱桥跨径在 20 m 左右时,可采用 2 根直径为 1.2 m 或 3 根直径为 1 m 的钻孔灌注桩;当拱桥跨径在 30 m 左右时,可采用 3 根直径为 1.2~1.3 m 的钻孔灌注桩。桩墩较高时,应在桩间设置横系梁以增强桩柱的刚性。桩柱式桥墩一般采用单排柱,跨径在 40m 以上的高墩可采用双排桩。桩柱式桥墩在桩顶设置承台,与墩柱连成整体。如果柱与桩直接连接,则应在结合处设置横系梁。若柱高大于 6~8 m,还应在柱的中部设置横系梁。

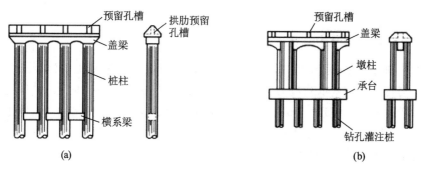

图 10-12　拱桥桩柱式桥墩

(2) 单向推力墩

在采用轻型桥墩的多孔拱桥中,每隔 3~5 孔应设置单向推力墩。当桥墩较矮或单向推力不大时,可采用轻型的单向推力墩,其特点是阻水面积小,并可节约圬工体积,轻型的单向推力墩的形式主要有斜撑式和悬臂式。斜撑式单向推力墩(见图 10-13a)的特点是在普通墩的墩柱上,从两侧对称地增设钢筋混凝土斜撑和水平拉杆,用来提高抵抗水平推力的能力,这种桥墩只在桥不太高且桥址处为旱地的情况下采用;悬臂式单向推力墩(见图 10-13b)的工作原理是当该墩的一侧桥孔遭到破坏以后,可以通过另一侧拱座上的竖向分力与悬臂长所构成的稳定力矩来平衡由拱的水平推力所导致的倾覆力矩,这种形式适用于两铰双曲拱桥。

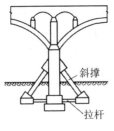

斜撑

拉杆

(a) 斜撑式单向推力墩

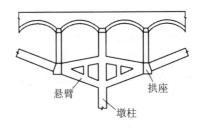

悬臂   拱座

墩柱

(b) 悬臂式单向推力墩

图 10-13   拱桥单向推力墩

10.1.2 桥 台

桥台按其形式可分为重力式桥台、轻型桥台和组合式桥台等。

1. 重力式桥台

重力式桥台也称实体式桥台,它主要依靠自身较大的重量、较大的截面尺寸和材料的抗压性能来承受竖直和水平方向的荷载。重力式桥台依据桥梁跨径、桥台高度及地形条件的不同可分为 U 形桥台、八字式或一字式桥台、耳墙式桥台和后倾埋置式桥台等。

(1) U 形桥台

U 形桥台因其台身是由前墙和两个侧墙构成的 U 字形结构而得名。它由台帽、台身和基础三部分组成(见图 10-14),桥台本身多由石砌、片石混凝土或混凝土等圬工材料建造。其特点是地基承载应力均匀,施工简便,外观整洁,适应性广。U 形桥台对于公路桥梁适用于填土高度≤10 m 的桥台;对于铁路桥梁适用于跨径不大、填土高度≤4 m 的桥台。其缺点是圬工体积大,工程量大;中空部分容易积水,冰冻后体积膨胀使台身混凝土产生裂缝,影响使用寿命。

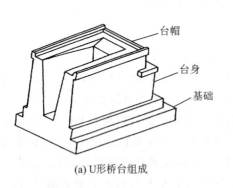

台帽

台身

基础

(a) U 形桥台组成

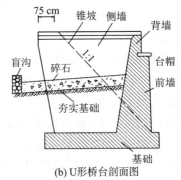

75 cm   锥坡 侧墙   背墙

盲沟 碎石   台帽

夯实基础   前墙

基础

(b) U 形桥台剖面图

图 10-14   U 形桥台

如图 10-15 所示,顺桥向台帽最小宽度为

$$b = \frac{a}{2} + e_1 + \frac{e_0}{2} + c_1 + c_2 \tag{10-7}$$

横桥向台帽宽度一般应与路基同宽,台帽厚度一般不小于 40 cm,中小跨径桥梁也

不应小于 40 cm,并应有 $c_2 = 5 \sim 10$ cm 的檐口。台帽可用 C20 以上的钢筋混凝土或素混凝土做成,也可用 MU30 以上的石料圬工砌筑,所用砂浆强度等级不可低于 M5。

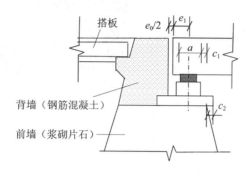

图 10-15　台帽顺桥向尺寸

《公路桥涵设计通用规范》(JTG D60—2015)规定,无论是梁桥还是拱桥,桥台前墙的任一水平截面的宽度不宜小于该截面至墙顶高度的 0.4 倍。侧墙的任一水平截面的宽度,对于片石砌体不小于该截面至墙顶高度的 0.4 倍;对于块石、料石砌体或混凝土则不小于该截面至墙高度的 0.35 倍。如果桥台内填料为透水性良好的砂质土或砂砾,则上述两项可分别减为 0.35 倍和 0.3 倍。

(2)八字式或一字式桥台

八字式或一字式桥台的翼墙位于台身两侧,一般与台身分开,其间设变形缝。当台身与翼墙斜交时为八字式桥台,台身与翼墙在同一平面则为一字式桥台,如图 10-16 所示。翼墙的构造与地形、填土高度和接线有关,其作用是挡住桥台两侧的路基填土,保证桥头路基稳定,并引导水流顺畅地进入桥孔。此类桥台适用于河岸稳定、桥台不高、河床压缩小的中小跨径桥梁,对于跨越人工河道的桥梁及立交桥亦可采用。

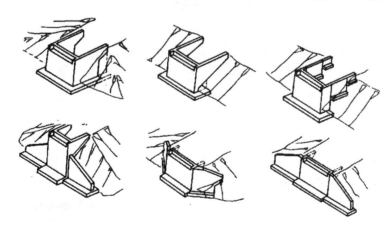

图 10-16　一字式或八字式桥台

(3)耳墙式桥台

耳墙式桥台(见图 10-17)在台尾上部用两片钢筋混凝土耳墙代替实体台身并与路堤连接,缩短了台身长度、节省了圬工材料,自重较轻,但是耳墙根部容易产生裂缝。其可用于填土高度 3~5 m 的情况和地基较差的地区。

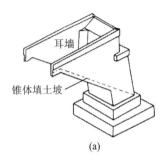

$$(a) \qquad\qquad (b)$$

图 10-17　耳墙式桥台

（4）后倾埋置式桥台

后倾埋置式桥台的工作原理是依靠台身后倾，使重心落在基底截面的形心之后，以平衡台后填土的倾覆力矩，如图 10-18 所示。其台身多用片石混凝土或浆砌块石，台帽和耳墙采用钢筋混凝土。后倾埋置式桥台适用于河滩宽浅、地质良好、河床稳定、台后填土高度小于 10 m 的中等多跨桥。

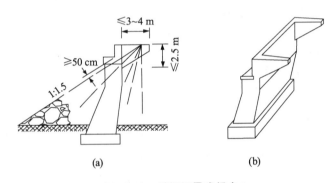

$$(a) \qquad\qquad (b)$$

图 10-18　后倾埋置式桥台

2. 轻型桥台

轻型桥台体积轻巧、自重较小，一般由钢筋混凝土材料建造。它借助结构物的整体刚度和材料强度承受外力，从而节省材料、降低对地基强度的要求和扩大应用范围，为在软土地基上修建桥台开辟了经济可行的途径。常用的轻型桥台包括薄壁轻型桥台、支撑梁轻型桥台和埋置式桥台。

（1）薄壁轻型桥台

薄壁轻型桥台常用形式有悬臂式、扶壁式、撑墙式及箱式，它由扶壁式挡土墙和两侧的薄壁侧墙构成（见图 10-19）。这种桥台可减少 40%～50% 的圬工体积，同时因自

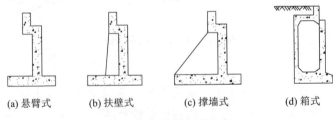

(a) 悬臂式　　　(b) 扶壁式　　　(c) 撑墙式　　　(d) 箱式

图 10-19　薄壁轻型桥台

重减轻而减小了对地基的压力,故适用于软弱地基的条件,但其构造和施工比较复杂。通常,悬臂式桥台的混凝土数量和用钢量较大,撑墙式桥台与箱式桥台的模板用量较大。薄壁桥台可依据桥台高度、地基强度和土质等因素选定。

(2) 支撑梁轻型桥台

支撑梁轻型桥台适用于跨径不大于 13 m、不多于 3 孔、全长不大于 20 m 的板(梁)桥。在条件允许的情况下,可在轻型桥台之间或台与墩之间设置 3~5 根支撑梁。支撑梁须设在冲刷线或河床铺砌线以下。梁与桥台须设置锚固栓钉,使上部结构与支撑梁共同支撑桥台,承受台后的土压力。此时,桥台与支撑梁及上部结构形成四铰框架共同受力。按照翼墙的形式和布置方式,支撑梁轻型桥台又可分为一字形轻型桥台、八字形轻型桥台、耳墙式轻型桥台(见图 10-20)。

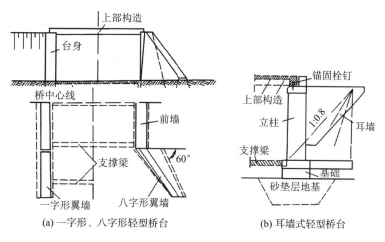

(a) 一字形、八字形轻型桥台　　(b) 耳墙式轻型桥台

图 10-20　支撑梁轻型桥台

(3) 埋置式桥台

埋置式桥台是将台身埋置于台前溜坡内,台身呈后仰式,不需要另设翼墙,仅有台帽两端耳墙与路堤衔接。埋置式桥台可以利用台前锥坡产生的土压力来抵消台后的主动土压力,增加桥台的稳定性,减小桥台圬工体积。但由于溜坡伸入桥孔,压缩了河道,有时需增加桥长。由于台前护坡是用片石作表面防护的一种永久性设施,存在着被洪水冲毁而使台身裸露的可能,故埋置式桥台一般适用于桥头为浅滩、溜坡受冲刷较小、填土高度在 10 m 以下的中等跨径的多跨桥梁。按台身的结构形式,轻型埋置式桥台可以分成肋形式、柱式和框架式(见图 10-21)。

肋形式埋置桥台由后倾式的肋板与顶面帽梁连接而成。台身在 10 m 以上时须设置横向系梁。一般在台背填土的高度大于 5 m 时采用肋形式桥台。

柱式埋置桥台可以采用双柱或多柱(桥较宽时,可减小台帽跨径)等形式。通常,地质较差不适宜做扩大基础且桥头填土高度≤5 m 时,采用桩接盖梁式桥台,即桩柱式桥台;柱子嵌固在普通扩大基础上的称为立柱式桥台;完全由一排钢筋混凝土桩和桩顶盖(或帽)梁连接而成的称为柔性柱台。

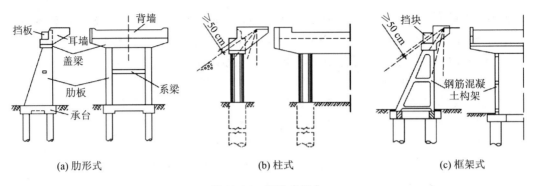

| (a) 肋形式 | (b) 柱式 | (c) 框架式 |

图 10-21　埋置式桥台

　　框架式埋置桥台的肋板在纵桥向设置成框架形式,比肋形式桥台更节省混凝土材料,比柱式桥台的刚度更好。框架式埋置桥台结构本身存在斜杆,能够产生水平分力以平衡土压力,加之基底较宽,又通过系梁联成一个框架体,因此稳定性较好,可用于填土高度在 5 m 以上的桥台,并与跨径为 16 m 和 20 m 的梁式上部结构配合应用,其不足之处是必须用双排桩基,钢筋水泥用量较桩柱式桥台多。

　　3. 组合式桥台

　　为使桥台轻型化,桥台本身主要承受桥跨结构传来的竖向力和水平力,而台后的土压力由其他结构来承受,这样就形成了组合式的桥台。组合式桥台常用的形式有加筋土桥台、框架式桥台和台墙隔离式桥台(见图 10-22)。

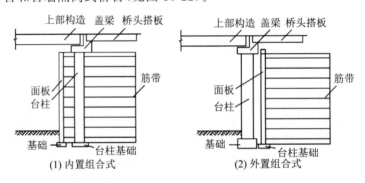

| (1) 内置组合式 | (2) 外置组合式 |

(a) 加筋土桥台

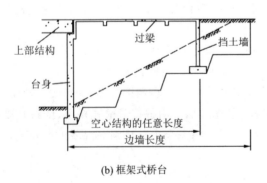

(b) 框架式桥台

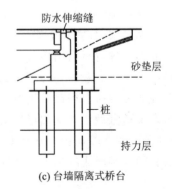

(c) 台墙隔离式桥台

图 10-22　组合式桥台

4. 拱桥桥台

拱桥桥台既要承受来自拱圈的推力、竖向力及弯矩,又要承受台后土的侧压力。从尺寸上看,拱桥桥台一般较梁桥大。从构造类型上,拱桥桥台同样可以分为重力式桥台、轻型桥台和组合式桥台三种类型。

(1) 重力式桥台

常用的重力式桥台为 U 形桥台,它由拱座、台身和基础三部分组成(见图 10-23)。U 形桥台的台身由前墙和平行于行车方向的两侧翼墙构成,其水平截面呈 U 字形。U 形桥台常采用锥形护坡与路堤连接,护坡的坡度根据坡高、地形等确定。U 形桥台的优缺点与梁式桥中的 U 形桥台相同,在构造上除了台帽部分有所差别外,其余部分基本相同。

(2) 轻型桥台

轻型桥台是相对于重力式桥

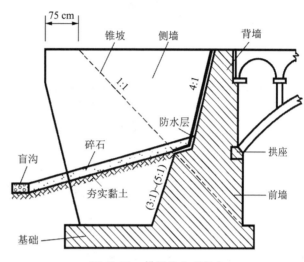

图 10-23　拱桥重力式桥台

台而言的。其工作原理是,桥台在受到拱的推力后,发生绕基底形心轴而向路堤方向的转动,此时台后的土便产生抗力来平衡拱的推力,由于土参与提供部分抗力,所以桥台的尺寸大大地小于实体重力式桥台,但此时必须验算由于拱脚位移而在拱圈内产生的不利附加内力的影响。常用的轻型桥台有八字形桥台、U 形桥台、空腹式桥台、背撑式桥台和齿槛式桥台(见图 10-24)。

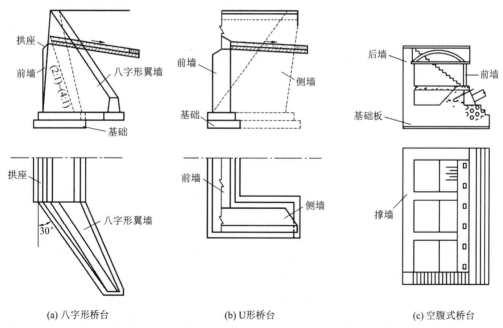

(a) 八字形桥台　　　　　　　(b) U 形桥台　　　　　　　(c) 空腹式桥台

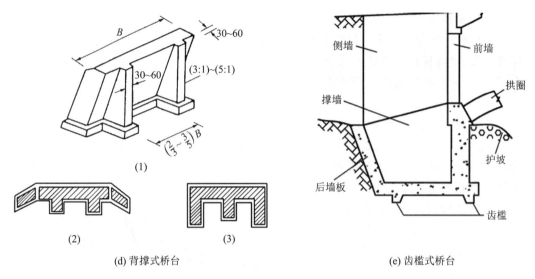

(1)

(2)   (3)

(d) 背撑式桥台   (e) 齿槛式桥台

图 10-24　拱桥轻型桥台

（3）组合式桥台

组合式桥台适用于以桩基或沉井作为基础的中小跨径拱桥。组合式桥台由台身和后座两部分组成（见图 10-25）。台身基础承受竖向力，一般采用桩基或沉井基础；拱的水平推力则主要由后座基底的摩阻力及台后的土侧压力来平衡。因此，后座基底标高应低于拱脚下缘的标高。台身与后座间应密切贴合，并设置沉降缝，以适应两者的不均匀沉降。在地基土质较差时，后座基础也应进行适当处理，以免后座向后倾斜，导致台身和拱圈的位移和变形。

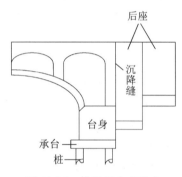

图 10-25　拱桥组合式桥台

10.2　桥墩内力计算

10.2.1　作用及其效应组合

1. 桥墩计算中的作用

（1）永久作用

① 上部构造的恒重对墩帽或拱座产生的支承反力，包括上部构造混凝土收缩、徐变的影响。

② 桥墩自重，包括在基础襟边上的土重。

③ 预应力，例如对装配式预应力空心桥墩所施加的预应力。

④ 基础变位影响力。对于以非岩石地基为基础的超静定结构，应当考虑由地基压密等引起的支座长期变位的影响，并根据最终位移量按弹性理论计算构件截面的附加内力。

⑤ 水的浮力。位于透水性地基上的桥梁墩台，当验算稳定性时，应计算设计水位

时水的不利浮力；当验算地基应力时，仅考虑低水位时的有利浮力。基础嵌入不透水性地基的墩台，可以不计水的浮力；当不能肯定是否透水时，则分别按透水或不透水两种情况进行最不利的作用效应组合。

（2）可变作用

① 作用在上部结构上的汽车荷载，对于钢筋混凝土柱式墩应计入冲击力，对于重力式墩台则不计冲击力。

② 人群荷载。

③ 作用在上部结构和墩身上的纵、横向风力。

④ 汽车荷载引起的制动力。

⑤ 作用在墩身上的流水压力。

⑥ 作用在墩身上的冰压力。

⑦ 上部结构因温度变化对桥墩产生的水平力。

⑧ 支座摩阻力。

（3）偶然作用

① 地震作用。

② 作用在墩身上的船只或漂浮物的撞击力。

2. 作用效应组合

为了找到控制设计的最不利组合，通常需要对各种可能的组合分别进行计算，并且在对汽车荷载作用效应进行计算时还需要按纵向及横向的最不利位置布载。在桥墩计算中，一般需要验算墩身截面的承载能力、墩身截面上的合力偏心距及其稳定性。因此，需根据不同的验算内容选择各种可能的最不利作用效应组合。

（1）梁桥重力式桥墩

① 第一种组合：按桥墩各截面上可能产生的最大竖向力的情况进行组合。

将汽车车道均布荷载纵向布置在相邻的两跨桥孔上，并且将集中荷载布置在计算墩处，这时得到桥墩上最大的汽车竖向荷载，但偏心距较小。该组合是用来验算墩身强度和基底最大应力的。因此，除了有关的永久作用外，还应在相邻两跨布置汽车车道荷载和人群荷载（见图 10-26a）。

② 第二种组合：按桥墩各截面在顺桥方向上可能产生的最大偏心距和最大弯矩的情况进行组合。

当汽车车道荷载只在一孔桥跨上布置，同时有其他水平荷载，如风力、船撞力、水流压力和冰压力等作用在墩身上时，竖向荷载最小，而水平荷载引起的弯矩作用最大，使墩身截面产生很大的合力偏心距，此时桥墩的稳定性是最不利的。该组合是用来验算墩身强度、基底应力、偏心距及桥墩的稳定性的。属于这一组合的作用除了有关的永久作用外，还应在相邻两孔的一孔上布置汽车车道荷载和人群荷载，以及可能产生的其他可变作用，例如纵向风力、汽车制动力和支座摩阻力等（见图 10-26b）。

③ 第三种组合：按桥墩各截面在横桥方向上可能产生的最大偏心距和最大弯矩的情况进行组合。

桥跨上的汽车车道荷载可能是一列或几列靠边行驶，这时产生最大横向偏心距；也可能是多列满载，使竖向力较大，而横向偏心距较小。在横向计算时，这一组合是用来

验算在横桥方向上的墩身强度、基底应力、偏心距及桥墩的稳定性的。第三种组合除了要注意有关的永久作用外,还要注意将汽车车道荷载和人群荷载偏于桥面的一侧布置,并且应考虑其他可变作用,如横向风力、流水压力或冰压力等,或者偶然作用中船只或漂浮物的撞击力等(见图10-26c)。

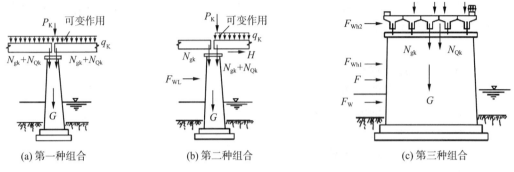

(a) 第一种组合 　　　 (b) 第二种组合 　　　 (c) 第三种组合

图 10-26　梁桥重力式桥墩最不利作用效应组合

（2）拱桥重力式桥墩

桥墩应对顺桥向和横桥向分别进行计算,具体如下。

① 顺桥方向的作用及其效应组合

顺桥方向的作用及其效应组合对于普通桥墩应为相邻两孔的永久作用,在一孔或跨径较大的一孔满布基本可变荷载的一种或几种,以及其他可变作用中的汽车制动力、纵向风力、温度影响力等,并由此对桥墩产生不平衡水平推力、竖向力和弯矩。对于单向推力墩,只考虑相邻两孔中跨径较大一孔的永久荷载作用力(见图10-27a)。可变作用中的制动力,假设它作用在拱顶,并平分于两拱脚(见图10-27b)。

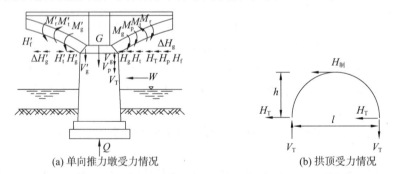

(a) 单向推力墩受力情况 　　　　 (b) 拱顶受力情况

G—桥墩自重;Q—水的浮力;V_g、V_g'—相邻两孔拱脚处因结构自重产生的竖向反力;V_p—与车道荷载产生的 H_p 最大值相对应的拱脚竖向反力;V_T—桥面处制动力 $H_{制}$ 引起的拱脚竖向反力,$V_T = \dfrac{H_{制}h}{l}$,其中 h 为桥面至拱脚的高度,l 为拱的计算跨径;H_g、H_g'—不计弹性压缩时在拱脚处由永久作用引起的水平推力;ΔH_g、$\Delta H_g'$—由永久作用产生弹性压缩所引起的拱脚水平推力,方向与 H_g、H_g' 方向相反;H_p—在相邻两孔中较大的一孔上由车道荷载所引起的拱脚最大水平推力;H_T—制动力引起的拱脚处的水平推力,按两个拱脚平均分配计算;H_t、H_t'—温度变化引起的拱脚处的水平推力;H_r、H_r'—拱圈材料收缩引起的拱脚处的水平拉力;M_g、M_g'—由永久作用引起的拱脚弯矩;M_p—车道荷载引起的拱脚弯矩,由于其是按 H_p 达到最大值时的车道荷载布置计算的,故产生的拱脚弯矩很小,可忽略不计;M_t、M_t'—温度变化引起的拱脚弯矩;M_r、M_r'—拱圈材料收缩引起的拱脚弯矩;W—墩身纵向风力。

图 10-27　拱桥重力式桥墩受力情况

② 横桥方向的作用及其效应组合

在横桥方向作用于桥墩上的外力有风力、流水压力、冰压力、船只或漂浮物的撞击力及地震力等。但是对于公路桥梁,横桥方向的受力验算一般不控制设计。

10.2.2　重力式桥墩验算

对于梁桥和拱桥的重力式桥墩的计算,虽然其荷载组合在内容上略有不同,但是对于某个截面来说,这些外力都可以合成为竖向和水平向的合力以及绕该截面 x 轴和 y 轴的弯矩。重力式桥墩的验算主要包括截面强度的验算、桥墩整体稳定性的验算、基底土的承载力和偏心距的验算等。对于高度超过 20 m 的墩台,还要验算墩台顶的弹性水平位移。

1. 截面强度验算

(1) 选取验算截面

强度验算截面通常选取墩身的基础顶面与墩身截面突变处。对于悬臂式墩帽的墩身,应对与墩帽交界的墩身截面进行验算。当桥墩较高时,需沿墩身每隔 2～3 m 选取一个验算截面。

(2) 验算截面的内力计算

分别按照各种组合对各验算截面的内力进行计算:

$$N_i = \gamma_{so}\varphi \sum \gamma_{sl} N \tag{10-8}$$

式中:N_i——各种组合中最不利的荷载效应组合设计值;

γ_{so}——结构的重要性系数,按《公路圬工桥涵设计规范》(JTG D61—2005)采用;

φ——荷载组合系数,按《公路圬工桥涵设计规范》(JTG D61—2005)采用;

γ_{sl}——荷载安全系数,按《公路圬工桥涵设计规范》(JTG D61—2005)采用;

N——各种组合中按不同荷载算得的竖向力。

(3) 承载能力极限状态的验算

按轴心或偏心受压构件根据《公路圬工桥涵设计规范》(JTG D61—2005)来验算墩身各截面的承载能力。对于砌体截面,承载能力验算应按照第 4.0.5 条～第 4.0.7 条和第 4.0.9 条～第 4.0.10 条的规定进行;对于混凝土截面,承载能力验算应按照第 4.0.8 条～第 4.0.10 条的规定进行。如果不满足要求,应修改墩身截面的尺寸重新进行验算。

(4) 截面偏心距的验算

桥墩承受偏心受压荷载时,各验算截面在各种组合下的偏心距 $e = \sum M / \sum N$ 均不应超过《公路圬工桥涵设计规范》(JTG D61—2005)中表 4.0.9 规定的限值。如果超过,可按《公路圬工桥涵设计规范》(JTG D61—2005)中第 4.0.10 条重新确定截面尺寸。

(5) 抗剪强度的验算

当拱桥相邻两孔的推力不相等时,要按《公路圬工桥涵设计规范》(JTG D61—2005)中第 4.0.13 条的规定验算拱座截面的抗剪强度。

2. 桥墩的稳定性验算

桥墩的稳定性验算一般包括弯曲平面内纵向稳定性验算和整体稳定性验算。按《公路圬工桥涵设计规范》(JTG D61—2005)的规定,计算偏心受压构件的承载力时考虑了影响系数 φ,该系数同时考虑了构件的轴向力偏心距 e_x、e_y 和构件长细比 β_x、β_y 的影响,即考虑了偏心受压构件在非弯曲平面内的稳定性。

桥墩整体稳定性验算包括抗倾覆稳定性验算和抗滑动稳定性验算两方面。其中,抗倾覆稳定性验算按照《公路桥涵地基与基础设计规范》(JTG 3363—2019)中第 5.4.1 条进行;抗滑动稳定性验算按照《公路桥涵地基与基础设计规范》(JTG 3363—2019)中第 5.4.2 条进行。验算桥墩抗倾覆稳定性和抗滑动稳定性时,稳定性系数不应小于《公路桥涵地基与基础设计规范》(JTG 3363—2019)中表 5.4.3 规定的限值。同时,进行桥墩抗倾覆稳定性和抗滑动稳定性验算时,要分别按常水位和设计洪水位两种情况来考虑水的浮力。

3. 基底土的承载力和偏心距的验算

根据《公路桥涵地基与基础设计规范》(JTG 3363—2019),进行桥墩地基验算时,应考虑修建和使用期间可能发生的各项作用,并应满足下列规定:① 当桥台台背填土的高度在 5 m 以上时,应考虑台背填土对桥台基底处的附加竖向压应力,按《公路桥涵地基与基础设计规范》(JTG 3363—2019)中附录 F 的规定进行计算;② 对软土或软弱地基,当相邻墩台的距离小于 5 m 时,应考虑邻近墩台对软土或软弱地基所引起的附加竖向压应力;③ 对桥台基础,当台背地基土质不良时,应验算桥台与路堤同时滑动的稳定性。

(1) 基底土的承载力验算

当不考虑嵌固作用时,基底土的承载力可按下式验算。

① 当基底只承受轴心荷载时,

$$p = \frac{N}{A} \leqslant [f_a] \qquad (10\text{-}9)$$

式中:p——基底平均应力;

$\quad\quad [f_a]$——计入基底埋置深度影响的修正后地基承载力容许值;

$\quad\quad N$——作用短期效应组合在基底产生的竖向力;

$\quad\quad A$——基础底面面积。

② 当基底承受偏心压力时,除满足式(10-9)外,还需满足下列条件:

$$p_{\max} = \frac{N}{A} + \frac{M_x}{W_x} + \frac{M_y}{W_y} \leqslant \gamma_R [f_a] \qquad (10\text{-}10)$$

式中:$p_{\max}$——基底最大压应力;

$\quad\quad \gamma_R$——地基承载力容许值抗力系数,根据地基不同的受荷阶段,取 $\gamma_R = 1.0 \sim 1.5$;

$\quad\quad M_x$——作用于桥墩的水平力和竖向力绕 x 轴对基底的弯矩;

$\quad\quad M_y$——作用于桥墩的水平力和竖向力绕 y 轴对基底的弯矩;

$\quad\quad W_x$——基础底面偏心方向边缘绕 x 轴的面积抵抗矩;

$\quad\quad W_y$——基础底面偏心方向边缘绕 y 轴的面积抵抗矩。

当桥墩基底承受单向偏心荷载且其偏心距 e_0 超过相应的截面核心半径 ρ 时,宜仅按受压区计算基底最大压应力。基底为矩形截面(见图 10-31)时,其最大压应力 p_{max} 可按下式计算:

$$p_{max} = \frac{2N}{3\left(\dfrac{b}{2} - e_0\right)a} \leqslant \gamma_R f_a$$

(10-11)

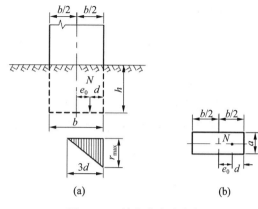

图 10-28　基底应力重分布

式中:b——偏心方向基础底面的边长;

　　　a——垂直于 b 边基础底面的边长;

　　　e_0——N 作用点距截面重心的距离;

　　　N——墩台基础承受的单向偏心荷载。

(2) 基底偏心距验算

桥墩应验算作用于基底的合力偏心距,其容许值 $[e_0]$ 应符合表 10-2 的规定。

表 10-2　墩台基础合力偏心距容许值

作用情况	地基条件	$[e_0]$	备注
仅承受永久作用标准值效应组合	非岩石地基	0.1ρ(桥墩)	拱桥、刚构桥墩台,其合力作用点应尽量保持在基底重心附近
		0.75ρ(桥台)	
承受作用标准值效应组合或偶然作用标准值效应组合	非岩石地基	ρ	拱桥单向推力墩不受限制,但应符合抗倾覆稳定系数
	较破碎~极破碎岩石地基	1.2ρ	
	完整、较完整岩石地基	1.5ρ	

基底以上外力作用点对基底重心轴的偏心距 e_0 可按下式计算:

$$e_0 = \frac{M}{N} \leqslant [e_0]$$

(10-12)

式中:M——所有外力(竖向力、水平力)对基底截面重心的弯矩,kN·m;

　　　N——作用于基底的竖向力,kN。

墩台基础底面的核心半径 ρ 值可按下式计算:

$$\rho = \frac{e_0}{1 - \dfrac{p_{min}A}{N}}$$

(10-13)

式中:$p_{min} = \dfrac{N}{A} - \dfrac{M_x}{W_x} - \dfrac{M_y}{W_y}$。

10.2.3　桩柱式桥墩计算

桩柱式桥墩的计算包括盖梁的计算和桩身的计算。

1. 盖梁计算

（1）计算图式

桩柱式墩台通常采用钢筋混凝土构件。在构造上，桩柱的钢筋伸入盖梁内，与盖梁的钢筋绑扎成整体，因此盖梁与桩柱宜按刚架计算，盖梁的计算跨径宜取支承中心的距离。当盖梁跨中部分的跨高比 $\frac{l}{h} > 5.0$ 时，应按《公路钢筋混凝土及预应力混凝土桥涵设计规范》(JTG 3362—2018)中钢筋混凝土一般构件计算；当盖梁跨中部分的跨高比为 $2.5 < \frac{l}{h} \leqslant 5.0$ 时，按照上述规范中第 8.4.3 条～第 8.4.5 条进行承载力验算(此处 l 为盖梁的计算跨径，h 为盖梁的高度)。盖梁(墩帽)的悬臂部分，按照上述规范中第 8.4.6 条和第 8.4.7 条进行承载力验算。

（2）外力计算

外力包括上部结构永久作用引起的支点反力、盖梁自重、活载和施工吊装荷载以及桥墩沿纵向的水平力。车道荷载的布置要使各种组合为盖梁最不利情况，求出支点最大反力作为盖梁的活载。当活载对称布置时，按偏心压力法(或刚接板梁法、铰接板梁法)进行计算。当盖梁为多根柱支撑时，其内力计算可按《公路钢筋混凝土及预应力混凝土桥涵设计规范》(JTG 3362—2018)考虑桩柱支承宽度对削减负弯矩尖峰的影响。桥墩沿纵向的水平力有制动力、温度力、支座摩阻力及地震力等。

（3）内力计算

公路桥桩柱式墩台的帽梁通常采用双悬臂式，计算时的控制截面应选取支点和跨中截面。在计算支点负弯矩时，采用非对称布置活载与恒载的反力；在计算跨中正弯矩时，采用对称布置活载与恒载的反力。桥墩沿纵向的水平力以及当盖梁在沿桥纵向设置两排支座时，上部结构活载的偏心对盖梁将产生扭矩，应予以计入。

（4）配筋验算

工程实践中常采用钢筋混凝土盖梁，其配筋验算方法与钢筋混凝土梁配筋类同，即根据弯矩包络图配置受弯钢筋，根据剪力包络图配置弯起钢筋和箍筋。配筋时，还应计算各控制截面扭矩所需要的箍筋及纵向钢筋。钢筋设置的构造按照《公路钢筋混凝土及预应力混凝土桥涵设计规范》(JTG 3362—2018)中第 9.6 节的规定进行配置。当采用预应力混凝土盖梁时，预应力钢筋及普通钢筋的配置同预应力混凝土梁。

2. 柱身计算

（1）外力计算

桥墩桩柱的外力包括上部结构永久作用与盖梁的永久作用引起的反力以及柱身自重；按设计荷载布置车列得到活载的作用效应组合，然后分别比较哪一种情况控制桩长和桩的内力。桥墩的水平力包括支座摩阻力和汽车制动力等。

（2）内力计算

桩柱式墩的内力按《公路桥涵地基与基础设计规范》(JTG 3363—2019)中第 6 章

桩基础的有关内容进行计算。对于单柱式墩,弯矩计算应考虑两个方向弯矩的合力。纵、横方向弯矩合力值为

$$\sum M = \sqrt{M_x^2 + M_y^2}$$ 　　　　　　(10-14)

（3）配筋验算

在最不利组合内力作用下,可先配筋,再按钢筋混凝土偏心受压构件进行验算。圆截面柱的截面配筋参照《公路钢筋混凝土及预应力混凝土桥涵设计规范》(JTG 3362—2018)中钢筋混凝土偏心受压构件进行计算。

（4）抗裂验算

钢筋混凝土圆形和环形截面偏心受压构件的最大裂缝宽度可按下式进行计算:

$$W_{cr} = C_1 C_2 C_3 \frac{\sigma_{ss}}{E_s} \left(\frac{c+d}{0.3+1.4\rho_{te}} \right)$$ 　　　　　(10-15)

式中各符号意义具体参考《公路钢筋混凝土及预应力混凝土桥涵设计规范》(JTG 3362—2018)中第 6.4.3 条。

10.2.4　柔性排架墩计算

柔性排架墩是由单排或双排的钢筋混凝土桩组成桩顶以盖梁连接而成的桥墩。当桥跨结构采用连续的构造和变形不够完善的支座时,柔性排架墩可近似地按多跨铰接框架的图示计算(见图 10-29a);当采用橡胶支座时,这种支座在水平力的作用下,将发生较小的水平面剪切变形,因此可按在节点处设水平弹簧支承的框架图示来进行计算(见图 10-29b)。

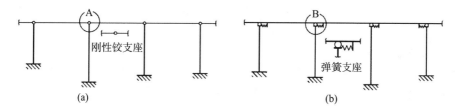

图 10-29　柔性排架墩计算图示

1. 基本假定

① 排架墩所受的外力荷载除汽车荷载外,还要计入汽车制动力、温度影响力,必要时还包括墩身受到的风力,但梁身混凝土的收缩、徐变等次要因素可忽略不计。

② 计入制动力时,各墩台的受力按墩顶抗推刚度分配。在计算土侧压力时,若设有实体刚性墩台,则全部由有关刚性墩台承受;若均为柔性墩,则由岸墩承受土侧压力,并假定此时各个墩顶与上部构造之间不发生相对位移。

③ 计算温度变形时,墩对梁产生的竖向弹性拉伸或压缩影响忽略不计,而只计桩墩顶部水平力对桩墩所引起的弯矩影响。

④ 在计算梁墩之间橡胶支座的水平力剪切变形时,忽略梁体的偏转角 θ 对它造成的影响。

2. 计算步骤

（1）抗推刚度 k 的计算

抗推刚度 k 是指使墩顶产生单位位移时所需施加的力，计算公式如下：

$$k_{墩i} = \frac{1}{\delta_i} \tag{10-16}$$

① 当墩柱下端固定在基础或承台顶面时，

$$\delta_i = \frac{l_i^3}{3EI} \tag{10-17}$$

式中：δ_i——单位水平力作用在第 i 个柔性墩顶产生的水平位移，m/kN；

　　　l_i——第 i 墩柱下端固结处到墩顶的高度，m；

　　　I——墩身横截面对形心轴的惯性矩，m^4。

② 当考虑桩侧土的弹性抗力时，δ_i 按桩基础的有关公式计算。

根据材料力学相关理论可知，对于橡胶支座，其抗推刚度为

$$k_{支i} = \frac{G \sum A_{支}}{\sum t} \tag{10-18}$$

式中：G——支座材料的剪切模量；

　　　$\sum A_{支}$——支座承压面积的总和；

　　　$\sum t$——支座橡胶片的总厚度。

墩与支座的组合抗推刚度 k_{zi} 为

$$k_{zi} = \frac{1}{\delta_{zi}} = \frac{1}{\delta_{墩i} + \delta_{支i}} = \frac{1}{\frac{1}{k_{墩i}} + \frac{1}{k_{支i}}} \tag{10-19}$$

（2）墩顶制动力的计算

$$H_{iT} = \frac{k_{zi}}{\sum k_{zi}} T \tag{10-20}$$

式中：H_{iT}——作用在第 i 墩台的制动力，kN；

　　　T——全桥（或一联）承受的制动力，kN。

墩顶的水平位移 Δ_{iT} 为

$$\Delta_{iT} = \frac{H_{iT}}{k_{zi}} \tag{10-21}$$

（3）梁的温度变形所引起的水平力

由于柔性墩所在桥梁大多采用先简支后连续的结构形式，当温度降低时，桥梁主梁收缩，两岸边排架向桥梁中心偏移；当温度升高时，桥梁主梁伸长，两岸边排架向桥头两端偏移。因此，在设计计算时，必须考虑主梁的温度变化产生的水平偏移。

主梁的年均温差引起的柔性排架墩墩顶水平力是由墩顶为适应主梁变形需要所产生的水平偏移 Δ_{it} 引起的。无论温度是升高还是降低，都必然存在一个温度变化时水平偏移值为零的位置，称为温度中心。如图 10-30 所示可求出这个位置，其中 i 为墩号，$i=0,1,2,\cdots,n$，n 为总排架数减1；x_i 为温度中心 0—0 线到第 i 号排架的距离；L_i 为

桥梁第 i 跨的跨径；Δ_i 为第 i 号墩墩顶水平位移；l_i 为第 i 号墩的墩身长度。

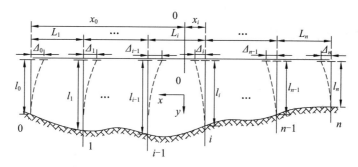

图 10-30　柔性排架墩的偏移图示

各墩顶由温度变化引起的水平位移为

$$\Delta_{it} = \alpha \cdot \Delta t \cdot x_i \tag{10-22}$$

式中：α——上部结构的线膨胀系数；

Δt——温度差。

假设 x_i 和 Δ_i 均以向左为正，则 x_i 可表示为

$$x_i = x_0 - (L_1 + L_2 + \cdots + L_i) = x_0 - \sum_{j=1}^{i} L_j \tag{10-23}$$

各墩顶所受的水平温度力为

$$H_{it} = k_{Zi}\Delta_{it} \tag{10-24}$$

在温度变化的影响下，各墩顶的水平力之和必为零，则可得

$$\sum_{i=0}^{n} H_{it} = 0 \tag{10-25}$$

联立式（10-22）～式（10-25）可得

$$x_0 = \frac{\sum\limits_{i=1}^{n} k_{Zi} \left(\sum\limits_{j=1}^{i} L_j \right)}{\sum\limits_{i=1}^{n} k_{Zi}} \tag{10-26}$$

将所求 x_0 代入式（10-22）中便可以得到 Δ_{it}。

墩顶发生的水平位移综合为

$$\Delta_i = \Delta_{iT} + \Delta_{it} \tag{10-27}$$

相应的水平力为

$$H_i = k_{zi} \cdot \Delta_i = H_{iT} + H_{it} \tag{10-28}$$

（4）墩顶产生的水平位移

由于墩顶产生的水平位移，墩顶竖向力（包括上部结构恒载及活载）将在墩内引起弯矩而在墩顶产生新的附加水平位移，因此在高柔墩中需考虑几何的非线性效应。由墩顶不平衡弯矩 M_0 产生的水平位移 Δ_{iM} 为

$$\Delta_{iM} = \frac{M_0 l_i^2}{2EI} \tag{10-29}$$

（5）计入 N 和墩身自重 $q_自$ 影响，但不计入支座约束影响的墩顶总水平位移 a

这是一个几何非线性分析的问题，可采用瑞利–里茨法和最小势能原理求其近似解，假定悬臂墩的近似变形曲线为

$$y = a\left[1 - \sin\left(\frac{\pi x}{2l}\right)\right] \tag{10-30}$$

式（10-30）中的 a 为待定的最终水平位移，它是一个常数，可表示为

$$a = \frac{H + M_0 \dfrac{\pi}{2l}}{\dfrac{l}{8}\left[\dfrac{EI}{4}\left(\dfrac{\pi}{l}\right)^4 - \left(N + \dfrac{q_自 l}{3}\right)\left(\dfrac{\pi}{l}\right)^2\right]} \tag{10-31}$$

式中：H——作用于墩顶处的水平力，其作用方向与 y 轴一致者为正，反之为负；

M_0——作用于墩顶处的不平衡力矩，若由它引起的墩顶水平位移与 H 的效应相一致，则取与 H 同号，反之则取与 H 异号。

（6）计入板式橡胶支座约束影响后的桩墩计算

每个桩墩的顶部并非完全自由，而是受到板式橡胶支座的弹性约束。梁体上的水平力是通过板式支座与墩、梁接触面的摩擦阻力传递至桥墩的，它既使墩顶产生水平位移，又使板式支座产生剪切变形。当完成水平力的传递后，梁体便处于暂时的稳定状态。这时由于存在轴力 N 和墩身自重 $q_自$ 的影响，墩顶将产生附加变形 δ。于是，板式橡胶支座由原来传递水平力的功能转变为抵抗墩顶继续变形的功能，当墩身很柔时，有可能使支座原来的剪切变形先恢复到零，再逐渐过渡到反向状态。因此，每座桥墩的受力状态可分解如下：

① 不计几何非线性效应的普通悬臂墩，可按墩顶上的各个外力先分别计算，然后进行内力或变形的叠加。

② 将支座模拟为刚度为 $k_支$ 的弹簧支承，将引起几何非线性效应影响的轴力换算为由桥墩与支座共同承担的等效附加水平力 $H_{效i}$。该等效附加水平力为

$$H_{效i} = k_{墩i}(a_i - \Delta_{iM}) - H_i \tag{10-32}$$

由此可以得到墩顶处的附加水平位移 δ，即

$$\delta = \frac{H_{效i}}{k_{墩i} + k_{支i}} \tag{10-33}$$

由墩顶分担的附加水平力 $H'_{效i}$ 为

$$H'_{效i} = k_{墩i}\delta \tag{10-34}$$

由弹簧支承分担的附加水平力 $H''_{效i}$ 或支反力 R_i 为

$$H''_{效i} = R_i = k_{支i}\delta \tag{10-35}$$

（7）几何非线性效应的整体分析

当确定出在一种工况下各个墩顶处的等效附加水平力之后便可进行整体分析。这里考虑三种边界条件：

① 当一联结构的两端为固定式桥台并设置板式橡胶支座时，按图 10-31a 所示进行分析。

② 当其两端为柔性墩和板式橡胶支座时，按图 10-31b 所示进行分析。

③ 当其两端设置的是摩阻力很小的聚四氟乙烯滑板支座时,按图 10-31c 所示进行分析。

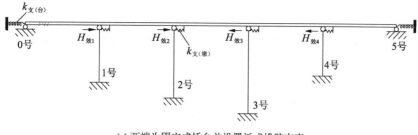

(a) 两端为固定式桥台并设置板式橡胶支座

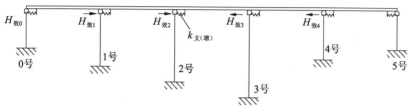

(b) 两端为柔性墩和板式橡胶支座

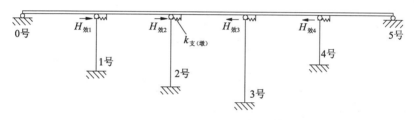

(c) 两端为活动铰支座

图 10-31　几何非线性效应的整体分析

【例 10.1】　图 10-32 为一五跨连续梁桥,跨长 $L = 20$ m,桥宽 9 m,按单向双车道设计,钢筋混凝土双圆柱式墩($D = 1$ m),混凝土强度等级为 C30,扩大基础落在基岩上。桥面做成简支连续,每座桥墩顶面均布置两排共 24 个直径 $d = 20$ cm 的普通板式橡胶支座,而 0 号和 5 号桥台各设置 12 个,橡胶支座的 $\sum t = 4$ cm,$G = 1.1$ MPa,试计算其中的 3 号桥墩在下列荷载条件下的等效附加水平力 $H_{效}$。

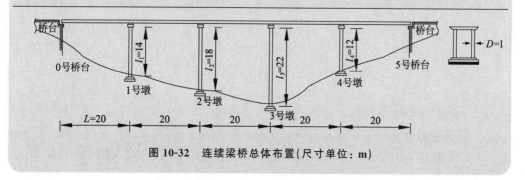

图 10-32　连续梁桥总体布置(尺寸单位:m)

① 温降 25 ℃；

② 公路为Ⅱ级荷载；

③ 传至墩顶的(恒载＋活载)竖向力 $N=3100$ kN；

④ 墩顶因活载引起的不平衡力矩 $M_0=208$ kN·m(逆时针方向)；

⑤ 墩身平均荷载集度(包括盖梁)$q_自=40$ kN/m。

【解】 (1)计算桥墩抗推刚度 $k_{墩i}$

C30 混凝土的弹性模量为

$$E=3\times10^4 \text{ MPa}=3\times10^7 \text{ kN/m}^2$$

桥墩顺桥向的抗弯惯性矩为

$$I=2\times\frac{\pi D^4}{64}=2\times\frac{\pi\times1}{64}=\frac{\pi}{32} \text{ m}^4$$

各墩的抗推刚度 $k_{墩i}$ 为

$$k_{墩1}=\frac{3EI}{l_1^3}=\frac{3\times3\times10^7\times\frac{\pi}{32}}{14^3}\approx3220 \text{ kN/m}$$

同理得

$$k_{墩2}=1515 \text{ kN/m}$$

$$k_{墩3}=829.8 \text{ kN/m}$$

$$k_{墩4}=5113.3 \text{ kN/m}$$

(2)板式橡胶支座的抗推刚度 $k_支$

由式(10-18)可得

$$k_支=\frac{G\sum A_支}{\sum t}=\frac{1100\times24\times\pi\times\frac{0.2^2}{4}}{0.04}\approx20734.5 \text{ kN/m}$$

(3)各墩的组合抗推刚度 k_{zi}

由式(10-19)可得

$$k_{z1}=\frac{1}{\frac{1}{3220}+\frac{1}{20734.5}}\approx2787.16 \text{ kN/m}$$

同理得

$$k_{z2}=1411.84 \text{ kN/m}$$

$$k_{z3}=797.87 \text{ kN/m}$$

$$k_{z4}=4101.77 \text{ kN/m}$$

$$k_{z0}=k_{z5}=\frac{k_支}{2}=\frac{20734.5}{2}=10367.25 \text{ kN/m}$$

(4)温度影响力计算

① 确定温度偏移值为零的位置。

如图 10-33 所示,以 0—0 线为原点,令 0—0 线距离 0 号桥台支座中心的距离

为 x_0,由式(10-26)可得

$$x_0 = \frac{\sum_{i=1}^{5} i k_{zi}}{\sum_{i=0}^{5} k_{zi}} L = \frac{k_{z1} + 2k_{z2} + 3k_{z3} + 4k_{z4} + 5k_{z5}}{k_{z0} + k_{z1} + k_{z2} + k_{z3} + k_{z4} + k_{z5}} L = \frac{76248.03}{29833.14} \times 20 \approx 51.12 \text{ m}$$

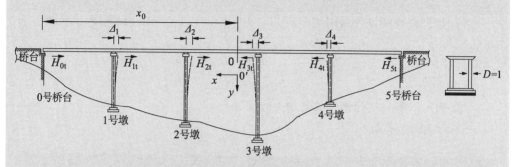

图 10-33　温度作用下全桥变形示意图(尺寸单位:m)

② 求 3 号墩墩顶的位移量 Δ_{3t}。

由式(10-23)可得 3 号墩至温度偏移零点的距离

$$x_3 = x_0 - 3L = 51.11 - 3 \times 20 = -8.89 \text{ m}$$

混凝土的线膨胀系数为 $\alpha = 1 \times 10^{-5}$。

由式(10-22)可得 3 号墩墩顶位移值为

$$\Delta_{3t} = \alpha \cdot \Delta t \cdot x_3 = 1 \times 10^{-5} \times (-25) \times (-8.89) \approx 2.223 \times 10^{-3} \text{ m(指向左岸)}$$

③ 求 3 号墩承受的温度影响力 H_{3t}。

$$H_{3t} = k_{z3} \cdot \Delta_{3t} = 797.87 \times 2.223 \times 10^{-3} \approx 1.774 \text{ kN(指向左岸)}$$

(5) 汽车制动力计算

① 求汽车制动力。

按《公路桥涵设计通用规范》(JTG D60—2015)公路—Ⅱ级车道荷载的均布荷载为

$$q_k = 0.75 \times 10.5 \approx 7.9 \text{ kN/m}$$

集中荷载为

$$P_k = 0.75 \times [2 \times (20 + 130)] = 225 \text{ kN}$$

制动力按《公路桥涵设计通用规范》(JTG D60—2015)的规定为加载长度上总重力的 10%,将车道荷载满布于桥跨方向,公路车道荷载在该段的布置如图 10-34 所示,由于为单向双车道设计,汽车荷载制动力标准值为一个设计车道制动力标准值的 2 倍,所以汽车制动力为

$$T = 2 \times [(5 \times 20) \times q_k + P_k] \times 10\% = 2 \times [(5 \times 20) \times 7.9 + 225] \times 10\% = 203 \text{ kN}$$

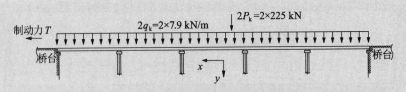

图 10-34 公路—Ⅱ级车道荷载布置

同时《公路桥涵设计通用规范》(JTG D60—2015)又规定,此制动力不得小于90 kN。

经比较取

$$T = 203 \text{ kN}$$

② 确定汽车向左行驶时的制动力分配。

按式(10-20)计算

$$H_{iT} = \frac{k_{zi}}{\sum k_{zi}} T$$

对于 3 号墩,当车辆向左行驶时,其制动力方向与降温影响力一致。

$$H_{3T} = \frac{797.87}{29833.14} \times 203 = 5.429 \text{ kN}$$

相应地,其水平位移为

$$\Delta_{3T} = \frac{H_{3T}}{k_{z3}} = \frac{5.429}{797.87} = 6.804 \times 10^{-3} \text{ m}$$

③ 确定汽车向右行驶时的制动力分配。

汽车向右行驶时,只需将向左行驶的计算值反号即得,$H_{3T} = -5.429$ kN,$\Delta_{3T} = -6.804 \times 10^{-3}$ m。

H_{3T}、Δ_{3T} 以指向 x 轴正方向为正。

(6) 3 号墩墩顶不平衡力矩 M 引起的水平位移

$$\Delta_{3M} = \frac{M_0 l_3^2}{2EI} = \frac{208 \times 22^2}{2 \times 3 \times 10^7 \times \frac{\pi}{32}} = 0.01709 = 17.09 \times 10^{-3} \text{ m(指向左岸)}$$

(7) 不计轴力影响的 3 号墩墩顶水平力 H_3 汇总

汽车向左行驶:$H_3 = H_{3t} + H_{3T} = 1.774 + 5.429 = 7.203$ kN

汽车向右行驶:$H_3 = H_{3t} + H_{3T} = 1.774 - 5.429 = -3.655$ kN

显然,最不利的情况为考虑汽车向左行驶的制动力,此时 $H_3 = 7.203$ kN。

(8) 计入轴力 N 及墩身自重 $q_自$ 影响的墩顶水平位移

3 号墩墩顶总水平位移 a_3 可按式(10-31)计算(只考虑汽车向左行驶):

$$a_3 = \frac{H_3 + M_0 \frac{\pi}{2l_3}}{\frac{l_3}{8} \left[\frac{EI}{4} \left(\frac{\pi}{l_3} \right)^4 - \left(N + \frac{q_自 l_3}{3} \right) \left(\frac{\pi}{l_3} \right)^2 \right]}$$

$$= \frac{7.203 + 208 \times \dfrac{\pi}{2 \times 32}}{\dfrac{22}{8} \left[\dfrac{3 \times 10^7 \times \dfrac{\pi}{32}}{4} \left(\dfrac{\pi}{22} \right)^4 - \left(3100 + \dfrac{40 \times 22}{3} \right) \left(\dfrac{\pi}{22} \right)^2 \right]}$$

$$\approx 0.02672 = 26.72 \times 10^{-3} \text{ m}(\text{指向左岸})$$

（9）由几何非线性效应产生的等效附加水平力 $H_{效3}$

按式（10-32）得 3 号墩处的等效水平力为

$$H_{墩3} = k_{墩3}(a_3 - \Delta_{3M}) - H_3 = 829.8 \times (0.02672 - 0.01709) - 7.203 \approx 0.788 \text{ kN}$$

按照上述同样的步骤分别计算其他各墩的等效附加水平力 $H_{效i}$ 之后，便可采用图 10-31a 所示的计算模型进行几何非线性效应的整体分析，以确定每个桥墩的附加水平力。

10.3 桥台内力计算

10.3.1 作用及其效应组合

作用于桥台上的荷载与作用于桥墩上的荷载基本相同，包括永久作用（上部结构重力通过支座或拱座在台帽上的支承反力、桥台重力、混凝土收缩在拱座处引起的反力、水的浮力和台后土侧压力）、可变作用（作用在上部结构上的汽车荷载、人群荷载、活载引起的土侧压力，汽车荷载引起的制动力和上部结构因温度变化在支座或拱座上引起的摩阻力或反力）和偶然作用（地震力）。需要注意的是，除对钢筋混凝土桩（或柱）式桥台应计入冲击力外，其他各类桥台均不计冲击力，且与桥墩不同的是对于桥台不需考虑纵、横向风力，流水压力，冰压力，以及船只或漂浮物的撞击力。桥台的作用效应组合也和桥墩一样，根据可能出现的作用按《公路桥涵设计通用规范》（JTG D60—2015）规定进行作用效应组合。

10.3.2 重力式桥台的计算

重力式桥台的计算内容同重力式桥墩相似，但只须做顺桥向的验算，包括验算台身截面强度、地基应力和桥台稳定性等。由于活载既可以布置在桥跨结构上，也可以布置在台后，因此在确定最不利效应组合时，通常按活载满布桥跨，桥上无活载而在台后布置活载和在桥上、台后同时布置活载等几种不利情况分别进行组合和验算。图 10-35 显示了梁桥桥台上车辆荷载沿顺桥向的三种布置方案；图 10-36 显示了单跨无铰拱的顺桥向活载布置方案。

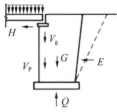
(a) 桥跨结构上布置荷载

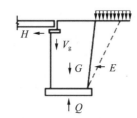
(b) 台后布置荷载

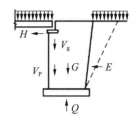
(c) 桥跨和台后同时布置荷载

图 10-35　作用在梁桥桥台上的荷载

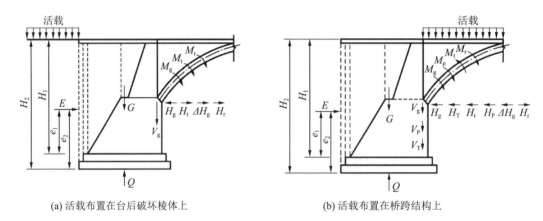
(a) 活载布置在台后破坏棱体上　　　　　　　　(b) 活载布置在桥跨结构上

图 10-36　作用在拱桥桥台上的荷载

桥台台身承载能力、基底承载能力、偏心距及桥台稳定性验算和桥墩相同。当 U 形桥台两侧墙宽度之和不小于同一水平截面前墙全长的 0.4 倍时,可按 U 形整体截面验算截面强度;当 U 形桥台前墙设有沉降缝或伸缩缝时,分隔的前墙和侧墙墙身或基础应分别按独立墙验算截面强度。

10.3.3　设有支撑梁的梁桥轻型桥台计算

设有支撑梁的轻型桥台是利用桥跨结构和底部支撑梁作为桥台与桥台或者桥台与桥墩之间的支撑,以防止桥台受路堤的土侧压力而向桥身方向移动,从而形成四铰框架的受力体系。因此,设有支撑梁的轻型桥台计算主要包括三个方面:① 桥台(顺桥向)在侧向土压力作用下台身作为竖梁进行截面强度验算;② 桥台包括基础(横桥向)在竖向荷载作用下作为一根弹性地基短梁进行截面强度验算;③ 基础底面下地基应力验算。

1. 桥台作为竖梁时的强度验算

桥台台身强度验算主要是验算水平土压力作用下的台身强度。因此,当桥上无荷载而台后填土破坏棱体上布置车辆荷载时,台身受力最为不利,因而是最不利作用效应组合控制设计(见图 10-37a)。

(1) 台后主动土压力计算

车辆荷载在台后填土破坏棱体上引起的土压力为

$$E = E_{\mathrm{T}} + E_{\mathrm{C}} = \frac{1}{2}\gamma H_2^2 \tan^2\left(45° - \frac{\varphi}{2}\right) + \gamma H_2 h \tan\left(45° - \frac{\varphi}{2}\right) = \frac{1}{2}e_{\mathrm{T}}H_2 + e_{\mathrm{C}}H_2$$

$$(10\text{-}36)$$

式中：E_{T}——填土本身引起的土压力；

$\quad\quad E_{\mathrm{C}}$——车辆荷载引起的土压力；

$\quad\quad \gamma$——台后填土容重；

$\quad\quad \varphi$——土的内摩擦角；

$\quad\quad h$——等代土层厚度，$h = \dfrac{\sum G}{B l_0 \gamma}$，其中 $\sum G$ 表示布置在 $B \times l_0$ 面积内的车道荷

载，B 表示桥台计算宽度，l_0 表示台后填土的破坏棱体长度，$l_0 = H_2 \tan\left(45° - \dfrac{\varphi}{2}\right)$；

$\quad\quad e_{\mathrm{T}}$——填土本身引起的土压力强度；

$\quad\quad e_{\mathrm{C}}$——车辆荷载引起的土压力强度。

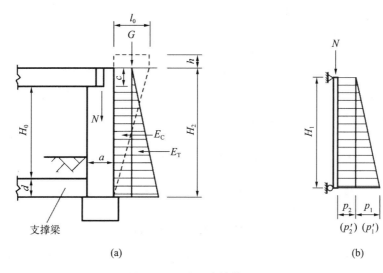

图 10-37　土压力计算图示

（2）台身内力计算

台身可按上下铰接的简支梁计算（见图 10-37b）。对于有台背的桥台，承受土压力的台身作为简支梁计算的跨径为

$$H_1 = H_0 + \frac{d}{2} + \frac{c}{2} \tag{10-37}$$

式中：H_0——桥跨结构与支撑梁间的净距；

$\quad\quad d$——支撑梁的高度；

$\quad\quad c$——桥台背墙的高度。

对于无台背的桥台，承受土压力的台身作为简支梁计算的跨径为

$$H_1 = H_0 + \frac{d}{2} \tag{10-38}$$

在计算截面弯矩 M 时，轴力 N 的影响可忽略不计。对于跨中截面，弯矩为

$$M = \frac{1}{8} p_2 H_1^2 + \frac{1}{16} p_1 H_1^2 \tag{10-39}$$

在台帽顶部截面的剪力为

$$Q = \frac{1}{2} p_2' H_0 + \frac{1}{6} p_1' H_0 \tag{10-40}$$

在支撑梁顶面处的剪力为

$$Q = \frac{1}{2} p_2' H_0 + \frac{1}{3} p_1' H_0 \tag{10-41}$$

式中：p_1、p_2——受弯计算跨径 H_1 处的土压力强度；

$\quad\quad p_1'$、p_2'——受剪计算跨径 H_0 处的土压力强度。

（3）截面的竖向力计算

$$N = N_1 + N_2 + N_3 \tag{10-42}$$

式中：N_1——上部构造重力在单位宽度桥台上引起的支点反力；

$\quad\quad N_2$——单位宽度台帽的自重；

$\quad\quad N_3$——验算截面以上单位宽度台身的自重。

（4）跨中截面的抗压强度和支点截面的抗剪强度计算

按《公路钢筋混凝土及预应力混凝土桥涵设计规范》(JTG 3362—2018)中有关公式进行跨中截面的抗压强度和支点截面的抗剪强度计算。

2. 桥台在本身平面内的弯曲验算

轻型桥台是一较长的平直薄墙,在竖向力作用下,桥台在本身平面内发生弯曲,其弯曲的程度与地基的变形系数 α 有关(见图 10-38)。

当桥台的长度 $L > \frac{4}{\alpha}$ 时,桥台可当作支承在弹性地基上的无限长梁进行计算;当 $L < \frac{1.2}{\alpha}$ 时,桥台可当作支承在弹性地基上的刚性梁进行计算;当 $\frac{1.2}{\alpha} < L < \frac{4}{\alpha}$ 时,桥台可当作支承在弹性地基上的短梁进行计算。一般情况下,轻型桥台大多按照短梁来计算。

设梁上作用着一段对称的均布荷载,则梁的最大弯矩产生在中点,其计算公式为

$$M_{\frac{1}{2}} = \frac{q}{2\beta^2} \left(\frac{\mathrm{ch}\,\beta l - 1}{\mathrm{sh}\,\beta l + \sin\beta l} \mathrm{ch}\,\beta a \sin\beta a + \frac{1 - \cos\beta l}{\mathrm{sh}\,\beta l + \sin\beta l} \mathrm{sh}\,\beta a \cos\beta a - \mathrm{sh}\,\beta a \sin\beta a \right)$$

$$\tag{10-43}$$

式中：l——基础长度；

$\quad\quad a$——桥台中心线至分布荷载边缘的距离；

$\quad\quad \beta$——特征系数,$\beta = \sqrt[4]{\dfrac{k}{4EI}}$,其中 k 为土的弹性抗力系数,一般由试验确定,无试验数据时可按规范选取,E 和 I 分别为桥台的弹性模量和截面惯性矩。

3. 基底应力验算

桥台的基底应力为桥台重力和桥跨结构恒载、活载引起的应力之和。计算桥台重力引起的基底应力时,假定桥台因重力不致发生弯曲(见图 10-39),因此对称荷载引起的基底最大应力可按下式计算：

$$\sigma=\frac{q}{b}\left(\frac{\operatorname{ch}\beta l+1}{\operatorname{sh}\beta l+\sin\beta l}\operatorname{sh}\beta a\cos\beta a+\frac{1+\cos\beta l}{\operatorname{sh}\beta l+\sin\beta l}\operatorname{ch}\beta a\sin\beta a+1-\operatorname{ch}\beta a\cos\beta a\right)$$

$$(10\text{-}44)$$

式中：b——基础宽度。其余符号的意义同前。

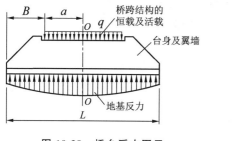

图 10-38　桥台受力图示

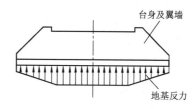

图 10-39　基础应力分布

10.3.4　拱桥组合式桥台

组合式桥台适用于以桩基或沉井作为基础的中小跨径拱桥。组合式桥台由前台与后座两部分组成。前台桩基或沉井基础用作承受拱的竖直力；台后的主动土压力及后座基底摩阻力平衡拱的水平推力。在计算土侧压力时，其作用分项系数取为 1.0；在计算摩阻力时，其作用分项系数取为 0.9。拱的推力和竖向力分项系数按《公路桥涵设计通用规范》(JTG D60—2015)的规定取用。

组合式桥台的前台和后座两部分之间必须密切贴合，其间应设置两侧既密贴又可相互自由沉降的隔离缝，以适应两者的不均匀沉降。后座的基底标高，在考虑沉降后应低于拱脚截面底缘标高。桥台或后座应在后台或后座的土侧压力作用下保持地基强度和结构的稳定性。

本章小结

1. 桥梁墩台承担着桥梁上部结构所产生的荷载，并将荷载有效地传递给地基基础，起着"承上启下"的作用。

2. 桥墩为多跨桥梁中的中间支承结构物，除承受上部结构产生的竖向力、水平力和弯矩外，还承受风力、流水压力，以及可能发生的地震力、冰压力、船只和漂浮物的撞击力。

3. 桥台设置在桥梁两端，除了支承桥跨结构外，还是衔接两岸接线路堤的构筑物。它既要能挡土护岸，又要能承受台背填土及填土上车辆荷载所产生的附加土侧压力。

4. 桥梁墩台不仅自身应有足够的强度、刚度和稳定性，而且对地基的承载能力、沉降量、地基与基础之间的摩擦阻力等也都提出了一定的要求，以避免在上述荷载作用下产生危害桥梁整体结构的水平位移、竖向位移和转角位移。

5. 桥梁墩台受力计算时的荷载及其组合应根据可能出现的各种荷载情况进行最不利的荷载组合。

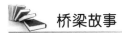

1. 简述重力式桥墩和轻型桥墩的特点和适用范围。
2. 桥梁墩台由哪几部分组成？它们的作用分别是什么？
3. 桥墩计算中的作用及其效应组合分别是什么？
4. 简述重力式桥墩验算的内容。

桥梁故事

名副其实"桥坚强"——武汉长江大桥被撞击 77 次还能使用 100 年

武汉长江大桥（见图 10-40）是我国建
造的首座公铁两用横跨长江的钢梁桥，上
层为公路桥，下层为双线铁路桥，桥身共有
8 墩 9 孔。自 1957 年 10 月 15 日建成通车
以来，这座大桥历经 7 次较大洪水、77 次轮
船撞击，至今仍十分健康。武汉铁路局武
汉桥工段发布的"体检报告"显示，目前全
桥无变位下沉，桥墩可承受 60000 t 压力、
可抵御 100000 m³ 流量和 5 m 流速的洪

图 10-40　武汉长江大桥

水、可抗 8 级以下地震和强力冲撞，24805 t 钢梁和 8 个桥墩无裂纹、无弯曲变形，百万
颗铆钉未发现松动，全桥无重大病害。

2011 年 6 月 6 日清晨，长江武汉段的江面上浓雾弥漫。隶属于驻汉某大型航运企
业的"长江 62036"号运油船队，由一艘拖轮推着 4 只空载油驳船顺流下行。忽然江面
传来"轰隆"一声，这支万吨级的油轮船队在通过武汉长江大桥时，因操作不当，重重地
撞上了大桥 7 号桥墩，在桥墩的西侧留下了明显的白色、黑色擦撞痕迹。这是 10 多年
来，长江大桥发生的最严重的一起桥墩遭撞击事件。大桥桥墩被撞的部位一旦发生裂
变，会直接导致整座桥梁坍塌，后果将不堪设想。2007 年 6 月 15 日，广东省佛山市南
海区的九江大桥，就是因为被一艘运输船撞击桥墩，随即导致约 20 m 的桥面坍塌，造成
4 辆汽车坠江，8 人遇难。就在众人为这座被称为"万里长江第一桥"的武汉长江大桥的
安危感到无比担忧时，桥梁专家经过专业的监测后，给出的评估报告却出乎所有人的意
料：武汉长江大桥除了表面的擦伤外，没有任何安全问题，大桥的桥墩、钢梁等主体结构
可使用 100 年以上，过往车辆、行人完全可以放心通行。

从 1957 年建成至今，这座设计年限只有 50 年，目前已超期服役的武汉长江大桥，
已经承受了 4 次特大洪水冲击、遭遇过 77 次轮船碰撞事故，但始终安然屹立在万里长
江之上、龟蛇两山之间。正因如此，武汉长江大桥这座在经济匮乏、技术有限的年代建
起的大桥也被网友们称为"桥坚强"。

第 **11** 章 桥涵水文和桥渡设计

本章主要介绍河流的特点及其与桥渡的相互作用、桥渡河段河流的演变规律、不同河段的河流稳定性特征与桥位选择方法、设计洪水流量及水位的推求方法、大中型跨河桥的孔径计算、桥梁墩台的冲刷计算等。

我国河流众多,长大跨交通沿线不可避免地会遇到河流阻碍,为了跨越河流,就需要采用桥梁或隧道进行连接。其中隧道多用于水域非常宽或者水上航运繁忙的河流,其余大部分情况采用桥梁进行连接。为了保证跨河桥梁设计的经济性和运行的安全性,有必要在其设计、维护、管理中,明确桥梁结构与河流的相互作用关系,并设定合适的桥涵位置、桥梁孔径、桥面高度、基础埋置深度等。本章通过阐述河流环境变化与桥渡作用的相互关系,介绍桥渡设计中的水文学和水力学研究内容及方法。

11.1 河流的特点及其与桥渡的相互作用

11.1.1 河流的环境特点

（1）河流的形成

河流是一种天然水体,由一定区域内的地表水和地下水所补给,并经常性或间歇性地沿着由其自身所造成的连续延伸凹地流动,如图 11-1 所示。河流的构成有两大要素:一是流动的水体;二是承载水流的河槽。其中河流水体主要来源于降雨、融冰、融雪。河槽也称为河床,是由地壳动力作用形成的低洼沟谷再经水流动力冲蚀塑造而成的。受地质构造的影响,不同区域的河槽其组成物质有所不同,如山区河流的河槽表层主要是岩石、砾石、卵石等,而平原河流的河槽表层多为卵石、沙及黏土等松散物质。

图 11-1　天然河流

一条河流通常可分为河源、上游、中游、下游和河口 5 段。

河源是指河流的发源地,在河流的干流上开始具有表面水流的地方,可能是溪涧、泉水、冰川、湖泊或沼泽等。

上游是直接连接河源的河流上段,多处于深山峡谷中,其特点是河道坡度大,水流急,流量小,水情变化大,河谷窄,多急滩和瀑布,河槽断面多呈 V 字形,河床多为基岩或砾石。

中游是河流的中间段,两岸多为丘陵,其特点是河道坡度变缓,流速减小,流量加大,冲淤不严重,河床比较稳定,但侧蚀力量增强,河槽逐渐拓宽和曲折,两岸出现滩地。

下游是连接河口的河流下段,一般处于平原区,河道纵坡更缓,河床宽阔并多具有宽阔的河漫滩,横断面多为复式断面,河床沙洲众多,河道平面蜿蜒曲折,流速小,流量大,淤积作用显著。

河口是河流的终点,即河流注入海洋、湖泊或其他河流的处所。其平面形状为扇形或喇叭形。河口的比降很小,流速骤减,泥沙沉积严重。

(2) 河流的形态特征

河流的几何形态一般用河流横断面、河流长度、河流纵比降、河流弯曲系数等表示。

河流横断面是指垂直于水流方向的断面,其一般形状如图 11-2 所示。横断面内,自由水面高出某一水准基面的高程,称为水位。高水位以下的河床由河槽和河滩两部分组成。河槽是宣泄洪水和输送泥沙的主要通道,往往是常年流水,底沙处于运动状态;河滩只在汛期才有水流,无明显的底沙运动。常见的河流横断面形状有宽浅的 U 字形断面(见图 11-3a)、窄深的 V 字形断面(见图 11-3b)。

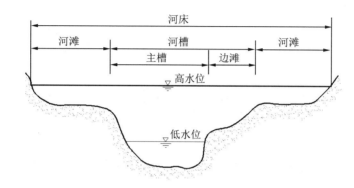

图 11-2　河流横断面的一般形状

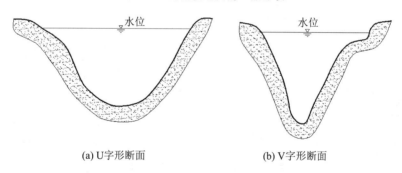

(a) U字形断面　　　　　　　　　　(b) V字形断面

图 11-3　常见的河流横断面形状

河流长度是指从河源到河口沿主河道中泓线所量测的距离。河流纵断面是沿河流中泓线的剖面。

河流纵比降是指单位河长的河底或水面落差,用下式表示:

$$i = \frac{\Delta z}{\Delta L} \tag{11-1}$$

式中:i——河流纵比降,一般用千分率表示;

Δz——河段两端河底或水面高差,m;

ΔL——河段长度,m。

河流纵比降受很多因素的影响,变化很大。

河流弯曲系数是指某河段的实际长度与该河段两端的直线长度之比,用下式表示:

$$K_a = \frac{\Delta L}{l} \tag{11-2}$$

式中：K_a——河流弯曲系数，K_a越大，河段越弯曲；

ΔL——河段实际长度，m 或 km；

l——河段直线长度，m 或 km。

河流按平面形态可分为顺直型、弯曲型、蜿蜒型、分汊型和游荡型等河型（见图11-4）。山区河流多为顺直型或弯曲型，平原地区河流多为蜿蜒型、分汊型或游荡型。河槽作为水流的边界，其形状会影响水流的运动状态，河型不同，水流运动方式也不同。反之，水流也会影响河槽的形状。

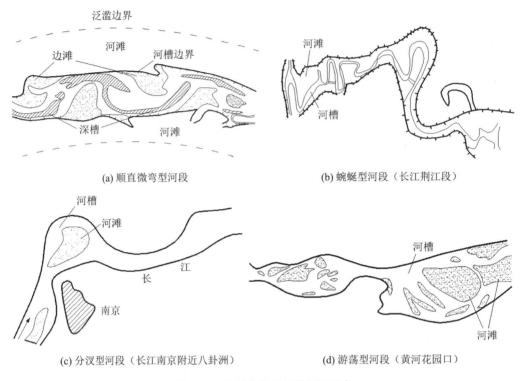

(a) 顺直微弯型河段   (b) 蜿蜒型河段（长江荆江段）

(c) 分汊型河段（长江南京附近八卦洲）   (d) 游荡型河段（黄河花园口）

图 11-4　常见的平原河段平面形态

（3）河流动态特征

河流形成的条件决定了河流永远处于不断地运动变化之中。第一，河流的地理特征决定了河道、河床的不规则性；第二，随机性的降水决定了河流的来水、来沙条件不断改变；第三，不恒定的水、沙在不规则的河床中运动，对河床形成不同的冲刷、淤积，而冲刷、淤积会改变河槽，反过来影响水流运动，河床与水流的相互作用和不断变化使河流具有动态特征。

在设计、修建跨河工程时，必须首先预测工程正常运行期内河流的动态变化趋势，如此才能避免所建工程因河流变迁而引起破坏。

11.1.2　河流与桥渡结构的相互影响

桥渡结构中直接与河流接触的部分是下部的桥墩、桥台、承台及基础。这些结构会对水流边界产生一定的影响，从而改变局部水流状态。而水流状态的改变又会作用于河床,引起局部河床变形。河流水患造成的桥梁失稳或破坏的事例几乎每年都有发生,对人们的正常出行、生命安全和货物运输产生了巨大影响。

河流与桥渡结构之间存在相互影响,主要体现在以下几方面。

(1)河流对桥渡的影响

河流对桥渡的影响主要体现在:① 一定程度的洪水会在桥墩、桥台等结构周围形成很强的绕流阻力,引起周围河床的强烈冲刷,对桥梁基础的稳定性造成威胁;② 不同河型的演变会对桥渡产生不同的影响;如弯曲河型的特点是凹岸冲刷、凸岸淤积,凹岸桥墩受冲刷的影响较大;游荡型河流河岸或主河槽容易横向摆动,若桥位、孔径设计不当,则会造成桥台冲刷、泄流孔移位;③ 河床演变会使小桥或泄流孔位置设计不当的桥梁的路基冲毁。

(2)桥渡对河流的影响

桥渡对河流演变的影响主要表现在:① 束窄过流断面,上游产生壅水,甚至洪水漫滩、改道,下游两岸淘刷,河流产生横向变形;② 墩台阻挡水流,使局部水流集中,动力增大,引起河床局部冲刷,即纵向变形;③ 墩台强迫水流改变方向,导致河道主流迁移,主河槽左右摇摆。桥渡设计中应慎重考虑并避免发生上述可能的河流不稳定问题。

(3)其他影响

桥渡工程还可能与周围区域的其他方面及行业有关,如防洪、土地利用、航运、环境等。其中桥渡壅水将抬高上游水位,可能导致洪水漫堤,造成洪水灾害,扩大洪水期土地淹没范围。在通航河流上,桥渡引起的主流迁移摆动,不利于船只航行,桥梁净空尺寸变化会影响桥下通航。

综上所述,桥渡与河流存在着相互作用,科学合理的桥渡设计可以保证大桥的安全、河流的稳定及其他行业的正常运行,具有重要的社会意义。

11.1.3　桥渡设计的内容

桥渡设计的内容主要包括桥位选择、泄流孔径确定、桥孔横向定位、墩位布置、基础高程设计、梁底标高计算、导流设施设计等。桥渡设计是一门综合性学科,涉及工程水文学、水力学、河流动力学和桥梁工程。

工程水文学所研究的降雨、径流形成、水文调查、水文统计、洪水演变预报、小流域设计洪水推求等内容,是桥渡设计中推求大桥设计标准下的洪水要素所必需的基本知识。水力学的基本概念、运动方程等,用于桥渡设计所有水力要素的计算。河流动力学,包括泥沙运动力学、河床演变学等,是分析河流稳定性、计算河床变形的重要理论基础。

采用长大跨桥梁跨河,可以减小桥渡与河流的相互干扰,但会增大桥墩基础,造成总投资的增加。因此,桥渡设计的目的就是研究河流规律,确定安全的桥长,并尽可能节约工程成本。另外,桥下洪水具有随机性,大桥在运行期间仍然存在被洪水破坏的风险。对大桥进行防洪管理也需要具备以上相关知识,相关人员应通过不断地分析、预测河流洪水动态规律,尽早做出风险评判,以便采取预防措施。

11.2　桥渡河段河床演变

在自然情况下,河流总是处于不断变化和发展的过程中。河床演变是指河道在自然情况下或受到人类活动干扰时所发生的变化,这种变化是水流、泥沙与河床相互作用的反映。河床演变可从时间和空间两个方面进行衡量。当河流上兴建了过河构筑物或河流进行了疏浚、整治以后,河床演变会更加迅速和剧烈,从而会对跨河桥梁产生一定的影响。为保证桥梁在使用期间的安全稳定,掌握河床演变的基本规律很有必要。

11.2.1　河流水力学特点

(1)天然河流的水力特征

天然河流具有以下 6 个方面的水力特征。

① 水流非恒定

天然水流在大时间尺度上是非恒定流。河道水流的主要来源是降雨和融雪的径、汇流,随气象、季节而变化,在年内和年际间都会有很大不同,所以河道水流量也是随时间变化的,可表示为

$$\frac{\partial Q}{\partial t} \neq 0 \tag{11-3}$$

式中：Q——过流断面流量,$\mathrm{m^3/s}$;

　　　t——时间,s。

除此之外,天然河流的水流非恒定还表现在其他水力学变量,如流速、自由水面高程(水位)、过流断面面积等随时间的变化方面。

② 水流属于三维、非均匀流

河道边界是不规则的,是在三维空间中变化的。水流边界的这一特点决定了流动在空间的三个坐标方向均有变化,流线非顺直。因此,河道水流严格地讲是三维和非均匀的,尤其是在桥墩、桥台周围的水流。

③ 水流属于二相流动

河道水流形成过程中剥蚀了地表或河床表层的固体土、石颗粒,并挟带这些固体颗粒(泥沙)运动。泥沙和水的密度、黏滞性、连续性明显不同,河道水流属于固液二相流动。

④ 水、沙运动非平衡

受自然或人为因素的影响,河道中的来水量、来沙量是不均衡的。若来水量大、来沙量小,则河床发生冲刷,反之河床发生淤积。河道水流的水、沙不平衡是绝对的,而平衡是相对的、短暂的或短距离的。

⑤ 水流、河床相互作用且不断变化

受水、沙运动不平衡影响,水流、河床处于相互作用、不断变化之中。水、沙运动的不平衡造成河床冲淤,即水流边界条件的变化,边界条件又反过来影响水流的运动状

态,由此造成河流永远处于变化之中。

⑥ 河床阻力变化

与普通水力学相比,在天然河流中,河床阻力除了表面粗糙度形成的阻力外,还有沙波阻力(或称形状阻力)。后者有时在总阻力中占重要比例,桥渡河段水下的桥梁结构也形成部分水流阻力。

(2) 河道水流结构

根据水力学中对流体运动状态的划分,河道水流由于流速及特征长度(水力半径)均较大,因此一般为紊流,而且为阻力平方区紊流。流速在过流断面上的分布依河型而不同,最大流速通常位于河中近水面处,如图 11-5 所示。流速的垂向分布一般呈对数分布或指数分布。

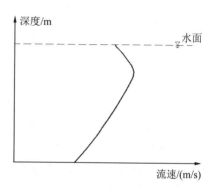

图 11-5　河流流速沿水深分布

天然河流的水流结构通常包括主流和次生流。主流由河床纵比降决定,沿河流纵向运动;次生流由其他因素决定,如边界突变或河流弯道处都有可能存在次生流,次生流的方向与主流不同,有时呈环流状。常见的弯道环流由离心惯性力产生,其流速方向在水深的上部指向凹岸,是造成岸边冲刷的主要因素,在水深的下部则指向凸岸,对横向输沙起重要作用。另外,水平向边界突变引起的环流呈水平向环流,而垂向边界突变会在水流与固壁分离点下游形成垂向环流,对床面产生较大的切应力,造成河床被淘刷,如图 11-6 所示。处于水下的桥墩、桥台使过流边界发生突变,因而其周围会出现明显的次生流。

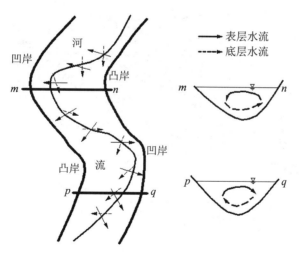

图 11-6　弯道环流示意图

(3) 桥位河段水力学

跨河桥梁在河床中设有路基、桥台、桥墩时,水流通道被侵占,过流断面面积减小,这种现象称为桥梁压缩。无导流堤时,桥位缓流河段水流状态可简化为图 11-7 所示。

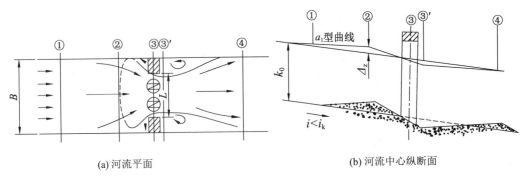

(a) 河流平面   (b) 河流中心纵断面

图 11-7 桥位河段的水流图式

从桥位上游断面①到断面②为壅水段,水面坡降变缓,水深逐渐增加,断面②处壅水高达到最大,流速则逐渐减小,该段可能出现淤积。断面②和断面③'(有导流堤时则到桥位中线断面③)之间的水面降落,水流在宽度和深度方向均收缩,流速增大,挟沙力增大,河床可能被冲刷,至断面③'处水流呈现"颈口"形状。断面③'至断面④为扩散段,沿流向该段的冲刷逐渐变小转为淤积,又从淤积逐渐恢复到天然输沙平衡状态,即断面④处水流恢复天然状态。在水流收缩段的主流与河岸之间,由于水流的分离现象,桥台上、下游两侧形成回水区。

桥墩、桥台周围的水流更具特点,平面表现为绕流,垂向具有强烈的流线弯曲,形成三维涡状流。图 11-8 为桥墩周围流态。除在平面上表现为绕流外,桥墩上游面一定水深以下的水流遇桥墩形成向下的折冲水流,底部水流受河床面、桥墩、折冲流的共同作用形成马蹄形涡流;桥墩下游面因水流分离形成尾流涡。

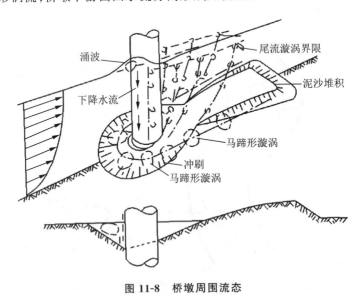

图 11-8 桥墩周围流态

11.2.2 河流泥沙运动

河流中参与运动的有水和泥沙两种物质,其中泥沙是指组成河床和随水流运动的泥、土、砂、石等固体颗粒。泥沙运动会导致河床演变,因此要进行桥渡河段河床演变研究,需要掌握泥沙运动的基本原理。

(1)泥沙的几何性质及物理性质

泥沙的几何性质主要指其颗粒大小和形状。受泥沙来源和在河流中运动历史的影响,泥沙单体颗粒大小和形状不同,也很不规则。颗粒大小以其直径 d 表示,单位为 mm,称为粒径,分布范围很大。由于形状不规则,粒径的确定多采用间接方法,常用的方法有等容粒径法、筛分法、沉降法。

泥沙的物理性质以密度、容重、干容重、沉速和水下休止角等表示。

泥沙密度以 ρ_s 表示,单位为 kg/m^3。泥沙密度随颗粒岩性略有不同,通常为$2650\ kg/m^3$。

泥沙实有重量与实有体积之比,称为泥沙的容重,记为 γ_s,单位为 N/m^3,其与密度的关系为

$$\gamma_s = \rho_s g \tag{11-4}$$

式中: g——重力加速度,m/s^2。

泥沙与水的容重不同,其相对差称为泥沙在水中的有效容重系数,以 a 表示,即

$$a = \frac{\gamma_s - \gamma}{\gamma} \tag{11-5}$$

式中: γ——水的容重,N/m^3。

泥沙与水的容重差会影响泥沙在水中的运动状态。

泥沙颗粒受其重力和水的浮力的作用,在静水中等速下沉,该速度称为泥沙的沉速,记为 ω,单位为 m/s。泥沙沉速与颗粒形状、粒径、水流流态有关,可根据绕流阻力方程计算,或由实验确定。

静水中的泥沙受摩擦力作用,可堆积成一定的倾斜面,该倾斜面与水平面之间的夹角称为泥沙的水下休止角,记为 φ。它与泥沙粒径、级配、形状、孔隙率等有关。在桥渡局部冲刷研究中,水下休止角是一个重要参数。

(2)泥沙运动

① 泥沙的起动和沉降

在一定的水流条件下,河床面上的泥沙颗粒由静止状态变为运动状态,称为泥沙的起动。这一水流条件称为泥沙起动的临界条件。水流中挟带的泥沙颗粒,垂向受重力、浮力和水流脉动应力的共同作用。当向下的分力大于向上的分力时,泥沙颗粒将下沉,甚至淤积于河床。在同一水流动力下,粗颗粒比细颗粒更容易沉降。

河流中河床面上的泥沙颗粒受到的力有水流推力 F_D、上举力 F_L、重力 W 和颗粒之间的相互作用力 N(见图 11-9)。当水流动力较大,其动力平衡条件遭到破坏时,泥沙发生起动。起动临界条件可用起动流速 U_c(单位 m/s)或起动拖曳力 τ_c 表示。

泥沙的黏性和非黏性、颗粒的均匀性和

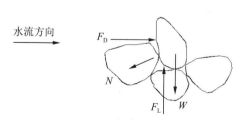

图 11-9　河床面河沙受力示意图

非均匀性对起动流速有重要影响。我国常用的适用范围较广的起动流速公式是张瑞瑾

公式,即

$$U_c = \left(\frac{h}{d}\right)^{0.14}\left(17.6 \cdot \frac{\rho_s - \rho}{\rho}d + 6.05 \times 10^{-7} \cdot \frac{10 + h}{d^{0.72}}\right)^{0.5} \tag{11-6}$$

式中:h——水深,m;

$\quad\quad d$——泥沙粒径,m;

$\quad\quad \rho_s$——分别为泥沙密度,kg/m³;

$\quad\quad \rho$——水的密度,kg/m³。

桥渡在水中的结构会扰动水流,如桥墩或桥台周围的水流流态复杂,局部区域水流剪切力增大,这里的泥沙较天然河床更容易起动,具有较小的起动流速,桥渡设计中称之为始冲流速,记为 U_{sc},可表示为

$$U_{sc} = \alpha U_c \tag{11-7}$$

$\alpha < 1$,可表示为桥墩或桥台迎水面宽度的函数,其取值规律可用分析和实验手段得到。

河床面附近的泥沙,根据水流条件还可由运动转入静止,此时的流速称为临界止动流速。通常认为,止动流速小于起动流速,沙漠夫提出前者是后者的 0.83 倍。止动流速是桥渡冲刷中判断最大冲刷深度时经常采用的一个重要参数。

泥沙沉降的速度主要与水和泥沙的密度差、泥沙粒径、流态、颗粒形状有关。对于球形颗粒,当水流为紊流时,沉速 ω_s 可表示为

$$\omega_s = 1.72\sqrt{\frac{\rho_s - \rho}{\rho}gd} \tag{11-8}$$

② 泥沙的运动形式

泥沙颗粒在水流中的运动形式大致可分为两类,即悬移运动和推移运动。

泥沙的悬移运动,是指在水流紊动扩散作用下,泥沙颗粒悬浮在水中并随水流运动的状态。参与悬移运动的泥沙称为悬移质。悬移质来源于河床和流域地表,是泥沙中较细的部分。

泥沙的推移运动,是指河床面附近泥沙的短距离跃移、沿床面滑移或滚动。参与推移运动的泥沙称为推移质。推移质是来源于河床的颗粒较粗的泥沙,河流中推移质的数量远小于悬移质,但却对河流及桥渡工程有重要影响。

水流中挟带泥沙的量常用含沙量 S(单位为 kg/m³)表示,或用输沙率 g_s(单位为 kg/s)表示,水流所能挟带的最大含沙量 S_s 可用经验公式表示为

$$S_s = k\left(\frac{U^3}{gR\omega_s}\right)^m \tag{11-9}$$

式中:k、m——经验常数;

$\quad\quad R$——水力半径,宽浅河流常以水深 h 代替,m。

当水流中含沙量 $S > S_s$ 时,将发生泥沙淤积;当 $S < S_s$ 时,将发生河床冲刷。

11.2.3　桥渡河段河床演变

(1)河床演变基本规律

河床表层的松散粒状物质在水流动力的作用下是可动的,水流动力与河床上松散

颗粒所受的其他力的共同作用决定着颗粒的稳定性。在水流、泥沙的作用下,河床形态会不断发生变化,并因此改变水沙运动的变化过程,此即为河床演变。河床演变的动力是水流,实质是泥沙运动,结果是河床变形。

河床演变有纵向变形和平面变形两种形式。在一定的水流条件下,河床上的泥沙颗粒失稳,并沿水流方向运动移位,导致原河床高程降低,称为河床冲刷。水流中悬浮的泥沙固体颗粒,因液、固二相具有密度差,不能完全跟随水流的运动时,会在其自身较大的重力作用下沉降,泥沙沉降至河床面,导致河床高程升高,称为河床淤积。冲刷和淤积称为河床的纵向变形。河床两岸的横向冲刷或淤积,使河床在平面上发生弯曲、顺直或游荡的变形,称为河床的平面变形。河床的纵向与平面变形如图 11-4 所示。

导致河床演变的因素有自然和人为干扰两种。河床演变的速率,在自然情况下,以洪水涨落的汛期最为剧烈。由人为干扰产生的局部河床演变,如在河道中修建工程建筑物,以工程建成后的初期最为剧烈。

(2) 桥渡河段河床演变

当桥长和跨径大于河床宽度时,桥渡河段的河床演变受自然演变控制。当桥长和跨径小于河床宽度时,桥台或桥墩占据部分河床,导致桥下过流断面减小、流速增大、形成局部绕流和马蹄形涡流,从而产生输沙能力的变化和河床演变,此时,桥渡河段的河床演变除了自然演变以外,还有桥渡扰流形成的演变,演变方式以河床纵向冲刷为主。

根据冲刷机理的不同,桥渡冲刷可分为以下两种:

① 桥下断面河床的整体冲刷,是因桥渡压缩过流断面,造成单宽流量或平均流速以及挟沙能力增大而引起的,通常称为一般冲刷或压缩冲刷。

② 桥墩、桥台迎水面及侧面的涡旋流淘刷河床,越靠近桥墩、桥台,淘刷越剧烈,形成床面坑状,这种冲刷称为局部冲刷。

实际上,桥渡引起的各种冲刷现象几乎是耦合发生的,时间上难以截然分开。桥渡河段各种冲刷及河床线如图 11-10 所示。

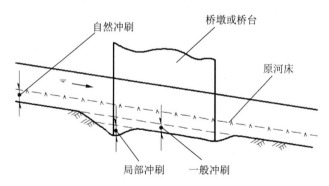

图 11-10　桥渡冲刷的分类示意

11.3 河流稳定性与桥位选择

11.3.1 河流稳定性

与工程水文学中的河流分段不同,桥梁工程的桥渡设计常按河流的地理特征,将其分为山区河流、山前区河流、平原河流和河口4段。山区河流和平原河流基本上分别与河流的上游段和下游段相对应。山前区河流则是两者之间的过渡段。河口的平面特征是呈喇叭状扩展,与平原河流连接。下面分别介绍各区域的河流稳定性。

(1)山区河流

山区河流的河谷比降大、平均流速大,具有较强的挟沙能力,从长期效果看河床处于侵蚀下切状态。又因河床组成多为原生基岩或卵石,抗冲击能力强,河床下切变形速度十分缓慢。桥渡设计中可将其视为稳定河流。

(2)山前区河流

河流出山口后,在平面上迅速扩散,水流变宽,水深变浅,流速骤减,水流挟沙能力减弱。其演变特点是:大量沙石沿程停积,河床逐年淤高、宽浅散乱,洪水时水流漫溢,经常摆动变迁,有冲积扇形成。山前区河流的稳定性可进一步分段确定,上游窄深段相对稳定,而中游扩散段和下游收缩段则不稳定。

(3)平原河流

平原河流流经地势平坦、广阔、土质疏松的平原地区,冲淤循环性变形较多,平面变形和纵向变形都比较明显。平原河流的稳定性依河型而不同,从顺直型至游荡型,稳定性依次减弱。平面河流各河型的特点如下:顺直型,泥沙输移基本平衡,天然冲淤不大,水流流向及河槽均较稳定;弯曲型,受环流的作用,凹岸逐渐冲深,凸岸逐渐淤高,弯道平面曲率会不断增大,甚至出现S形弯道,并有裁弯取直的可能,但仍属于平原河流上较为稳定的河型;分汊型,主汉和支汉的分流、分沙比有调整的可能,其稳定性取决于江心洲的演变;游荡型,冲淤幅度大,河道外形经常改变,无固定槽深,属于不稳定河型。

河流的稳定性分为稳定、次稳定和不稳定三类及Ⅰ~Ⅵ六个等级。通常山区河流属于稳定(Ⅰ级),平原河流按河型属于稳定和不稳定之间,山前区河流则通常属于不稳定。

除定性判别之外,河流稳定性还可用河床变化相对平衡时的河相关系(即稳定性河相关系)来定量表示。桥渡设计中经常用的稳定性河相关系有横断面河相关系和纵断面河相关系。

① 横断面河相关系

横断面河相关系可用宽深比 ξ 描述,通常采用下式:

$$\xi = \frac{\sqrt{B}}{h} \tag{11-10}$$

式中:B——河床宽度,m;

h——平摊水位时的断面平均水深,m。

ξ 值越大,河床稳定性越差。各种河流的稳定性及 ξ 取值如表 11-1 所示。

② 纵断面河相关系

纵断面河相关系用 Φ 表示,可表示为河床纵比降和粒径的关系。

$$\Phi = \frac{\overline{d}}{h_i} \tag{11-11}$$

式中:$\overline{d}$——河床泥沙平均粒径,m。

Φ 越大,河床越稳定。不同河段的 Φ 的经验取值如表 11-1 所示。

工程中得出的不同河段的河流稳定性及对应的纵、横断面河相关系如表 11-1 所示,可供参考,但具体河流还需具体分析和研究。

表 11-1　河流稳定性及河相关系

河流类型	河段类别		稳定系数		稳定程度	
			Φ(纵向)	ξ(横向)	等级	分类
山区	峡谷段		14~90	2~4	Ⅰ	稳定
	开阔段		4.9~55	3~5	Ⅱ、Ⅲ	
平原	顺直微弯段		0.37~2.2	3~4	Ⅱ、Ⅲ	次稳定
	分汊型		—	6	Ⅲ、Ⅳ	
	弯曲型	强制性	0.25~19.2	6~17	Ⅲ	
		自由性			Ⅳ	
	游荡型		0.17~1.3	20~40	Ⅴ	
山前区	变迁段		1~24.4	5~12	Ⅴ	不稳定
	山麓冲积扇		—	15~32	Ⅵ	

11.3.2　桥位选择

桥位是交通线路跨河的桥轴线位置。桥位不仅对桥梁的安全、交通运输的需要、工程造价、施工及管理有直接影响,而且可能对当地的工农业、建设规划、航运、防洪等产生影响。桥位选择是桥渡设计的一项重要工作,应从国民经济发展、生态环境保护和国防需要出发,在整体布局上应与公路、水利、航运、城建、环境保护等方面相互配合,注意保护文物、环境和军事设施,同时还要照顾群众利益,少占良田,少拆迁有价值的建筑物。实际操作时,合理的桥位主要通过水文调查、勘测、河流稳定性研究、工程应用及投资分析等来确定。

桥渡设计规范对桥位选择有具体的规定,包括应符合桥渡设计规范的一般规定和要求,以及需要满足其他方面的要求。

(1)桥位选择的一般规定

① 桥位选择应考虑其与交通、航运、水利、农田、环境、土地利用、环境保护等的关系,做到互相协调与配合。

② 特大桥和大中桥的桥位,原则上应配合线路走向,在适当范围内根据河段的水文、地形、地质、地物等特征,经综合比选确定。

③ 技术复杂、修复困难或重要特大桥的桥位,应根据河流形态、地质特点、通航条件、地面设施、施工布局以及与地方工农业发展的关系,在较大范围内做全面比选确定。

(2) 水文方面的要求

① 应选河道顺直,水流通畅,避开河汊、洲岛、支流汇合口、流冰流木阻塞处。

② 应选河槽宽而河滩较窄处,因河槽可通过全断面流量的大部分(不小于 70%),有利于缩短桥长。

③ 应注意河道的自然演变和修桥后对天然河道的影响。

④ 桥梁轴线宜与洪水流向正交,以便于汛期顺利排洪,减少桥墩阻水与冲刷。

⑤ 河滩路堤不宜向下游偏转,以免形成水袋回流而威胁路堤安全,如不可避免,应采取相应措施,如设置截水坝等引导水流(见图 11-11)。

⑥ 要尽量适应不同的河段类型。

a. 在水深流急的山区峡谷河段上,应避免在深谷激流中建墩,桥位宜选在可单孔跨越处。

b. 平原顺直河段,桥位宜选在河槽与河床总走向一致处;而平原弯曲河段,当河湾发展已临近河床岸边时,桥位宜选在比较稳定的弯顶中部处。

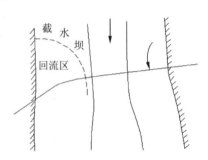

图 11-11　水袋封闭示意图

c. 宽滩性河段,桥位宜选在河槽稳定居中、河滩流量较小且地势较高处。

d. 变迁性河段,桥位宜选在两岸有约束、河槽相对较稳定的束窄段;漫流性河段,桥位应尽量躲开冲积扇,在扇顶上游或下游收缩段跨越。

e. 游荡性河段,桥位宜选在两岸有固定依托(如岩坎、建筑物或抗冲能力较强的土质等)处,桥轴线应与洪水总趋势正交。

(3) 地形、地貌和地物方面的要求

① 尽量选在两岸有山嘴、高地等河岸稳定的河段及两岸便于接线的开阔地段。

② 应避开桥位上下游有山嘴、沙滩、石梁等对水流有严重干扰的河段。

③ 应避开地面、地下既有重要设施如高压线、光缆、油气管道、重大建筑物等。较长桥梁的引桥可设在大半径的弯道上,但不宜设在反向曲线上。

④ 适当考虑施工场地布置、材料运输等要求。

(4) 地质方面的要求

① 地质构造稳定,避开不良地质现象如活动性断层、溶洞、泥沼、滑坡、泥石流的不利影响。如避开有困难,可采取避重就轻的方法处理。如图 11-12 所示,桥位 II 方案使断层处于较次要、易处理的引道接线范围,比桥位 I 方案优越。

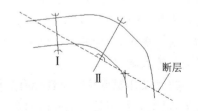

图 11-12　不良地质的避重就轻处理示例

② 宜选在基岩外露或地基持力层埋藏较浅处。

（5）通航方面的要求

① 桥位应选在航道比较稳定、顺直且有足够通航水深的河段上，航道不稳定时，应考虑河道变迁的影响。其顺直长度在桥轴线上游不小于最长拖船队长度的 3 倍或顶推船队长度的 4 倍，在桥轴线下游不小于最长拖船队长度的 1.5 倍或顶推船队长度的 2 倍。桥位应远离滩险、弯道和汇流口。

② 桥轴法线与通航主流的交角不宜大于 5°，大于 5°时应增大通航孔的跨径。

③ 桥位应避开既有水工设施、港口作业区和船舶锚地等。

（6）其他方面的要求

① 城镇附近桥位应适应城镇规划的要求，注意相邻桥面交通流的合理分配。应尽量遵循"近城不进城"的原则以减少运输干扰与交通安全隐患。对有防洪要求的城镇，桥位宜选在上游。

② 水库地区桥位宜尽量采用桥、坝合一方案，否则应选在蓄洪区上游水面较窄、岸坡稳定、泥沙淤积较少的地段或在下游溢洪区清水冲刷影响范围以外。

③ 有国防军事要求的桥位应注意位置的隐蔽性和便于防卫，应选用抢修简易快捷的桥型与之配合。其与既有旧桥之间应留有足够的安全距离，以防止同时被炸毁破坏的可能。

④ 地震区的桥位选择，应按现行的《公路桥梁抗震设计规范》（JTG/T 2231-01—2020）有关规定执行。

11.3.3　桥位勘测

桥位勘测与桥位选择紧密结合，既为桥位选择提供基本资料，也为选定后的桥位进行详细勘测，提供大桥设计、计算所需的地形、地质、水文等详细资料。

（1）桥址地形测量

桥址地形测量也称桥位测量，基本内容包括如下几方面：

① 桥位较大范围内的地形平面图，测绘范围沿河流方向以洪水泛滥宽度为尺度，桥轴线上游约取 2 倍，下游约取 1 倍，沿桥轴线方向两边界内应在历史最大洪水泛滥边界以外 50 m，图内应标出平面控制点、水准点、线路导线、桥位轴线、引道接线、水文计算断面、洪水位点、历史最高洪水泛滥线、洪水期流向、航标位置等。

② 桥址地形平面图，测绘范围沿河流方向约为桥轴线上游 2 倍桥长、下游 1 倍桥长，沿桥轴线方向宽度与总平面图规定相同，图中应绘有水下地形。

③ 桥址纵断面图，测量范围一般应从河槽测至历史最高洪水位以上 2～5 m 或引道路肩设计高程以上。

（2）水文调查与勘测

水文调查与勘测是为桥位选择与设计提供必要的水文、河流演变及河槽断面资料，其主要工作分为调查和勘测两部分。

水文调查的内容包括：搜集桥位所在河段邻近水文站的水文长期观测资料，主要有多年水位、流量、流速、水面比降、过水面积、河床断面、河床糙率、河床土层垂向分布、悬移质含沙量、断面洪水来源、冰情、通航、防洪等；调查河段历史洪水，包括洪水位（痕）、流量、发生时间、洪水灾情、地区暴雨洪水图表、降雨资料等；调查河流演变的历史状况，

包括平面和垂向演变幅度、发生时间、相应洪水大小等。对于河口段还要搜集潮汐、海浪、风暴潮资料,对于山区河流段还要调查泥石流发生情况等。

水文勘测与量测可以补充水文调查内容的完整性和检验其可靠性。以下情况需要进行水文勘测与量测:

① 常规水文站距离桥位所在河段较远,借用该站的水文资料可能有较大误差时,需进行必要的水文要素观测,从而对借用资料进行比对、修正,称为校测。

② 对于重要的桥梁,如果水文资料系列缺乏连续性,需要进行补测。

③ 水工模型试验或数值计算需要更详细的资料时,应根据需要进行勘测或观测。

水文要素如河槽断面、水位、流量、流速、含沙量、冲刷量等的勘测或量测,以及观测设备的采用、观测站点的设立应依据相应规程进行。

桥位勘测的相关具体规定,请参阅桥渡设计规范。

11.3.4 桥孔布设

上述桥位选择是确定桥轴线沿河流方向的位置,桥孔布设则是确定桥下泄流孔与河槽横向交叉的位置。桥孔的布设既与横向位置有关,也与桥孔大小(孔径)有关,一般有如下要求:

① 应定位于主河槽上,能使设计洪水标准内的各级洪水顺畅泄流,避免河床产生不利的变形,以保证桥梁结构的安全、稳定。

② 应满足通航需要,研究建桥可能引起的航道变迁,设立稳定的通航孔,必要时设预留通航孔。

③ 应考虑流冰、漂木等的需要合理布设孔跨,墩台应做破冰、防撞设计。

④ 因建桥产生的河势变化、水位壅高等难免产生,但应不超过当地生产、生活、防洪等允许的安全范围。

⑤ 桥位河槽为复式横断面时,两侧河滩桥孔的布设应不改变河滩流量的分配比,在滩、槽不稳定的河段上,桥孔布设应考虑河床变形的影响。

⑥ 桥孔布设还应考虑河段上下游其他工程造成的可能影响,如上游建坝引起下游冲刷、下游建坝造成河床淤积和水位抬高的可能,以及航道、码头、管线等的影响。

河流稳定性对大桥的安全起着重要作用,桥位选择应注意河流稳定性分析。表 11-2 是河床组成、稳定性、设计桥位的可行性以及辅助措施的经验总结,可供参考。

桥孔布设与孔径设计、墩台冲刷计算有关,三者需要同时进行。

表 11-2 河流稳定性与桥位

稳定性		河床组成及冲刷程度	演变特点	对桥渡的影响	设计对策
分类	等级				
稳定	I	岩质河岸,砾、卵石河床,基本无冲刷	主流、岸线多年变化甚微,河流稳定	无或微	尽量不侵占水道
	II	岩质或密实土河岸,卵石及粗沙河床,轻微冲刷	主流可能缓慢横向移动,岸线基本稳定	工程布设恰当,影响甚微	适当顺导水流

稳定性		河床组成及冲刷程度	演变特点	对桥渡的影响	设计对策
分类	等级				
次稳定	III	多层土河岸,沙质河床,可冲蚀,抗冲力大于河床	主流明显迁移,岸线、河床呈单向或往复移动,速度缓慢	较长时限内可能表现出影响	必要时借助试验设置防护措施
	IV	河岸、河床土质基本相同,较易冲刷	主流、岸线变化幅度较大,速度慢	大洪水时不利,甚至危及工程安全	须辅以防治措施
不稳定	V	河岸、河床土质基本相同,抗冲力很小	主流、岸线、河床迁徙幅度大,速度快	有明显威胁,强度难以预料	借助试验取最佳方案,但仍需防意外
	VI	河岸为松散土质,极易冲蚀、坍塌	主流、岸线变化迅猛	有明显威胁,有时破坏强烈,难以避免	绕避或采取可行的防治措施

11.4 设计洪水流量及水位

由于流域内降雨或融雪,短时间内大量径流汇入河道,导致流量激增、水位上涨的水文现象,称为洪水。桥梁、涵洞等工程在未来长期运用过程中,随时都面临着被洪水破坏的威胁。为保证桥梁、涵洞的安全,有必要对洪水进行研究。

11.4.1 设计洪水

自然界的洪水发生时间及大小是随机的。在统计意义上,各级大小的洪水的发生具有一定的频率或重现期。洪水越大,发生频率越低或重现期越长。洪水频率用 P 表示,重现期用 T 表示,以年为单位,低频率时两者的关系为

$$T = \frac{1}{P} \tag{11-12}$$

工程防洪一般是根据工程的重要性,期望在不超过某洪水频率下是安全的,而不能保证任何极值洪水条件下的安全。工程安全防御所指定的洪水频率称为防洪标准。工程防洪设计所依据的各种标准的洪水大小称为设计洪水。标准越高,越是稀遇,设计的桥涵也就越安全,被洪水破坏的风险就越小,但耗资也越多;反之,标准较低,耗资会减少,但安全程度会随之降低,承受的风险加大。因此,应根据工程实际情况,按国家颁发的有关规范选定合适的设计标准,并依此推算设计洪水。设计洪水由两个相互关联的特定值决定,即防洪设计标准和相应于该标准的洪水大小。防洪设计标准通常用洪水发生的频率或重现期来定义,表达为多少年一遇的洪水,目前公路桥涵的防洪设计标准均以频率给出(见表 11-3)。

表 11-3　公路桥涵路基设计洪水频率

公路等级	设计洪水频率				
	特大桥	大桥	中桥	小桥	涵洞及小型排水构造物
高速公路	1/300	1/100	1/100	1/100	1/100
一级公路	1/300	1/100	1/100	1/100	1/100
二级公路	1/100	1/100	1/100	1/50	1/50
三级公路	1/100	1/50	1/50	1/25	1/25
四级公路	1/100	1/50	1/50	1/25	不作规定

注：① 二级公路上的特大桥及三、四级公路上的大桥，在河床比降大、易于冲刷的情况下，宜提高一级洪水频率验算基础冲刷深度。
　　② 对由多孔中小跨径桥梁组成的特大桥，其设计洪水频率可采用大桥标准。

11.4.2　由流量资料推求设计洪水

当研究断面有比较充分的实测流量资料时，可采用由流量资料推求设计洪水的方法，其计算过程大体为：① 洪水资料审查，以取得具有可靠性、一致性和代表性的资料；② 选样，从每年洪水中选取符合要求的洪峰流量和洪量，组成各种统计系列；③ 频率计算，推求设计洪峰和设计流量；④ 选择典型洪水过程线，根据设计洪峰和设计流量进行放大，得出设计洪水过程线。

（1）资料审查

历年洪水资料是设计洪水的基础，实际工作中需对洪水系列作"三性审查"，即作资料的可靠性、一致性、代表性审查。

① 资料可靠性审查

资料可靠性审查就是鉴定资料的可靠程度。资料可靠性可从以下三个角度进行审查：一是审查资料的观测途径和方法是否正确，可从基点、断面审查历年河道是否有冲淤变化，上下游河道是否有溃堤、改道、决口，水准尺零点高程是否有变化等。二是审查资料成果整编方法是否规范、正确。三是审查各物理变量的相关关系是否合理，例如，分析水位-流量、水位-面积各年关系变化是否合理，上下游和支流水量是否平衡等。

② 资料一致性审查

资料系列的一致性是指洪水系列产生的条件要一致，例如，组成该系列的流量资料，都是在同样的气候条件、下垫面条件和同一测流断面条件下获得的。若不能满足一致性要求，则需进行改正或还原到下垫面条件无改变时的状态。例如，某水文站自 1950 年建站以来有连序的流量观测资料，但上游于 1995 年修建了水库，1995 年前后的洪峰流量资料会有明显不同，因此需要将 1995 年后的流量还原成未建水库状态下的流量。设 1995 年后的流量为 Q'，若 Δt 时段内水库蓄水体积为 ΔV，则根据水量平衡原理，还原流量 Q 可表示为

$$Q = \left(\frac{\Delta V + Q' \Delta t}{\Delta t} \right) = Q' + \frac{\Delta V}{\Delta t} \tag{11-13}$$

③ 资料代表性审查

资料代表性是指样本资料的统计特性能否很好地反映总体的统计特性。样本对总体的代表性可作如下考察：一是样本的抽取是否具有随机性和独立性；二是样本容量是否足够大。通常，洪水的总体难以取得，因此只能认为资料年限越长、样本容量越大并能包括大、中、小各种洪水年份，代表性就越好。

根据资料代表性的要求，一般洪水样本系列的构成有两大类：实测样本系列（$n > 30$ 年）和调查、考证历史特大洪水系列。所谓特大洪水，以 Q_{EM} 表示，是指比系列中一般洪水数值大得多或满足以下条件的洪水：

$$\frac{Q_{EM}}{\overline{Q}} > 3 \tag{11-14}$$

式中：$\overline{Q}$——实测期流量平均值。

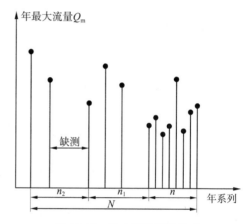

特大洪水可以出现在实测期，也可以出现在调查期、考证期。通常获得的洪水样本系列总长度（N 年）由实测期（n 年）、调查期（n_1 年）和考证期（n_2 年）三个时期组成，如图 11-13 所示。N 年内有的年份资料缺测，构成的资料系列为不连序系列。

图 11-13　洪水资料系列构成

（2）选样

洪水在一年之内往往发生几次，有时某一年的次大洪峰流量比另一年的最大洪峰流量还要大很多，所以存在洪水如何选择样本的问题。我国规定采用年最大值法，即从 n 年的资料中每年选一个最大流量（洪峰流量），组成 n 年样本系列。资料样本记录包含洪水发生的年份以及该年的洪峰流量。

（3）设计洪水推求

桥渡设计所需洪水大小的要素，主要是设计洪水频率标准的洪峰流量及其相应水位。主要工作是采用概率统计方法估计洪水频率，得到一条理论频率曲线，从而求得相应于设计洪水频率的洪峰流量。设计洪水位则通过水位-流量关系获得。

洪水频率曲线的推求分两步：各样本点的经验频率估算和理论频率估计。经验频率采用数学期望估算，估算公式为

$$P_i = \frac{i}{n+1} \tag{11-15}$$

式中：P_i——特大洪水第 i 项的经验频率；

$\quad\quad i$——实测洪水流量系列由大到小排位的顺序号，最大为 $i=1$，最小为 $i=n$；

$\quad\quad n$——实测洪水流量系列项数。

理论频率估计可采用适线法，通过估计统计特征值得到。由于样本资料的年系列非连序，并含有特大洪水，样本系列长度（N 年）由调查、考证特大洪水的重现期确定，因此，确定特大洪水的重现期也是频率计算非常关键的一步。

① 确定特大洪水重现期

特大洪水在资料系列 N 年中可能不止 1 项，可记为斜项，在调查期、考证期及实测期中均有可能发生。a 项特大洪水可在 N 年内排出大小顺序，从而确定它们的重现期。调查、考证是否深入，对特大洪水重现期的确定和排序的影响极大，调查、考证的年代越久远越好。

特大洪水重现期的确定和调查、考证年代对其的影响举例如下：

长江重庆—宜昌段洪水实测资料期为 1940—2003 年，其中，1981 年洪水流量 $Q_m = 72000 \ \mathrm{m^3/s}$，经调查至同治九年（1870 年），还有另一次特大洪水，洪峰流量 $Q_m = 105000 \ \mathrm{m^3/s}$。这样，资料系列长度为 134 年（1870—2003 年），1870 年的洪水排序第一，重现期为 $N = (2003 - 1870 + 1)$ 年 $= 134$ 年，而 1981 年的洪水排序第二，重现期为 $N = 134$ 年 $/2 = 67$ 年。若继续调查至 1153 年，则整个资料期延伸至 $N = (2003 - 1153 + 1)$ 年 $= 851$ 年，如果 1870 年的洪水仍排序第一，则其重现期变成了 851 年。调查期的不同决定了特大洪水的重现期也不同，由式(11-15)可知，这对洪水频率计算结果的影响极大。

② 经验频率估算

根据资料样本系列各年是否齐全，资料样本系列可分为连序系列和不连序系列，其频率计算也有不同的方法。

对于连序系列各样本的经验频率，将系列中各项洪水值按从大到小的顺序统一排位，序号为 i 的洪水频率可采用式(11-15)进行估算。

对于不连序系列，各项的经验频率估算有两种方法：独立样本法和统一样本法。

a. 独立样本法。将实测系列和特大洪水系列视为两个从样本总体中独立抽出的随机连序样本，各项洪水在各自系列中分别进行排序和频率计算。

特大洪水系列 N 年中为首的 a 项，其各项经验频率可采用下式计算：

$$P_M = \frac{M}{N+1} \tag{11-16}$$

式中：P_M——序号为 M 的特大洪水的经验频率；

M——特大洪水各项由大到小排列的序号；

N——自调查期、考证期最远年份至实测期末年的总年数。

若实测系列是 n 年连序的，则各项经验频率仍按式(11-15)计算。

如果某次特大洪水是实测期的，则除在连序实测系列排序外，还要在特大洪水系列排序。同一次洪水占据两个不同系列的位置，若分别按式(11-15)和式(11-16)计算经验频率，结果会完全不同。对于这种情况，处理方法是，在连序实测系列只占排序，而经验频率值按特大洪水计算。或者可以说，若实测期有 1 项特大洪水频率已按式(11-16)计算，则实测期其余普通洪水的排序应从 $m = l + 1$ 排起。

b. 统一样本法。将所有已知资料，包括特大洪水在内的实测资料及调查考证资料，视为一个 N 年的不连序系列，各项洪水在整个 N 年内按数值从大到小统一排序，并以此估计频率。

统一样本中的各项频率，仍按特大洪水和普通洪水分别计算。在整个样本中，系列长度为 N 年，若其中有 a 项特大洪水，则频率仍按式(11-16)计算。由于 a 项特大洪水

可看作从 N 年中随机抽取,故其概率可假定在 $0\sim1$ 之间分布,特大洪水系列中第末项即 $M=a$ 的经验频率可计为 $P_{M,a}$。实测期的 n 项普通洪水,也视为在 N 年内任意抽取,如果实测期 n 项中有 l 项是特大洪水,是属于 a 项中的,即已从 n 项中抽出,则还剩 $n-l$ 项普通洪水都不超过 a 项特大洪水,这 $n-l$ 项洪水的经验频率均匀分布于 $1-P_M$ 范围内,其经验频率计算公式为

$$P_m = P_{M,a} + (1-P_{M,a}) \cdot \frac{m-l}{n-l+1} \tag{11-17}$$

式中：P_m——实测系列第 m 项经验频率;

　　　l——实测洪水系列中抽出作为特大洪水处理的项数;

　　　m——实测洪水序号 $(m=l+1,l+2,\cdots,n)$;

　　　$P_{M,a}$——特大洪水第末项 $M=a$ 的经验频率,$P_{M,a}=\dfrac{a}{N+1}$。

将上述各项洪水的洪峰流量与相应频率组成的数组 (P_i, Q_i),$i=1,\cdots,n$,点绘于海森频率纸上,形成经验频率点。

③ 理论频率曲线推求

工程中常用皮尔逊-Ⅲ型(P-Ⅲ)曲线作为理论频率曲线的线型,其频率分布取决于统计参数:平均值 $\overline{Q}$、变差系数 C_v 和偏态系数 C_s。理论频率估算,就是确定相应于理论频率分布曲线的统计参数,可采用初估和适线法调整后确定。

为简化 P-Ⅲ 曲线频率的积分计算,标准化变量 Φ(称为离均系数)可取为

$$\Phi = \frac{Q-\overline{Q}}{\overline{Q}C_v} \tag{11-18}$$

当 Φ 的均值为零时,均方差为 1,由标准化变量得

$$Q = \overline{Q}(1+\Phi C_v) \tag{11-19}$$

可将 P-Ⅲ 曲线积分简化为

$$P(\Phi \geqslant \Phi_P) = \int_{\Phi_P}^{\infty} f(\Phi, C_s)\,\mathrm{d}\Phi \tag{11-20}$$

式(11-20)中被积函数只含一个参数 C_s。只要给定 C_s、均值 $\overline{Q}$ 和变差系数 C_v,就可以算出 Φ_P 和 P 对应的洪水流量 Q_P。对于若干给定的 C_s($C_s \geqslant 0$)值,Φ_P 和 P 的对应数值表已制定出来,可供查算使用。在实际应用中,通过查算制成的专用表,可以使计算工作大大简化。

a. 统计参数初估。统计参数初估的方法有矩法和三点法。采用矩法进行统计参数的无偏估计时,对样本的连续序列和不连续序列计算公式不同。对于连续序列,均值和变差系数分别采用式(11-21)和式(11-22)估计:

$$\overline{Q} = \frac{1}{n}\sum_{i=1}^{n}Q_i \tag{11-21}$$

$$C_v = \sqrt{\frac{\sum\limits_{i=1}^{n}\left(\dfrac{Q_i}{\overline{Q}}-1\right)^2}{n-1}} \tag{11-22}$$

对于不连续序列,采用式(11-23)和式(11-24)估计:

$$\overline{Q} = \frac{1}{N}\left(\sum_{j=1}^{a} Q_j + \frac{N-a}{n-l} \cdot \sum_{i=l+1}^{n} Q_i\right) \tag{11-23}$$

$$C_v = \frac{1}{\overline{Q}_m}\sqrt{\frac{1}{N-1}\left[\sum_{j=1}^{a}(Q_{mj}-\overline{Q}_m)^2 + \frac{N-a}{n-l} \cdot \sum_{i=l+1}^{n}(Q_{mi}-\overline{Q}_m)^2\right]} \tag{11-24}$$

偏态系数 C_s 值一般不计算,通常是参考相似流域的分析成果,将 C_s 初选为 C_v 的某倍数,如初选 C_s 为 $2C_v$、$1.5C_v$、$0.5C_v$、$2.5C_v$ 等,作为进行适线的首次近似值。

采用三点法进行统计参数的无偏估计时,先确定偏度系数 S,即

$$S = \frac{Q_{P_1} + Q_{P_3} - 2Q_{P_2}}{Q_{P_1} - Q_{P_3}} \tag{11-25}$$

S 仅为 C_s 的函数,即

$$S = f(C_s) \tag{11-26}$$

可事先制成 S 和 C_s 的对应数表,三点法中的 P_2 一般都取 50%,P_1 和 P_3 则取对称值,即 $P_3 = 1 - P_1$,表 11-4 给出了 P 为 5%、50%、95% 时 S 和 C_s 的关系。求得 C_s 后,可分别求得下列值:

$$\sigma = \frac{Q_{P_1} - Q_{P_3}}{\Phi(P_1, C_s) - \Phi(P_3, C_s)} \tag{11-27}$$

$$\overline{Q} = Q_{P_2} - \sigma\Phi(P_2, C_s) \tag{11-28}$$

$$C_v = \frac{\sigma}{\overline{Q}} \tag{11-29}$$

表 11-4 P 为 5%、50%、95% 时 S 和 C_s 的关系

S	C_s									
	0	1	2	3	4	5	6	7	8	9
0.0	0.00	0.04	0.08	0.12	0.16	0.20	0.24	0.27	0.31	0.35
0.1	0.38	0.41	0.45	0.48	0.52	0.55	0.59	0.63	0.66	0.70
0.2	0.73	0.76	0.80	0.84	0.87	0.90	0.94	0.98	1.01	1.04
0.3	1.08	1.11	1.14	1.18	1.21	1.25	1.28	1.31	1.35	1.38
0.4	1.42	1.46	1.49	1.52	1.56	1.59	1.63	1.66	1.70	1.74
0.5	1.78	1.81	1.85	1.88	1.92	1.95	1.99	2.03	2.06	2.10
0.6	2.13	2.17	2.20	2.24	2.28	2.32	2.36	2.40	2.44	2.48
0.7	2.53	2.57	2.62	2.66	2.70	2.76	2.81	2.86	2.91	2.97
0.8	3.02	3.07	3.13	3.19	3.25	3.32	3.38	3.46	3.52	3.60
0.9	3.70	3.80	3.91	4.03	4.17	4.32	4.49	4.72	4.94	5.43

b. 适线法推求理论频率曲线。所谓适线法,就是以估计的理论频率分布曲线与样本经验点数据分布配合最佳来优选统计参数的方法。适线法频率计算步骤如下:初估 Q、C_v、C_s,假设频率 P,查表得出相应于频率 P 的 Q_P 值,由 $\overline{Q}$ 和 C_v 值通过式(11-19)求出相应于频率 P 的洪峰流量 Q_P,再假设频率 P,重复上述步骤,得到一组 (P, Q_P) 值,

在有经验频率点的图上绘成曲线,若与经验点据配合不佳,则调整统计参数的值,重复以上步骤计算,直至计算的曲线与经验点据配合良好为止。

④ 计算设计洪水值

相应于设计洪水频率 P 标准的洪峰流量 Q_P,可从已推求的理论频率曲线上查得,或根据理论频率曲线的统计参数由式(11-19)计算得到。

【例 11.1】　某河流断面 1986—2006 年共 21 年的年最大洪峰流量资料见表 11-5 第 1 列和第 2 列,根据该资料分别用矩法和三点法初选参数进行适线,推求百年一遇的洪峰流量。

表 11-5　某河流断面 1986—2006 年的年最大洪峰流量经验频率计算表

年份	洪峰流量 $Q/(\mathrm{m^3/s})$	由大到小排列		$\dfrac{Q_i}{\overline{Q}}$	$\dfrac{Q_i}{\overline{Q}}-1$	$\left(\dfrac{Q_i}{\overline{Q}}-1\right)^2$	经验频率 $P_i/\%$
		序号 i	$Q_i/(\mathrm{m^3/s})$				
1986	1540	1	2750	2.20	1.20	1.4400	4.6
1987	790	2	2390	1.92	0.92	0.8464	9.0
1988	1090	3	1860	1.49	0.49	0.2401	13.6
1989	1050	4	1740	1.40	0.40	0.1600	18.2
1990	1860	5	1540	1.24	0.24	0.0576	22.7
1991	1140	6	1520	1.22	0.22	0.0484	27.3
1992	980	7	1270	1.02	0.02	0.0004	31.8
1993	2750	8	1260	1.01	0.01	0.0001	36.4
1994	762	9	1210	0.971	−0.029	0.0008	40.9
1995	2390	10	1200	0.963	−0.037	0.0014	45.4
1996	1210	11	1140	0.915	−0.085	0.0072	50.5
1997	1270	12	1090	0.875	−0.125	0.0156	54.6
1998	1200	13	1050	0.843	−0.157	0.0246	59.1
1999	1740	14	1050	0.843	−0.157	0.0246	63.6
2000	883	15	980	0.786	−0.214	0.0458	68.2
2001	1260	16	883	0.708	−0.292	0.0853	72.7
2002	408	17	794	0.637	−0.363	0.1318	77.3
2003	1050	18	790	0.634	−0.366	0.1340	81.8
2004	1520	19	762	0.611	−0.389	0.1513	86.4
2005	483	20	483	0.388	−0.612	0.3745	90.9
2006	794	21	408	0.327	−0.673	0.4529	95.4
总计	26170		26170	21.00	0.00	4.2428	

（1）矩法适线推求

① 点绘经验频率曲线。

将实测 21 年的资料将 Q_i 按由大到小的顺序排列，列入表 11-5 中第 4 列，用

公式 $P_i = \dfrac{i}{n+1}$ 计算经验频率，将计算值列入表中第 8 列，并将第 4 列和第 8 列的

数值对应绘于频率格纸图 11-14 上。

② 按无偏估值公式计算统计参数。

年最大洪峰流量均值可采用式（11-21）计算，即

$$\overline{Q} = \frac{1}{n}\sum_{i=1}^{n}Q_i = \frac{26170}{21} \approx 1246 \ \text{m}^3/\text{s}$$

变差系数可采用式（11-22）计算，即

$$C_v = \sqrt{\frac{\sum\limits_{i=1}^{n}\left(\dfrac{Q_i}{\overline{Q}}-1\right)^2}{n-1}} = \sqrt{\frac{4.2428}{21-1}} \approx 0.46$$

③ 适线法选配皮尔逊Ⅲ型理论频率曲线。

a. 初选参数适线。$\overline{Q} \approx 1246 \ \text{m}^3/\text{s}$，取 $C_v = 0.5$，并假定 $C_s = 2C_v = 1.0$，查"皮尔逊Ⅲ型频率曲线的离均系数"表，得出相应于各种频率 P 的 Φ_P，计算 $Q_P = \overline{Q}(1+\Phi_P C_v) = K_P\overline{Q}$，如表 11-6 中第 3 列所示。根据表中第 1 列和第 3 列的对应数值点绘曲线，发现该频率曲线的中段与经验频率点据配合尚好，但头部偏于经验频率点据之下，尾部又偏于经验频率点据之上。

表 11-6　理论频率曲线选配计算表

频率 $P/\%$	第一次适线 $\overline{Q}=1246 \ \text{m}^3/\text{s}$ $C_v=0.5$ $C_s=2C_v=1.0$		第二次适线 $\overline{Q}=1246 \ \text{m}^3/\text{s}$ $C_v=0.6$ $C_s=2C_v=1.2$		第三次适线 $\overline{Q}=1246 \ \text{m}^3/\text{s}$ $C_v=0.6$ $C_s=2.5C_v=1.5$	
	K_P	Q_P	K_P	Q_P	K_P	Q_P
1	2.51	3127	2.89	3600	3.00	3738
5	1.94	2417	2.15	2680	2.17	2704
10	1.67	2080	1.80	2243	1.80	2243
20	1.38	1720	1.44	1794	1.42	1770
50	0.92	1146	0.89	1109	0.86	1071
75	0.64	797	0.56	698	0.56	698
90	0.44	548	0.35	436	0.39	486
95	0.34	424	0.26	324	0.32	399
99	0.21	262	0.13	162	0.24	299

b. 改变参数重新适线。因为上述曲线头部低而尾部高,故需增大 C_v。现取 $C_v=0.6$,$C_s=2C_v=1.2$,查"皮尔逊Ⅲ型频率曲线的离均系数"表,得出相应于各种频率 P 的 Φ_P,并计算 Q_P 值,列入表 11-6 中第 5 列,与经验点据配合,发现头部配合较好,但尾部偏低较多。

c. 再次改变参数适线。根据上述情况需增大 C_s 值,选定 $C_v=0.6$,$C_s=2.5C_v=1.5$,再次计算理论频率曲线,该曲线与经验点据配合较好,因此作为最后采用的理论频率曲线(见图 11-14)。为了清楚展现经验点据与采用的频率曲线,在图 11-14 上最初试配的两条频率曲线均未绘出。

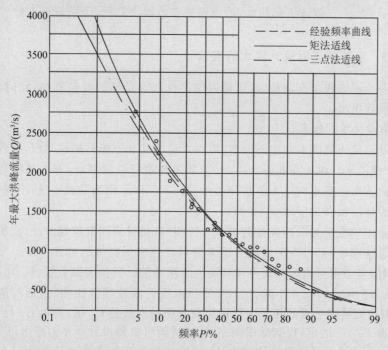

图 11-14　某河流年最大洪峰流量-频率曲线

④ 推求百年一遇的设计洪峰流量。

由图 11-14 查得 $P=1\%$ 对应的流量为 $Q_P=3730$ m³/s,也可按 $Q_P=\overline{Q}(1+\Phi_P C_v)$ 计算。

(2) 三点法适线推求

按三点法初选参数进行适线。具体步骤如下:

① 点绘经验频率曲线(见图 11-14 中虚线)。

② 三点法初估参数,从经验频率曲线上读得 $Q_{5\%}=2600$ m³/s,$Q_{50\%}=1100$ m³/s,$Q_{95\%}=400$ m³/s。由式(11-25)可以求出:

$$S=\frac{Q_{5\%}+Q_{95\%}-2Q_{50\%}}{Q_{5\%}-Q_{95\%}}=\frac{2600+400-2\times1100}{2600-400}=0.36$$

查表 11-4，由 $S=0.36$ 得 $C_s=1.28$。查"皮尔逊Ⅲ型频率曲线的离均系数"表，当 $C_s=1.28$ 时，$\Phi_{5\%}=1.92$，$\Phi_{50\%}=-0.21$，$\Phi_{95\%}=-1.20$。由此可算出：

$$\sigma=\frac{Q_{5\%}-Q_{95\%}}{\Phi_{5\%}-\Phi_{95\%}}=\frac{2600-400}{1.92-(-1.20)}=705 \text{ m}^3/\text{s}$$

$$\overline{Q}=Q_{50\%}-\sigma\Phi_{50\%}=1100-705\times(-0.21)=1248 \text{ m}^3/\text{s}$$

$$C_v=\frac{\sigma}{\overline{Q}}=\frac{705}{1248}=0.56$$

③ 适线。取 $\overline{Q}=1248 \text{ m}^3/\text{s}$，$C_v=0.56$，并近似取 $C_s=2.5 C_v=1.4$ 进行适线，如图 11-14 所示。该线头部偏低，适当调整参数再次适线，最后可得参数。

11.4.3 资料缺乏时设计洪水的推求

某些中小河流或小流域地区，建桥河段往往缺乏足够的流量资料，此时，可用以下方法推求设计洪水。

(1) 由设计暴雨推求

暴雨是形成河流洪水的主要因素，降雨经过蒸发和下渗后形成净雨，再经地表汇流至河槽，形成洪水。由于存在因果关系，当暴雨观测资料较多时，可由暴雨资料推求设计洪水。此方法的基本假定为洪水与暴雨同频率。以暴雨为随机变量，求得设计暴雨，再转换成设计洪水即为所求。

设计暴雨的推求与设计流量的推求方法相同，仍可采用数理统计法，根据资料样本频率估计总体频率，但对不同性质的样本资料需要采用具体的处理方法。当暴雨资料不够充足时，多采用查地区图册再作转换的方法推求。我国大部分省(区、市)和部门都绘有统计历时 24 小时或 6 小时、1 小时的暴雨统计参数等值线图，包括均值(如 $\overline{P}_{24}$)、C_v、C_s。查出流域中心点的年最大统计历时降雨量均值及 C_v 值，再由 C_s 与 C_v 之比的分区图查得 C_s/C_v 的值，得到暴雨频率曲线，进而可推得设计频率的暴雨量。

由设计暴雨转换成设计洪水的方法，实质就是由降雨产生径流和由径流形成洪水的原理。由暴雨资料推求设计洪水的流程如图 11-15 所示，各步骤的计算方法可参见工程水文学的相关内容。

图 11-15 由暴雨资料推求设计洪水的流程

(2) 推理公式法

推理公式是由径流成因分析结合经验得到的简化公式，其基本原理是暴雨经产流和汇流过程形成洪水流量。考虑全面汇流和部分汇流，设计洪峰流量的计算公式如下：

$$\begin{cases} Q_{m,p}=0.278\left(\dfrac{S_P}{\tau^n}-\mu\right)A \\ \tau=0.278\dfrac{L}{mJ^{\alpha}Q_{m,p}^{\beta}} \end{cases} \qquad t_e\geqslant\tau(\text{全面汇流}) \qquad (11\text{-}30)$$

$$\begin{cases} Q_m = 0.278 \left(\dfrac{n S_P t_e^{1-n}}{\tau^n} \right) A \\ \tau = 0.278 \dfrac{L}{m J^\alpha Q_m^\beta} \end{cases} \qquad t_e < \tau \text{（部分汇流）} \qquad (11\text{-}31)$$

式中：Q_m——洪峰流量，m^3/s；

　　　A——流域面积，km^2；

　　　τ——流域汇流历时，h；

　　　S_P——$t = 1$ h 的平均雨强，可从地区水文手册查 S_P 等值线图，mm/h；

　　　n——暴雨参数，使用时可查地区水文手册中的 n 值分区图；

　　　μ——雨量损失系数，与流域土壤渗流、蒸发等有关；

　　　L——沿主河道从出口断面到流域最远点的距离，km；

　　　J——沿流程 L 的平均比降；

　　　α、β——与流程水力特性有关的指数，对山区河道一般采用 $\alpha = \dfrac{1}{3}$、$\beta = \dfrac{1}{4}$；

　　　m——汇流参数，可按下式计算：

$$m = k\theta^x \qquad (11\text{-}32)$$

$$\theta = \frac{L}{J^{\frac{1}{3}}} \qquad (11\text{-}33)$$

式中：k、x 与地区特性和暴雨强度有关，目前各地区有经验数值可供查用。

推理公式(11-30)和公式(11-31)中流量与汇流时间互为函数关系，可用试算法或图解法求解。

（3）由地区经验公式推求

若能查到当地有关部门绘制的雨量统计图表及 $\overline{Q}$、C_v、C_s 等统计值，对其所在资料进行合理性论证后，则可以借用。建桥地区的设计洪水经验公式可表示为

$$Q_P = C F^n \qquad (11\text{-}34)$$

式中：Q_P——设计洪峰流量，m^3/s；

　　　F——流域面积，km^2；

　　　C、n——地区经验参数。

11.4.4　设计洪水位

设计洪水的自由水面高程即设计水位，以 Z_P 表示，与流量、过流断面面积、流速相关。建立水位与流量的简单函数关系以获得设计水位，是最方便的方法，但该方法需要有充分的资料，可通过搜集的水位、流量资料，用相关分析法绘制水位-流量相关曲线，在该曲线上根据已知的 Q_P 查得相应水位 Z_P。Z_P 也可以通过水位-面积、水位-流速等相关关系，借助水力学计算得到。应当注意的是，设计水位非最高水位，最高水位是某河流在尽可能长的历史调查期内的最高水位值，与设计水位概念不同，最高洪水位可能大于设计水位，如图 11-16 所示。

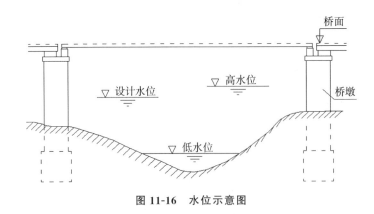

图 11-16 水位示意图

11.5 桥孔设计

桥孔设计主要包括桥孔长度和桥孔高度计算,计算需要通过水流分析、水力计算等途径。

11.5.1 桥孔长度计算

桥孔长度是指相应于设计洪水位时两桥台前缘之间的水面宽度,常以 L 表示,扣除全部桥墩宽度后的长度称为桥孔净长。在给定的水文和河床条件下,安全通过设计洪水流量所必需的最小桥孔净长度,称为桥孔最小净长,常以 L_j 来表示。

桥孔长度的确定,首先应满足排洪和输沙的要求,保证设计洪水及其所挟带的泥沙从桥下顺利通过;然后应满足桥下天然或人工漂浮物的通过,保证冰凌或竹排、木排从桥下顺利通过;通航河段还应满足桥下水面通航的要求,保证船舶或编组的驳船船队从桥下顺利通过。因此,桥孔长度计算应综合考虑桥孔长度、桥前壅水和桥下冲刷的相互影响。目前一般采用冲刷系数法和经验公式法计算桥孔长度。

(1)冲刷系数法

冲刷系数法是利用桥位断面的设计流量 Q_s 和设计水位 H_s,根据水力学的连续性原理($Q=Av$),求出桥下顺利宣泄设计洪水时所需要的最小过水面积,用以确定桥孔的最小长度。

建桥后桥孔压缩了水流,桥下流速增大到一定数值时,桥下河床开始出现冲刷(称为一般冲刷),随着冲刷后水深的增加,桥下过水面积逐渐增大,因而桥下流速逐渐降低,河床的冲刷将相应减缓,最终趋于停止。也就是说,每条河流都有一个特定的流速(冲止流速),达到该流速时,河床的冲刷即停止。1875 年,别列柳伯斯基提出假定:当桥下断面的平均流速 v_c 等于天然河床断面的平均流速时,桥下冲刷随之停止,过水断面将不再变形。本假定即为冲刷系数法计算桥孔长度的理论依据。

假定建桥前、后桥下水位不变,根据恒定水流连续性方程,桥下通过设计洪水时所需的最小毛过水面积 A_q 可表示为

$$A_q = \frac{Q_s}{\mu(1-\lambda)Pv_s} \qquad (11\text{-}35)$$

式中：μ——因墩台侧面涡流阻水而引起的桥下过水面积折减系数，又称压缩系数，可表示为 $\mu=1-0.375v_s/l_j$（l_j 为桥墩净间距）；

　　　　λ——因桥墩阻水而引起的桥下过水面积折减系数，对于一般宽浅河流，可表示为 $\lambda=b/l$（其中 b 为桥墩宽度，l 为桥墩中心间距）；

　　　　v_s——设计流速，一般采用天然河床平均流速 v_c，m/s；

　　　　P——冲刷系数，即冲刷后的过水面积 $A_{冲后}$ 与冲刷前的过水面积 $A_{冲前}$ 之比，$P=A_{冲后}/A_{冲前}$。冲刷系数表示桥下河床的冲刷程度，也表示桥孔对水流的压缩程度，是桥孔长度计算的控制因素。冲刷系数的选用应考虑河段类型和河床变形特点，如平原稳定型河段因水流和河床稳定，不宜压缩，故 P 取较小值；山前区变迁型河段因水流宽浅，多摆动，P 值可取稍大些。一般情况下，平原稳定型河段 P 值不应大于 1.20，山前区变迁型河段不应大于 1.40。

　　冲刷系数法适用于细颗粒、均匀的沙质河床和平原稳定性河床，不太适用于我国广大地区存在的大颗粒、宽浅变迁性河床等不稳定河床。需要注意的是，自 1982 年起，上述冲刷系数法已不再推荐使用。

　　（2）经验公式法

　　《公路工程水文勘测设计规范》（JTG C30—2015）规定，对峡谷型河段，不宜压缩河床，一般按地形布孔，不做桥长计算。对其他类型河段，可用经验公式计算桥孔最小净长 L_j。

　　① 有明显河槽的各类河段

$$L_j = K\left(\frac{Q_s}{Q_c}\right)^n B_c \qquad (11\text{-}36)$$

式中：L_j——桥孔最小净长，m；

　　　　Q_c——设计洪水的河槽流量，m^3/s；

　　　　B_c——河槽宽度，m；

　　　　K、n——反映河床稳定性的系数和指数（见表 11-7）。

表 11-7　K、n 取值

河段类型	K	n
开阔、顺直微弯等稳定型河段	0.84	0.90
分汊、弯曲、宽滩等次稳定型河段	0.95	0.87
滩、槽可分的不稳定型河段	0.69	1.59

　　② 无明显河槽的变迁、游荡型河段

$$L_j = 16.07 C_p \frac{\overline{Q}^{0.24}}{\overline{d}^{0.3}} \qquad (11\text{-}37)$$

$$C_p = \left(\frac{Q_s}{Q_{2\%}}\right)^{0.33} \qquad (11\text{-}38)$$

式中：C_p——设计洪水频率系数，可取设计流量与2%频率洪水流量的比值；

$Q_{2\%}$——频率为2%的洪水流量，m^3/s；

$\overline{Q}$——多年洪水平均流量，m^3/s；

$\overline{d}$——河床质平均粒径，m。

利用上述公式计算出桥孔净长度后，尚应结合断面形态、主流位置、通航要求、河床演变趋势、桥位河段地质等情况，做不同桥长的技术经济比较，综合论证后确定最终方案。

11.5.2 桥面高程计算

桥面高程是指桥面中心线上最低点的高程，必须满足桥下通过设计洪水、流冰、流木和通航的要求，并且要考虑壅水、波浪、水拱、河湾凹岸水面超高以及河床淤积等各种因素引起的桥下水位升高。

根据河流是否通航，桥面最低高程计算如下。

（1）不通航河流

① 按设计水位计算桥面最低高程，如图11-17a所示，应按下式计算，即

$$H_{\min} = H_s + \sum \Delta h + \Delta h_j + \Delta h_0 \tag{11-39}$$

式中：$H_{\min}$——桥面最低高程；

H_s——设计水位；

$\sum \Delta h$——各种水面升高值总和；

Δh_j——桥下净空安全值，按表11-8采用；

Δh_0——桥梁上部构造建筑高度，包括桥面铺装高度。

表11-8　不通航河流桥下净空安全值 Δh_j

桥梁部位	按设计水位计算的桥下净空安全值/m	按最高流冰水位计算的桥下净空安全值/m
梁底	0.50	0.75
支座垫石顶面	0.25	0.50
拱脚	0.25	0.25

注：① 无铰拱的拱脚，可被水淹没，淹没高度不宜超过拱圈矢高的2/3；拱顶底面至设计水位的净空不应小于1 m。
　　② 山区河流水位变化大，桥下净空安全值可适当加大。

② 按设计最高流冰水位计算桥面最低高程，如图11-17b所示，应按下式计算，即

$$H_{\min} = H_{SB} + \Delta h_j + \Delta h_0 \tag{11-40}$$

式中：H_{SB}——设计最高流冰水位，应考虑床面淤高。

不通航河流桥面设计高程不应低于式（11-39）和式（11-40）的计算值。

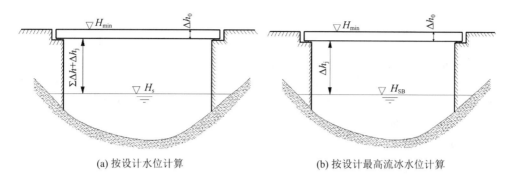

(a) 按设计水位计算　　　　　　(b) 按设计最高流冰水位计算

图 11-17　不通航河段桥面高程示意图

（2）通航河流（见图 11-18）

通航河流的桥面高程除应满足不通航河流的要求外，还应满足下式要求：

$$H_{\min} = H_{tn} + H_M + \Delta h_0 \tag{11-41}$$

式中：H_{tn}——设计最高通航水位；

H_M——通航净空高度，按相关规范取值。

最终需取式（11-39）和式（11-41）计算结果中的最大值作为桥面最低高程。

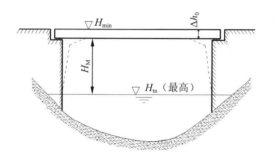

图 11-18　通航河段桥面高程示意图

11.6　桥下河床冲刷类型及计算

为了确保大桥在运行期间的安全，桥墩下的基础应在稳定的河床面高程下有一定的埋深，基础的底部高程按此原则进行设计。以稳定的河床面为参考基准面，减去设计埋深，可得到基底高程。实际情况下，受水流作用，河床面存在着不稳定性，尤其是桥梁的水下结构会加剧河床的冲刷，使河床面高程降低。在桥渡工程设计中，通常是将设计洪水下河床冲刷达到平衡时的最低河床面作为基底高程设计的基准面。因此，需提前对河床的冲刷程度进行预测。

11.6.1　桥下河床冲刷类型

桥下河床冲刷是指因建桥扰动水流，引起河床泥沙输移而产生的河床面降低。冲

刷是影响墩台基底高程变化的主要因素。由于桥渡河段的水流、泥沙运动是三维的,因此冲刷也是三维的,但工程中为了方便计算,常将天然河流按一维总流处理,根据冲刷成因将总体的冲刷现象分为自然演变冲刷、一般冲刷和局部冲刷。

自然演变冲刷是指在水力作用及泥沙运动等因素的影响下,河床自然发育过程中发生的冲刷现象。例如,河床逐年下切、淤积、边滩下移、河湾变形和裁弯取直、人类活动(如河道整治、兴修水利设施等)。图 11-19 中所示的冲刷前河床面是指计入了天然冲刷后的河床面。

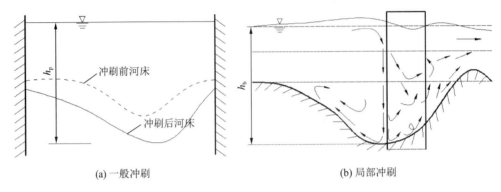

(a) 一般冲刷   (b) 局部冲刷

图 11-19　一般冲刷、局部冲刷示意图

一般冲刷是指建桥导致的桥面河床全断面发生的冲刷现象。其原因是桥孔压缩了水流过水断面,造成桥孔上游水流急剧集中流入桥孔,在桥孔稍下游处,形成收缩断面。该断面处流速梯度很大,床面切应力剧增,引起强烈的河床泥沙运动,从而产生明显的冲刷。一般冲刷可使桥下河床断面不断扩大,待水流流速降至天然流速后,桥下河床会出现新的冲淤平衡,导致一般冲刷终止。因此,一般冲刷主要发生在建桥过程中及刚建好桥的一段时间内,不会一直发生。计算时通常取一般冲刷停止时的桥下最大铅垂水深为一般冲刷深度,并以符号 h_p 表示,如图 11-19a 所示。

局部冲刷是指墩台周围水流异常造成的在墩台周围发生的冲刷现象。局部冲刷将使墩台附近的泥沙不断被带走,形成冲刷坑,随着冲刷坑的扩大加深,坑底流速将随之下降,水流挟沙力减小,而坑内泥沙也因渐趋粗化,抗冲刷力不断加强。局部冲刷同样会出现新的冲淤平衡,由此形成的冲刷坑最大深度称为墩台局部冲刷深度,常用符号 h_p 表示,如图 11-19b 所示。

11.6.2　桥下河床冲刷计算

桥下河床冲刷计算是确定墩台基础埋深的重要依据。根据上述冲刷类型,可分别计算自然演变冲刷、一般冲刷、局部冲刷的深度,然后进行汇总,得出各部位的总冲刷深度。

(1) 自然演变冲刷计算

桥渡设计时考虑的自然演变冲刷,应是设计洪水条件下河床瞬时最大冲刷。河床发生自然演变冲刷的可能性,可用临界起动流速公式或悬移质水流挟沙力公式来判别。

河床的自然演变冲刷计算可由水流运动方程、泥沙运动方程及河床变形方程所组成的方程组,在给定合理的边界条件下,采用数值计算完成。

（2）一般冲刷计算

桥下断面的一般冲刷深度计算目前尚无成熟理论，主要按经验公式计算。《公路工程水文勘测设计规范》(JTG C30—2015)推荐的公式如下。

① 非黏性土河床

河槽部分的推荐计算公式为

$$h_p = 1.04 \left(A_d \frac{Q_2}{Q_c} \right)^{0.90} \left[\frac{B_c}{(1-\lambda)\mu B_{cg}} \right]^{0.66} h_{cm} \tag{11-42}$$

$$Q_2 = \frac{Q_c}{Q_c + Q_{t1}} Q_P \tag{11-43}$$

$$A_d = \left(\frac{\sqrt{B_Z}}{H_Z} \right)^{0.15} \tag{11-44}$$

式中：h_p——桥下一般冲刷后的最大水深，m；

$\quad Q_P$——频率为 $P\%$ 的设计流量，m^3/s；

$\quad Q_2$——桥下河槽部分的设计流量，m^3/s，当河槽能扩宽至全桥时取用 Q_P；

$\quad Q_{t1}$——天然状态下桥下河滩部分的设计流量，m^3/s；

$\quad B_{cg}$——桥长范围内的河槽宽度，m，当河槽能扩至全桥时取用桥孔总长度；

$\quad B_Z$——造床流量下的河槽宽度，m，对复式河床可取平摊水位时的河槽宽度；

$\quad \lambda$——设计水位下，在 B_{cg} 宽度范围内桥墩阻水总面积与过水面积的比值；

$\quad \mu$——桥墩水流侧向压缩系数，应按表 11-9 确定；

$\quad h_{cm}$——河槽最大水深，m；

$\quad A_d$——单宽流量集中系数，山前变迁、游荡、宽滩河段，当 $A_d > 1.8$ 时，按 1.8 采用；

$\quad H_Z$——造床流量下的河槽平均水深，对复式河床，可取平摊水位时的河槽平均水深，m。

表 11-9　桥墩水流侧向压缩系数 μ 值

设计流速/(m/s)	单孔净跨径 L_0/m								
	≤10	13	16	20	25	30	35	40	45
<1.0	1.00	1.00	1.00	1.00	1.00	1.00	1.00	1.00	1.00
1.0	0.96	0.97	0.98	0.99	0.99	0.99	0.99	0.99	0.99
1.5	0.96	0.96	0.97	0.97	0.98	0.98	0.98	0.99	0.99
2.0	0.93	0.94	0.95	0.97	0.97	0.98	0.98	0.98	0.98
2.5	0.90	0.93	0.94	0.96	0.96	0.97	0.97	0.98	0.98
3.0	0.89	0.91	0.93	0.95	0.96	0.96	0.97	0.97	0.98
3.5	0.87	0.90	0.92	0.94	0.95	0.96	0.96	0.97	0.97
>4.0	0.85	0.88	0.91	0.93	0.94	0.95	0.96	0.96	0.97

注：① 系数 μ 是指墩台侧面因漩涡形成滞流区而减少过水面积的折减系数。

　　② 当单孔净跨径 $L_0 > 45$ m 时，可按 $\mu = 1 - 0.375 \dfrac{v_s}{L_0}$ 计算。对不等跨的桥孔，可采用各孔 μ 值的平均值。单孔跨径大于 200 m 时，取 $\mu \approx 1.0$。

河滩部分的推荐公式为

$$h_p = \left[\dfrac{\dfrac{Q_1}{\mu B_{tj}}\left(\dfrac{h_{tm}}{h_{tq}}\right)^{\frac{5}{3}}}{v_{H1}} \right]^{\frac{5}{6}} \tag{11-45}$$

$$Q_1 = \dfrac{Q_{t1}}{Q_c + Q_{t1}} Q_P \tag{11-46}$$

式中：Q_1——桥下河滩部分通过的设计流量，$\mathrm{m^3/s}$；

$\quad h_{tm}$——桥下河滩最大水深，m；

$\quad h_{tq}$——桥下河滩平均水深，m；

$\quad B_{tj}$——河滩部分桥孔净长，m；

$\quad v_{H1}$——河滩水深 1 m 时非黏性土不冲刷流速，$\mathrm{m/s}$，可按表 11-10 选用。

表 11-10　水深 1 m 时非黏性土不冲刷流速

河床泥沙		$\overline{d}/\mathrm{mm}$	$v_{H1}/(\mathrm{m/s})$	河床泥沙		$\overline{d}/\mathrm{mm}$	$v_{H1}/(\mathrm{m/s})$
砂	粗	0.05～0.25	0.35～0.32	圆砾	小	2.00～5.00	0.60～0.90
	中	0.25～0.50	0.32～0.40		中	5.00～10.00	0.90～1.20
	细	0.50～2.00	0.40～0.60		大	10.00～20.00	1.20～1.50
卵石	小	20.00～40.00	1.50～2.00	漂石	小	200.00～400.00	3.60～4.70
	中	40.00～60.00	2.00～2.30		中	400.00～800.00	4.70～6.00
	大	60.00～200.00	2.30～3.60		大	>800.00	>6.00

② 黏性土河床

河槽部分的推荐计算公式为

$$h_p = \left[\dfrac{A_d \dfrac{Q_2}{\mu L_j}\left(\dfrac{h_{cm}}{h_{cq}}\right)^{\frac{5}{3}}}{0.33\left(\dfrac{1}{I_L}\right)} \right]^{\frac{5}{8}} \tag{11-47}$$

式中：A_d——单宽流量集中系数，取 1.0～1.2；

$\quad I_L$——冲刷坑范围内黏性土液性指数，适用范围为 0.16～1.19；

$\quad Q_2$——设计流量，$\mathrm{m^3/s}$；

$\quad h_{cq}$——桥下河槽平均水深，m；

$\quad L_j$——桥孔净长，m。

河滩部分的推荐计算公式为

$$h_p = \left[\dfrac{A_d \dfrac{Q_1}{\mu B_{tj}}\left(\dfrac{h_{tm}}{h_{tq}}\right)^{\frac{5}{3}}}{0.33\left(\dfrac{1}{I_L}\right)} \right]^{\frac{6}{7}} \tag{11-48}$$

式中符号意义同前。

（3）桥墩局部冲刷计算

墩台局部冲刷深度常以 h_b 表示，桥墩局部冲刷的强烈三维性，使其比一般冲刷更

难建立物理方程。计算时假定局部冲刷在一般冲刷的基础上进行。目前我国常用经验
公式计算,其中《公路工程水文勘测设计规范》(JTG C30—2015)推荐的公式如下。

① 非黏性土河床

当 $v \leqslant v_0$ 时,属于清水冲刷,有

$$h_b = K_{\xi} K_{\eta2} B_1^{0.6} h_p^{0.15} \left(\frac{v - v_0'}{v_0} \right) \tag{11-49}$$

当 $v > v_0$ 时,属于动水冲刷,有

$$h_b = K_{\xi} K_{\eta2} B_1^{0.6} h_p^{0.15} \left(\frac{v - v_0'}{v_0} \right)^{n_2} \tag{11-50}$$

$$K_{\eta2} = \frac{0.0023}{\overline{d}^{2.2}} + 0.375 \overline{d}^{0.24} \tag{11-51}$$

$$v_0 = 0.28 (\overline{d} + 0.7)^{0.5} \tag{11-52}$$

$$v_0' = 0.12 (\overline{d} + 0.5)^{0.55} \tag{11-53}$$

$$n_2 = \left(\frac{v_0}{v} \right)^{0.23 + 0.19 \lg \overline{d}} \tag{11-54}$$

式中:h_b——桥墩局部冲刷深度,m;

K_{ξ}——墩形系数,可查《公路工程水文勘测设计规范》(JTG C30—2015)附录 C;

B_1——桥墩计算宽度,m,可查《公路工程水文勘测设计规范》(JTG C30—2015)附录 C;

h_p——一般冲刷后的最大水深,m;

$\overline{d}$——河床泥沙平均粒径,mm;

$K_{\eta2}$——河床颗粒影响系数;

v——一般冲刷后墩前行进流速,m/s;

v_0'——墩前泥沙起冲流速,m/s;

n_2——指数。

② 黏性土河床

当 $\dfrac{h_p}{B_1} \geqslant 2.5$ 时,有

$$h_b = 0.83 K_{\xi} B_1^{0.6} I_L^{1.25} v \tag{11-55}$$

当 $\dfrac{h_p}{B_1} < 2.5$ 时,有

$$h_b = 0.55 K_{\xi} B_1^{0.6} h_p^{0.1} I_L^{1.0} v \tag{11-56}$$

式中:I_L——冲刷坑范围内黏性土液性指数,适用范围为 0.16～1.48。

当桥台伸入过流区,其附近的水流由主流区(无旋流动)、下游回流区(有旋流动)和
上游滞流区(有旋流动)三部分组成,如图 11-20 所示。被束窄的主流导致上游壅水和
河道的一般冲刷。急速绕过桥台的水流,在桥台上游边缘与壁面边界层分离,形成强烈
的竖轴漩涡体系,并不断向下游扩散,形成回流区。漩涡中心形成负压,吸起床面泥沙,
卷向下游回流区沉淀下来,形成桥台冲刷和回流区淤积。桥台前缘上游侧,水流与桥台
壁面分离处不断产生漩涡。涡心床面泥沙压强较无漩涡处的压强小。这里的流速最

大,床面压强最小,冲刷最深。

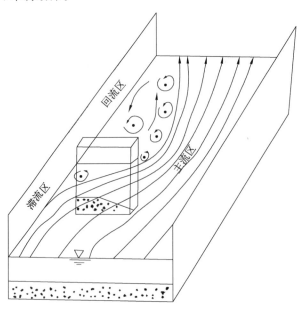

图 11-20　桥台周围流态

桥台最大冲刷深度应结合桥位河床特征、压缩程度等情况,分析、计算、比较后确定。

11.6.3　墩台基底高程

得出上述三种冲刷深度后,桥梁墩台设计洪水冲刷线标高即可通过下式计算得到:

$$H_m = H_s - (\Delta h + h_p + h_b) \tag{11-57}$$

式中:H_m——设计洪水冲刷线标高,m;

　　　H_s——设计水位,m。

位于非岩性地基上的浅基础,对于有冲刷的河流,为了防止桥梁墩台基础四周和基底下的土层被水流掏空冲走,不致使墩台基础失去支持而倒塌,基础必须埋置在设计洪水的最大冲刷线以下一定深度,以保证基础的稳定性。一般情况下,小桥涵基础底面应设置在设计洪水冲刷线以下不小于 1 m。基础在设计洪水冲刷线以下的最小埋置深度与河床地层的抗冲能力、计算设计流量的可靠性、桥梁的规模等因素有关,当仅考虑冲刷影响时,大中桥在设计洪水冲刷线以下的最小埋置深度见表 11-11。

建于抗冲能力强的岩石上的基础,不受表中数值的限制。

桥渡设计中常用以下几种高程表示的参数:设计水位(H_s,m)、天然河床面(H_n,m)、最低冲刷河床面即最低冲刷线(H_m,m)、墩台基底(H_f,m)。这几种高程之间的关系可以用图 11-21 中的左侧高程线表示。另外,常用的以高差表示的深度参数有:一般冲刷深度(h_p,m)、局部冲刷深度(h_b,m)、总冲刷后水深(h_{ft},m)和安全埋深(h_m,m),它们之间的关系如图 11-21 中的右侧所示。图中所指的天然河床面是在设计洪水条件下,河床冲淤达到平衡时的值。

由图 11-21 可得出,总冲刷深度等于天然冲刷深度、一般冲刷深度和局部冲刷深度之和减去天然河床的埋深。因此,在考虑冲刷的影响时,建于非岩石地基上的大中桥梁基底高程的最大值为河槽的最低冲刷线高程减去基底最小埋深安全值。

表 11-11　考虑冲刷时大中桥梁基底最小埋深安全值

桥梁类别	总冲刷深度/m				
	0	5	10	15	20
大桥、中桥、小桥（不铺砌）	1.5	2.0	2.5	3.0	3.5
技术复杂、修复困难或重要的特大桥及其他重要桥梁	2.0	2.5	3.0	3.5	4.0

注：① 总冲刷深度为自河床面算起的河床自然演变的冲刷、一般冲刷、局部冲刷深度之和。
　　② 若对设计流量、水位和原始断面资料无把握或不能获得河床演变的准确资料，表中数值宜适当加大。
　　③ 若桥位上下游有已建桥梁，应调查已建桥梁的特大洪水冲刷情况，新建桥梁墩台基础埋置深度不宜小于已建桥梁的冲刷深度且酌加必要的安全值。
　　④ 如河床上有铺砌层，基础底面宜设置在铺砌层顶面以下不小于 1 m。

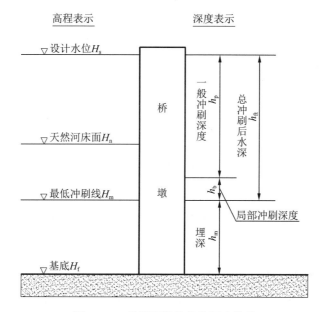

图 11-21　常用高程及各种深度关系

1. 河流的几何形态一般可用河流横断面、河流长度、河流纵比降、河流弯曲系数等表示。

2. 河流的动态特征包括河道河床的不规则、河流水沙条件的不断改变、河床冲淤变化等。

3. 河流与桥渡存在相互影响。河流对桥渡的影响主要表现在洪水大小、河型及河床演变的幅度和速度三个方面；桥渡对河流的影响主要表现在河床横向变形、河床纵向变形、河槽左右摆动三个方面。

4. 桥渡设计的内容包括：桥位选择、泄流孔径确定、桥孔横向定位、墩位布置、基础高程设计、梁底标高计算、导流设施设计等。

5. 桥梁压缩引起的水流变化包括：① 桥孔断面的水流单宽流量和流速均增大；② 桥孔上游段流速减小，水面壅高，形成壅水区域，接近桥孔处流速增大，形成较大的水面比降；③ 桥孔下游水流向边岸扩散，常形成回流。

6. 桥渡河段河床演变形式有自然演变冲刷、一般冲刷、局部冲刷。

7. 桥渡设计中常将河流分为山区河流、山前区河流、平原河流。其稳定性关系一般为：山区＞平原＞山前区。

8. 桥位选择主要通过水文调查、勘测、河流稳定性研究、工程应用及投资分析等来合理确定桥位。

9. 工程防洪设计所依据的各种标准的洪水大小称为设计洪水，防洪设计标准通常用洪水发生的频率或重现期来定义，表达为多少年一遇的洪水。

10. 由流量资料推求设计洪水的步骤包括样本的选取与审查和设计洪水推求，其中设计洪水推求过程包括：① 确定特大洪水重现期；② 经验频率估算；③ 理论频率曲线推求；④ 计算设计洪水值。

1. 河流影响桥渡安全的主要因素是什么？

2. 桥渡河段的河流演变有哪些特点？

3. 桥址断面河床冲刷可分为哪些类型？各类冲刷的含义是什么？

4. 大桥孔径设计与哪些因素有关？

5. 如何减小桥前壅水高度？

6. 如何确定跨河桥梁梁底高程？

7. 某公路桥跨越一六级货船通航河流，桥梁上部结构选用标准跨径为 6 m、建筑高度为 0.8 m 的钢筋混凝土板，计算得到的桥前壅水高度为 2.34 m，天然水深为 1.30 m，设计水位 Z_s＝82.50 m，10% 的洪水位 Z_m＝86.60 m，试求桥面最低高程。（不通航时桥下净空高度 Δh_D＝0.5 m，通航时桥下净空高度 h_m＝6.0 m。）

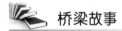桥梁故事

(1) 都江堰水利工程

都江堰水利工程（见图 11-22）位于四川省成都市都江堰市城西，坐落在成都平原西部的岷江上，始建于秦昭王末年（约公元前 256 年—前 251 年），是蜀郡太守李冰父子在前人鳖灵开凿的基础上组织修建的年代久远、唯一留存、以无坝引水为特征的宏大水利工程，也是我国乃至世界水利工程的鼻祖，凝聚着中国古代劳动人民勤劳、勇敢、智慧的结晶。

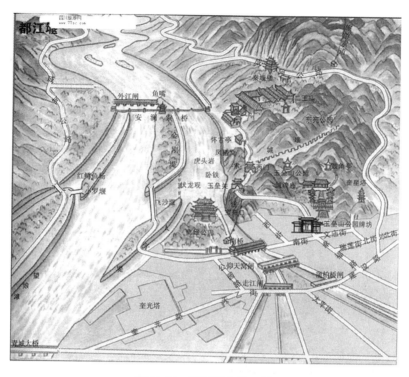

图 11-22 都江堰水利工程

都江堰水利工程由鱼嘴、飞沙堰、宝瓶口等部分组成。其中鱼嘴起分水作用,将岷江水按内外江进行了四六分;飞沙堰起泄洪、排沙和调节水量的作用,充分利用了弯道环流的特点;宝瓶口则将内江水引入成都平原。该工程建成后一直发挥着防洪灌溉的作用,使成都平原变为水旱从人、沃野千里的"天府之国"。

都江堰水利工程充分体现了中国古代劳动人民的勤劳和智慧。在宝瓶口建设过程中,由于当时还未发明火药,李冰便以火烧石,使岩石爆裂,终于在玉垒山凿出了一个宽 20 m、高 40 m、长 80 m 的山口。同时为了观测和控制内江水量,李冰雕刻了三个石桩人像放于水中,以"枯水不淹足,洪水不过肩"来确定水位。该工程还凿制了石马置于江心,以此作为每年最小水量时淘滩的标准。

(2) 最尴尬的桥——桥建好了,河却跑了

洪都拉斯和尼加拉瓜边境有一条乔卢特卡河,河上原有一座吊桥用以解决民众的出行问题。但是,由于中美洲地区雨季时降雨量非常大,吊桥屡屡被毁,每次修复都需花费很大的人力、物力。1996 年,当地政府决定拆旧建新,在乔卢特卡河上修建一座能应对百年一遇的飓风天气的现代化大桥。一家日本公司中标后,只用一年多时间,就建成了号称坚固耐用的乔卢特卡大桥(见图 11-23a)。新桥落成后,乔卢特卡市举行了盛大的通车仪式,对新桥的建设速度以及坚固程度给予肯定与赞誉。

新桥建成不久,就迎来了一次巨大挑战——1998 年 10 月,飓风"米奇"(当时是大西洋有纪录以来最强烈的飓风)来袭。飓风"米奇"在洪都拉斯移动带来了惊人的降水量,其中乔卢特卡市的降雨量为 910 mm,日降雨量为 460 mm。"米奇"飓风期间乔卢特卡市的降水量相当于当地 212 天平均降水量的总和,乔卢特卡河也泛滥至平时宽度

的 6 倍。乔卢特卡桥在经受了飓风带来的狂风暴雨和洪水冲击后,依然巍然屹立,但两侧引桥的桥墩被冲毁,只留下了主体结构部分的桥墩和桥面(见图 11-23b)。

另外,由于原来乔卢特卡桥下是个弯道,所以在洪水期间,河道外侧被不断冲刷,河道内侧不断淤积从上游挟带的大量泥沙,造成乔卢特卡桥下形成了滩涂,而另一侧被冲垮的引桥处却形成了新的河道,最终造成乔卢特卡河不在桥下,而是跑到了几百米以外。

(a) 洪水之前的桥梁及河道

(b) 洪水之后的桥梁

图 11-23　洪水前后桥梁及河道变化

"米奇"飓风离开 5 年后,受到重创的洪都拉斯修复了乔卢特卡桥(见图 11-24)。神奇的是,乔卢特卡河的河道仿佛浪子回头一般,又自己移了回来。

图 11-24　乔卢特卡河与被修复后的乔卢特卡桥

参考文献 REFERENCES

[1] 邵旭东. 桥梁工程[M]. 5版. 武汉:武汉理工大学出版社,2019.

[2] 范立础. 桥梁工程(上册)[M]. 北京:人民交通出版社,2001.

[3] 顾安邦. 桥梁工程(下册)[M]. 北京:人民交通出版社,2000.

[4] 林元培. 斜拉桥[M]. 北京:人民交通出版社,2004.

[5] 雷俊卿. 悬索桥设计[M]. 北京:人民交通出版社,2002.

[6] 卢曙火. 茅以升和钱塘江大桥[M]. 杭州:杭州出版社,2013.

[7] 东南大学,同济大学,天津大学. 混凝土结构(下册)混凝土公路桥设计[M]. 6版. 北京:中国建筑工业出版社,2016.

[8] 刘龄嘉. 桥梁工程[M]. 北京:人民交通出版社,2017.

[9] 姚玲森. 桥梁工程[M]. 北京:人民交通出版社,2021.

[10] 陈宝春. 钢管混凝土拱桥[M]. 3版. 北京:人民交通出版社,2016.

[11] 何伟. 中、下承式拱桥健康监测实践[M]. 北京:中国环境出版社,2017.

[12] 何伟. 中、下承式钢管混凝土拱桥结构分析[M]. 北京:地质出版社,2017.

[13] 周志祥,范亮. 钢箱—混凝土组合拱桥[M]. 北京:人民交通出版社,2014.

[14] 严允中,杨虎根,许伟,等. 上承式混凝土拱桥建造实例及评析[M]. 北京:人民交通出版社,2015.

[15] 陈宝春,韦建刚,吴庆雄. 钢管混凝土拱桥设计计算方法与应用[M]. 北京:中国建筑工业出版社,2014.

[16] 赵胤儒. 钢拱桥的拱肋设计与施工[M]. 武汉:长江出版社,2020.

[17] 邵长宇. 现代拱桥[M]. 北京:人民交通出版社,2021.

[18] 孙潮,陈友杰. 钢管混凝土拱桥[M]. 北京:人民交通出版社,2015.

[19] 顾懋清,石绍甫. 公路桥涵设计手册:拱桥(上)[M]. 北京:人民交通出版社,1994.

[20] 顾安邦,孙国柱. 公路桥涵设计手册:拱桥(下)[M]. 北京:人民交通出版社,1994.

[21] 钱冬生,陈仁福. 大跨悬索桥的设计与施工[M]. 成都:西南交通大学出版社,2015.

[22] 栗怀广,郑凯锋. 大跨度自锚悬索桥的设计与分析[M]. 成都:西南交通大学出版社,2016.

[23] 孟凡超. 公路桥涵设计手册:悬索桥[M]. 北京:人民交通出版社,2011.

[24] 中交第二公路工程局有限公司. 公路桥梁施工系列手册:悬索桥[M]. 北京:人民交通出版社,2014.

[25] 湖南路桥建设集团有限责任公司. 悬索桥和斜拉桥施工工艺标准[M]. 长沙:中南大学出版社,2019.

[26] 高冬光,王亚玲. 桥涵水文[M]. 5版.北京:人民交通出版社,2016.

[27] 任庆新,刘艳华. 桥涵水文[M]. 北京:中国水利水电出版社,2014.

[28] 李艳凤. 桥涵水文[M]. 北京:中国水利水电出版社,2020.

[29] 雒文生. 水文学[M]. 北京:中国建筑工业出版社,2001.

[30] 夏禾. 桥梁工程(上册)[M]. 北京:高等教育出版社,2011.

[31] 中交公路规划设计院. 公路桥涵设计通用规范:JTG D60—2015[S]. 北京:人民交通出版社,2015.

[32] 袁洪. 公路钢筋混凝土及预应力混凝土桥涵设计规范:JTG 3362—2018[S]. 北京:人民交通出版社,2018.

[33] 中交公路规划设计院. 公路桥涵地基与基础设计规范:JTG 3363—2019[S]. 北京:人民交通出版社,2019.

[34] 交通运输公路局,中交第一公路勘察设计研究院有限公司. 公路工程技术标准:JTG B01—2014[S]. 北京:人民交通出版社,2011.

[35] 中华人民共和国交通运输部. 内河通航标准:GB 50139—2014[S]. 北京:中国计划出版社,2014.

[36] 中交路桥技术有限公司. 公路工程抗震规范:JTG B02—2013[S]. 北京:人民交通出版社,2013.

[37] 重庆交通科研设计院. 公路桥梁抗震设计细则:JTG/T B02-01—2008[S]. 北京:人民交通出版社,2013.

[38] 四川省交通运输厅公路规划勘察设计研究院.公路钢管混凝土拱桥设计规范:JTG/T D65-06—2015[S]. 北京:人民交通出版社,2015.

[39] 中交公路规划设计院. 公路钢结构桥梁设计规范:JTG D64—2015[S].北京:人民交通出版社,2015.

[40] 中交公路规划设计院. 公路悬索桥设计规范:JTG/T D65-05—2015[S]. 北京:人民交通出版社,2015.

[41] 中交公路规划设计院有限公司. 公路桥梁板式橡胶支座:JT/T 4—2019[S]. 北京:人民交通出版社,2019.

[42] 中交公路规划设计院. 公路圬工桥涵设计规范:JTG D61—2005[S]. 北京:人民交通出版社,2005.

[43] 河北省交通规划设计院. 公路工程水文勘测设计规范:JTG C30—2015[S]. 北京:人民交通出版社,2015.

[44] 王福敏,徐伟. 重庆朝天门长江大桥主桥结构体系研究[J]. 公路交通技术,2005,21(B07):23-28.

[45] 林元培,章曾焕,马骉,等. 上海市黄浦江卢浦大桥设计[J]. 土木工程学报2005,38(1):71-77.

[46] 胡建华,崔剑峰. 湘西矮寨大桥设计创新技术[J]. 桥梁建设,2011,41(6):54-61.

[47] 宋晖,王晓冬. 舟山大陆连岛工程西堠门大桥总体设计[J]. 公路,2009,54(1):8-16.

[48] 朱永灵,林鸣,孟凡超,等. 港珠澳大桥[J]. 工程,2019,5(1):25-34.

[49] 马军海,陈艾荣,贺君. 桥梁全寿命设计总体框架研究[J]. 同济大学学报(自然科学版),2007,35(8):1003-1007.

[50] 徐冬梅,王大明. 旧金山金门大桥建设的技术与管理创新[J]. 工程研究(跨学科视野中的工程),2015,7(1):106-115.

附 表 SCHEDULE

附表 1 混凝土、钢筋、预应力筋材料参数

附表 1-1 混凝土强度标准值

强度等级	C25	C30	C35	C40	C45	C50	C55	C60	C65	C70	C75	C80
f_{ck}/MPa	16.7	20.1	23.4	26.8	29.6	32.4	35.5	38.5	41.5	44.5	47.4	50.2
f_{tk}/MPa	1.78	2.01	2.20	2.40	2.51	2.65	2.74	2.85	2.93	3.00	3.05	3.10

附表 1-2 混凝土强度设计值

强度等级	C25	C30	C35	C40	C45	C50	C55	C60	C65	C70	C75	C80
f_{cd}/MPa	11.5	13.8	16.1	18.4	20.5	22.4	24.4	26.5	28.5	30.5	32.4	34.6
f_{td}/MPa	1.23	1.39	1.52	1.65	1.74	1.83	1.89	1.96	2.02	2.07	2.10	2.14

附表 1-3 混凝土的弹性模量

强度等级	C25	C30	C35	C40	C45	C50	C55	C60	C65	C70	C75	C80
E_c/10^4 MPa	2.80	3.00	3.15	3.25	3.35	3.45	3.55	3.60	3.65	3.70	3.75	3.80

注：当采用引气剂及较高砂率的泵送混凝土且无实测数据时,表中 C50～C80 的 E_c 值乘折减系数 0.95。

附表 1-4 普通钢筋抗拉强度标准值(修订)

钢筋种类	符号	公称直径 d/mm	f_{sk}/MPa
HPB300	A	6～22	300
HRB400 HRBF400 RRB400	C C^F C^R	6～50	400
HRB500	D	6～50	500

附表 1-5　预应力钢筋抗拉强度标准值(修订)

钢筋种类		符号	公称直径 d/mm	f_{pk}/MPa
钢绞线	1×7	A^S	9.5、12.7、15.2、17.8	1720、1860、1960
			21.6	1860
消除应力钢丝	光面螺旋肋	A^P A^H	5	1570、1770、1860
			7	1570
			9	1470、1570
预应力螺纹钢筋		A^T	18、25、32、40、50	785、930、1080

注:抗拉强度标准值为 1960 MPa 的钢绞线作为预应力钢筋作用时,应有可靠的工程经验或充分试验验证。

附表 1-6　普通钢筋抗拉、抗压强度设计值(修订)

钢筋种类	f_{sd}/MPa	f'_{sd}/MPa
HPB300	250	300
HRB400、HRBF400、RRB400	330	400
HRB500	415	500

注:① 在钢筋混凝土轴心受拉和小偏心受拉构件的钢筋抗拉强度设计值大于 330 MPa 时,应按 330 MPa 取用;在斜截面抗剪承载力、受扭承载力和冲切承载力计算中垂直于纵向受力钢筋的箍筋或间接钢筋等横向钢筋的抗拉强度设计值大于 330 MPa 时,应取 330 MPa。
② 构件中配有不同种类的钢筋时,每种钢筋应采用各自的强度设计值。

附表 1-7　预应力钢筋抗拉、抗压强度设计值(修订)

钢筋种类	f_{pk}/MPa	f_{pd}/MPa	f'_{pd}/MPa
钢绞线 1×7(七股)	1720	1170	
	1860	1260	390
	1960	1330	
消除应力钢丝	1470	1000	
	1570	1070	410
	1770	1200	
	1860	1260	
预应力螺纹钢筋	785	650	
	930	770	400
	1080	900	

附表 1-8　钢筋的弹性模量

钢筋种类	弹性模量 E_s/10^5 MPa	钢筋种类	弹性模量 E_s/10^5 MPa
HPB300	2.10	钢绞线	1.95
HRB400、HRB500 HRBF400、RRB400	2.00	消除应力钢丝	2.05
		预应力螺纹钢筋	2.00